AF723518

ELIOT COLEMAN

Die

BIOGARTEN-BIBEL

ELIOT COLEMAN

Die BIOGARTEN-BIBEL

Das Standardwerk der Selbstversorgung vom Pionier des Ökolandanbaus

Fotos von Barbara Damrosch

Unimedica

IMPRESSUM

Eliot Coleman
DIE BIOGARTEN-BIBEL
Das Standardwerk der Selbstversorgung vom Pionier des Ökolandbaus
1. deutsche Auflage 2022
2. deutsche Auflage 2025
ISBN: 978-3-96257-277-8
© 2022, Narayana Verlag GmbH

Titel der Originalausgabe:
THE NEW ORGANIC GROWER
A Master's Manual of Tools and Techniques for the Home and Market Gardener
Copyright © 1989, 1995, and 2018 by Eliot Coleman
Narayana Verlag GmbH edition published by arragement with Chelsea Green
Publishing Co, White River Junction, VT, USA
www.chelseagreen.com
Designed von Melissa Jacobson
Übersetzung aus dem Englischen: Elisabeth Möller-Giesen
Satz: © Narayana Verlag GmbH
Coversatz: © Narayana Verlag GmbH
Coverabbildungen: © Sam Contis

Herausgeber:
Unimedica im Narayana Verlag GmbH,
Blumenplatz 2, D-79400 Kandern
Tel.: +49 7626 974 970–0
E-Mail: info@unimedica.de
www.unimedica.de

Alle Rechte vorbehalten. Ohne schriftliche Genehmigung des Verlags darf kein Teil dieses Buches in irgendeiner Form – mechanisch, elektronisch, fotografisch – reproduziert, vervielfältigt, übersetzt oder gespeichert werden, mit Ausnahme kurzer Passagen für Buchbesprechungen.

Sofern eingetragene Warenzeichen, Handelsnamen und Gebrauchsnamen verwendet werden, gelten die entsprechenden Schutzbestimmungen (auch wenn diese nicht als solche gekennzeichnet sind).

Die Empfehlungen in diesem Buch wurden von Autor und Verlag nach bestem Wissen erarbeitet und überprüft. Dennoch kann eine Garantie nicht übernommen werden. Weder der Autor noch der Verlag können für eventuelle Nachteile oder Schäden, die aus den im Buch gegebenen Hinweisen resultieren, eine Haftung übernehmen.

Der Verlag schließt im Rahmen des rechtlich Zulässigen jede Haftung für die Inhalte externer Links aus. Für Inhalte, Richtigkeit, Genauigkeit, Vollständigkeit, Qualität und/oder Verwendbarkeit der dargestellten Informationen auf den verlinkten Seiten sind ausschließlich deren Betreiber verantwortlich.

Für Scott und Helen Nehring,
in Dankbarkeit

Zu den immateriellen Vermächtnissen, welche die Shaker der Welt hinterlassen haben, gehört, dass sie die Möglichkeit vorgelebt haben, unsere Umwelt und Lebensweise so zu gestalten, wie wir es wollen, vorausgesetzt, dass wir es wirklich wollen. Wir haben die Wahl.
Die Shaker waren pragmatische Idealisten. Sie hatten keine vagen Träume von Bedingungen, die sie gerne verwirklicht sehen wollten; sie gingen an die Arbeit, um diese Bedingungen Wirklichkeit werden zu lassen. Sie verschwendeten keine Zeit damit, gegen die Konkurrenzgesellschaft zu wettern oder sich bitterlich zu beklagen, dass sie nicht die Macht hätten, etwas zu verändern; stattdessen schafften sie sich einen eigenen Wirkungsbereich, in dem sie ihr Leben nach ihren Vorstellungen gestalten konnten.

–Marguerite Fellows Melcher,
The Shaker Adventure

INHALT

VORWORT ZUR JUBILÄUMSAUSGABE

Es sind die kleinen Bauernhöfe, auf denen der landwirtschaftliche Fortschritt gedeiht. Jeden Tag entstehen neue Ideen, um die Rätsel der Natur zu lösen. Seit ich das ursprüngliche Manuskript für dieses Buch vor Jahren eingereicht habe, bin ich viele Male nach Europa gereist, um zu sehen, was es dort Neues gibt. Während meiner beiden Reisen nach Australien, meines einmonatigen Aufenthalts in Chile und Argentinien sowie einer Woche in Mexiko habe ich viel Zeit mit Bio-Bauern verbracht und dabei mein Denken weiterentwickelt und verfeinert. Ich habe von den Vorschlägen meiner Leser und Leserinnen profitiert, die mehr Informationen zu bestimmten Themen wollten oder Daten zu Bereichen suchten, die ich in meiner ersten Ausgabe nicht abgedeckt hatte. Es gibt mittlerweile neue landwirtschaftliche Geräte, die importiert oder hier in den Vereinigten Staaten hergestellt werden. Und bei einigen Themen, bei denen ich zuvor unschlüssig war, konnte ich mir schließlich durch den Erwerb von zusätzlichen Informationen eine Meinung bilden.

KAPITEL EINS

Die Rückseite des Wandteppichs: Eine Metapher für die konventionelle Landwirtschaft

Dennoch scheint es mir, dass die Übersetzung von einer Sprache in eine andere [...] wie das Betrachten von flämischen Wandteppichen von der Rückseite her ist; wo man die Figuren zwar erkennt, doch nur unter allerlei Fäden, die sie verschleiern, sodass sie nicht in der Klarheit und der Farbbrillanz wie auf der Vorderseite hervortreten.

–MIGUEL DE CERVANTES, *Don Quijote*
Teil 2, Kapitel 26

Stellen Sie sich einen riesigen flämischen Wandteppich vor, der von der Decke einer großen Halle herabhängt. Er zeigt die natürliche Welt in ihrer ganzen Schönheit: alles, was sich in der Erde und darüber befindet – gepflügte Felder und grüne Wiesen, Gärten und Obstplantagen, Graslandschaften und Wälder, Täler und Berge, Meer und Himmel – ist klar und deutlich dargestellt. Es

gibt große und kleine Lebewesen, Vögel und Fische, Bakterien und Pilze, Raub- und Beutetiere sowie das dynamische Gleichgewicht, das zwischen ihnen besteht.

Sie bemerken, dass neben Ihnen vor dem Wandteppich nicht sehr viele andere Betrachter stehen. Von der anderen Seite jedoch vernehmen Sie überraschenderweise ein starkes Rauschen. Wenn Sie ganz ans Ende der Halle gehen und um die Ecke spähen, können Sie die Rückseite des Wandteppichs sehen.

Diese vermittelt mit ihren undeutlichen Farben und losen Fäden, wie Cervantes es formuliert, nur ein vages Bild von dem, was wirklich dargestellt ist. Aber was man dort vorfindet, sind riesige Menschenmengen, die aktiv versuchen, das Gesehene zu entschlüsseln und Probleme zu lösen, die nur auf der Rückseite des Wandteppichs existieren. Sie haben keine Ahnung, dass es eine Vorderseite gibt, und wenn Sie es Ihnen sagen, stellen Sie fest, dass Ihnen niemand glaubt. Von dort, wo die anderen stehen, ist die Eleganz der natürlichen Welt nicht erkennbar. Die Unklarheit der Rückseite hat die dortigen Betrachter davon überzeugt, dass der Planet schlecht für die Nahrungsmittelproduktion ausgelegt und auf große Unterstützung seitens der Menschheit angewiesen ist, um wieder in Ordnung zu kommen.

Das Problem ist nicht, dass die Leute auf der anderen Seite dumm sind. Im Gegenteil, viele von ihnen sind brillant. Ihre Wissenschaftsdisziplinen – wie die der „Losen Enden" und der „Hypothese zufallsbedingter Farben" – sind hoch angesehen und werden ausgiebig erforscht. Der Lehrstuhl für „Lose Enden" verzeichnet eine große Anzahl von Studenten, die auf diesem Gebiet Karriere machen wollen. In Fachzeitschriften werden zahlreiche wissenschaftliche Abhandlungen veröffentlicht. Riesige Industriekomplexe sind auf der Basis dieser Erkenntnisse entstanden, und jedes Jahr werden unendliche Mengen von wachstumsfördernden und kontrollierenden Mitteln produziert. Die Hintermänner sind überzeugt, dass alles gut wird, solange sie weiterhin enorme Anstrengungen unternehmen, um die Fehler der Natur zu kompensieren.

Wenn Sie sich jedoch wieder auf die Vorderseite des Wandteppichs begeben, werden Sie dort keine Fehler feststellen. Sie werden sich fragen, ob die Menschen auf der Rückseite durch ihr Verhalten die Aussage des Ökologen Frank Egler bestätigen: „Die Natur ist nicht komplizierter, als wir denken. Die Natur ist komplizierter, als wir denken können." Aber das ist auf der Vorderseite offensichtlich nicht der Fall. Wenn Sie diese eingehender studieren, beginnen Sie die Muster zu erkennen und bemerken, dass die landwirtschaftlichen Praktiken der Landwirte auf der Vorderseite so gestaltet sind, dass sie im Einklang mit der natürlichen Welt und ihrer Entwicklung stehen. Sie realisieren, dass diese Praktiken dazu dienen, die Funktionsweise der Natur, mit der sie interagieren, zu pflegen und zu verbessern. In der natürlichen Welt hat die Biologie das Sagen, und eine vernünftige Landwirtschaft ist eine biologische Landwirtschaft, die sich auf den Boden konzentriert – eine biologische Landwirtschaft, die so lange produktiv sein wird, wie die Erde besteht. Um das zu verwirklichen, müssen wir die Diskussion nur auf die Vorderseite des Wandteppichs verlagern.

KAPITEL ZWEI

Kurzer historischer Rückblick

Wenn das Wissen nicht adäquat ist, wird die Verwirrung umso größer sein, je mehr davon vorhanden ist.

–Herbert Spencer

Während der ersten Jahrzehnte des 20. Jahrhunderts begann eine Gruppe besorgter Landwirte in Deutschland, Frankreich und England mit dem Versuch, eine rein „biologische" im Gegensatz zur chemischen Landwirtschaft zu entwickeln. Sie waren zu dem Schluss gekommen, dass der Einsatz von Chemikalien in der Landwirtschaft (sowohl lösliche Düngemittel als auch giftige Pestizide) schädlich ist – nicht nur für die Bodengesundheit, sondern auch für die Gesundheit des Viehs und der Menschen, die die in diesem Boden gewachsenen Produkte essen. Ihre Ideen wurden zur Inspiration für die heutige ökologische Landwirtschaft. Der neue oder vielmehr wiederentdeckte biologisch ausgerichtete Fokus in der Landwirtschaft entstand aus persönlichen Erfahrungen mit den negativen Auswirkungen von Chemikalien auf die Qualität der Grundnahrungsmittel. Diese „Bio-Bauern" behaupteten, dass die Landwirtschaft auf dem falschen Weg wäre.

Die ersten Anzeichen für dieses alternative Verständnis tauchten im 19. Jahrhundert auf. Eine wachsende Zahl von Bauern, Wissenschaftlern und Naturphilosophen stellte die chemisch basierten Erkenntnisse für die Nahrungsmittelproduktion infrage, die seit den 1840er Jahren eine bedeutende Rolle spielten. In ihrem Streben nach einer natürlicheren Landwirtschaft wurden sie durch die Fortschritte in den Biowissenschaften gegen Ende des 19. Jahrhundert unterstützt. Dazu gehörten neue Entdeckungen, die die Funktionsweise der Stickstofffixierung, der mykorrhiziellen Assoziation, der Bodenmikrobiologie und der Allelopathie sowie den ökologischen Umgang mit Beikraut und die Beziehungen zwischen Pflanzen und Schädlingen erklärten. Die neuen Biowissenschaften ermöglichten ein tieferes Verständnis der natürlichen Prozesse und verwiesen auf die intuitive Weisheit uralter Praktiken wie Fruchtwechsel, Gründüngung, gemischte Tierhaltung und Kompostierung. Sie legten auch die wissenschaftliche Grundlage für eine moderne, biologisch basierte Landwirtschaft.

Die ersten organisierten Proteste gegen den Einsatz von Agrarchemikalien kamen aus der gesundheitsorientierten Lebensreformbewegung in Deutschland. Seit den 1890er-Jahren wurde zunehmend über die Verschlechterung der Lebensmittelqualität diskutiert, die man in Zusammenhang mit der übermäßigen chemischen Düngung brachte. Noch bedenklicher waren die giftigen Rückstände der damals so großzügig eingesetzten blei- und arsenhaltigen Pestizide. Als Antwort darauf betonte die Lebensreformbewegung die Vorteile von Lebensmitteln, die auf fruchtbarem Boden mit natürlichen Methoden angebaut wurden. Gustav Simons Buch *„Bodendüngung, Pflanzenwachstum, Menschengesundheit“* aus dem Jahr 1911 war eines der ersten Bücher, die das wachsende Bewusstsein für den direkten Zusammenhang zwischen der Qualität des Bodens, der Qualität der angebauten Pflanzen und der Qualität der daraus resultierenden menschlichen Ernährung zum Ausdruck brachten.[1]

Wenn man auf die erste Phase der Verbreitung der ökologischen Landwirtschaft in den Vereinigten Staaten in den 1940er-Jahren zurückblickt, wurden vor allem Namen wie die des Engländers Sir Albert Howard und des Amerikaners J. I. Rodale genannt, die jene Ideen publik machten, die bereits 50 Jahre zuvor ihren Anfang genommen hatten, nicht aber die Namen der eigentlichen Initiatoren. Angesichts der anhaltenden Propaganda, die versucht, den ökologischen Landbau als Wunschtraum darzustellen, ist es heute umso wichtiger zu betonen, dass dieser auf eine lange Geschichte zurückblicken kann, die sowohl praktisch als auch wissenschaftlich fundiert ist.

Der Fokus des neuen biologischen Ansatzes lässt sich am besten durch die drei Fragen verdeutlichen, die die frühen Bio-Bauern zu beantworten hofften:

1. Wie kann eine lang anhaltende Bodenfruchtbarkeit erreicht und erhalten werden?
2. Wie kann der Nährwert von Nahrungspflanzen optimiert werden?
3. Wie können Schädlingsprobleme in der Landwirtschaft verhindert werden?

Wie wir im Folgenden sehen werden, sind die Antworten auf alle drei Fragen eng miteinander verbunden.

Bodenfruchtbarkeit

Der englische Arzt G. Vivian Poore schrieb 1893 in seinem Buch *Essays on Rural Hygiene* ein Kapitel mit dem Titel „The Living Earth“. Poore würdigte die unverzichtbare Rolle von organischem Material als Grundlage der Bodenfruchtbarkeit und die biologische Aktivität der Bodenlebewesen als entscheidende Energiequelle. „Landwirte und Kleinerzeuger werden Ihnen sagen, dass chemischer Dünger ‚keine verlässliche Grundlage bietet‘, dass ihr Einsatz quasi auf Spekulation beruht [...] Bei organischen Abfällen ist der Fall jedoch völlig anders, und die Wirkung der Ausbringung von organischem Material [...] auf den Boden ist über einen Zeitraum von drei oder vier Jahren deutlich zu erkennen [...], bis diese organischen Stoffe schließlich zu fruchtbarem ‚Humus‘ werden, der die einzige dauerhafte Quelle des Reichtums jeden Landes ist.“[2]

Noch eindringlicher ist Robert Elliot, ein englischer Landwirt, dessen 1898 erschienenes Buch *„Agricultural Changes“* als Grundstein für eine biologisch basierte Landwirtschaft großen Einfluss hatte. Elliot beklagte die Art und Weise, wie die Chemiekonzerne versuchten, eine funktionierende Landwirtschaft durch chemische Düngemittel zu ersetzen. „Lassen Sie mich nun kurz die andere Wirkweise von Humus erklären. Er liefert nicht nur Stickstoff, sondern macht bei seiner Zersetzung auch einen Teil des im Boden vorhandenen Phosphors und Kalis verfügbar. [...] Luft, Feuchtigkeit und Wärme, die für die Keimung der Samen und das Wachstum der Pflanzen so notwendig sind, werden von den chemischen Komponenten des Bodens nur wenig beeinflusst, sie sind vielmehr von der physikalischen Eigenschaft des Bodens abhängig, auf die nur durch große Humusmengen wirksam Einfluss genommen werden kann. [...] der Chemiker hat wirklich keine Ahnung von der Landwirtschaft [...], denn sonst würde er sich zunächst einmal erkundigen, ob der Landwirt alle ihm zur Verfügung stehenden natürlichen Mittel auch wirklich voll ausnutzt."

1910 veröffentlichte der amerikanische Agrarwissenschaftler Cyril Hopkins, damals Direktor der Illinois Agricultural Experiment Station, sein bekanntestes Buch *„Soil Fertility and Permanent Agriculture"*[3] – ein sehr aktuell klingender Titel angesichts unserer Suche nach nachhaltigen Anbaumethoden. Seine Forschungen führten Hopkins zu folgendem Schluss: „Für alle normalen Böden [...] gibt es nur drei Bestandteile, die zugeführt werden müssen, um Anbausysteme einzuführen, die bei kontinuierlicher Anwendung die Produktivität des Bodens erhöhen oder zumindest dauerhaft erhalten. Dies sind Kalk, Phosphor und organisches Material. [...] Der Anteil an organischer Substanz muss erneuert werden, um durch den Zersetzungsprozess Stickstoff zu generieren und Kalium und andere essentielle Elemente, die im Boden reichlich vorhanden sind, verfügbar zu machen, sowie um Phosphor aus dem Rohstoff Phosphat freizusetzen, der natürlicherweise im Boden enthalten ist oder dem Boden zugesetzt wird."[4]

Diese drei Beispiele verdeutlichen, dass sowohl Landwirte als auch Forscher seit den ersten Tagen der chemischen Düngemittel deren Mängel klar erkannten. Bedauerlicherweise war es den Chemiekonzernen durch ihre wirtschaftliche Macht und ihren politischen Einfluss möglich, ihre Produkte weiter zu vertreiben. Nichtsdestotrotz wurden die neuen biologischen Konzepte zur Bodenfruchtbarkeit im frühen 20. Jahrhundert in Europa eifrig erforscht und fanden immer mehr Anhänger. In den 1930er-Jahren begannen die beunruhigten Landwirte, eine aktualisierte, wissenschaftlich fundierte Version der biologisch basierten Landwirtschaft zu formulieren, die der chemisch-industriellen Invasion vorausgegangen war. Die Bemühungen von Heinrich Krantz und Ewald Könemann in Deutschland[5], Hans und Maria Müller in der Schweiz[6], Pierre Delbet[7] und Raoul Lemaire[8] in Frankreich sowie Lady Eve Balfour[9] und Sir Albert Howard [10] in England führten zur Entwicklung erfolgreicher landwirtschaftlicher Systeme, die auf der kontinuierlichen Verbesserung der Bodenfruchtbarkeit mit natürlichen Methoden basierten.

1946 wurden diese Ideen unter Landwirten bereits allgemein mit so großem Interesse diskutiert, dass die International Harvester Company, ein großer amerikanischer Hersteller von landwirtschaftlichen Geräten, die Veröffentlichung der 125-seitigen Broschüre von Karl Mickey, *Health from the Ground Up*, sponserte.[11] Es war die Fortsetzung eines früheren Bandes zur Bodenerhaltung, *Man and the Soil*, ebenfalls von Mickey, aber diese zweite Veröffentlichung befasste sich „hauptsächlich mit dem Einfluss der Bodenqualität auf den Menschen". Mickey äußerte sich sehr positiv über die Arbeit von Weston Price, Sir Robert McCarrison und Sir Albert Howard – Namen, die damals fast ausschließlich in der Welt der alternativen Landwirtschaft bekannt waren. Zum Thema Düngemittel schrieb er: „Es ist nicht ungewöhnlich, dass die Zugabe eines Stickstoffdüngers zu einem Boden, der arm an anderen Nährstoffen ist, abnormales Wachstum und Krankheiten bei den Pflanzen verursacht [...] übermäßiger oder unsachgemäßer Einsatz von Düngemitteln, die aus reinen chemischen Salzen bestehen, kann den Abbau einiger der lebenswichtigen sekundären Elemente im Boden beschleunigen. Diese können durch die Verwendung von Mist, das Unterpflügen von Leguminosen und andere Methoden zur Regeneration des organischen Gehalts des Bodens erhalten werden."

Nährstoffqualität

Das zweite Thema, mit dem sich die frühen Bio-Bauern beschäftigten, die Auswirkung der Fruchtbarkeit des Bodens und der Anbaubedingungen auf die Nährstoffqualität der Produkte, hat eine wissenschaftlich weniger beachtliche, aber dennoch lange und enthusiastische Vorgeschichte. Im Laufe einer gründlichen Recherche alter Quellen tauchen die eher unbekannten Namen von Charles Northen, Julius Hensel, Albert Carter Savage, Sampson Morgan, Royal Lee und Weston Price auf. Ihre Hauptsorge war, dass, wenn der Boden nicht über alle Mineralien verfügt (sowohl Hauptmineralien wie Kalzium und Kalium als auch Spurenelemente wie Kupfer, Zink und Bor), die Nährstoffqualität der Lebensmittel und damit die Gesundheit des Verbrauchers beeinträchtigt werden. Die allgemeinen Vorschläge zur Verbesserung der Mineralienverfügbarkeit im Boden reichten von der Erhöhung des Anteils an organischem Material, um die biologische Aktivität zu steigern, über den Anbau von tiefwurzelnden Gründüngungspflanzen, die Mineralien aus tieferen Bodenschichten nach oben bringen würden, bis hin zur Zufuhr natürlicher Bodenmineralien durch die Ausbringung von fein gemahlenem Gesteinsstaub, der allgemein als Abfallprodukt der Steinbruchindustrie zur Verfügung stand. Als Reaktion auf das wachsende Interesse an diesem Thema entstand eine Reihe von relativ seriösen Berichten über natürliche Mineralienquellen, aber es war das eigentliche Bewusstsein für Mineralienmangel bei Menschen und Vieh, das schließlich die Aufmerksamkeit auf das Thema lenkte.

Dr. E. C. Auchter, der damalige Leiter des Bureau of Plant Industry of the United States Departement of Agriculture (USDA), schrieb 1939 einen Leitartikel für die Zeitschrift *Science* mit dem Titel „The Interrelation of Soils and Plant, Animal and Human Nutrition". Er stellte fest, dass bisher „die Wechselbeziehung zwischen dem körperlichen Wohlbefinden des Menschen und der Bodenbeschaffenheit, die die Zusammensetzung und Entwicklung der Pflanzen beeinflusst, vernachlässigt wurde." Während man sich bisher nur auf große Erträge konzentriert hatte, „sollten wir der Erzeugung von Pflanzen mit höchster Nährstoffqualität für Mensch und Tier mehr Aufmerksamkeit schenken [...] wenn beeinträchtigte Gesundheitszustände zum Teil auf minderwertigen pflanzlichen oder tierischen Produkten beruhen, die auf mangelhaften Böden erzeugt wurden, dann bedeutet dies für die Pflanzen-, Tier- und Bodenforscher eine Herausforderung und Verantwortung, der sie sich nicht entziehen können." In einem späteren Artikel folgerte Auchter: „Die Entfaltung

dieser Beziehung kann möglicherweise die landwirtschaftliche Theorie und Praxis revolutionieren und unsere Vorstellungen von der Förderung des menschlichen Wohlergehens tiefgreifend verändern."[12]
Zehn Jahre später formulierte Paul Sears von der Yale University in einer Rede vor der Ohio State Medical Association seine Gedanken zu diesem Thema. Er sprach über Gruppen, die das „wachsende Interesse der Bevölkerung an der Beziehung zwischen Boden und Gesundheit" repräsentieren. Der Hauptgedanke dieser Gruppen sei, dass die Förderung der normalen biologischen Bodenprozesse und die Rückführung aller möglichen organischen Stoffe in den Boden zur Gesundheit von Pflanzen, Vieh und Menschen beitragen. „Manchmal übertreiben es einige der Enthusiasten. Aber im Allgemeinen sind sie einer sehr wichtigen Wahrheit auf der Spur."

Die Rolle von Schädlingen

Fast zeitgleich mit der Bewegung, die für eine natürliche Bodenfruchtbarkeit eintrat, begann eine Gruppe von Forschern, die allgemeine Haltung gegenüber Schädlingen in der Landwirtschaft neu zu bewerten – und sie kam zu ganz anderen Schlussfolgerungen als die Pestizid-Verfechter. Gemäß der alternativen Denkweise waren Schädlinge keine Feinde, die es zu töten, sondern eher Indikatoren, die es zu beachten galt. Schädlinge, so behaupteten sie, könnten sich nur dann ausbreiten, wenn die Pflanze durch unzureichende Wachstumsbedingungen negative Voraussetzungen hatte. Sie betonten, dass die Lösung in einer Verbesserung der Wachstumsbedingungen besteht. Diese Idee gab es schon lange. Bereits 1793 schrieb Thomas Jefferson in einem Brief an seine Tochter: „Ich vermute, dass die Insekten, die dich plagen, durch die Schwäche der Pflanzen ermutigt wurden, die wiederum mit dem unzureichenden Zustand des Bodens zusammenhängt."[13]

Erasmus Darwin, der Großvater von Charles Darwin, vermutete im Jahre 1800, dass die Blätter eines von Insekten geschädigten Obstbaumes „vorher nicht gesund waren, was dazu führte, dass sie den Insekten, die sie belästigen, eine geeignete Grundlage boten".[14] Thomas Green Fessenden, Autor des in den 1830er-Jahren enorm populären Gartenbuchs *The New American Gardener,* stellte fest: „Vorbeugende Maßnahmen sind die der besten Züchtung [...] der Wahl des Samens bzw. der Pflanze, des Bodens, der Lage und des Klimas. Wenn diese sorgfältig berücksichtigt werden, wird es nur selten vorkommen, dass irgendeine Art von Insekten ernsthaften und dauerhaften Schaden anrichtet. Gemüsepflanzen, die kräftig sind und gedeihen, neigen nicht dazu, durch Würmer, Fliegen, Wanzen usw. geschädigt zu werden".[15]

1870 schrieb Vincent Gressent, ein Gemüsebauer in Paris, *Le potager moderne,* ein Lehrbuch für Pariser Gemüsebauer: „Chemische Düngemittel bewirken im Gemüseanbau nicht immer das, was man will; sie regen die Pflanzen zum Wachstum an und bringen Quantität hervor, aber zum Nachteil der Qualität [...] Im Prinzip befallen Schädlinge nur schwache, kränkliche Pflanzen, denen es an richtiger Ernährung fehlt. [...] Als Beweis führe ich die Gärtnereien von Paris an, wo der Gemüseanbau zur Perfektion gelangt ist. [...] Dort, wo reichlich Kompost verwendet und kluge Fruchtwechsel praktiziert werden, gibt es keine Schädlingsprobleme" [meine Übersetzung].[16]

Bereits im frühen 19. Jahrhundert wurde das Auftreten von Pflanzenkrankheiten durch Pilz- oder Bakterienbefall mit der Autogenetischen Theorie erklärt. Den Vertretern dieser Theorie zufolge war die Wirkung von Umweltfaktoren auf die Pflanze die Hauptursache für Pflanzenkrankheiten; die sichtbaren Symptome waren äußere Manifestationen innerer Fehlfunktionen. Diese Theorie wurde Ende des 19. Jahrhunderts beiseitegeschoben, als die Landwirtschaft die Existenz von Bakterien und Pilzen, die mit Pflanzenkrankheiten in Verbindung gebracht wurden, durch die Arbeit von Pasteur, Koch und anderen anerkannte. Infolgedessen spielte die Betrachtung der Rolle von Umweltfaktoren als Ursache eine untergeordnete Rolle. Es gab jedoch eine Reihe von Forschern, die, obwohl sie die neuen pathogenen Theorien über die Funktion von Mikroorganismen anerkannten, immer noch den Einfluss der Wachstumsbedingungen für wichtig hielten. Sie behaupteten, dass Mikroorganismen nur dann Krankheiten auslösen könnten, wenn die Wirtspflanze zuvor durch ungünstige Umweltbedingungen (schlechter Boden, zu viel Feuchtigkeit, zu wenig Luft, zu niedrige Temperatur usw.) anfällig gemacht worden sei, was der aufmerksame Züchter durchaus kontrollieren könne.

Zwei der führenden Verfechter dieser Ideen, die als „Prädisposition der Pflanzen“ bekannt wurden, waren H. Marshall Ward (1854-1906) in England und Paul Sorauer (1839-1916) in Frankreich.

Mit *Prädisposition* ist gemeint, dass nichtgenetische Bedingungen (wie oben in der Klammer genannt), die bereits vor dem Befall wirksam sind, die Pflanzenanfälligkeit für Schädlinge bestimmen. Dabei gibt es einen unterschiedlichen Grad an Resistenz oder Anfälligkeit in Abhängigkeit von äußeren Ursachen. Ein wesentlicher Faktor ist die Qualität des Bodens. Sorauer schreibt in seinem Aufsatz „The Nature of Disease" von 1905 (dt: Das Wesen der Krankheit), dass „für die Entstehung einer parasitären Krankheit nicht allein das Vorhandensein des Parasiten, sondern auch die Konstitution des Wirtsorganismus bestimmend ist. [...] Der Zustand eines Lebewesens, den wir normalerweise als ‚gesund' bezeichnen, ohne ihn bisher exakt definieren zu können, bildet eine Schranke, die der Parasit unter normalen Bedingungen nicht zu überwinden vermag."[17] Ward fasste in seiner Croonian Lecture von 1890 die Argumente der Vertreter der Prädispositionstheorie wirkungsvoll zusammen. „Krankheit ist das Ergebnis eines mangelnden Gleichgewichts im Kampf ums Dasein, so wie normales Leben das Ergebnis einer unterschiedlichen Ausrichtung der Faktoren des Daseins ist."[18] Es ist eine Hommage an Wards scharfsinnige Gedanken zu diesem Thema, dass Baker und Cook 85 Jahre später in ihrem Werk *Biological Control of Plant Pathogens* dieselbe Idee in fast identischen Worten formulierten: „Das Auftreten einer Pflanzenkrankheit zeigt also an, dass irgendein Aspekt des biologischen Gleichgewichts nicht im Einklang ist."[19]

1938 befasste sich der deutsche Forscher H. von Thiem mit der Existenz einer absoluten und einer relativen Immunität gegen Schädlinge. Erstere bezeichnete er als genetische Immunität, letztere als phänotypische Immunität. Er betrachtete Pflanzen als genetisch immun, wenn ihre Resistenz so beschaffen ist, dass sich ein bestimmter Schädling niemals auf ihnen ausbreiten und entwickeln kann. Phänotypisch immune Pflanzen hingegen sind solche, deren Resistenzgrad durch äußere Faktoren beeinflusst wird. Wenn die Resistenz einer phänotypisch immunen Pflanze erhalten bleiben soll, dann müssen die Anbaubedingungen wie Bodenart, Düngung, Feuchtigkeit usw. sorgfältig berücksichtigt werden. Von Thiem behauptete sogar, dass Monokulturen, die lange Zeit als ursächlicher Faktor für die Vermehrung von Insekten angesehen wurden, kein Problem darstellen würden, wenn die richtigen landwirtschaftlichen Praktiken die phänotypische Resistenz der Pflanze sicherstellen könnten.[20]

Der Einfluss von H. Marshall Ward in der Diskussion um eine natürliche Landwirtschaft wurde 1940 mit der Veröffentlichung von Sir Albert Howards Buch *An Agricultural Testament* wiederbelebt. Es stellte sich heraus, dass H. Marshall Ward in den Jahren 1896 bis 1898, als Howard in Cambridge sein Studium absolvierte, dessen maßgeblicher Professor war. Howards Frau bestätigte, dass Ward derjenige war, der Howard in die Theorie der Prädisposition eingeführt hatte.[21] Howard integrierte das Konzept in seine eigenen Bestrebungen nach einer natürlichen Landwirtschaft und erklärte in *An Agricultural Testament* mit Nachdruck, dass „Insekten und Pilze nicht die eigentliche Ursache sind [...], sondern dass sie nur ungeeignete Sorten oder unsachgemäß angebaute Feldfrüchte angreifen. Ihre wahre Rolle ist die eines Zensors, der auf die falsch gepflegten Feldfrüchte hinweist."[22]

Die oben dargelegte Diskussion zeigt einige Hintergründe für die drei Denkrichtungen, die sich zu einem neuen biologisch basierten Landwirtschafskonzept zusammenschlossen, das in den 1940er-Jahren erstmals als ökologischer Landbau bezeichnet wurde:

1. Die Bodenfruchtbarkeit kann durch verschiedene Techniken auf ein Höchst-

maß gesteigert werden, wie die Erhöhung des Anteils von organischen Substanzen im Boden, durch Fruchtwechsel und Tierhaltung sowie durch den Erhalt von Bodenmineralien durch natürliche Zugaben von Kalk und anderen fein gemahlenen Gesteinsmehlen.
2. Die Pflanzenqualität, die sich aus der korrekten Ausführung von Nr. 1 ergibt, liefert die nährstoffreichste Nahrung für die Erhaltung der Gesundheit von Mensch und Tier.
3. Die aus der korrekten Ausführung von Nr. 1 resultierende Pflanzenvitalität fördert das Immunsystem der Pflanzen und macht sie resistent gegen Schädlinge und Krankheiten.

Alle drei Aspekte beginnen mit der Bearbeitung des Bodens und hängen davon ab. Aber die Fruchtbarkeit dieses entscheidenden Faktors ist, in bester kleinbäuerlicher Tradition, keine Frage von kommerziellen Industrieprodukten. Sie entwickelt sich aus der intelligenten menschlichen Interaktion mit den lebendigen Bodenprozessen. Es sind Prozesse, die jedem Boden, der mit organischem Material gepflegt wird, innewohnen; Prozesse, die der Boden leistet.

Kritiker haben die biologisch basierte Landwirtschaft oft falsch dargestellt, als ob sie nichts anderes täte, als gekaufte rein chemische Zugaben durch gekaufte organische Zugaben zu ersetzen. Selbst wenn es Belege gäbe, die die Gründe für eine Substitutionsphilosophie dokumentieren, würden sie allein aus wirtschaftlichen Gründen an Aussagekraft verlieren. Sowohl Knochen- als auch Blutmehl, zwei beliebte „organische" Düngemittel, sind in der Landwirtschaft unerschwinglich. Darüber hinaus ist ein solches Substitutionsdenken für das eigentliche Ziel einer biologischen Landwirtschaft – nämlich die Entwicklung nachhaltiger, landwirtschaftlicher Systeme zur Erhaltung der Bodenfruchtbarkeit – nicht sachdienlich. Es geht nicht um das Ersetzen eines Düngers durch einen anderen, sondern um die langfristige praktische und wirtschaftliche Überlebensfähigkeit der landwirtschaftlichen Methoden. Die Versorgung mit Knochen- und Blutmehl ist ebenso wenig gesichert wie die Versorgung mit chemischen Düngemitteln, die aus endlichen und schwindenden Ressourcen stammen. Landwirtschaftliche Systeme, die auf Beiträge aus einer der beiden Quellen angewiesen sind, können auf lange Sicht nicht zuverlässig funktionieren. Worauf man sich jedoch verlassen kann, ist ein biologisch ausgerichtetes Landwirtschaftssystem, das die Fruchtbarkeit auf bewährten Anbaupraktiken mit dem Zusatz von lokal verfügbaren Abfallprodukten aufbaut.

Zu diesen Anbaupraktiken zähle ich:

Fruchtwechsel. Dr. Firman Bear von der Rutgers Universität hat festgestellt, dass ein klug geplanter Fruchtwechsel 75 Prozent des Erfolgs von dem ausmacht, was der Landwirt sonst noch tut.

Gründüngung. Tiefwurzelnde Leguminosen binden nicht nur Stickstoff, durchdringen harte Bodenschichten und erhöhen die Durchlüftung des Bodens, sondern transportieren auch neue Mineralien aus den tieferen Schichten des Bodens nach oben.

Kompostherstellung. Von allen Systemen zur Unterstützung der biologischen Landwirtschaft ist der Kompost, der auf dem eigenen Hof kostenlos aus dem hergestellt werden kann, was dort wächst, das beste Mittel der Welt zur Bodenverbesserung.

Gemischte Landwirtschaft. Die Kombination von Tierhaltung und Gemüseanbau auf demselben Hof hat sowohl symbiotische als auch praktische Vorteile. Die Ernterückstände ernähren die Tiere und der tierische Dung den Boden.

Saatgutmischungen für Deckfrüchte. Die Verwendung von acht oder mehr Sorten maximiert den Ertrag der nächsten Kultur in der Fruchtfolge u. a. durch verbesserte Bodengesundheit, zusätzliche Biomasse, Ökosystemvielfalt und bessere Beikrautunterdrückung.

Feldgraswirtschaft. Die Fruchtbarkeit des für Reihenkulturen gepflügten Bodens ist nach zwei bis vier Jahren (je nach Bodentyp) Bewuchs mit Gras-/ Kleeweide praktisch die eines jungfräulichen Bodens. Dies hängt mit der enormen Menge an Pflanzenfasern zusammen, die von den mehrjährigen Pflanzenwurzeln stammen, sowie mit der biologischen Stimulation durch den Dung des Weideviehs.

Untersaat. Das Säen von Gründüngungspflanzen unter der wachsenden Hauptkultur kann die Produktion organischer Substanzen im Laufe des Jahres oft verdoppeln, ohne dass die Nutzpflanze darunter leidet.

Gesteinsmineralien. Die langsame, dosierte Freisetzung von Mineralien (Kalzium, Phosphor, Kalium, Spurenelemente usw.), die dem Boden in Form von gemahlenem Gesteinsmehl zugesetzt werden, imitiert den Freisetzungsprozess von natürlichen Bodenpartikeln. Die Nährstoffe werden den Pflanzenwurzeln durch das Bodenleben zur Verfügung gestellt, das durch die organischen Substanzen genährt wird.

Verbesserung der Artenvielfalt. Dazu gehören Praktiken wie der Anbau einer breiten Palette von Feldfrüchten, die Aussaat von Weiden mit vielen verschiedenen Wildkräutern als Ergänzung zu Gräsern und Leguminosen, gemischte Tierhaltung, das Anlegen von Hecken für nützliche Insekten, das Anbringen von Nistkästen für Vögel, der Bau eines Teichs als zusätzlichen Lebensraum und so weiter. Je mehr Komponenten beteiligt sind, desto stabiler ist das System.

Diese Praktiken sind Teile eines Bewirtschaftungsprogramms, bei dem Bio-Landwirte durch natürliche Prozesse erfolgreich den menschlichen Bedarf an Nahrung und Ballaststoffen decken, ohne diese Prozesse in irgendeiner Weise zu überfordern und sie zu einer Fehlfunktion zu bringen. Die erfolgreichsten Bio-Landwirte folgen einem Muster, das der Arbeitsweise der mit chemischen Mitteln arbeitenden Landwirte entgegensteht. Die chemische/industrielle Herangehensweise konzentriert sich auf das Symptom eines Problems und entwickelt teure Produkte, um dieses Symptom zu beheben. Die ökologisch/biologische Denkweise konzentriert sich auf die Ursache des Problems und versucht, natürliche Prozesse so zu unterstützen, dass die Ursache korrigiert wird und das Problem gar nicht erst auftritt.

Bio-Landwirte nutzen die oben erwähnten uralten fruchtbarkeitsfördernden Praktiken, um die Ursache einer geringen Bodenfruchtbarkeit zu beheben, anstatt zu versuchen, die Symptome (schlechte Erträge, schlechte Qualität) durch den Kauf von chemischen Stimulanzien zu behandeln. Das gleiche Muster gilt für den Umgang mit Schädlingen. Durch die Verbesserung der Bodenfruchtbarkeit, die Vermeidung eines mineralischen Ungleichgewichts, die Sicherstellung einer angemessenen Wasser- und Luftzufuhr sowie durch den Anbau geeigneter Sorten vermeiden Bio-Landwirte den Pflanzenstress, der Schädlingsprobleme verursacht. Auf diese Weise beheben sie die Ursache, anstatt die Symptome – Insekten und Krankheiten – mit Pestiziden zu behandeln. So schrieb Albert Howard 1946: „Ich habe nicht gezögert, die Tragfähigkeit der heutigen landwirtschaftlichen Lehre und Forschung infrage zu stellen –, denn sie haben es versäumt zu erkennen, dass die Probleme der Landwirtschaft und des Gemüsegartens biologischer und nicht chemischer Natur sind. Daraus folgt, dass die Grundlagen, auf denen die Industrie für Kunstdünger- und Giftspritzmittel beruht, ebenfalls nicht solide sind." Es läuft darauf hinaus, dass das langfristige Ziel einer biologischen Landwirtschaft darin besteht, *Ausgeglichenheit* und *Ordnung* zu kultivieren, anstatt vergeblich gegen *Krankheiten* und *Unordnung* zu kämpfen.

Aber können wir wirklich auf diese Weise Landwirtschaft betreiben? Können wir erfolgreich sein, indem wir einfach die bekannten Effekte natürlicher Prozesse mit den Methoden kombinieren, die intelligente und kompetente Menschen für die Nutzung dieser Prozesse entwickelt haben? Wenn diese Art der Landwirtschaft funktionieren kann und universell einsetzbar wäre, dann wäre sie wirklich nachhaltig und hätte die Kraft, die Welt zu verändern. Als ich 1967 mit dem Ackerbau begann, achtete niemand von uns darauf, ob die damalige Agrarwissenschaft (im Gegensatz zur landwirtschaftlichen Tradition) unseren Ansatz guthieß. Wir fingen an, ökologisch zu wirtschaften, mit Kompost und Kulturpraktiken, weil die Überlegungen Sinn machten, und siehe da, sie funktionierten. Die aktuelle alternative Agrarforschung beweist, dass wir ziemlich schlau waren. Nur gibt es leider meist zu viele Studien auf einmal, um sie alle lesen zu können.

So wird zum Beispiel die Bedeutung der organischen Substanz immer mehr geschätzt, obwohl sie „wohl die komplexeste und am wenigsten verstandene Bodenkomponente ist".[23] Es wurde festgestellt, dass bioaktive Huminstoffe, die von Regenwürmern im Kompost produziert werden, das Wurzelwachstum und die Verfügbarkeit von Nährstoffen verbessern, „und zwar durch Mechanismen, die noch nicht geklärt sind", weil „ihnen bisher relativ wenig Aufmerksamkeit geschenkt wurde".[24] Die Arbeit mit Kompost hat bestätigt, dass dieser in der Lage ist, Pflanzenkrankheiten zu kontrollieren, indem er in der Pflanze das auslöst, was Harry Hoitink von der Ohio State University als systemisch erworbene Resistenz bezeichnet.[25] T. C. R. White hat beschrieben, wie die Auswirkung von stressenden Wachstumsbedingungen „den Stoffwechsel der Pflanze dahingehend stört, dass die Verfügbarkeit von Stickstoff in ihrem Gewebe ansteigt", was „das Überleben und die Menge von Pflanzenfressern, die sich von diesem Gewebe ernähren" erhöht, obwohl „diese physiologischen Veränderungen oft nicht ausreichen, um sichtbare Stresssymptome in der Pflanze zu erzeugen".[26] Nicht-genetische Toleranz gegenüber Stress ist eine Form der „induzierten Resistenz, die von Umweltfaktoren abhängt" und ein Ansatz, „den nur eine begrenzte Anzahl von Forschern zu definieren versucht hat."[27] Aber selbst genetische Resistenz macht da keinen Unterschied, wenn negative Wachstumsbedingungen die Genexpressionen hemmen. In einer Untersuchung des US-Landwirtschaftsministeriums (USDA), die der Frage nachging, warum Tomaten, die in einer Mulchschicht aus Wickengründünger wachsen, krankheitsresistenter und langlebiger sind als identische Tomaten in schwarzem Plastikmulch, fanden Kumar und seine Kollegen heraus, dass die Gene für Langlebigkeit und Resistenz in den Beeten ohne Wickenmulch nicht „angeschaltet" waren.[28]

Ernährungswissenschaftler haben zu ihrem Entsetzen bei Hochertragspflanzen (vom Typ der „Grünen Revolution") das gefunden, was sie „Verwässerungseffekt" nennen. Züchtungsprogramme, die darauf abzielen, ertragreiche Sorten zu generieren, kombiniert mit intensiver chemischer Düngung, um die Erträge noch weiter zu steigern, haben zu Gemüse- und Getreidesorten geführt, die nicht den vollen Nährstoffgehalt haben, weil ihre begrenzten Wurzelsysteme nicht in der Lage sind, genügend Spurenelemente aufzunehmen.

‚Für den Menschen bedeutet dies einen „versteckten Hunger", der durch ein Defizit an Spurenelementen bei denjenigen verursacht wird, die solche Nahrungsmittel konsumieren. Die 2004 erschienene Studie von Brian Halweil, *Still No Free Lunch*,[29] gibt ein sehr vollständiges Bild der Zusammenhänge zwischen Pflanzenzüchtung, hohem Einsatz von chemischen Düngemitteln und der ernährungsphysiologischen Qualität der daraus resultierenden Produkte. Sie steht auch für ein neues Inte-

resse an der Fortsetzung dieser Forschung. Andere vorausschauende Wissenschaftler und Wissenschaftlerinnen auf der ganzen Welt beginnen, biologische Themen zu untersuchen und stellen fest, dass das biologisch ausgerichtete System, diese alternative landwirtschaftliche Realität, welche die Bio-Bauern in den letzten 125 Jahren geschaffen haben, genauso gut ist, wie die Bauern behaupten.

Daraus ergibt sich also die interessante Frage: Wie kam es, dass diese einleuchtenden Ideen, die so logisch nachvollziehbar dargestellt waren, dennoch von der Mehrheit der Agrarwissenschaftler konsequent ignoriert wurden? Ich kann mir drei einfache Erklärungen für das Unvermögen der Agrarwissenschaftler vorstellen, die Existenz einer anderen Realität zu begreifen, und warum sie sich keine Welt ausmalen können, in der die Bodenvorbereitung mit Kompost, Gründüngung und Gesteinsmineralien hohe Erträge an kräftigen Pflanzen hervorbringt, die nicht den Schutz von Pestiziden und Fungiziden benötigen. Es scheint große Schwierigkeiten zu geben, das zu begreifen, was ich einen *Pflanzen-positiven Ansatz* nenne (Stärkung der Pflanze durch optimale Wachstumsbedingungen, um Schädlingen vorzubeugen) im Gegensatz zum konventionellen Schädlings-negativen Ansatz (Töten der Schädlinge, die schwache Pflanzen befallen). So stellte auch Benjamin Walsh 1866 in *The Practical Entomologist* fest: „Lass einen Mann behaupten, dass er ein neues Patentpulver Pimperlimplimp entdeckt hat, von dem eine einzige Prise, in jede Ecke eines Feldes gestreut, jegliches Ungeziefer in seiner ganzen Ausdehnung tötet, und die Leute werden ihm mit Aufmerksamkeit und Respekt zuhören. Aber erzähle ihnen von irgendeinem einfachen Plan des gesunden Menschenverstandes, der auf korrekten wissenschaftlichen Prinzipien beruht, um die Insektenfeinde des Landwirts zu kontrollieren und in vernünftigen Grenzen zu halten, und sie werden dich auslachen."[30] Die erste Erklärung ist das Fehlen eines geeigneten Begriffs. Es gibt kein Wort in unserem alltäglichen Wortschatz, um *Pflanzen-positives* Denken zu beschreiben. Wir alle wissen, womit sich die Abteilung für Pflanzenpathologie (*Pathos* – Leiden) beschäftigt. Aber gibt es an irgendeiner Universität eine Pflanzenabteilung mit entgegengesetzter Ausrichtung? Wie würde das Wort lauten? Sanologie (vom lateinischen *san* –Gesundheit) oder Euologie (vom griechischen *eu* – gut) könnte man als mögliche neue Wörter vorschlagen. Oder wie wäre es mit der Abteilung für Pflanzen-Phylaktotrophie (*phylact* – schützen; *troph* – ernähren) oder wenn alle Fachhochschulen für Agrarwissenschaft eine Abteilung für Eucrasiotrophische Landwirtschaft hätten (*Eu* – gut; *crasio* – Aufbau; *troph* – nähren)? Was wäre, wenn wir in einer Welt leben würden, in der wir mit gesunden Pflanzen rechnen, anstatt von mit Schädlingen befallenen Pflanzen auszugehen? Was wäre, wenn eine Abteilung für Phytostenik (*Phyto* – Pflanze; *sten* –Stärke) Forschungen veröffentlichen würde, die erklären, dass Schädlinge erst dann dominieren können, wenn die Pflanzengesundheit durch falsche Anbaupraktiken untergraben wurde? Das wäre eine andere Welt. Aber es bleibt die Tatsache, dass es für die meisten Menschen schwierig ist, ein Konzept zu begreifen, das so neu ist, dass es in ihrer Sprache noch keine wissenschaftlichen Begriffe hat, um es zu definieren. Die zweite Erklärung ist, dass die Menschen sich keine Welt vorstellen können, in der sie nicht das Sagen haben.

Als Bio-Landwirt arbeite ich in Partnerschaft mit der Natur, und ich bin ein sehr junger Partner. Angesichts der begrenzten Menge an verfügbaren gesicherten Erkenntnissen bezeichne ich meinen Bewirtschaftungsstill oft als „kompetente Ignoranz", und ich finde das eine sehr treffende Beschreibung. Aber mein Maß an Vertrauen in die Gestaltung der natürlichen Welt und meine Bereitschaft, mich von ihr leiten zu lassen, ist unangenehm für diejenigen, die meinen, wir sollten absolute Macht über die Natur ausüben. Thomas Colwell wird in seinem Buch *Human Values and Natural Science* in diesem Punkt sehr deutlich: „Aber obwohl der Mensch ein Teil der Natur ist, liegt seine einzigartige Funktion [...] darin, die natürliche Welt zu kontrollieren und zu transformieren und nicht darin, andächtig ihre Führung zu suchen. Und das glauben wir auch heute noch. Was sollten wir auch anderes tun, denn das gesamte Gebäude unserer Zivilisation ist darauf aufgebaut. Die Bacon'sche Vorstellung von Wissenschaft als Kontrolle über die Natur ist nicht nur unsere intellektuelle, sondern auch unsere tief verwurzelte emotionale Haltung."[31]

Die dritte Erklärung geht auf den Beginn der industriellen Revolution zurück, als die Finanzwelt begann, Tausch und Handel zu ersetzen. Zu diesem Zeitpunkt wurde das, was als der große Vorteil eines biologischen Produktionssystems angesehen wurde – der geringe Bedarf an zugekauften Betriebsmitteln –, plötzlich als dessen Mangel definiert. In einer industriell geprägten Geldwirtschaft sind die Prozesse, mit denen die biologische Landwirtschaft Lebensmittel produziert, geradezu subversiv. Weil sie sich durch die oben erwähnte Partnerschaft mit der Natur selbst versorgt, ist sie unabhängig von der Industrie. Mit „selbstversorgt" meine ich, dass für diejenigen, die an einer biologischen Landwirtschaft teilnehmen, der Großteil der Investitionen aus dem eigenen Betrieb kommt. Daher müssen Bio-Landwirte, die den vollen Nutzen aus den Beiträgen der Erde ziehen, keine industriellen Produkte zukaufen.

Dies mag erklären, warum sich so wenige Menschen der einfachen Methoden bewusst sind, mit denen kluge Landwirte gelernt haben, die menschlichen Bedürfnisse nach Nahrung und Ballaststoffen im Rahmen der vorgegebenen natürlichen Bedingungen erfolgreich zu befriedigen. Da sich die Techniken einer biologischen Landwirtschaft selbst tragen, bieten sie keinen Ansatzpunkt für die Industrie, was bedeutet, dass es keine Werbung, keine Forschung und Entwicklung, keinen Rummel, kein Publikum und kein Business gibt. Wenn jeder mit selbst produziertem Kompost und uralten biologischen Techniken üppige Erträge an kräftigen und schädlingsfreien Pflanzen anbauen kann, gibt es keinen Markt für Fungizide, Pestizide oder wasserfreies Ammoniak. Wenn ein Konzept nicht kommerzialisiert werden kann – das heißt, wenn es nicht vom Kauf industrieller Produkte abhängt –, ist die Industrie feindlich gesinnt, und die biologischen Konzepte kommen in unserer kommerziell dominierten Wirtschaft zu kurz.

Aber vielleicht liegt das Problem darin, dass wir einfach nicht glauben, dass so etwas funktionieren kann. Was? Können Landwirte Brokkoli ohne grüne Würmer anbauen? Vieh kann ohne Antibiotika gezüchtet werden? Träumt weiter! Aber ich bin zu diesen Schlussfolgerungen gekommen und kann diese radikalen Ideen empfehlen, weil ich sehe, was auf meinem Hof jeden Tag passiert.

Wir bezeichnen unseren Hof oft scherzhaft als Nationale Empirische Forschungsstation. Wenn wissenschaftliche Beweise fehlen, ist die praktische Erfahrung alles, worauf wir uns stützen können. Und die Fakten liegen direkt vor meinen Augen, während ich kultiviere, pflanze, pflüge oder Zäune ausbessere. Ich sehe, dass die biologisch basierte Landwirtschaft, die ich in den letzten 50 Jahren praktiziert habe, wirklich funktioniert. Wenn ich meine Arbeit als Landwirt richtig gemacht und die Biologie der Pflanzenproduktion optimiert habe, indem ich die organische Substanz des Bodens erhalten, die Belüftung und den Mineralhaushalt des Bodens verbessert und für ausreichende Feuchtigkeit gesorgt habe, wenn ich genau darauf geachtet habe, die natürlichen Prozesse zu fördern, gibt es keine Nachteile. Der Viehbestand ist bei voller Gesundheit. Es gibt keine grünen Würmer auf dem Brokkoli. Es gibt keine Wurzelmaden in den Zwiebeln. Der Ertrag und die Qualität meiner landwirtschaftlichen Produkte sind durchweg hervorragend, ohne dass ich industrielle Produkte einsetzen muss. Das ist die tägliche Realität eines erfolgreichen Bio-Hofes. Könnte es sein, dass die Menschen durch eine begrenzte Weltsicht, die es ihnen nie erlaubt hat, nicht-kommerzialisierte Optionen in Betracht zu ziehen, dazu gebracht wurden, die Brillanz einer ganz anderen Art von Landwirtschaft zu ignorieren?

Die derzeitige Realität sieht so aus, dass der praktische Erfolg von vielen landwirtschaftlichen Betrieben, die nach biologischen Grundsätzen bewirtschaftet werden, einhergeht mit einem auffallenden Mangel an Interesse (wohl Abwehr) seitens der Agrarwissenschaft an der Erforschung der Gründe für den Erfolg dieser Betriebe. Die Grundlage, auf der unser Hof in Maine arbeitet – das Gefühl, dass die Systeme der Natur großartig gestaltete Muster bieten, denen es sich zu folgen lohnt –, scheint für den Großteil der Agrarwissenschaft eine unverständliche Fremdsprache zu sein.

Dieses Buch legt nahe, dass die von der konventionellen Landwirtschaft vertretenen Techniken auf der falschen Prämisse beruhen, dass die Natur unzureichend ist und daher mit industriellen Chemikalien ergänzt werden muss. Weil dieser Irrglaube weitere Probleme schafft, ist in der konventionellen Landwirtschaft eine enorme Flickschusterei nötig, um zu funktionieren. Pestizide, Fungizide, Mitizide und so weiter sind alle Teile des Flickensystems. Es ist eine bekannte Geschichte: Wahre Gläubige der konventionellen Landwirtschaft, vor allem diejenigen, für die es enorme wirtschaftliche Anreize gibt, geben nur ungern zu, dass ihre ursprüngliche Prämisse falsch ist, und halten trotz offensichtlicher Gegenbeweise daran fest.

KAPITEL DREI

Das Handwerk des Landwirts

Warum und wie wachsen Pflanzen? Warum und wie gedeihen sie nicht? Warum scheinen Pflanzen bei manchen Menschen und an manchen Orten erfolgreich zu wachsen und anderswo nicht? Die Antworten hängen mit den Faktoren, die das Wachstum von Pflanzen beeinflussen, zusammen wie Licht, Feuchtigkeit, Temperatur, Bodenfruchtbarkeit, Mineralhaushalt, biotische Vorgänge, Beikraut, Schädlinge, Samen, Arbeit, Planung und Geschick. Der Züchter kann einige dieser Faktoren stärker beeinflussen als andere. Je mehr diese sich jedoch an den Bedürfnissen der Pflanzen orientieren, desto erfolgreicher wird der Betrieb des Landwirts sein.

Sie sollten sowohl Kulturen im Freiland als auch im Gewächshaus anbauen.

Die Biologie der Landwirtschaft

Die Arbeit mit Lebewesen, sowohl Pflanzen als auch Tieren, unterscheidet die Landwirtschaft von jedem anderen Betrieb. Auch wenn am Ende ein Produkt entsteht, ist der Prozess alles andere als industriell. Er ist biologisch.

Wir haben es mit einem vitalen, lebenden System zu tun und nicht mit einem inaktiven Fertigungsverfahren. Die Fähigkeiten, die erforderlich sind, um ein biologisches System zu managen, sind vergleichbar mit denen eines Dirigenten. Die Musiker sind alle sehr gut in dem, was sie individuell vermögen. Die Rolle des Dirigenten besteht nicht darin, jedes Instrument spielen zu können, sondern vielmehr darin, das Zusammenspiel der verschiedenen Teile zu fördern. Der Dirigent koordiniert den Einsatz jedes einzelnen Musikers mit denen der anderen und verbindet sie zu einem harmonischen Ganzen.

Landwirtschaft ist ebenso wenig ein industrieller Prozess wie die Musik. Sie muss anders verstanden werden als das Stanzen eines Metalls in eine bestimmte Form oder das Mischen von Chemikalien und Reagenzien, um eine bestimmte Verbindung herzustellen. Die Hauptakteure – Bodenmikroorganismen, Pilze, Mineralpartikel, Sonne, Luft, Wasser – sind alle Teile eines Systems, und es ist nicht nur der Einsatz eines Einzelnen von ihnen, sondern die Koordination aller, die zum Erfolg führt.

Ich erinnere mich an ein Gespräch, das ich 1979 mit einem Landwirt aus Kansas führte; er war in seinen 60ern und bewirtschaftete eine Anbaufläche von etwa 280 Hektar. Seine Methoden galten damals als unkonventionell, weil er schon immer ohne den Kauf von Herbiziden oder Pestiziden auskam und nur geringe Mengen an Kalk und Phosphor brauchte. Ich fragte ihn, auf welche Theorie er seine Landwirtschaft stützte. Er sagte, es gäbe eigentlich keine Theorie, von der er wüsste. Er machte es eigentlich wie immer. Er erwähnte eines seiner Lieblingsbücher, ein landwirtschaftliches Lehrbuch aus den 1930er-Jahren, das den Wert biologischer Techniken wie Fruchtwechsel, Tierdung, Gründüngung, Deckfrüchte, Mischkulturen, gemischte Tierhaltung, Leguminosen, Ernterückstände und mehr betonte. Er sagte, dass er diese Praktiken auf seinem Hof einfach deshalb anwendet, weil sie so gut funktionieren. In dem Buch wurde nie eine „Theorie“ erwähnt, wahrscheinlich gab es auch keine; es bezeichnete diese biologischen Techniken als „gute landwirtschaftliche Praxis“.

Mein Freund aus Kansas versicherte mir, dass er durch die Anwendung dieser gut funktionierenden landwirtschaftlichen Praktiken die gleichen Erträge und oft sogar umfangreichere als seine Nachbarn erzielte. Als er einmal löslichen Dünger ausprobierte, konnte er keine Ertragssteigerung feststellen. Durch Fruchtwechsel und Mischkulturen waren Beikraut, Schädlinge und Krankheiten ein vernachlässigbares Problem. Als die Düngemittelpreise stiegen, fühlte er sich so sicher wie eh und je, weil seine Produktionstechniken grundsätzlich unabhängig von zugekauften Produkten waren. Und solange diese guten Anbaumethoden funktionierten und seinen Betrieb profitabel machten, würde er sie weiterhin anwenden. Er schloss damit, dass er, wenn es eine Theorie gäbe, sie einfach „erfolgreiche Landwirtschaft“ nennen würde.

Ich habe lange Zeit ähnliche gute landwirtschaftliche Praktiken – biologische Anbaumethoden – auf meinem Hof angewandt. Das

Geheimnis des Erfolgs in der Landwirtschaft besteht darin, die begrenzenden Faktoren für das Pflanzenwachstum zu beseitigen. Die biologischen Anbaumethoden tun dies effizient und wirtschaftlich, indem sie eine ausgewogene Bodenfruchtbarkeit aus dem eigenen Betrieb heraus erzeugen, anstatt sie von außen zu importieren. Sie versorgen das System mit Energie, indem sie die natürlichen Prozesse der Bodenfruchtbarkeit, des Pflanzenwachstums und der Schädlingsregulierung fördern. Die Praktiken können noch besser funktionieren, wenn sie mit Bedacht gewählt und mit dem nötigen Einfühlungsvermögen betrieben werden, um die spezifischen Aspekte der Natur voll zu nutzen. Als zusätzlicher Bonus beseitigen sie gleichzeitig Probleme wie Bodenerosion, Düngerabfluss und Pestizidbelastung.

Entwicklung eines landwirtschaftlichen Anbausystems

Seit ich mit der Landwirtschaft begonnen habe, sammle ich Informationen über biologisch basierte Techniken zur Nahrungsmittelproduktion und werte sie aus. Zunächst sammelte ich dieses Material als kommerzieller Gemüsebauer, weil ich es für den Erfolg meines eigenen Betriebs brauchte. Dabei wurde ich mir des enormen ungenutzten Potenzials dieser Art von Landwirtschaft bewusst und ich war begeistert von der Entdeckung und Anwendung der einfachen Techniken, die von einer im Einklang mit der Natur stehenden Landwirtschaft praktiziert werden.

Um ein verlässliches Modell für die Gemüseproduktion zu entwickeln, konzentrierte ich mich darauf, Informationen zu folgenden vier Themenbereichen zusammenzustellen:

1. Wie können die Produktionstechniken vereinfacht werden?
2. Wie finden sich die effizientesten Maschinen und Werkzeuge?
3. Wie lassen sich die Ausgaben für zugekaufte Materialien reduzieren?
4. Wie sind die Produkte auf die rentabelste Weise zu vermarkten?

Meiner Erfahrung nach liefern diese vier Bereiche die grundlegenden Informationen, die für eine kleine, wirtschaftlich erfolgreiche, biologisch basierte Lebensmittelproduktion benötigt werden.

Die erste Kategorie erklärt, wie einfach und wirtschaftlich ein erfolgreiches System zur Gemüseproduktion sein kann. Obwohl der Anbau kommerzieller Nutzpflanzen oft nur als etwas für „Experten" angesehen wird, ist er das definitiv nicht. Die Pflanzenwelt ist vital, kraftvoll und wächst von allein. Werfen Sie einen Samen in die Erde will er wachsen. Die gemeinsame Weisheit erfolgreicher Landwirte ist, dass sie wissen, wie sie dem Samen helfen können, das zu tun, wozu er bereits entschlossen ist. Je erfolgreicher der Landwirt ist, desto besser versteht er, wie er die natürlichen Prozesse unterstützen kann, ohne sie zu überfordern. Dieser einfach formulierte Grundsatz ist der Schlüssel zu einer erfolgreichen ökologischen Lebensmittelproduktion.

Der nächste Punkt betrifft die Bedeutung von effizienten und zuverlässigen Maschinen und Werkzeugen, die auf die Bedürfnisse einer kleinen Produktion abgestimmt sind. Kleinbauern können im Wettbewerb bestehen sowie wirtschaftlich und praktisch erfolgreich sein, wenn sie Zugang zu Geräten haben, die ihren Möglichkeiten entsprechen und für ihre spezifischen Aufgaben konzipiert sind. Die Tatsache, dass solche nützlichen und passenden Geräte nicht ohne Weiteres verfügbar waren, hat zum Niedergang der kleinbäuerlichen Betriebe beigetragen und zu der Annahme, dass sie nicht erfolgreich sein können. Allzu oft wurde eine problematische Erweiterung des Betriebs von der Notwendigkeit diktiert, teure und überdimensionierte Geräte zu rechtfertigen, weil keine anderen verfügbar waren.

Um die richtigen Geräte zu finden, auszuprobieren und zu modifizieren, habe ich mich auf der ganzen Welt umgesehen. Die in diesem Buch enthaltenen Gerätevorschläge stammen aus vielen verschiedenen Ländern und sie erfüllen ihre Aufgabe mit Bravour. In der Zukunft wird es ohne Zweifel neue und noch bessere Modelle geben. Aber ich gehe davon aus, dass das grundsätzliche Verhältnis von Aufgabenstellung und technischem Gerät ziemlich konstant bleiben wird.

Drittens muss der wirtschaftliche Erfolg eines jeden Betriebs gesichert sein. Um die Kosten niedrig zu halten, betone ich die Bedeutung von einem „Produktionsverfahren mit geringem Investitionsbedarf". Damit meine ich Praktiken wie Fruchtwechsel, Gründüngung, Dungverarbeitung, effiziente Arbeit, Saisonverfrühung und -verlängerung und so weiter. Produktionsvorteile werden eher durch eine sorgfältige Bewirtschaftung als durch teure Anschaffungen erzielt. Diese Praktiken sparen nicht nur kurzfristig Geld, sondern erhöhen auch langfristig die Stabilität und Unabhängigkeit des Betriebs. Je mehr Produktionsmittel auf dem Hof selbst erzeugt werden oder arbeitssparend sind, desto unabhängiger und sicherer wird der Betrieb. So ist er bei Nichtverfügbarkeit oder hohen Preisen von Rohstoffen nicht von externen Lieferanten abhängig. Die stabilste Betriebswirtschaft ist diejenige, die auf dem größtmöglichen Einsatz von hofeigenen Produktionsmitteln aufgebaut ist.

Und schließlich – egal wie erfolgreich ich in den ersten drei Bereichen bin – würde es mir wenig nützen, wenn ich kein erfolgreiches Marketingkonzept hätte. Marketing war schon immer der Bereich, in dem es für Kleinerzeuger um alles oder nichts ging. Vieles hängt von hoch entwickelten Marketingfähigkeiten ab, die man nicht in erster Linie mit der Landwirtschaft in Verbindung bringen würde. Das jüngste Wachstum von Bauernmärkten hat in vielerlei Hinsicht die Vermarktung lokaler Produkte gefördert. Aber es gibt auch andere Lösungen. Ich habe auf beiden Seiten des Atlantiks festgestellt, dass Landwirte, die den größten wirtschaftlichen Erfolg haben, wettbewerbsfähige Nischen im größeren Vermarktungssystem gefunden haben. Der Umfang dieses Markts für Kleinerzeuger und wie er erreicht werden kann, ist im Kapitel über Marketing beschrieben.

Gewusst wie

Es gibt mehrere Möglichkeiten, eine neue Fähigkeit zu erlernen. Sie können sich von Anfang an mutig hineinstürzen und darauf vertrauen, dass Sie es schaffen und sich nicht unterkriegen lassen. Sie können auch als Lehrling bei jemandem arbeiten, der weiß, wie man es macht. Oder Sie können ein Studium absolvieren. Ich habe mich für den ersten Weg entschieden, und ich empfehle ihn jedem, der diese Art von Herausforderung mag. Man lernt schnell, weil man es muss. Aber seien Sie gewarnt, es kann gelegentlich zum anstrengenden Abenteuer werden – vor allem, wenn Sie wie ich mit minimalen Ressourcen beginnen und Sie Ihre Welt praktisch erst erschaffen müssen, bevor Sie sie bewohnen können.

Für viele Menschen ist die zweite Option vorzuziehen. Der Druck der Betriebsleitung liegt auf dem Arbeitgeber und man kann sich auf die Details konzentrieren. Ich denke, dass diese Herangehensweise eine viel höhere Erfolgsrate hat als die dritte. Sie haben bessere Chancen, später erfolgreich zu sein, wenn Sie bei einem guten Gärtner gearbeitet haben und viel lernen konnten, als wenn Sie an der Hochschule Landwirtschaft studiert haben. Das Ausbildungssystem vergangener Jahrhunderte brachte sehr kompetente Fachleute ihres Handwerks hervor. Wenn Sie lernen wollen, wie man etwas macht, gehen Sie direkt zu denen, die es gut machen. Zusätzlich zu den unschätzbaren praktischen Erfahrungen, die Sie sammeln können, werden Sie auch motivierter sein, etwas nachzulesen und aus Büchern zu lernen (erinnern Sie sich, wie unmotiviert viele von uns in der Schule waren?), weil Sie dann einen soliden Hintergrund haben und Ihre Fragen aus eigener Erfahrung und eigenem Interesse entstehen.

In einem meiner Lieblingsbücher, *The Farming Ladder*, erzählt der Autor George Henderson sowohl von seinen Erlebnissen als Lehrling, als er für andere Landwirte arbeitete, als auch von seiner späteren Rolle als Meisterlandwirt, der seine eigenen Schüler hatte.[1] Während seiner Ausbildungszeit arbeitete Henderson auf vier verschiedenen Höfen, die er ausgewählt hatte, um einen möglichst breiten Hintergrund zu bekommen. Am meisten hat mich die Art und Weise beeindruckt, wie er sich voll und ganz in die Arbeit stürzte. Er ließ keine Gelegenheit aus, härter oder länger zu arbeiten, wenn es etwas Neues zu lernen gab. Er erzählt in seinem Buch, wie er ein Feuer in einem Heuhaufen bekämpfte – hustend vom Rauch, bedeckt mit Ruß, durchnässt vom Wasser – während ein zufällig vorbei kommender Bauer aus der Nachbarschaft zu ihm sagte, dass er ein glücklicher Bursche sei, weil er all diese Erfahrung auf Kosten eines anderen machen könne.

Später, als er selbst ein erfolgreicher Landwirt war, ging Henderson mit seinen Schülern genauso um, wie er mit sich umgegangen war. Er bot ihnen eine gute Ausbildung und erwartete im Gegenzug harte Arbeit. Er berichtet von Entlohnungssystemen, die damals üblich waren. Der Schüler erhielt Unterkunft und Verpflegung, musste aber in den ersten drei Monaten eine monatliche Gebühr an den Bauern zahlen. Nach drei Monaten, wenn der Lehrling ein tüchtiger Arbeiter war, zahlte der Bauer diese Gebühr monatlich als Gehalt für die folgenden drei Monate zurück. Wenn der Schüler also untätig war und sich bald wieder davonmachte, wurde der Bauer für seine Mühe entschädigt. Der Lehrling jedoch, der ausdauernd und hart arbeitete, erhielt sechs Monate lang eine gründliche Ausbildung zum Nulltarif. Angesichts der Gebühren für eine College-Ausbildung klingt das System ziemlich gut. Ein eifriger Schüler, der mit einem außergewöhnlich erfahrenen Landwirt zusammenarbeiten möchte, sollte vielleicht einen ähnlichen Vorschlag machen, um eingestellt zu werden.

1968: Aus der Wildnis Ackerland schlagen.

Nach den Berichten über seine Arbeit auf anderen Höfen fasst Henderson die gewonnenen Erkenntnisse in ein paar Sätzen zusammen. Sie decken sich gut mit meiner eigenen Erfahrung als autodidaktischer Anfänger. „Gute Landwirtschaft ist die kumulative Wirkung der bestmöglichen Nutzung von Land, Arbeit und Kapital. Es ist nicht die Anbaufläche, die Sie bewirtschaften, sondern die kontinuierliche Produktionsintensität, die den finanziellen Erfolg des Unternehmens bestimmt."

Aber es ist nicht machbar, oder?

Die meisten Gebiete der Vereinigten Staaten wurden einst von kleinen, regionalen Bauernhöfen ernährt. Heute wird das als unerfüllbarer Traum angesehen. Selbst professionelle Landwirte bemängeln die Idee von wirtschaftlich lebensfähigen kleinen Höfen als visionär. Viele Agrarexperten sagen, dass es einfach nicht funktionieren kann. Ihre Meinung basiert vor allem auf wirtschaftlichen und produktionstechnischen Erkenntnissen aus landwirtschaftlichen Großbetrieben. Leider werden die Vorteile, die der kleine Betrieb mit sich bringt, kaum berücksichtigt.

Wenn man versteht, wie sich die ökonomischen und praktischen Bedingungen ändern, wenn kostengünstige Produktionsmethoden mit den richtigen Maschinen und Marketingkonzepten kombiniert werden, dann scheint der Fall keineswegs hoffnungslos. Tatsächlich wird die negative Meinung der „Experten" durch die Anzahl der erfolgreichen Beispiele von kleinen Nahrungsmittelproduktionsbetrieben in zahlreichen Ländern widerlegt. Diese Zahl steigt täglich, da es immer mehr verbesserte, kostengünstige Technologien gibt und die Nachfrage der Verbraucher nach qualitativ hochwertigen regionalen Produkten wächst.

Meiner Erfahrung nach stellt bereits eine Fläche von 0,4 bis 0,8 Hektar eine äußerst produktive Größe für den Gemüseanbau dar. Die Managementfähigkeiten, die für einen Betrieb dieser Größe erforderlich sind, sind eher angenehm als beschwerlich. Für die kommerzielle Lebensmittelproduktion ist es eine überschaubare Größe – groß genug, um davon leben zu können, aber klein genug, um den Schwerpunkt auf Qualität zu legen; vielfältig genug, damit die Arbeit nie langweilig wird, aber kompakt genug, damit sie nie außer Kontrolle gerät.

Zwischen dem positiven Einzelbeispiel und dem anhaltenden Erfolg eines landwirtschaftlichen Unternehmens besteht natürlich eine Spanne. Letzterer kann sich nur einstellen, wenn das System in der Praxis Sinn macht, sich über Jahre hinweg bewährt hat und mit Fleiß und Verständnis verfolgt wird. Die Experten haben sich schon einmal geirrt, und sie werden es sicher wieder tun. Was sie im Fall der kleinen landwirtschaftlichen Betriebe nicht erkannt haben, ist, dass es mit sorgfältiger Planung, Organisation und Willen nichts gibt, was „nicht gemacht werden kann".[2]

Eine wichtige Frage

Obwohl es mein Ziel ist, in diesem Buch umfassende Informationen zusammenzutragen, gibt es eine Frage, die jeder Leser und jede Leserin für sich selbst beantworten muss. Solange die Antwort auf diese Frage nicht geklärt ist, helfen die besten Anleitungen der Welt nicht weiter. Ich möchte Sie direkt ansprechen. Die Frage lautet: „Warum wollen Sie Landwirt bzw. Landwirtin werden?"

Ich schlage vor, dass Sie sich mit Stift und Papier hinsetzen und sich ein paar Antworten auf diese Frage überlegen. Ich habe die Erfahrung gemacht, dass der beste Weg, unklare Gedanken zu sortieren, darin besteht, Ideen in eine lesbare Form zu bringen. Ist es nur der idealisierte Lebensstil, nach dem Sie sich sehnen? Oder eine Erinnerung an Kindheitstage auf dem Land? Überlegen Sie genau, ob der Wunsch nach einem Bauernhof aus positiven Beweggründen gegenüber der Landwirtschaft entstanden ist oder als negative Reaktion auf ihre aktuellen Lebensumstände.

Unzufriedenheit mit Ihrem gegenwärtigen Job, eine Abneigung gegenüber dem Stadtleben oder ein empfundener Mangel an Abwechslung in Ihrem Leben können diese negative Reaktion hervorrufen. Oft werden mit dem Landleben naive Zukunftshoffnungen verbunden, weil es die idyllischen Fantasien erfüllt, die wir alle im Hinterkopf haben. Ich ermutige Sie, lange und gründlich darüber nachzudenken, was Sie wirklich ändern wollen, wohin Sie wirklich gehen wollen und warum.

In einer negativen Reaktion hat der Möchtegern-Landwirt plötzlich genug von der Stadt, vom Job ohne Perspektive oder der schlichten Langeweile und verrennt sich impulsiv in die Fantasie von frischer Luft und dem Leben auf dem Bauernhof. Im Gegensatz dazu entspringt eine positiv motivierte Aktion dem langjährigen Wunsch nach einem Hof, der vielleicht aus praktischen oder ökonomischen Gründen zurückgestellt wurde. Eine solche Entscheidung basiert auf dem Wissen um die harte Arbeit und Disziplin, die eine Tätigkeit in der Landwirtschaft erfordert. Bei einer positiven Motivation wurde der Schritt sorgfältig geplant, und der oder die Betreffende wartet nur darauf, dass alles auf seinen Platz fällt und der richtige Zeitpunkt gekommen ist.

Unabhängig davon, ob Sie sich Ihrer Motivation bewusst sind oder nicht, gibt es eine Option, die eindeutig Sinn macht und die es wert ist, wiederholt zu werden – arbeiten Sie zunächst auf einem Bauernhof mit. Probieren Sie Ihre Idee aus, indem Sie zusammen mit jemand anderem arbeiten (und von ihm lernen). Erleben Sie die guten und die schlechten Zeiten, die tatsächlichen Gegebenheiten und die Belohnungen. Wenn möglich, arbeiten Sie auf mehr als einem Hof. Je mehr Hintergrundwissen und Erfahrung Sie sammeln können, desto besser wird es Ihnen gehen.

Die Voraussetzungen für den Erfolg in der Landwirtschaft sind die gleichen wie für jedes andere kleine Unternehmen: Organisationstalent, Fleiß, Finanzplanung, die Fähigkeit, lange zu arbeiten, und der Wille zum Erfolg. Hinzu kommen handwerkliches Geschick, Sensibilität gegenüber Lebewesen, ein hohes Maß an Gesundheit und Fitness und die Liebe zu dem, was man tut. Die Landwirtschaft bietet denjenigen, die den Anforderungen gewachsen sind und bei Schwierigkeiten nicht verzagen, eine befriedigende Herausforderung und eine Bereicherung, wie in keinem anderen Beruf.

KAPITEL VIER

Das Land

Jeder hat eine besondere Beziehung zum Land. Egal zu welchem Zeitpunkt oder an welchem Ort wir uns gerade befinden, die Sehnsucht nach einem idealen Platz auf dem Land ist sehr real. Ob das Bild aus Büchern, Kindheitserlebnissen oder aus den Tiefen unserer Seele stammt, es hat eine unauslöschliche Qualität. Bei unserem Traum-Bauernhof gibt es Felder, einen Obstgarten, einen Bach und große Bäume in der Nähe des perfekten Gehöfts, mit Scheunen und Nebengebäuden drum herum. Es ist leicht, solch einen Traum zu haben. Die Schwierigkeit besteht darin, einen solchen Ort zu finden, wenn man sich entschließt, einen zu kaufen.

Ich empfehle Ihnen, nicht zu versuchen, den perfekten Ort zu finden. Suchen Sie nicht nach dem fertigen Gemälde, sondern nach der unbemalten Leinwand. Jeder ideale Bauernhof begann einst als Feld und Waldgebiet. Seine Umwandlung war das Ergebnis von Planung, Organisation, Bauen und Bewirtschaften durch einen Vorgänger. Dies ist an sich schon ein befriedigender Prozess, und

Die Zugabe von organischem Material macht jeden Boden fruchtbarer.

Unsere „Four Season Farm“ von einer Drohne aus fotografiert

das Endergebnis kann weitaus erfolgreicher sein, wenn der Landwirt die Veränderungen selbst vornimmt. Das muss nicht so sein, es ist lediglich eine Anregung. Wenn Sie bereits einen produktiven, gut etablierten Hof besitzen oder erwerben können, dann tun Sie dies auf jeden Fall. Aber wenn das nicht möglich ist, dann zögern Sie nicht, unbebautes Land zu kaufen und den Betrieb selbst aufzubauen.

Im Folgenden mache ich ein paar Vorschläge, was man beachten sollte, wenn man ein Stück Land mit der Perspektive betrachtet, es in eine erfolgreiche kleine Landwirtschaft zu verwandeln.

Bodenbeschaffenheit

Fast jeder Boden kann für den Anbau von Feldfrüchten nutzbar gemacht werden. Der Unterschied liegt in dem Aufwand, den man betreiben muss, um ihn entsprechend aufzubereiten. Je weniger ideal ein Boden zu Beginn ist, desto mehr Aufmerksamkeit muss auf die Modifizierung seiner Eigenschaften verwendet werden. Extreme Bodentypen erfordern einen unverhältnismäßig hohen Aufwand. Ein reiner Ton-, Sand- oder Kiesboden ist weniger wünschenswert als ein reichhaltiger Lehmboden. Andererseits erfordert die Umwandlung unvollkommener Böden zwar Zeit und Energie, aber das Ergebnis kann genauso produktiv sein wie die von vornherein vielversprechenderen Böden. Ich habe auf einem sehr sandig-kiesigen Boden, der anfangs einen pH-Wert von 4,3 hatte, großartige Produkte angebaut. Es brauchte ein paar Jahre, in denen ich gedüngt und gekalkt habe, Phosphor, Kalium und Spurenelemente zugegeben, Gründüngung gesät und einen Fruchtwechsel eingeführt habe, doch dann wurde er zu einem hochproduktiven Boden und ist es geblieben.

Der Traumboden für den Gemüseanbau ist sandiger Lehmboden. Dies ist ein allgemeiner Begriff, der das Verhältnis von drei Bestandteilen beschreibt: Ton, Schluff und Sand. Ton besteht aus feinen Partikeln, die dem Boden helfen, Wasser zu halten und einen potenziell reichen Vorrat an Pflanzennährstoffen bieten. Sand besteht aus größeren Partikeln, meist Silikaten, die den Boden für das Eindringen von Luft und Wasser offen halten und die zeitige Erwärmung im Frühjahr unterstützen. Schluff liegt irgendwo zwischen diesen beiden Bestandteilen. Ein vierter Bodenbestandteil – Humus oder organische Substanz – ist der Schlüssel zur Produktivität. Er öffnet schwere Lehmböden für eine bessere Luft- und Wasserverteilung und eine leichtere Bearbeitung. Humus hilft auch, leichte Sandböden zusammenzuhalten und ihnen Struktur zu geben, wodurch stabilere Bedingungen für die Versorgung der Pflanzen mit Wasser und Nährstoffen geschaffen werden.

Ich rate Ihnen, nach dem bestmöglichen Boden zu suchen, sich aber nicht abschrecken zu lassen, wenn er nicht perfekt ist. Die in diesem Buch empfohlenen Anbaumethoden helfen dabei, die organische Substanz und die Nährstoffversorgung so zu gestalten, dass unterschiedliche Ausgangsbodentypen produktiv erfolgreich werden können.

Bodentiefe

Es gibt ein altes Sprichwort, das für Böden genauso wie für Menschen gilt. Lassen Sie sich nicht von einem schönen Gesicht täuschen. Was sich unter der Bodenoberfläche befindet, wird für die zukünftige Bearbeitung wichtig sein, also untersuchen Sie die Beschaffenheit gleich zu Beginn. Sie können Proben des Boden mit einer Schaufel entnehmen und von einem entsprechenden Labor untersuchen lassen. [Bodenuntersuchungen werden in Deutschland von den Landwirtschaftlichen Untersuchungs- und Forschungsanstalten (LUFA) und von Privatlaboren durchgeführt, Anm. d. Verlags.]

Die Bodentiefe sollte auf dreierlei Weise berücksichtigt werden, da einige Bodenprobleme leichter zu beheben sind als andere. Betrachten Sie zunächst die Tiefe zum Grundgestein, denn diese kann nicht beliebig verändert werden. Stellen Sie also genaue Fragen dazu und entnehmen Sie mittels einer Bodensondierungsbohrung Bohrkerne, wenn Sie mit den Antworten nicht zufrieden sind. Felsvorsprünge in der umgebenden Topografie sind Warnzeichen für einen flachen Boden. Zweitens geht es um die Tiefe des Grundwasserspiegels. Land, das ansonsten geeignet erscheint, kann in feuchten Jahreszeiten einen saisonal hohen Grundwasserspiegel aufweisen. Dies könnte eine Bepflanzung im zeitigen Frühjahr schwierig oder unmöglich machen. Ein zu hoher Grundwasserspiegel begrenzt auch die Tiefe des nutzbaren Bodens, weil er die Durchwurzelung behindert. In den meisten Fällen kann dieser Zustand durch eine oberflächliche oder unterirdische Drainage behoben werden, aber diese Änderungen sind teuer.

Die dritte Überlegung betrifft die Tiefe des Oberbodens (Ackerkrume). Es gibt verschiedene Schichten im Boden, die das Bodenprofil bilden. Die oberste Schicht, der Mutterboden, ist in der Regel zwischen 10 und 30 Zentimeter tief. Wenn Sie ein Loch graben, ist es relativ einfach festzustellen, wo der dunklere Oberboden endet und der hellere Unterboden beginnt. Normalerweise gilt: Je tiefer der Oberboden, desto besser, da die Tiefe eng mit der Produktivität des Bodens zusammenhängt. Die Tiefe der Ackerkrume ist derjenige Faktor unter den drei Bodentiefe-Faktoren, der im Laufe der Zeit am leichtesten verändert werden kann. Unterbodenbearbeitung, Düngung, tiefgründige Bodenbearbeitung und der Anbau von tiefwurzelnden, bodenverbessernden Pflanzen tragen zur Vertiefung der Ackerkrume bei. Diese Techniken werden in späteren Kapiteln beschrieben.

Hanglage und Neigung

Die Lage der Anbaufläche ist in der nördlichen Hemisphäre ein sehr wichtiger Faktor. Land mit einer südlichen Ausrichtung hat eine Reihe von Vorteilen; so erwärmt es sich im Frühjahr zum Beispiel früher. (In der südlichen Hemisphäre ist es natürlich genau umgekehrt.) Je senkrechter ein Hang zum Sonnenwinkel liegt, desto schneller erwärmt er sich. Der Züchter, der schon früh im Jahr ein reichhaltiges Angebot auf dem Markt präsentieren will, ist auf diesen Vorteil angewiesen. Eine Fläche in der nördlichen Hemisphäre, etwa auf dem 43. Breitengrad gelegen (in Europa in etwa die Höhe von Südfrankreich), die um fünf Grad nach Süden geneigt ist, befindet sich tatsächlich im gleichen Sonnenklima wie ebenes Land 500 Kilometer weiter südlich.

Als logische Schlussfolgerung wählt man für Frühkulturen eine Fläche mit südlicher Neigung.[1] Eine südwestliche Neigung ist einer südlichen oder südöstlichen vorzuziehen. An einem Südwesthang braucht es weniger direkte Strahlung, um Tau oder Frost am frühen Morgen verdampfen zu lassen, und es steht mehr für die Absorption zur Verfügung, sobald die anfängliche tägliche Erwärmung eingetreten ist. In diesem wie in anderen Gebieten muss möglicherweise jedoch ein Kompromiss eingegangen werden.

Durchlüftung

Pflanzen und Gärten müssen frische Luft atmen. Eine niedrig gelegene Fläche ohne Luftzirkulation ist aus einer Reihe von Gründen nicht wünschenswert. Stagnierende Luft begünstigt Pilzkrankheiten, hält Luftschadstoffe in der Nähe der Pflanzen und ist in frostigen Nächten kälter. Letzteres ist ein wichtiger Aspekt, da kalte Luft, die schwerer als warme Luft ist, hangabwärts „fließt“ und sich in Mulden und Tälern sammelt. Ein Bauernhof in einer solchen Lage ist großen Nachteilen ausgesetzt. Umgekehrt ist ein an einem Hang oder im oberen Bereich einer Böschung gelegener Betrieb besser vor Frost geschützt, weil die kalte Luft im späten Frühjahr und frühen Herbst den Hang hinunterfließt und sich im Tal absetzt. In vielen Fällen kann dieser Kaltluftabfluss zu einer Verlängerung der frostfreien Wachstumsperiode von zwei und sogar drei Wochen an beiden Enden der Saison führen.

Natürlich möchte man auch nicht, dass das Land so geneigt ist, dass es entweder schwer zu bewirtschaften oder der Erosion ausgesetzt ist. Tatsächlich ist eine ebene Fläche am Rande eines Hanges genauso gut durchlüftet wie der obere Teil des Hanges und bietet wahrscheinlich die idealen Voraussetzungen.

Windschutz und Sonnenschein

Obwohl ein gewisses Maß an Luftzirkulation wichtig ist, ist mehr nicht immer besser. Ein sehr windiger Standort kann den Pflanzen schaden,

Bodenerosion verursachen und aufgrund der abkühlenden Wirkung der sich bewegenden Luft weniger ideale Wachstumsbedingungen bieten. Ein Windschutz – sei es in Form von Bäumen und hohen Hecken, niedrigen Stein- oder Bretterwänden bis hin zu schmalen Weizen- oder Roggenfeldern – kann die schädlichen Auswirkungen von starken Winden minimieren und die Vorteile der Sonnenwärme optimal nutzen. In geschützten Bereichen erhöht sich die Temperatur des Bodens, da sich die Oberfläche stärker erwärmen kann und die gewonnene Wärme nach unten in den Boden geleitet wird. Windschutzanlagen ermöglichen auch deshalb bessere Wachstumsbedingungen, weil sie den Verlust von verdunsteter Feuchtigkeit verhindern. Eine Verringerung der Verdunstung bedeutet eine konsequente Verringerung des Wärmeverlustes. In vielerlei Hinsicht bewirkt ein Windschutz mehr als nur einen geringeren Windeinfall. Er schafft ein vorteilhaftes Mikroklima, das sich von dem in Bodennähe unterscheidet.

Leider verursacht ein Zuviel des Guten immer einen Verlust an anderer Stelle. Zu viele Windschutzvorrichtungen können zu wenig Sonneneinfall bedeuten. Es muss ein Gleichgewicht zwischen ausreichendem Windschutz und übermäßiger Beschattung gefunden werden. Um dieses Ideal am richtigen Ort und zur richtigen Zeit zu erreichen, muss man den Lauf der Sonne genau beobachten. Es reicht nicht aus zu sagen, dass die Sonne im Sommer höher steht als im Winter. Sie nimmt auch einen anderen Weg am Himmel: Im Sommer geht sie weiter nördlich auf und unter, im Winter weiter südlich. Der ideale Windschutz im Mai sollte so geplant sein, dass er das Januar-Gewächshaus nicht beschattet.

Das Sonnenlicht ist die treibende Kraft für die Photosynthese. Es muss jede Anstrengung unternommen werden, um diesen Zusammenhang voll auszunutzen, besonders während der frühen und späten Monate der Wachstumsperiode. Manchmal bedeutet dies, einen Baum zu fällen, um den Schatten zu reduzieren. Wenn ich mit dieser Situation konfrontiert werde, überlege ich lange und gründlich, ob der Schattenwurf gravierend genug ist, um die Entfernung des Baumes zu rechtfertigen. Wenn die Entscheidung gegen den Baum ausfällt, zögere ich nicht, ihn zu fällen, aber ich ersetze ihn immer durch einen anderen an einem besser geeigneten Standort. Sonnenschein ist einer der zuverlässigsten kostenlosen Faktoren im Produktionssystem von Lebensmitteln, und der Gemüsegärtner sollte alles daran setzen, ihn zu maximieren.

Wasser

Zu viel Wasser bedeutet Überschwemmung, zu wenig Wasser Dürre. Der Landwirt muss für beides Vorsorge treffen. Land in Flussnähe ist in der Regel fruchtbar und leicht zu bearbeiten, aber der Landwirt muss auch über höher gelegene Flächen verfügen, um in feuchten Jahren verlässliche Frühkulturen anbauen zu können. Wenn die überschwemmungsgefährdeten Flächen für eine Sommerfruchtfolge oder spätere Kulturen eingeplant werden können, ist das Risiko für Ernteausfälle geringer. Dürreperioden sind die andere Seite der Medaille. Genügend Wasservorräte für die Bewässerung sind in einigen Gegenden des Landes ein großes Problem. Im Durchschnitt sollte während der Vegetationsperiode eine Wassermenge von 25 Millimeter pro Woche eingeplant werden, wenn die Bewässerung nicht durch natürliche Niederschläge abgedeckt wird. Bei der Suche nach einem guten Stück Land für den Gemüseanbau ist Wasser ein Schlüsselfaktor.

Die ideale Lösung ist eine ganzjährige Quelle oder ein Bach, der angezapft werden kann und in ausreichender Höhe zu den Anbaufeldern liegt, um einen natürlichen Zulauf durch die Schwerkraft zu ermöglichen. Die Rohrleitungen für ein solches System können im Frühjahr kostengünstig auf dem Boden verlegt und im Herbst entleert werden, wodurch die Kosten für das Verlegen einer langen Wasserleitung im Boden vermieden werden. Die zweitbeste Lösung unter Nutzung der Schwerkraft ist ein verlässlicher Teich, aus dem Wasser gepumpt werden kann. Ein Brunnen ist eine gute dritte Wahl, aber es ist schwierig, damit eine ausreichende Wasserversorgung sicherzustellen, um die Bedürfnisse der Pflanzen auf dem Höhepunkt der Saison zu erfüllen. Die Entscheidung, ob die Felder mit Oberflächenwasser, Untergrundverrieselung, Beregnungsanlagen oder Tropfsystemen bewässert werden sollen, hängt von der Topographie, dem Klima und der verfügbaren Wassermenge ab.[2] In unserem Betrieb habe ich immer eine Beregnungsanlage bevorzugt. Ich finde sie viel einfacher zu handhaben als die Tropfbewässerung mit all ihren Komplikationen. Die beste Quelle für Ratschläge sind jedoch die Erfahrungen anderer Menschen in Ihrer Gegend.

Geografischer Standort

Dieses Thema ist zu umfangreich, um es im Detail zu behandeln. Norden, Süden, Osten oder Westen; heiß oder kalt; nass oder trocken; städtisch, am Rande der Stadt, ländlich oder abgelegen: Pflanzen können an jedem dieser Orte angebaut werden. Die wichtigste Überlegung in Bezug auf den Standort ist die Nähe zum Markt. Natürlich ist ein Standort in einem Vorort, in der Nähe von vielen Kunden, Geschäften und Restaurants attraktiv, aber die Kosten für das Land sind in solchen Gebieten hoch. Anbauflächen in ländlichen Gebieten sind weniger teuer; jedoch muss man einen größeren Aufwand betreiben, um einen adäquaten Absatzmarkt zu erschließen und zu erreichen. Ein Kompromiss besteht darin, Ihren Betrieb in einer ländlichen Gegend anzusiedeln, die im Sommer Besucher anzieht. Dieser Markt wird nicht das ganze Jahr über zur Verfügung stehen, aber Sie können ihn während der produktivsten Anbausaison nutzen.

Erreichbarkeit

Sowohl Sie als auch Ihre Kunden müssen in der Lage sein, Ihr Land zu erreichen und zu nutzen. Der Zugang wird in beiden Fällen oft nicht berücksichtigt. Ein Marktstand an einer stark befahrenen Straße muss genügend Platz für sichere Parkplätze bieten. Wenn das nicht der Fall ist, werden nur wenige Menschen anhalten. Eine lange, unbefestigte oder saisonal unpassierbare Straße zum Hof wird ebenfalls Kunden abschrecken und die Kosten für die Zufahrt und den Betrieb erhöhen. Die Zufahrtsstraße für Lieferungen sollte groß genug für Traktoranhänger sein. Bäche auf dem Grundstück sind malerisch, aber wenn sie oft überquert werden müssen, um von einem Feld zum anderen zu gelangen, werden sie zu einer Belastung. Das Land für einen erfolgreichen Produktionsbetrieb von Lebensmitteln sollte leicht zu betreten, zu bearbeiten und zu managen sein. Die Zugänglichkeit für große Geräte, die für die Tiefenbearbeitung und das Ausbringen von Dung benötigt werden, ist ebenfalls von Bedeutung. Der Ablauf der Aktivitäten von der Aussaat bis zur Ernte ist sorgfältig zu bedenken, und man sollte Vorkehrungen treffen, damit der Zugang zu einem Teil des Betriebs nicht durch Aktivitäten in einem anderen Teil behindert wird.

Sicherheit

Plünderungen und Verwüstungen durch zwei- und vierbeinige Eindringlinge können sich für einen kleinen Betrieb als kostspielig erweisen. Dirt Bikes und andere Geländefahrzeuge zerstören möglicherweise durch rücksichtsloses Verhalten die Arbeit eines ganzen Frühjahrs. Felder mit Himbeeren, Erdbeeren und anderen Früchten sind ein verlockendes Ziel für Mitternachtsdiebstähle, wenn sie nicht durch einen Zaun geschützt sind oder in der Nähe von bewohnten Gebäuden liegen.

Krähen, Tauben und andere geflügelte Eindringlinge auf Feldern mit frisch gesäten Kulturen können auf zwei Arten gestoppt werden: indem man sie besiegt oder indem man sich auf sie einlässt. Um sie abzuhalten, kann der Gärtner die in Kapitel 24 beschriebenen Vliesabdeckungen verwenden. Diese Abdeckungen schützen die Sämlinge vor den Vögeln. Aber es kann auch funktionieren, sich auf die Vögel einzustellen. Ein erfahrender Bauer gab mir einmal die naheliegende Antwort auf hungrige Krähen: Füttern Sie sie. Seine Methode bestand darin, kleine Maishaufen an leicht zugänglichen Stellen auf dem Feld zu platzieren, da er davon ausging, dass Krähen mit vollen Bäuchen keinen frisch gekeimten Mais ausreißen würden.

Die Fütterung wird so lange fortgesetzt, bis die Maissämlinge über das kritische Stadium hinausgewachsen sind. Ich folge seinem Vorschlag seit vielen Jahren und bin sehr angetan von dieser genialen und freundlichen Lösung.

Auch vierbeinige Räuber müssen berücksichtigt werden. Da, wo ich lebe, können Rehe innerhalb weniger Stunden ein ganzes Feld mit frisch gepflanzten Setzlingen abgrasen. Waschbären sind berüchtigt für ihre Vorliebe für Maiskulturen. Die bloße Erwähnung von Murmeltieren, Tauben, Erdhörnchen und dergleichen lässt viele Züchter das Gesicht ärgerlich verziehen. Ich weiß, dass es in anderen Regionen der Welt die gleiche Situation mit Kaninchen, Kängurus, Lamas und Elefanten gibt. Obwohl es eine Reihe von vorübergehenden Maßnahmen gibt (chemische oder organische Abwehrmittel, Radios, die die ganze Nacht über Talkshows senden, und Vogelscheuchen, um nur einige zu nennen), ist die beständigste erfolgreiche Barriere ein guter Zaun.

Dafür eignet sich am effektivsten ein leichtes Kunststoffnetz mit zwei Zentimetern Maschenweite, das ursprünglich als Schutz gegen Vögel gedacht war. Jetzt wird es auch als Wildschutz angeboten, weil es zum Beispiel um Sträucher gewickelt werden kann, um Rehe im Winter am Verbiss zu hindern. Ich

Das Tor unseres Wildschutzzauns am Eingang zu unserem Hof.

kaufe es in Längen von 30 Metern mit einer Breite von 2,2 Meter. Meine ersten Versuche, bei denen ich das Material lediglich um die äußeren Reihen meiner Maisbestände drapierte, erwiesen sich für ein paar Nächte als 100 Prozent wirksam gegen Waschbären. Ich habe auch Rehe von einem großen Gebiet fernhalten können, indem ich das Netz an Pfosten (5 mal 5 Zentimeter) befestigt und diese in einem Abstand von etwa vier Metern eingeschlagen habe. Dieses Material schreckt die Viecher nicht durch Stabilität, sondern durch List ab. Für die Tiere fühlt es sich wie ein großes und beängstigendes Spinnennetz an. Ich kann mir gut vorstellen, wie die wilden Eindringlinge reagieren müssen, wenn ich an mein Unbehagen denke, wenn sich das Netz in den Knöpfen meines Hemdes verfangen hat, während ich es installierte. Es lohnt sich, das Material, sobald man es nicht mehr benötigt, aufzurollen und zu verräumen, denn so hält es sehr lange. Ein stabileres schwarzes Kunststoffnetz in gleicher Höhe, aber mit größeren Öffnungen wird als „unsichtbarer" Wildschutzzaun verkauft. In der Installationsanleitung wird vorgeschlagen, den Zaun durch den Wald zu führen, direkt am Rand des gerodeten Bereichs. Die schwarze Farbe ist im schattigen Wald leicht zu übersehen – sie ist fast unsichtbar und hat sich als sehr effektiv erwiesen. Ich habe einen solchen Wildschutzzaun im Wald auf einer Seite eines Feldes angebracht, um einen stark frequentierten Zugangsweg von Rehen abzusperren. Der Zaun zwang die Rehe, an die beiden Enden des Zauns auszuweichen, wo sie durch Brombeerhecken und menschliche Behausungen weiter abgeschreckt wurden. Ich habe dieses Material auch erfolgreich als Einzelschutz um temporäre Versuchsfelder herum verwendet (unterstützt durch mobile 2,5 Zentimeter dicke Elektropfosten aus Kunststoff, die durch das Netz geflochten waren). Es kamen keine Schädlinge hinein.

Ein weiteres „unsichtbares" Konzept zur Abschreckung von Rehen, das auch Hunde einbezieht, wurde vom Missouri Department of Conservation untersucht.[3] Sie verwendeten den gleichen Elektrozaun und das Schockhalsband, das Hundebesitzer benutzen, um Haustiere in ihren Gärten zu halten. Bei diesen Systemen besteht der „Zaun" aus einem einzelnen Draht, der entweder eingegraben, an einem bestehenden Zaun befestigt oder auf dem Boden verlegt werden kann. Der Hund trägt ein Empfangshalsband und ist auf den elektrischen Schock trainiert, den der Draht verabreicht, wenn er versucht, den „Zaun" zu überqueren. Diese Idee löst auf geniale Weise zwei Probleme beim Einsatz von Hunden zum Schutz von Wild. Wenn der Hund angebunden ist, verliert er nach kurzer Zeit seine Wirksamkeit, weil sich die Rehe an das Bellen gewöhnen. Nicht angebundene Hunde hingegen jagen Rehe über die Feldgrenzen hinaus und verstoßen damit gegen das Wildschutzgesetz. Der Zaun und das Halsband gewährleisten die Kontrolle eines nicht angebundenen Hundes und begrenzen den Aktionsradius auf den zu schützenden Bereich.

Die Missouri-Studie weist darauf hin, dass Rassen wie Australian Shepherds, Blue Heelers und Border Collies am effektivsten sind, da sie einen Patrouillen- und Jagdinstinkt haben. Zwei Hunde sind besser als einer, damit sie Gesellschaft haben; Kastration und Sterilisation sind empfehlenswert. Die Hunde sollten auf dem Feld leben und nicht zwischen Feld und Hof wechseln. Die Forscher fanden auch heraus, dass das System am besten funktioniert, wenn ein 9 Meter breiter, gemähter Pufferstreifen zwischen dem Zaun und dem Rand des Feldes belassen wird, damit die Hunde einen Laufradius haben und Duftmarken setzen können. Außerdem erhöht sich die Wahrscheinlichkeit, dass die Hunde mit den Eindringlingen in Kontakt kommen, wenn die Hundehütten, Futterstellen und Tränken dort platziert sind, wo die Wildtiere gewöhnlich das Feld betreten. Die sicherste, wenn auch teuerste Option ist ein 2,4 Meter hoher Wildschutzzaun aus Drahtgeflecht. Weniger teuer, aber fast genauso sicher wäre eines der sehr stabilen Elektrozaunmodelle. Sie können so konstruiert werden, dass sie alles abhalten, von Waschbären über Rehe bis hin zu Kängurus und sogar Elefanten, vermute ich.

Schadstoffe

Schadstoffe sind in den meisten Bereichen eine Tatsache des Lebens. Es ist sinnvoll, sich über dieses Problem Gedanken zu machen, um zu wissen, was getan werden kann, bevor es auftritt. Sowohl Blei aus Abgasen als auch Cadmium aus Reifenabrieb wurden in übermäßigen Mengen in Lebensmitteln gefunden, die in einem Umkreis von 60 bis 90 Meter von stark befahrenen Autobahnen angebaut wurden. Eine 1,8 bis 2,4 Meter hohe, immergrüne Hecke, die das Feld zur Autobahn hin abgrenzt, kann den Großteil dieser Schadstoffe abhalten, bevor sie die Felder dahinter erreichen. Alte bleihaltige Anstriche und Putzbeläge können in Bereichen, wo einst Gebäude standen, eine ernsthafte Bodenverunreinigung darstellen. Unter bestimmten Bedingungen nehmen Pflanzen Blei und andere Schwermetalle aus dem Boden in Mengen auf, die für Verbraucher, insbesondere für Kleinkinder, sehr schädlich sind.

Rückstände von Giftmülldeponien können flussabwärts oder windwärts über weitaus größere Entfernungen transportiert werden, als gemeinhin angenommen wird. Es führt dazu, dass sich sowohl in als auch auf Pflanzen, die mit Wasser aus Grundwasserschichten bewässert werden, die durch solche Deponien verunreinigt sind, giftige Rückstände ansammeln. Gebiete im Windschatten großer industrieller Schornsteine leiden unter einer kontinuierlichen Staubbildung bedenklicher Substanzen, einschließlich Gasen wie Ozon, die unmittelbar schädlich für das Pflanzenwachstum sind.

Flächen, auf denen über viele Jahre hinweg kommerzielle Obst- oder Gemüsekulturen angebaut wurden, können unerwünschte Rückstände enthalten. Frühere Agrargifte, die Blei, Arsen und Quecksilber enthalten haben, wurden in der ersten Hälfte des 20. Jahrhunderts in großem Umfang auf Obstplantagen und einigen Gemüsekulturen eingesetzt und haben bekanntlich die zukünftige landwirtschaftliche Nutzung großer Flächen dauerhaft beeinträchtigt. Heutzutage ist es üblich, vor dem Landkauf die Wasserqualität im Brunnen zu testen. Ebenso ist es ratsam, den Boden auf Schwermetalle zu untersuchen, bevor man altes Agrarland kauft.

Diese Probleme können in größerem oder kleinerem Ausmaß auftreten. Sie werden hier als ein weiterer Faktor erwähnt, der bei der Auswahl von Ackerland zu berücksichtigen ist. Wie bei allem, was den Erfolg eines landwirtschaftlichen Betriebes beeinflussen kann, ist es am besten, sich vorher zu informieren. Nichts könnte entmutigender sein, als viel Arbeit in den Aufbau eines kleinen landwirtschaftlichen Betriebs zu stecken und dann festzustellen, dass der Standort aufgrund unvorhergesehener Umstände keine qualitativ hochwertigen Lebensmittel produzieren wird. Gefahr erkannt, Gefahr gebannt.

Größe der Anbaufläche

Wie viel Land sollten Sie kaufen? Manche Leute kaufen doppelt so viel wie nötig und verkaufen später die Hälfte davon, um ihre Kosten teilweise zu decken. Andere kaufen mehr, als sie anfangs brauchen, um ihre Pläne in der Zukunft ändern zu können. Vielleicht brauchen Sie zusätzlich zu den Feldern auch noch Waldflächen für die Versorgung mit Brennholz. Vielleicht möchten Sie auch ein angrenzendes Gebiet kaufen, um es als Lebensraum für Wildtiere oder heimische Pflanzen zu nutzen. Vielleicht wollen Sie aber auch einfach nur etwas mehr Platz haben.

All diese Entscheidungen sind persönlicher Natur. Die These dieses Buches ist, dass man mit intensivem Gemüseanbau auf einer Fläche von knapp einem Hektar oder auch weniger ein gutes Auskommen haben kann. Wir befassen uns also mit dieser Größenordnung. Sie ist mehr als ausreichend für einen wirtschaftlich erfolgreichen Betrieb. Wenn Sie sich weitere Flächen leisten können, dann eröffnen sich weitere Möglichkeiten. Beim Fruchtwechsel könnte Weidewirtschaft mit Kleinvieh eingeplant werden, um die langfristigen Vorteile für die Bodenfruchtbarkeit zu nutzen, die sich ergeben, wenn man auf dem Land einige Jahre lang tiefwurzelnde Gräser und Leguminosen wachsen lässt, bevor man es wieder für den Gemüseanbau nutzt (siehe Kapitel 9). Einen weiteren halben bis ganzen Hektar könnte man für den Beerenanbau verwenden. Wenn es noch mehr werden soll, müssen Sie sich vor den Fallstricken des „immer mehr" hüten. Es ist leicht, viel Land mit Bleistift und Papier zu bewirtschaften, aber es ist viel schwieriger, es tatsächlich zu tun. Der beste Rat ist, nur so viel Land zu kaufen, wie Sie auch nutzen werden, und das beste Land zu kaufen, das Sie sich leisten können.

Bodentests

Meiner Erfahrung nach ist der Nutzen von Bodentests umstritten. Bodentests scheinen eine Mischung aus Wissenschaft und Geisterbeschwörung zu sein. Eine Bodenprobe wird in ein Labor geschickt, wo sie angeblich analysiert, überprüft und in ihre Bestandteile zerlegt wird. Anschließend erhält man einen Bericht über die guten und schlechten Bestandteile. Trotz des Deckmäntelchen des Labors steckt in einem guten Boden-„Test" mehr Kunst als Wissenschaft. Das Geheimnis der Nutzung der Testergebnisse liegt in ihrer Interpretation. Man ist sich jedoch nicht darin einig, wie das geschehen soll und wie viele nützliche Schlüsse aus den Daten gezogen werden können. Ich empfehle in jedem Fall, einen ersten grundlegenden Bodentest auf den Feldern zu machen, die Sie für den Gemüseanbau nutzen wollen. Noch besser ist es, wenn Sie zwei oder drei Bodenproben an derselben Stelle entnehmen und jeweils von einem anderen Labor untersuchen lassen. Lassen Sie einen der Tests von einem staatlichen Universitätslabor durchführen und schicken Sie die gleiche Probe dann an ein oder zwei private Labore. Die Ergebnisse ähneln oft dem alten Sprichwort: „Ein Mann mit einer Uhr weiß, wie spät es ist, ein Mann mit zwei

Uhren ist dauernd im Zweifel.“ Dennoch ist es angesichts der mangelnden Gewissheit bei Bodenuntersuchungen besser, zwei oder drei Meinungen zu haben, aus denen man seine Schlüsse ziehen kann, als nur eine.

Ich empfehle, die Interpretation von Bodentest-Ergebnissen von den Landwirten selbst vornehmen zu lassen. Die Beurteilung erfolgt nicht auf geheimnisvolle Weise oder nach einer bestimmten Theorie, sondern vielmehr nach dem gesunden Menschenverstand. Wenn der Test zeigt, dass der Boden einen Nährstoffmangel hat, dann schlagen Sie die entsprechenden Nährstoffe zu. Die Methode und Art des Zuschlags dieser Nährstoffe wird in Kapitel 12 erklärt. Ich empfehle, die Nährstoffe in ihrer am besten verfügbaren, aber am wenigsten löslichen Form zuzusetzen. Mit „am besten verfügbar“ meine ich, dass sie fein gemahlen sein sollten, und mit „am wenigsten löslich“ meine ich, dass sie sich nicht sofort in Wasser auflösen, sondern eher allmählich durch die Aktivität der Bodenbakterien und leichten Bodensäuren wasserlöslich werden. Mit anderen Worten: durch die natürlichen Bodenprozesse.

Bei einer Bodenuntersuchung möchte man ein möglichst homogenes Bild des zu bewirtschaftenden Feldes oder Grundstücks erhalten. Anstatt eine Probe von einer Stelle in der Mitte des Feldes zu nehmen, sollten mehrere Stichproben über die gesamte Fläche verteilt genommen und dann zusammen gemischt werden. Auf diese Weise wird der Boden, der zur Analyse geschickt wird, repräsentativer für die Beschaffenheit Ihrer Anbaufläche sein. Es ist am besten, die Probenahme und das Mischen mit Werkzeugen durchzuführen, deren Zusammensetzung die Ergebnisse des Tests nicht beeinflusst. Wenn Sie zum Beispiel auf Eisen testen, entnehmen Sie die Probe nicht mit einer rostigen Eisenkelle. Grundsätzlich sind eine Bodensonde aus rostfreiem Stahl für die Probenahme und ein Hartplastik-Eimer zum Mischen am besten geeignet.

Der ideale kleine Bauernhof

Ich bezweifle, dass Sie den idealen kleinen Bauernhof finden werden (ich habe ihn nie gefunden), aber ich wünsche Ihnen trotzdem viel Glück. Die folgende Auflistung beschreibt, wie meiner Meinung nach das perfekte Stück Land aussehen würde. Bitte denken Sie daran, dass nichts davon in Stein gemeißelt ist. Der entschlossene Landwirt kann selbst das scheinbar ungeeignetste Grundstück in eine Musterfarm verwandeln, indem er die grundlegenden Techniken des Bodenaufbaus anwendet.

> Zu verkaufen: 12 Hektar. 8 Hektar Laubmischwald, 4 Hektar Weideland. Beschreibung: Halbwegs flach (ca. 5 Prozent Gefälle nach Süden oder Südwesten), auf der Kuppe eines Hügels gelegen, mit gutem Luftabfluss zum darunterliegenden Tal. Im Norden durch höher gelegenes Land und dichten Wald geschützt. Ausgezeichnete, ganzjährige Versorgung mit Gravitationswasser. Der Boden auf dem gerodeten Land besteht jeweils hälftig aus tonhaltigem und sandigem Lehm. Der Oberboden ist 30 Zentimeter tief, durchlässig und sehr fruchtbar mit sehr wenigen Steinen und einem natürlich neutralen pH-Wert; derzeit ist eine Gras-Leguminosen-Bepflanzung angebaut.

KAPITEL FÜNF

Größe und Finanzmittel

Die Ökonomen betonen immer wieder, dass die amerikanischen Agrarbetriebe größer werden müssen, um zu überleben. Kleine Gemüsefarmen werden als Anachronismus betrachtet. Aber die Ursache für die Schwäche der kleinen Betriebe war nicht ihre Größe. Die nutzlosen Informationen waren das Problem. Wie ein Reisender mit einer veralteten Landkarte musste sich der Kleinbauer auf veraltete Konzepte verlassen. Da die Standard-Informationsquellen (Landwirtschaftsministerien, landwirtschaftliche Hochschulen, Zulieferindustrie) eine Landwirtschaft in kleinem Maßstab nicht für möglich hielten, haben sie weder die entsprechenden Informationen zusammengestellt, wie man sie betreiben kann noch weitergegeben. Um diese Situation zu verstehen, müssen wir uns mit unserer grundlegenden Einstellung zur Landwirtschaft in den USA befassen.

Größer ist nicht besser

Die am weitesten verbreitete Einstellung ist, dass größer gleich besser ist, nach dem Motto: Entweder ganz oder gar nicht! In der Landwirtschaft herrscht die Grundannahme, dass ein Landwirt mit ein paar Hektar gemischter Produktion weniger erfolgreich und weniger fortschrittlich ist als ein Landwirt, der industrialisierte Monokulturen im großen Stil betreibt. In der jüngeren Geschichte der amerikanischen Landwirtschaft, um ein Beispiel zu nennen, mag eine solche Annahme vertretbar gewesen sein. Ehrgeizige amerikanische Landwirte mit unternehmerischem Geschick nutzten die im 20. Jahrhundert aufblühenden Ressourcen an Kapital, Transportmitteln und landwirtschaftlicher Technologie, um ihre Betriebe zu erweitern, mehr Land zu kaufen und sich zunehmend zu spezialisieren. Allerdings sollte dies nicht als die einzige oder gar beste Art der Landwirtschaft betrachtet werden. Die wirtschaftlichen und ökologischen Probleme der großflächigen Landwirtschaft sorgen gegenwärtig täglich für Schlagzeilen. Es scheint, dass die Losung „ganz oder gar nicht" geändert werden sollte.

Das größte Hindernis, das ich überwinden musste, als ich mit der Landwirtschaft begann, war der Mangel an alternativen Modellen. Damals, 1965, gab es fast keine kommerziell erfolgreichen Bio-Kleinbauern, von denen ich mich hätte inspirieren lassen und mit denen ich Ideen hätte austauschen können. Den Prototyp eines wirtschaftlich tragfähigen Kleinbetriebs gab es gar nicht. Aber es hatte schon einmal hochproduktive kleine Gemüseanbaubetriebe gegeben, und so ging ich davon aus, dass das, was früher möglich war, auch wieder möglich sein würde. Das Know-How musste ja irgendwo vorhanden sein. Am Anfang waren alte Bücher und erfahrene „alte Hasen" meine besten Informations- und Unterstützungsquellen. Sie waren ein guter Anfang, aber sie ließen mich in der Vergangenheit verharren. Obwohl ich einige Fortschritte machte, wurden mir im Laufe des Prozesses die Gründe für das Aussterben der kleinen Betriebe bewusst. Das Produkt war ausgezeichnet, aber die Arbeitsprozesse waren mühsam. Diese Form der Landwirtschaft war weder wirtschaftlich noch effizient. Aber ich war nicht bereit aufzugeben. Ich wusste, dass es geeignete Techniken, Traditionen und Geräte geben musste, die diesen Produktionsprozess auf den neuesten Stand bringen würden.

Es lohnt sich immer, seine Werkzeuge zu pflegen.

Das europäische Modell

Es gibt Teile der industriellen Welt, in denen kleine Landwirtschaftsbetriebe weiterhin erfolgreich sind. Westeuropa ist ein solches Gebiet. Dort ist der Kleinbauer eine Institution, die (noch) nicht ausgestorben ist. Ob aus Tradition oder Hartnäckigkeit, die europäischen Kleinbauern haben sich durchgesetzt, und die Hersteller von Geräten und Ausrüstungen haben mit ihnen Schritt gehalten, ebenso die Verfügbarkeit von Informationen.

Die unternehmerisch ausgerichtete europäische Landwirtschaft führte eher zu mehr Qualität als Quantität. Zum Teil hing es damit zusammen, dass nicht ohne Weiteres mehr Land zur Verfügung stand und eine Einkommenssteigerung folglich nur in der Verbesserung der Produktion auf der vorhandenen Anbaufläche möglich war und nicht durch die Bearbeitung zusätzlicher Felder. Einen noch größeren Einfluss hatte jedoch die Liebe zu gutem Essen. Der Zusammenhang zwischen der Qualität der Produkte und der sorgfältigen Pflege des Bodens durch den Landwirt wurde in Europa schon immer erkannt und praktiziert. Folglich liefert die Ernte eines durchschnittlichen europäischen Kleinbauernhofs die Art von exquisiten Produkten, die immer einen guten Markt finden. Der größte Teil der in Europa verzehrten Lebensmittel wird traditionell von europäischen Kleinbauern produziert, und sie haben sich dabei ein gutes Auskommen geschaffen.

Die europäischen Bauern lieferten das Modell, von dem ich wusste, dass es existieren muss. Sie inspirierten mich beim Aufbau meines Betriebs.

Ich sah keinen Grund, warum in den USA nicht auch eine regional basierte, kleinbäuerliche Lebensmittelproduktion genauso erfolgreich sein könnte. Im Gegensatz zu Getreide sind voll ausgereiftes Obst und Gemüse leicht verderblich. Sie eignen sich daher besonders gut für lokale Märkte. Da immer mehr Verbraucher von den Produkten der industriellen Landwirtschaft enttäuscht sind, steht die Verfügbarkeit von frischen, sorgfältig herangezogenen, auf dem Bauernhof gereiften Lebensmitteln für eine Tradition, die wir als Anreiz betrachten und für die wir einen Markt zurückgewinnen können. Es ist eine Tradition, die kleine Bauernhöfe erfordert.

Bei der Suche nach geeigneten Modellen, nach der Philosophie, den Werkzeugen und Technologien von Kleinbauern erfuhr ich auch eine Menge über Größenordnungen und die Vorteile, klein zu bleiben. Ich habe von Anfang an gelernt, dass man die Grundlage für die Beurteilung der Größe eines Betriebs völlig neu bewerten muss. Der beste Weg, das zu tun, ist, Tabula rasa zu machen und von Grund auf neu zu denken. Alle Fragen nach dem Wann, Wo, Was, Warum und Wie müssen neu gestellt werden. Wie viel kann eine Person oder Familie produzieren? Welche Art von Geräten und Techniken können in einem Familienbetrieb effizient eingesetzt werden? Wodurch kann eine Bauernfamilie mit weniger mehr erreichen?

Die Ein-Hektar-Lösung

Die Antworten sind erhellend. Ein Hektar ist die optimale Größe, weil es ungefähr so viel Land ist, wie ein Paar oder eine kleine Familie für Anbau, Ernte und Erhaltung der Fruchtbarkeit bewirtschaften kann. Mit „bewirtschaften" meine ich sowohl praktisch als auch professionell – praktisch, indem ich für die jeweiligen Arbeiten die geeigneten kostengünstigen Geräte und einfachen Techniken einsetze, und professionell, indem ich sicherstelle, dass es genug Leute pro Hektar gibt, um die Dinge im Griff zu behalten. Um einen landwirtschaftlichen Betrieb effektiv zu bewirtschaften, gibt es meiner Meinung nach ein bestimmtes Verhältnis von der Anzahl der Personen zur Anbaufläche, das nicht überschritten werden darf. Die Produktion von qualitativen Lebensmitteln erfordert einen hohen Arbeitsaufwand seitens des Landwirts, wodurch die zu bewirtschaftende Fläche natürlich begrenzt ist. Für den diversifizierten Gemüseanbau sehe ich diese Obergrenze bei 0,8 bis ein Hektar pro Paar. Dieses Verhältnis erscheint nur als Zahl klein. Ein Hektar ist mehr als genug Land, um ein Jahr lang Gemüse für 100 Personen anzubauen. Wer so viele Menschen ernährt, kann von sich behaupten, einen hochproduktiven Betrieb zu betreiben.

Näheres zu unseren Werkzeugen

Als ich vor über 50 Jahren mit dem Gemüseanbau auf kleinen Flächen begann, stammten die verfügbaren Werkzeuge größtenteils aus dem 19. Jahrhundert – Radhacken, Sämaschinen und traditionelle Handhacken. Ich wusste, dass wir effizientere Werkzeuge für die kommerzielle kleinbäuerliche Produktion finden mussten. Die Werkzeuge, die das Herzstück unserer modernen, kostengünstigen Produktionstechniken bilden, kamen aus vielen Quellen.

Die ersten waren solche, die ich in den 1970er Jahren auf den Bauernhöfen in Europa gesehen habe: Einachsschlepper, Pressen für Erdpresstöpfe, Doppelgrabegabeln, Unkrautbrenner, Folientunnel und Gemüse-Radhacken.

Dazu kamen Modelle, die ich in europäischen Baumärkten fand: dreigliedrige Ackerwalzen, Präzisions-Handsämaschinen, Rechen zur Beetvorbereitung, Pendelhacken und verbesserte einreihige Sämaschinen.

Als nächstes kamen Geräte dazu, die erst vor einigen Jahren auf dem Markt erschienen sind: Solarfolien für Gewächshäuser und eine Erntemaschine für Schnittsalate und Blattgemüse, die durch einen Akkuschrauber angetrieben wird.

Und schließlich diejenigen, die wir selbst entwickelt haben: die Minifräse, die Kollinear-Hacke, die Ziehhacke, die Drahthacke, Rechen mit verlängerten Harkenzinken zur Markierung der Saatrillen, die schnell aufzubauenden Kleintunnel und die sechsreihige Sämaschine. Wir haben das 19. Jahrhundert definitiv verlassen.

Um das Potenzial für praktischen und wirtschaftlichen Erfolg kleiner landwirtschaftlicher Betriebe ganz zu verstehen, muss man begreifen, dass Größe nicht unbedingt ein limitierender oder statischer Faktor ist. Größe ist nur eine der Komponenten eines wirtschaftlichen Betriebs, und Wachstum ist mehr als nur eine Veränderung der Größe. Es besteht Konsens darin, dass ein Unternehmen wachsen und auf Veränderungen reagieren muss, um zu überleben. Das Gleiche gilt auch für kleine Betriebe. Aber es gibt unzählige Möglichkeiten, wie ein Betrieb wachsen kann: Qualität, Vielfalt und Service sind nur einige Beispiele. Ich bin der festen Überzeugung, dass Wachstum und Veränderung im Sinne von „besser" das wirtschaftliche und agronomische Überleben kleiner Betriebe erfolgreicher sichern kann als Wachstum und Veränderung im Sinne von „größer".

Es ist auch hilfreich, die gut gemeinten Ratschläge von Ökonomen zu ignorieren, denn ihr Verständnis von Größe ist eher industrieller als landwirtschaftlicher Natur. Ihre Ratschläge gelten nicht für die biologische Produktion. Die Wahrheit ist, dass das, was in der Landwirtschaft in kleinem Maßstab erreicht werden kann, nicht einfach zu verdoppeln ist. Das Ziel des Kleinerzeugers besteht darin, ein Qualitätsprodukt für eine wertschätzende Kundschaft zu erzeugen. Die Produktion von großen Mengen rot-, grün- oder orangefarbener Biomoleküle für einen Massenmarkt ist nicht dasselbe.

Es ist ein ermutigender Aspekt der kleinbäuerlichen Landwirtschaft, dass sich die finanziellen Erfordernisse für den Start im Rahmen halten. In dieser und in vielen anderen Hinsichten sollte eine kleine Betriebsgröße in der Landwirtschaft ganz klar als positiver Faktor verstanden werden.

Ausrüstung

Eine qualitativ hochwertige Grundausstattung, die benötigt wird, um ein paar Hektar Land für die Gemüseproduktion zu bewirtschaften, kann relativ preiswert neu gekauft werden. Wenn gebrauchte Modelle verfügbar sind, reduzieren sich die Kosten sogar noch weiter. Da jedoch viele der von mir empfohlenen Geräte erst seit Kurzem erhältlich sind, besteht diese Möglichkeit eventuell nicht. Die Ausrüstung besteht aus:

- Einachser/Bodenfräse
- Radhacke
- Einreihige und mehrreihige Sämaschine
- Erdtopfpresse
- Hacken und Handwerkzeuge
- Karren und Schubkarren

Das wichtigste Prinzip, das die Kapitalinvestition auf einem vernünftigen Niveau hält (ebenso die für die Bedienung und Wartung der Geräte erforderlichen Fähigkeiten), ist die Größe der Geräte. Anstelle eines vierrädrigen Traktors mit teuren Zusatzgeräten empfehle ich eine viel einfachere zweirädrige Bodenfräse für die Bodenbearbeitung, ergänzt durch manuelle Werkzeuge für die Aussaat und Kultivierung. Der Einsatz dieser Geräte ist keine Frage des Geldes. Sie überzeugen durch hervorragende Leistung und Flexibilität.

Zusätzliche Investitionen für weitere Geräte können für spezielle Anbau- und Vermarktungsmethoden erforderlich sein (oder zumindest vom Landwirt gewünscht werden). Zu dieser Kategorie zähle ich Gewächshäuser und Bewässerungssysteme.

Wenn die Gesamtkosten über fünf Jahre (die Abschreibungsrate der Geräte) bei 10 Prozent Zinsen zurückbezahlt würden, wäre der finanzielle Einsatz pro produktiven 0,8 bis einem Hektar und Jahr in einem angemessenen Rahmen. Wenn Sie das mit den rund 85.000 Euro pro 0,4 Hektar Bruttoeinkommen vergleichen, das ein effizienter Gemüsebetrieb im Einzelhandel erzielen sollte, können Sie sehen, dass die Wirtschaftlichkeit des Gemüseanbaus in kleinem Maßstab vielversprechend ist. Wenn der lokale Markt eine gewisse Spezialisierung auf höherpreisige Kulturen ermöglicht, kann das Einkommen erheblich gesteigert werden. Die in Kapitel 23 vorgeschlagenen Marketingkonzepte zeigen Wege, diese Ziele zu erreichen.

Der Kleinerzeuger befindet sich in einer einzigartigen Situation. Die Definitionen dessen, was möglich, wirtschaftlich realisierbar und praktisch ist, sind völlig andere. Es ist vor allem das mangelnde Verständnis dieser anderen Definitionen und dazu ein Mangel an Informationen über biologische und mechanische Technologien auf niedrigem Niveau, die zu der Überzeugung geführt haben, dass eine nicht-technisierte, auf regionaler Basis arbeitende Landwirtschaft nicht machbar sei. Aber sie ist möglich!

KAPITEL SECHS

Arbeitskräfte

Man bekommt heutzutage keine guten Arbeitskräfte mehr." „Die Leute arbeiten nicht hart genug." „Sie haben kein Interesse." „Sie wollen zu viel Geld." „Sie sind unzuverlässig." Arbeitskräfte können ein Problem sein. Viele dieser Kommentare mögen zutreffen, andere nicht, aber alle sind erwähnenswert. Es ist ratsam, im Voraus einige grundlegende Entscheidungen zu treffen, bevor Sie sich dabei ertappen, wie auch Sie solche Ressentiments vor sich hin grummeln.

Einige der wunderbaren jungen Menschen, die bei uns arbeiten.

Mitarbeitende Familienangehörige

Meine Vorschläge zu diesem Thema folgen dem Ansatz dieses Buches – klein, überschaubar und effizient. Bei kleinen landwirtschaftlichen Betrieben ist die Familie die beste Quelle für Arbeitskräfte. Daher ist meine wichtigste Empfehlung, einen Betrieb aufzubauen, der klein, überschaubar und effizient genug ist, um hauptsächlich durch Familienangehörige betrieben zu werden.

Warum? Weil Landwirtschaft harte Arbeit ist und die Belohnung am Anfang eher aus Zufriedenheit und Stolz als aus hohen Gehältern besteht. Die Bauernfamilie leistet diese Arbeit, weil es ihr Traum ist. Es ist ihre „Leinwand" und sie gestaltet sie so, wie sie sie schon immer sehen wollte. Angeheuerte Helfer, die von Anfang an bereit sind, sich auf diese intensive Weise einzubringen, sind nicht leicht zu finden.

Das Produktionssystem ist so angelegt, dass die Arbeitskraft der Familienangehörigen optimal genutzt werden kann:

- Ich habe die Geräte so ausgewählt, dass sie einfach und effizient zu bedienen und zu reparieren sind.
- Ich empfehle den Anbau einer breiten Palette von Feldfrüchten, um die Arbeit gleichmäßiger über eine lange Saison zu verteilen.
- Ich wähle für Düngung und Schädlingsregulierung einen Ansatz, der eine intensive Bewirtschaftung erfordert.
- Ich setze auf Voraussicht und Vorplanung, um Panik zu vermeiden.
- Ich schlage kreative Vermarktungsansätze vor, um Zeit und Energie zu sparen.

Entscheidend ist, dass dieses System auf einer Philosophie basiert, die auf Stabilität setzt, indem sie langfristige, sich selbst erhaltende Produktionssysteme mit geringem Input etabliert, im Gegensatz zu kurzfristigen Systemen mit hohem Input.

Externe Kräfte

Auch die besten Pläne gehen nicht immer auf, und es kann sein, dass zusätzlich externe Arbeitskräfte benötigt werden. Für den Fall, dass bezahlte Helfer erforderlich sind, habe ich einige Vorschläge, die sich als nützlich erweisen könnten.

Wenn Sie gute Mitarbeiter gefunden haben, planen Sie, diese zu behalten. Zahlen Sie einen fairen Lohn und prüfen Sie Möglichkeiten der Gewinnbeteiligung und andere Belohnungen. Ein guter Arbeiter, der mit Ihrem Betrieb vertraut ist, ist mehr wert als drei unerfahrene Arbeiter. Seien Sie einfallsreich. Was hat der Betrieb zu bieten, das geeignete Arbeitskräfte anziehen wird? Der übliche Pool an Arbeitskräften, der für Teilzeitarbeit in der Landwirtschaft zur Verfügung steht, war noch nie der beste. Aber denken Sie weiter. Für viele Menschen ist die Landwirtschaft spannend. Fast jeder hat ein Bedürfnis nach Ackerbau, das sich hinter einer urbanisierten Fassade verbirgt. Während die meisten noch davon träumen, ist Ihr Hof schon Realität. Bieten Sie potenziellen Helfern also weniger einen Job als vielmehr eine Teilzeit-Möglichkeit, ihren Traum zu leben. Es ist erstaunlich, wie viele Menschen diesen Traum teilen, sich aber noch nicht dazu entschlossen haben, ihn zu verfolgen. Bieten Sie diesen Menschen diese Gegenleistung an.

Willige Arbeitskräfte finden

Das Angebot an potentiellen Arbeitskräften reicht von jung bis alt, von Studenten bis zu Rentnern. Hausfrauen, deren Kinder mittlerweile zur Schule oder Universität gehen, suchen oft nach einer neuen Herausforderung. Die Arbeit auf einem Bio-Bauernhof kann ihnen eine sinnvolle Nebentätigkeit bieten und eine Chance, ihre Energie und Kompetenz in ein wertvolles Gut zu verwandeln. Es gibt viele solcher Menschen, die zuverlässig, intelligent, fleißig, interessiert und motiviert sind und gerne die Chance ergreifen würden, den Traum eines anderen Menschen zu teilen. Für sie ist der Lohn nur zum Teil finanzieller Natur. Da sich die Arbeitszeiten oft auf die Abende oder frühen Morgenstunden beschränken (z. B. Ernte für den Bauernmarkt), erhöht es die Möglichkeit, die Arbeit auf dem Bauernhof in den gewohnten Zeitplan des externen Mitarbeiters zu integrieren. Wo kann man nach willigen Arbeitskräften suchen? Einige der folgenden Stellen sind gute Ausgangspunkte:

- Seniorenzentren
- Schwarze Bretter in Supermärkten (hängen Sie Zettel mit „Hilfe gesucht“ auf und nennen Sie die Vorteile)
- Örtliche Hochschulen
- Lebensmittel-Kooperativen
- Gartenvereine
- Wohnanlagen und Appartementkomplexe

Effizienz und Flexibilität

Seien Sie effizient. Maximieren Sie die Fähigkeiten und minimieren Sie die Defizite. Arbeitskräfte sollten eingestellt werden, um das zu tun, was der Chef nicht gut kann oder wozu es keinen Chef braucht. Im Idealfall ist der Chef gut im Anbau und der Vermarktung. Dann stellen Sie Helfer ein, die ernten, waschen, verpacken und ausliefern. Wer für einen bestimmten Bereich des Betriebs am besten geeignet ist, sollte in erster Linie dort seine Arbeitskraft so gut wie möglich einbringen. Die Gesamteffizienz wird auf diese Weise größer sein. Stellen Sie Arbeitskräfte ein, die die Fähigkeiten der Familie ergänzen und nicht ersetzen.

Seien Sie flexibel. Erarbeiten Sie eine Lösung für den jeweiligen aktuellen Arbeitsbedarf. Wenn die Arbeitseinteilung Ihres Betriebs nicht mit der modernen Landwirtschaft übereinstimmt, machen Sie sich keine Gedanken. Viele individuelle Lösungen sind erfolgreich. Vielleicht liegt der Betrieb direkt in der Nähe einer großen Bevölkerungsgruppe, die sich vegetarisch ernährt und bereit ist, auch zu höheren Preisen einzukaufen und obendrein noch mit anzupacken. Studenten einer nahe gelegenen Hochschule können im Rahmen eines Praktikums als Teilzeitkräfte mitarbeiten. Vielleicht hat der Bauer auch Geschwister, die in der Nähe wohnen und eifrig mithelfen, wann immer sie gebraucht werden. Ignorieren Sie alle Behauptungen, dass ein Bauernhof nur aufgrund einer definierten Organisation erfolgreich sein kann. Erfolg bedeutet einfach, dass ein Bauer etwas richtig macht. Denken Sie auch daran, dass man nie davon ausgehen sollte, dass ein Geschäft, egal wie gut es im Moment ist, von Dauer ist. Halten Sie immer eine oder zwei Alternativlösungen bereit.

Für qualitativ gute Leistung sorgen

Arbeiten sollten korrekt ausgeführt werden. Die Ergänzung zur Arbeit ist das Management. Das ist Aufgabe des Chefs und die Qualität seines Managements bestimmt zum großen Teil, wie gut die Arbeit geleistet werden kann. Gemüseanbau ist ein qualifizierter Beruf, und es ist notwendig, schnell und zugleich präzise zu arbeiten. Es müssen Standards gesetzt werden. In Europa hat es mich beeindruckt, mit wie viel Respekt und Kenntnis der Gemüseanbau betrieben wird. Die Mitarbeiter sind Profis, die stolz auf ihre Arbeit sind und Freude daran haben, sie gut zu machen. In der Vergangenheit mag das auch anderswo der Fall gewesen sein, aber jetzt nur noch selten. Der Chef muss diesen Geist der Professionalität wecken.

Die Nachwirkungen von schlampig ausgeführter Gartenarbeit kumulieren. Reihen, die in einem Moment der Unachtsamkeit schief bepflanzt wurden, können nicht effizient bewirtschaftet werden und müssen während der gesamten Wachstumsperiode von Hand gejätet werden. Beikraut, das in einem Jahr zur Aussaat kommen konnte, wird das Beikrautproblem in den nächsten sieben Jahren verstärken. Die Qualität jedes Arbeitsschrittes beeinflusst die Effizienz des gesamten Betriebs. Schlechte Arbeit darf nicht toleriert werden.

Um qualitativ hohe Produkte zu erzielen, braucht es hervorragende Fertigkeiten. Legen Sie Arbeitsstandards fest und halten Sie diese ein. Die meisten Menschen verfügen nicht über die nötige Körperkoordination, um mit einfachen Werkzeugen gut arbeiten zu können. Die fehlende Übung und die daraus resultierende Ungeschicklichkeit führen dazu, dass eine Arbeit viel schwieriger wird, als sie sein müsste. Zeigen Sie Ihren Helfern, wie es gemacht wird. Der Umgang mit Gartengeräten sollte ihnen genauso sorgfältig beigebracht werden, wie es beim Erlernen eines Musikinstruments oder einer Fremdsprache geschieht. Denken Sie daran, dass jede körperliche Arbeit einfacher wird, wenn Sie die Arbeit vorher planen, in einem effizienten Rhythmus vorgehen und die Arbeit in erreichbare Ziele aufteilen.

Unterschiedliche Pflanzabstände für unterschiedliche Kulturen

Begeisterung des Teams

Ein wichtiger Aspekt des Managements ist die grundlegende Einstellung. Das Management muss sich um die Zufriedenheit der Arbeiter kümmern. Viele Leute wollen mitarbeiten, weil sie interessiert sind, also ermutigen Sie sie zur Mitwirkung. Erklären Sie nicht nur, was zu tun ist, sondern auch, wie die Arbeitsschritte in das Gesamtkonzept passen und warum sie wichtig sind. Wenn jemand in der Mitte eines Prozesses mit der Arbeit beginnt, nehmen Sie sich einen Moment Zeit, um ihm alles vollständig zu erklären, damit er sowohl den Anfang als auch das Ende erkennen kann. Die Helfer werden nicht nur interessierter sein, wenn sie den Grund für ihre Bemühungen verstehen, sondern werden auch im Hinblick auf das Ganze in der Lage sein, Verbesserungen im System vorzuschlagen. Sehr oft hat ein Anfänger Dinge bemerkt, die ich übersehen habe, weil ich die Aufgabe nicht mehr aus einer frischen Perspektive heraus betrachtete.

Abschließend noch ein letzter Tipp für den Umgang mit externen Mitarbeitern. Wie ich schon sagte, ist die Bauernfamilie selbst die beste Arbeitskraft, weil sie motiviert ist. Denken Sie einen Moment lang nach – warum ist das so? Weil sie lieben, was sie tun; weil es kreativ ist und einen schöpferischen Drang befriedigt; weil Landwirtschaft eine notwendige und erfüllende Arbeit ist; weil Qualität wichtig ist und gute Landwirte stolz darauf sind, ein Qualitätsprodukt zu erzeugen. Was auch immer der Grund ist, die Chefs müssen den Mitarbeitern ein Gefühl dafür vermitteln. Zögern Sie nicht, inspirierend und enthusiastisch zu sein. Wenn es für Sie die Magie ist, ein winziges Samenkorn in das tägliche Brot zu verwandeln, dann sagen Sie es. Wenn Sie Freude daran haben, Kunden mit wirklich nahrhaften Lebensmitteln zu versorgen, denen sie vertrauen können, dann sprechen Sie darüber. Nicht jeder wird die gleiche Motivation teilen, aber Begeisterung ist ansteckend. Verbreiten Sie sie.

Entlassung von Mitarbeitern

Es gibt Zeiten, in denen es notwendig sein wird, jemanden zu entlassen. Tun Sie es höflich, aber schieben Sie es nicht auf. Es gibt nichts Frustrierenderes, als mit uninteressierten und unmotivierten Mitarbeitern auszukommen. Ein einziger Querulant kann die Erfahrung aller anderen ruinieren. Ersticken Sie das Problem schnell im Keim. Wenn es berechtigte Beschwerden gibt, sollten diese fair und offen behandelt werden. Aber bleiben Sie darüber hinaus hart. Manche Leute scheinen es zu genießen, sich zu beschweren. Ich ziehe es vor, sie nicht um mich herum zu haben.

Ein Bauernhof funktioniert nicht ohne den Einsatz von Arbeitskräften. Der Trick ist, sie gut einzuplanen. Wenn man sich nicht auf externe Arbeitskräfte verlassen kann, sollte man kein System einrichten, das auf sie angewiesen ist. Wenn diese Arbeitskräfte jedoch notwendig sind, nutzen Sie die natürlichen Vorteile Ihres Hofes, um Leute anzuziehen, die dort sein wollen.

KAPITEL SIEBEN

Vermarktungsstrategien

Die Festlegung einer Vermarktungsstrategie ist einer der ersten Schritte für einen erfolgreichen Gemüsebetrieb. Welche Feldfrüchte? Welche Mengen? Welche Erntezeiten? An wen verkaufen? Der Schlüssel zum Erfolg bei der Vermarktung ist die Berücksichtigung eines wesentlichen Vorteils von Kleinerzeugern – die hohe Qualität ihrer Produkte.

Die europäische Lektion

In der Anfangszeit meiner eigenen Marketing-Ausbildung hatte ich Gelegenheit, zahlreiche kleine Bauernhöfe in Europa zu besuchen. Dort habe ich sehr viel gelernt. Die Landwirte, die ich besuchte, waren vor allem deshalb erfolgreich, weil sie hart arbeiteten. Zweitens waren sie erfolgreich, weil sie intelligent arbeiteten. Sie nutzten ihre Stärken und

Eine Auswahl an Kohlsorten

Frischer Knoblauch, der wie Blumen mit Stiel verkauft wird

Sorgen Sie dafür, dass Ihre Kunden Sie finden

minimierten ihre Schwächen. So bauten sie zum Beispiel verschiedene Gemüsesorten an, um ihre Produktion, ihr Einkommen und die Arbeit der Familie über eine längere Saison zu verteilen. Sie wählten landwirtschaftliche Abläufe, die räumlich oder zeitlich zueinander passten; so diente beispielsweise eine auf einer bestimmten Parzelle angebaute Kultur als Dünger für die Folgekultur. Die Phasen des intensivsten Arbeitsaufkommens kamen nicht alle auf einmal. Diese Kleinbauern waren erfolgreich, weil sie Zugang zu modernen, auf ihren Betrieb abgestimmte Produktionstechnologien hatten. Vor allem aber waren sie wirtschaftlich erfolgreich, weil sie es verstanden, sich mit dem wertvollsten Produkt, das sie zu bieten hatten, auf dem Markt zu behaupten – der Qualität.

In Europa ist die Standardisierung von Nahrungsmitteln nicht in demselben Maß verbreitet wie in den Vereinigten Staaten. Regionale und sortenbedingte Unterschiede werden hoch geschätzt. Bei Lebensmitteln ist Qualität genauso gefragt wie bei anderen

Ein Bauernmarkt in einem Glasgewächshaus im Spätherbst

Produkten. In Europa werden kleine Erzeuger ermutigt, sorgfältig kultivierte, qualitativ hochwertige Produkte zu erzeugen. Worin besteht diese Qualität? Aus vielen Faktoren: Wirklich frische Produkte; die schmackhaftesten und zartesten Sorten; die sorgfältigste Bodenbearbeitung und Anbaumethode, die für die jeweiligen Pflanzen erforderlich sind; die größte Auswahl; die längste Saison; die persönliche Note – all das sind Kriterien, bei denen ein Kleinerzeuger, der für einen regionalen Markt produziert, einen großen Vorteil gegenüber Lebensmitteln aus Massenproduktion hat, die per LKW angeliefert werden. Der Erfolg der europäischen Landwirte liegt darin, dass sie sich auf die Bereiche konzentrieren, in denen der kleine Betrieb unübertroffen ist.

Ich denke, dass die „Zurück-aufs-Land"-Bewegung der 1960er Jahre, die das Interesse an ökologischer Landwirtschaft steigerte, eine wichtige Facette der alten bäuerlichen Gesellschaft übersehen hat – die Leidenschaft für Qualität. Die alten bäuerlichen Handwerker hatten Freude daran, ihre Arbeit so gut wie möglich zu machen, um es dann beim nächsten Mal noch besser zu machen. Egal in welchem Bereich sie tätig waren, das Ziel war es, etwas Schönes zu schaffen.

Qualität von innen

Im Laufe der Jahre habe ich festgestellt, dass sich viele unwohl fühlen, wenn sie ihre Produkte anpreisen und eine offensive Verkaufsstrategie betreiben. Diese Menschen können ihre Ängste jetzt beiseitelegen. Wenn ihr Produkt gebraucht wird und wirklich erstklassig ist, dann müssen sie sich keine Sorgen machen, Kunden zu finden. Das negative Bild, das viele Leute von Verkäufern haben, hängt mit den damit verbundenen Assoziationen von unerwünschten, nicht benötigten, schäbigen, schlecht gemachten, sinnlosen Produkten zusammen, die schnelles Reden und andere unangenehme Verkaufstechniken erfordern. Gute Erzeuger sollten wissen, dass sie in keiner Weise in diese Kategorie fallen. Sie bieten erstklassige Produkte an: Sie werden regional produziert, ohne die Umwelt zu belasten; sie sparen Energie, weil die Lebensmittel nicht quer durchs Land transportiert werden müssen; ihre Produktion schafft Arbeitsplätze und stärkt die lokale Wirtschaft. Ein Qualitätsprodukt nützt immer sowohl dem Käufer als auch dem Verkäufer. Und so sollten Transaktionen zwischen Menschen auch sein, ein für beide Seiten vorteilhafter, wechselseitiger Austausch.

Doch auch Ideen müssen verkauft werden, insbesondere solche, die entscheidend für eine gute Landwirtschaft sind. Deshalb geht es in diesem Kapitel um mehr als nur um

Ein Schwätzchen mit den Kunden

den Verkauf von Erzeugnissen. Es geht auch um Verantwortung. Qualität ist das Ergebnis der Fähigkeiten des Erzeugers, gepaart mit Verantwortungsbewusstsein. Die Fähigkeiten entwickeln sich mit der Erfahrung, aber das Verantwortungsgefühl muss von innen kommen. Viele Kunden sind sich der wahren Qualität nicht bewusst. Die Öffentlichkeit ist nicht immer ausreichend über landwirtschaftliche Anbaumethoden und ihre Auswirkungen auf die Qualität der Lebensmittel informiert. Es sind die Landwirte, die sich um ihre landwirtschaftlichen Praktiken und deren Folgen kümmern müssen, auch wenn sie niemand dazu zwingt. Unbeeindruckt das zu tun, was man für richtig hält, ist eine eigene Form der Belohnung. Langfristig gesehen ist die Herstellung eines schlechten oder betrügerischen Produkts oder eines Erzeugnisses, das nicht so gut ist, wie es sein könnte, für den Produzenten schlimmer als für den Kunden. Der Kunde hat vielleicht nur ein- oder zweimal mit dem Produkt zu tun. Der Hersteller muss ständig damit leben.

Echte Karotten

Auch wenn der Kunde in der Lage ist, die Qualität von Industriegütern zu erkennen, so gilt dies nicht immer für Lebensmittel, da er meistens keinen Vergleich hat. Für die meisten Menschen ist eine Karotte eine Karotte. Doch es gibt gravierende Unterschiede, die nicht nur im Aussehen bestehen. Karotten können große Mengen an Pestizidrückständen aufnehmen, wenn sie in Böden angebaut werden, die damit belastet sind. Karotten, die in Böden mit einem niedrigen pH-Wert gezogen werden, nehmen mehr Blei, Cadmium und Aluminium auf. Eine unausgewogene Gabe von löslichen Düngemitteln verändert die Pflanzenzusammensetzung. Ein Mangel an Spurenelementen, wie er bei schlechten Bodenbedingungen vorkommt, hemmt die Proteinsynthese. Es gibt definitiv einen biologischen Nährwert in Nahrungspflanzen, der durch unzureichende Bodenfruchtbarkeit und Anbaubedingungen behindert wird oder verloren geht.

Die wissenschaftlichen Erkenntnisse bezüglich des biologischen Nährwerts von Lebensmitteln sind größtenteils widersprüchlich und unvollständig.[1] Es ist nach wie vor einer jener Bereiche, in denen Menschen intuitiv Unterschiede wahrnehmen, sobald sie die Lebensmittel selbst probieren, doch Tests zur Feststellung dieser Unterschiede sind unzureichend. Es gibt dokumentierte Unterschiede in der Lebensmittelqualität, die von den Anbaubedingungen beeinflusst werden, aber das reicht nicht, um als „absoluter Beweis“ zu gelten –, als ob jemals absolute Beweise für irgendwelche biologischen Konzepte möglich wären. Vielleicht sind wir noch nicht klug genug, um zu wissen, wonach wir suchen müssen. Aber der bewusste Konsument wartet nicht immer auf die Ergebnisse der Wissenschaft. Die Idee ist, die Wissenschaft anzuleiten, anstatt ihr zu folgen. Ich erinnere mich, wie ich in einem französischen Dorf auf dem Land sorgfältig prüfende Kunden beim Einkaufen von Gemüse beobachtet habe. Ihre Maßstäbe, die sich durch eine über Generationen entwickelte Sensibilisierung geschärft hatten, waren sehr hoch. Und wenn eine Karotte wie eine Karotte aussieht, besagt das noch gar nichts.

Auch andere Ideen machen sich breit. Die Technologien der Agrochemie stehen seit den 1960er-Jahren unter heftiger Kritik. Die Menschen fordern sicherere Lebensmittel und mehr Kontrolle über Zusatzstoffe und Rückstände. Es entsteht allmählich die Auffassung, dass Lebensmittel nicht nach ihrem Aussehen, sondern nach ihrer Zusammensetzung beurteilt werden müssen. Die Öffentlichkeit ist aufgewühlt, weil sie das Gefühl hat, dass das System, auf das sie sich bisher verließ, sie betrogen hat und sie wahrscheinlich weiterhin betrügen wird.

Dieses System, das sich aus den Regulierungsbehörden der Regierung zusammensetzt – wie z. B. das Umweltamt, die Bundesanstalt für Landwirtschaft und Ernährung oder die Behörde für Gesundheit und Verbraucherschutz –, verzeichnet eine klägliche und peinliche Bilanz des Versagens in Bezug auf den Schutz der Öffentlichkeit. Entsprechende Berichte findet man täglich in den Medien.

Pestizide oder Zusatzstoffe, die an einem Tag als absolut harmlos angepriesen werden, werden am nächsten Tag als gefährlich verboten. Wissenschaftler, auf deren Expertise wir uns verlassen, um Entscheidungen treffen zu können, streiten sich vehement über die Sicherheit landwirtschaftlicher Praktiken im Hinblick auf die Gesundheit des Menschen, die Verschmutzung unserer Wasservorräte und die langfristige Ertragsfähigkeit des Bodens. Aber der normale Kunde lässt sich nicht für dumm verkaufen. Die beunruhigenden Hinweise können nicht länger ignoriert werden. Irgendetwas stimmt nicht, und ob es nun einen „absoluten“ wissenschaftlichen Beweis dafür gibt oder nicht, eine Grundströmung hat sich gebildet. Der Kaiser ist nackt, und die Öffentlichkeit hat begonnen, eigene Entscheidungen zu treffen, um an sicherere Lebensmittel zu kommen, denn sie vertraut nicht mehr der Kompetenz der Aufsichtsbehörden.

Wir sind vermeintlich vom Thema der Marketingstrategie abgekommen, aber nicht in praktischer Hinsicht. Denn Qualität ist der Dreh- und Angelpunkt für das Unternehmen eines Kleinbauern. Sobald die Kunden erkennen, dass bestimmte Erzeuger verantwortungsbewusst und aufrichtig sind, dass auf ihr Wort und ihre Produkte Verlass ist, werden sie ihnen die Treue halten. Meinen ersten Gemüseanbau betrieb ich von 1968 bis 1978 in Maine an einem sehr ungeeigneten Ort. Der Hof war etwa zehn Kilometer von der nächsten größeren Landstraße entfernt und die letzten fünf Kilometer waren unbefestigte Straßen. Trotzdem hatte ich keine Absatzprobleme. Unsere Produkte waren bekannt für ihre Qualität, und die Nachfrage war meist größer, als wir befriedigen konnten. Sobald sich der Ruf für „echte“ Lebensmittel etabliert hat, gibt es kein besseres Werbe- oder Vertriebskonzept. Der Markt, wie man so schön sagt, regelt sich von selbst.

Der regionale Bio-Bauer hat einen zusätzlichen Marktvorteil, der genutzt werden sollte. Mit der Expansion der Bio-Lebensmittelindustrie sind Großvermarkter auf den Plan getreten, deren einziges Interesse der Profit ist. Trotz eines nationalen Zertifizierungsprogramms haben betrügerische Praktiken zugenommen, und das Misstrauen, ob die Lebensmittel wirklich biologisch sind, ist allgegenwärtig. Die Öffentlichkeit wird bald erkennen (und ich für meinen Teil werde sie sicherlich dazu ermutigen), dass der beste Weg, sich der Lebensmittelqualität zu versichern, darin besteht, die Person hinter dem Erzeugnis zu kennen.

KAPITEL ACHT

Planung und Beobachtung

Als ich begann, auf meinem eigenen Land in Maine als Vollzeit-Landwirt zu arbeiten, hatte ich das große Glück, Scott und Helen Nearing als Freunde und Nachbarn zu haben. Die Nearings brachten mir vielfältige wirtschaftliche Überlebensstrategien bei, aber die wichtigsten waren Planung und Beobachtung. Sie vollführten diese beiden wertvollen Fähigkeiten in Bestform.

Sie planten und organisierten sorgfältig die zu erledigenden Arbeiten und den Anbau der Feldfrüchte. Dabei suchten sie immer nach dem effizientesten Weg, um eine Aufgabe zu bewältigen. Sie waren zweifellos die am

Mit meinem Nachbar Scott Nearing, 1974.

besten organisierten Landbewohner, die ich je getroffen habe. Ich erinnere mich auch daran, wie ich mich wunderte, dass Scott der einzige in seinen Neunzigern war, den ich kannte, der Pläne für ein zukünftiges landwirtschaftliches Projekt hatte, an dem er in den nächsten zehn Jahren arbeiten würde. Viele von Helens und Scotts Ideen und Erfahrungen als Kleinbauern sind in ihrem Buch *Ein gutes Leben leben: Inspiration für Menschen auf der Suche* beschrieben.

Planung auf Papier

Ich lernte bald, viel effizienter im Voraus zu planen, als ich es je getan hatte. Dies bedeutete, während der Wintermonate die Arbeit des ganzen Jahres auf Papier zu bringen und so schon lange im Voraus ein gutes Gespür dafür zu haben, welche Ressourcen ich brauchen würde, woher sie kommen könnten, wie ich sie beschaffen würde und wie viel Zeit ich für jede Aufgabe einplanen müsste. Ich gliederte ein Notizbuch in Abschnitte für jede Gemüsekultur, für jedes Jahr der verschiedenen Fruchtwechsel, die ich ausprobierte, für die Aufzeichnungen über die Düngung auf jedem Feld und so weiter. Es gibt nichts, was den Wert des Organisierens und vorausschauenden Planens ersetzen kann.

Die Nearings waren Meister der Beobachtung. Sie zeichneten akribisch alle Daten auf, die sie bei ihrer täglichen Arbeit auf dem Hof sammelten – von der Frage, welche Salatsorte am besten überwintert, bis hin zu der Frage, welche Zusammensetzung den effektivsten Kompost für Erbsen ergibt. Einige ihrer Beobachtungen stammten aus bewussten Vergleichsversuchen, aber die meisten kamen zufällig zustande, indem sie ihre Augen offen hielten und sich darin übten, feine Unterschiede zu bemerken, an denen weniger aufmerksame Beobachter unbemerkt vorbeigehen würden. Kurz gesagt, sie hörten nie auf zu lernen und waren klug genug, Aufzeichnungen von ihren Beobachtungen zu machen, um auch in Zukunft davon zu profitieren.

In Anlehnung an die Nearings besteht der erste Schritt also darin, Ihren Betrieb im Detail zu planen. Lassen Sie uns diesen Prozess Schritt für Schritt durchgehen, um herauszufinden, welche Pflanzen in welchen Mengen angebaut werden sollen und wie Sie das alles organisieren.

Was soll angebaut werden?

Abhängig von der Nachfrage und dem Klima in Ihrer Region besteht die Möglichkeit, bis zu 70 einigermaßen gängige Gemüsekulturen anzubauen. Immer wieder entdecken einfallsreiche Gärtner alte Nutzpflanzen neu. John Evelyn hat in seinem 1699 erschienenen Essay „Acetaria: A Discourse of Sallets" 77 Gemüsepflanzen aufgelistet, und das waren nur Zutaten für Salate. Die 48 Gemüsesorten, die ich für die vielversprechendsten halte, sind in Tabelle 8.1 aufgeführt und in zwei Kategorien unterteilt: Haupt- und Nebenkulturen.

TABELLE 8.1. Gemüsesorten mit den größten Ertragsaussichten

Hauptkulturen	Nebenkulturen
Spargel	Rucola
Bohne	Knollensellerie
Rote Bete	Chinakohl
Brokkoli	Mangold
Rosenkohl	Löwenzahn

Hauptkulturen	Nebenkulturen
Weißkohl	Aubergine
Karotte	Endivie
Blumenkohl	Frisée
Sellerie	Fenchel
Mangold	Kohlrabi
Mais	Lauch
Gurke	Feldsalat
Knoblauch	Okra
Grünkohl	Radicchio
Kopfsalat	Wiesen-Bocksbart
Melone	Schwarzwurzel
Zwiebel	Schalotte
Frühlingszwiebeln	Speiserübe
Petersilie	
Pastinake	
Erbsen	
Paprika	
Kartoffel	
Kürbis	
Rettich	
Steckrübe	
Spinat	
Sommerkürbisgewächse	
Winterkürbisgewächse	
Tomate	

Bei der Auswahl des Gemüses, das Sie anbauen möchten, ist es hilfreich, alle Informationen, die Ihnen bei Ihrer Planung helfen, in Tabellenform aufzuschreiben. Ich könnte zum Beispiel damit beginnen, Monatstabellen zu erstellen, aus denen ersichtlich wird, wann die einzelnen in meiner Gegend angebauten Gemüsesorten für den Verkauf zur Verfügung stehen könnten. Diese Tabelle sollte die Möglichkeiten einer verlängerten Verfügbarkeit der Feldfrüchte berücksichtigen, wenn die Anbausaison zum Beispiel durch den Schutz von begehbaren Tunneln oder ein beheiztes Gewächshaus erweitert oder der Verkauf außerhalb der Saison durch Lagerbestände ergänzt werden kann.

Die Tabellen 8.2, 8.3 und 8.4 zeigen, wie in meiner Region (Neuengland) die potenzielle Verfügbarkeit von Gemüse für den Verkauf aussehen könnte.

Je nachdem, ob ich nur saisonal oder für eine ausgedehntere Nachfrage anbauen möchte, hätte ich dann eine Vorstellung davon, welche Feldfrüchte wann verfügbar sind. Eine Zusammenstellung dieser Art von Informationen regt zum Nachdenken an. Man könnte als Konsequenz gewisse Maßnahmen in Erwägung ziehen, wie zum Beispiel die Spezialisierung auf bestimmte Kulturen. Eine breite Palette von Nutzpflanzen kann das ganze Jahr über angeboten werden. In vielen Absatzgebieten dient eine ganzjährige Produktion dazu, Kunden zu halten oder Restaurantverträge zu akquirieren. Ein Blick auf die Tabelle zeigt, dass viele Salatkulturen für eine ganzjährige Produktion geeignet sind (siehe Kapitel 24). Die „A"-Kulturen in Tabelle 8.4 sind für den Erzeuger potenziell am lukrativsten, aber auch am teuersten in der Produktion. Sie benötigen höhere Temperaturen, was mehr Heizkosten und ein professionelleres Gewächshaus erfordert, das höher und stabiler ist, um auch Spaliere anbringen zu können.[1] Auch wenn die Pflanzen eine lange Saison haben, sind sie eigentlich keine Ganzjahrespflanzen. Nur die spezialisiertesten Produzenten planen eine Ernte vor April und nach November ein.

Die „B"-Pflanzen werden in einfacheren Tunnel-Gewächshäusern bei niedrigeren

Temperaturen angebaut. Einige, wie zum Beispiel Feldsalat, Petersilie, Frühlingszwiebeln, Spinat und Karotten, werden als Herbstkulturen ganz ohne zusätzliche Wärme kultiviert. Bevor die richtige Kälte einsetzt, können sie entweder alle auf einmal oder über einen guten Teil des Winters geerntet werden, indem man gerade genug Wärme zur Verfügung stellt, um sie vor dem Erfrieren zu bewahren. Die Entscheidung hängt von Ihrem Absatzmarkt ab. (In Kapitel 24 finden Sie spezifische Informationen über den Winteranbau dieser und anderer Salatkulturen, mit und ohne zusätzliche Wärme.)

Die wichtigste ganzjährige Gewächshauskultur ist Kopfsalat. Dafür gibt es immer eine Nachfrage. In spezialisierten Samen-Katalogen finden Sie hervorragende Sorten für die Winterproduktion. Wenn Sie eine entsprechend ausgelegte Sorte verwenden, können Sie Kopfsalat bei niedrigen Temperaturen anbauen und die Winterernte nach einem geregelten Zeitplan organisieren.

Produktionsumfang

Der Produktionsumfang hängt von einer Reihe von Faktoren ab. Wie viel Anbaufläche ist verfügbar? Wie fruchtbar ist der Boden? Wie viele Arbeiter sind beschäftigt? Welche Ausrüstung steht zur Verfügung? Wie bereits gesagt, halte ich einen halben bis einen Hektar Land für den Intensivanbau für ideal. Die Entscheidung über die Größe eines produktiven landwirtschaftlichen Betriebs kann nicht in einem luftleeren Raum getroffen werden. Das Verhältnis der Größe zu allen Produktions- und Vermarktungsfaktoren muss immer mitberücksichtigt werden.

Die Anlage einer Gemüsegärtnerei wird natürlich von der Lage des Grundstücks bestimmt, aber darüb er hinaus gibt es einige allgemeine Anregungen, die fast überall anwendbar sind.

Unterteilung der Anbaufläche

Die Anbaufläche sollte unabhängig von ihrer Größe unterteilt werden. 30 Meter lange Parzellen sind ein effizientes Maß für die Größe der benötigten Maschinen. Ein zwei Hektar großes Feld, das in Parzellen unterteilt ist, könnte folgendermaßen aussehen:

Im Idealfall ist das Feld nach Süden hin leicht abschüssig. Die Beete verlaufen quer über das Feld und sind jeweils 30 Meter lang. Dazwischen gibt es Abstände von drei Metern, um den Zugang und das Wenden der Bodenfräse am Ende jeder Reihe zu ermöglichen.

Es gibt einige gute Gründe für eine solche Unterteilung. Leichtere Erreichbarkeit, einfachere Berechnung der Zusatzstoffe und der Leistungsdaten sowie eine unkompliziertere allgemeine Organisation sind nur einige davon. Der wichtigste Grund ist das Management. Eine Unterteilung macht es einfacher, alles im Auge zu behalten.

Sorgfalt ist entscheidend: nichts darf vernachlässigt werden. Die Unterteilung hilft Ihnen, Ihre Aufmerksamkeit auf jeden einzelnen Vorgang zu lenken. Eine Gemüsesorte, die in der Mitte eines großen Feldes leicht vergessen werden könnte, wird auf einer kleineren, überschaubaren Fläche eher gepflegt. Unabhängig von ihrer Form sollte die Anbaufläche auf irgendeine Weise in bearbeitbare Abschnitte unterteilt werden.

TABELLE 8.2. Verfügbarkeit von Hauptkulturen für den direkten Verkauf

TABELLE 8.3. Verfügbarkeit von Nebenkulturen für den direkten Verkauf

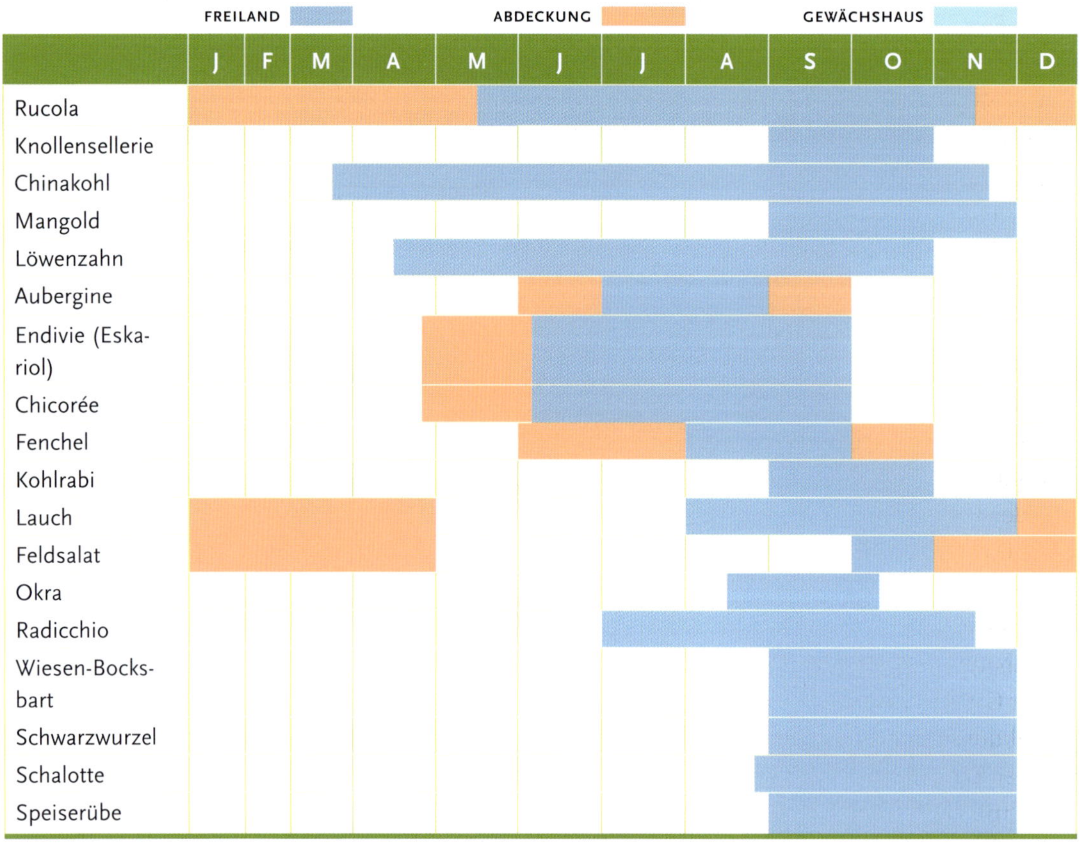

TABELLE 8.4. Spezialisierung auf frische Salate

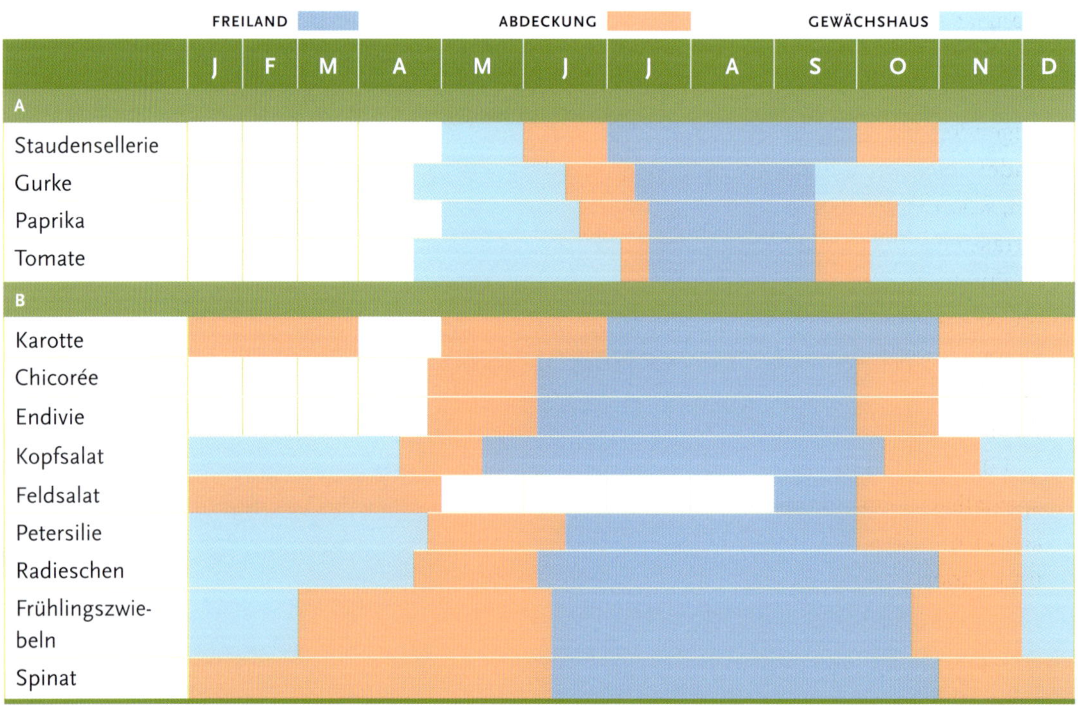

Aufteilung und Pflanzenabstände

Die obige Einteilung muss nun schrittweise weiter unterteilt werden. Genauso wie ein Land leichter zu erfassen ist, wenn es in Bundesstaaten, Landkreise und Städte gegliedert ist, ist ein Gemüsegarten besser in Abschnitten, Streifen und Reihen zu organisieren.

Jede Parzelle ist 30 mal 10 Meter groß; das entspricht 300 Quadratmetern. Ein Beet ist Teil einer Parzelle mit einer Länge von 30 Metern und einer Breite von 75 Zentimetern. Das ergibt acht nebeneinanderliegende Beete in jeder Parzelle.

Das Betreten der Parzellen sollte sich auf die Zugangswege zwischen den Beeten beschränken, um eine Bodenverdichtung im Anbaubereich zu vermeiden. Wenn man in der Größe von Beeten plant, hilft es, das Produktionssystem flexibler zu gestalten. Jedes Beet kann nach der Ernte mit einer Folgekultur oder einer Gründüngung bepflanzt werden, unabhängig vom Rest der Parzelle.[2]

Ein nützlicher Tipp: Wenn Sie ein Feld in Hanglage mit einer Traktorfräse bearbeiten, beginnen Sie am oberen Rand der zu bearbeitenden Fläche. Bei der zweiten und den folgenden Runden sinken dann die oberen Räder leicht in den aufgeweichten Boden ein, wodurch das Feld eingeebnet und leicht terrassiert wird. Wenn Sie am unteren Rand beginnen, kehrt sich dieser Effekt um, und die Neigung des Feldes wird durch die absinkenden Räder verstärkt. Es wird schwieriger, den Traktor in der Spur und die Feldoberfläche eben zu halten.

Für einen Betrieb, der sich auf Salate spezialisiert hat, empfehle ich einen Einachser mit einer 75 Zentimeter breiten Fräse und Rädern mit einem Achsenabstand von 105 Zentimeter. Sie können dann die 75 Zentimeter breite Anbaufläche in einem Arbeitsgang bearbeiten. Die 30 Zentimeter-Zugangswege werden mit dem ebenso breiten Pendelmesser der Radhacke kultiviert.

Vor vielen Jahren habe ich begonnen, für bestimmte Gewächshauskulturen 75 Zentimeter breite Beete mit einem 30 Zentimeter breiten Gang dazwischen anzulegen; diese Aufteilung habe ich bald auf das Freiland übertragen. Ich finde es besonders geeignet, wenn man sich auf Mehrfachernten auf derselben Fläche und die Produktion von frischen Salatpflanzen spezialisiert, denn in diesem Fall erntet man mehrfach viele niedrig wachsende Pflanzen und muss sich schnell über das Feld bewegen können. Es ist einfach, über eine 75 Zentimeter breite Anbaufläche zu schreiten. Außerdem können Sie sich bequem breitbeinig über ein Beet dieser Größe beugen, wenn es beim Ernten oder Umpflanzen notwendig ist.

Hochwertiges Saatgut bekommen

Beim Gemüseanbau gibt es so viele wichtige Faktoren, dass Sie vielleicht nicht immer mit der Bewertung übereinstimmen, die ich den einzelnen Aspekten zuschreibe. Aber ich bezweifle, dass irgendjemand die Bedeutung von gutem Saatgut bestreiten wird. Ohne hochwertiges Saatgut sind alle anderen Aktivitäten überflüssig.

Der Züchter wird sich zunächst mit den speziellen Pflanzengruppen (oder Kultivaren, wie sie auch genannt werden) beschäftigen. Am Anfang empfehle ich, sich an bewährte, lokal angepasste Sorten eines zuverlässigen regionalen Anbieters zu halten. Nach den ersten ein oder zwei Jahren sollte der Gärtner genug Erfahrung darüber gesammelt haben, was funktioniert und was verbessert werden muss, um mit der Auswahl aus den zahlreichen Saatgutkatalogen zu beginnen. Bei Katalogen muss man vor allem lernen, zwischen den Zeilen zu lesen. Neue Saatgutsorten, egal wie sehr sie gelobt werden, sind immer ein Risiko. Das gilt besonders für die größeren kommerziellen Kataloge, die neue Sorten oft dahingehend auswählen, ob sie unter Einsatz von konventionellen Dünge- und Pflanzenschutzmitteln funktionieren. Bio-Bauern werden – wie ich – feststellen, dass die stabilen, älteren Sorten oft zuverlässigere Ergebnisse liefern.

Manche Saatgutsorten gedeihen am besten unter bestimmten Bedingungen. Das soll nicht heißen, dass Sie keine neu entwickelten oder hybriden Sorten ausprobieren sollten. Geben Sie nur niemals eine zuverlässige alte Sorte auf, ohne sich über die Qualität ihres Ersatzes im Klaren zu sein. Ich habe es immer als lohnend empfunden, Spezialkataloge oder solche aus dem Ausland zu lesen und dann Versuche mit vielversprechenden Sorten und sogar neuen Kulturen durchzuführen. Auf diese Weise habe ich eine kleine, aber wichtige Anzahl meiner Lieblingssorten entdeckt. Die Anzahl der von mir getesteten Sorten ist gering, weil die Saatgutfirmen ebenfalls Sorten aus vielen Quellen mit weitaus größeren Ressourcen testen und prüfen, als ich sie besitze. In den meisten Fällen sind ihre Ergebnisse gründlich und verlässlich. Es hat mir jedoch immer eine besondere Freude gemacht, wenn ich selbst eine neue Entdeckung gemacht habe, und empfehle daher wärmstens die Praxis des Suchens und Ausprobierens.

Im Folgenden finden Sie einige Kriterien, die Sie bei der Auswahl der Sorten berücksichtigen sollten:

Essqualität. Dies ist mit Abstand eines der wichtigsten Kriterien und umfasst den Geschmack, die Zartheit und das Aroma des Gemüses sowohl roh als auch gekocht.

Erscheinungsbild. Farbe, Größe und Form sind ebenfalls wichtig, aber für die Essqualität zweitrangig.

Resistenz gegen Schädlinge und Krankheiten. Dies ist nützlich, wenn man Probleme damit hat; ansonsten wählen Sie eine Sorte aufgrund ihres Geschmacks und ihrer Zartheit.

Tage bis zur Reife. Dies ist natürlich ein wichtiger Faktor bei der Planung von Früh- und Folgekulturen.

Lagerung. Eignung für lange oder kurze Lagerzeiträume.

Wüchsigkeit. Dazu gehören schnelle Keimung und schnelles Wachstum.

Widerstandsfähigkeit. Zeigt die Sorte Wuchsstärke unter einer Vielzahl von Bedingungen?

Standfestigkeit. Dies beschreibt nicht-aufplatzende Tomaten, nicht-aufbrechende Kohlsorten, usw.

Leichte Ernte. Karotten mit kräftigem Grün sind leichter zu ziehen; Bohnen, die über dem Laub wachsen (Gluckentyp), sind leichter zu pflücken.

Erntezeitpunkt. Verschiedene Sorten können Ihre Anbausaison verlängern.

Frostbeständigkeit und Winterhärte. Diese Kriterien sind im Frühjahr und Herbst wichtig.

Tageslänge. Es gibt Kurztagpflanzen für die Produktion im Wintergewächshaus und so weiter.

Leichte Reinigung. Einige Blattgemüsesorten haben hochstehende Blätter, so werden Erdspritzer vermieden.

Zweckmäßigkeit. Von Natur aus weißköpfiger Blumenkohl, nicht stachelige (determinierte) Tomaten, die ohne Rankhilfe auskommen und andere praktische Züchtungen.

Leichte Zubereitung. Das bedeutet lange Rüben im Gegensatz zu runden, runde Zwiebeln im Gegensatz zu flachen und so weiter.

Anpassungsfähigkeit. Viele Sorten überwintern und treiben zeitig im Frühjahr aus.

Nährwert. Einige Sorten haben einen höheren Nährstoffgehalt.

Marktfähigkeit. Dazu gehören Spezialitäten, alte und Gourmet-Sorten.

Saatgutmengen

Die Menge ist das nächste Thema. Wie viel Saatgut sollte von jeder Sorte gekauft werden? Dabei nehmen die Anbautechniken Einfluss auf die Entscheidung. Wenn ein Großteil der Kulturen, wie in diesem Buch empfohlen, vorgezogen wird, kann der Gärtner mit weit weniger Saatgut auskommen, als wenn die Pflanzen direkt ausgesät werden. In den meisten Saatgutkatalogen finden sich Angaben zu den benötigten Saatgutmengen für die direkte Aussaat. Zu Beginn sollten Sie sicherheitshalber zusätzliches Saatgut kaufen. Eine neue Sämaschine oder eine neue Einstellung könnte, bevor Sie sie richtig kalibriert haben, leicht das Doppelte der berechneten Samen ausbringen. Nichts ist so entmutigend, wie an einem perfekten Aussaattag im Frühling kein Saatgut mehr zu haben. Die Kosten für das Saatgut für Feldkulturen sind in den meisten Fällen nicht so hoch, und der Kauf einer etwas größeren Menge ist eine gute Absicherung für den Gemüsebauer. Wenn es bestimmte Sorten oder Kulturen gibt, die für die Produktion des Betriebs wichtig sind, ist es eine gute Praxis, eine weitere Packung mit diesen Samen zur Absicherung von einem zweiten Lieferanten zu kaufen. Dies ist besonders wichtig bei Nachfolgekulturen. Pflanzen Sie zusammen mit der ersten Aussaat des Standardsaatguts auch Samen aus dem Absicherungspaket. Wenn alles gut läuft, werden die zusätzlichen Setzlinge nicht benötigt, aber wenn das Standardsaatgut nicht gut gedeiht, sind Sie abgesichert und wissen, wo Sie weitere Vorräte bestellen können. Richten Sie unbedingt ein Guthabenkonto bei bevorzugten Saatgutfirmen ein, damit Sie schnell in der Lage sind, per Telefon Saatgut zu bestellen, falls es im Laufe des Jahres zu Problemen kommt.

Es ist ratsam, sich auf die gleiche Weise abzusichern, wenn Sie planen, das Saatgut vom Vorjahr zu verwenden. In der Regel und bei den meisten Sorten funktioniert ein Jahr altes Saatgut, das richtig gelagert wurde (unter kühlen, trockenen und dunklen Bedingungen), wie gewünscht. Die Ersparnis ist jedoch ein Trugschluss, wenn eine Ernte oder eine Nachfolgepflanzung aufgrund von Saatgutausfall verloren geht. Achten Sie darauf, dass Sie das Saatgut jedes Jahr so früh wie möglich besorgen. Warten Sie nie bis zur letzten Minute. Frühe Pflanztermine haben die Angewohnheit, sich kaum wahrnehmbar heranzuschleichen; bevor Sie es merken, ist der Frühling da. Ob Sie Saatgut von einem Versandhaus oder von einem regionalen Anbieter kaufen, hängt von Ihrer persönlichen Vorliebe ab. In jedem Fall ist Verlässlichkeit in Bezug auf gleichbleibende Qualität und aktuelle Informationen unerlässlich. Wenn der Saatgutbestand einer bestimmten Sorte in einem Jahr knapp ist, ist es wichtig, dass der Lieferant seine Kunden über diese Tatsache informiert. Kleinere Züchter sind in diesen Informationsfluss oft nicht eingebunden, daher lohnt es sich immer nachzufragen.

Ich schlage noch eine weitere Vorsichtsmaßnahme vor. Nach ein paar Jahren Erfahrung sollte ein Anbauer damit experimentieren, Saatgut von freiabblühenden (samenfesten) Sorten aufzubewahren. Freiabblühend bedeutet, dass korrekt gezüchtetes Saatgut zu typgerechten Pflanzen heranwächst (im Gegensatz zu Saatgut von F1-Hybriden, die typischerweise entweder steril sind oder zu einem der Elternstämme des Hybriden zurückkehren). Bei den meisten Pflanzen ist die Vitalität des Saatguts, das unter den sorgfältigen kulturellen Praktiken dieses Produktionssystems gezüchtet wurde, weitaus höher als die von gekauftem Saatgut.

Ich spreche diese Empfehlung auch aus einem anderen Grund aus. Ich hoffe, dass sich die Entwicklung der heutigen Saatgutzüchtung, -selektion und -manipulation für den Produzenten von hochwertigem Gemüse als günstig erweist. Allerdings werden viele ältere Sorten aufgegeben oder es wird unnötig an ihnen herumgetüftelt. Ich rette jetzt das Saatgut von allen freiabblühenden Sorten, die ich wegen ihrer Essqualität oder ihres hervorragenden Wachstums auf Basis meiner Anbaumethoden schätze. Glücklicherweise ist biologisches Saatgut inzwischen viel besser verfügbar, und die biologische Saatgutzucht ist selbstverständlich geworden. Das Saatgut ist die initiierende Kraft für den landwirtschaftlichen Betrieb, und je mehr Kontrolle der Züchter darüber ausüben kann, desto zuverlässiger wird das System sein.

Pflanzzeit

Das Erntedatum hängt vom Datum der Aussaat oder Anpflanzung ab. Die Zeitspanne zwischen den beiden Eckdaten kann länger oder kürzer sein, abhängig von den Auswirkungen der Tageslänge, des Wetters, der Beschaffenheit des Bodens, der Pflanzensorten und vielen anderen wachstumsbezogenen Faktoren. Obwohl eine Kontrolle durch geschützten Anbau (Tunnel und Gewächshaus)

möglich ist, sind die Freilandkulturen, die schon sehr früh bzw. noch sehr lange ungeschützt gedeihen, immer noch wichtig. Sie sind kostengünstiger in der Produktion und umfassen viele Kulturen, die normalerweise nicht unter Schutz angebaut werden.

Frühe und späte Pflanzung

Die besten Informationen über die frühesten und spätesten Pflanztermine in Ihrer Region erhalten Sie von anderen Züchtern, nicht unbedingt nur von den Profis. Gute Selbstversorger haben ein erstaunliches Wissen, was Pflanztermine und andere Themen angeht. Mehr als einmal habe ich erlebt, dass der erfahrene Selbsterzeuger die Profis bei der frühesten Ernte geschlagen hat. Um ehrlich zu sein, Pflanztermine sind ein so komplexes Thema – und eines, das auf so viele Arten beeinflusst werden kann –, dass selbst die besten Züchter nicht alles ausschöpfen, was möglich ist. Zweifelsohne kann das Potenzial für einen frühen Anbau im Freiland bei vielen Betrieben verbessert werden, indem man auf Windschutz, Exposition, Bodenfarbe und andere mikroklimatische Veränderungen achtet.

Darüber hinaus gibt es spezifische pflanzentypische Faktoren, die zu berücksichtigen sind. Zuckermais zum Beispiel ist an den meisten Marktständen ein begehrtes Gemüse, und je früher er angeboten wird, desto eher kommen die Kunden. Aber das Pflanzdatum von Mais kann wegen der Temperaturgrenzen nur bis zu einem bestimmten Punkt vorgezogen werden. Mais keimt nicht zuverlässig oder überhaupt nicht, wenn die Bodentemperatur unter 13 °C liegt. Maiskeimlinge wachsen jedoch bei dieser Temperatur oder darunter. Das ist der Faktor, der normalerweise übersehen wird. Das Vorkeimen von Maissaatgut oder das Umpflanzen von Maiskeimlingen kann eine Überlegung wert sein. Bedenken Sie, dass wir nicht über die gesamte Maisernte sprechen, sondern nur über eine frühere Ernte von ein paar Pflanzen, um die früheste Nachfrage zu bedienen. Mais kann recht erfolgreich umgepflanzt werden, wenn er in Erdpresstöpfen angebaut wird (siehe Kapitel 17).

Fruchtfolge und Gewächshauskulturen

Wenn ein Züchter Kulturen wie Salatpflanzen das ganze Jahr über nach und nach ernten möchte, mag es logisch erscheinen, wöchentlich zu pflanzen, um die Kontinuität der Versorgung aufrechtzuerhalten. Diese Logik stimmt allerdings nur teilweise. Es mag zwar 52 Pflanztermine im Jahr geben, aber sie liegen nicht im Abstand von sieben Tagen. Die Jahreszeit beeinflusst das Pflanzenwachstum aufgrund von Licht, Temperatur, Tageslänge und so weiter. Die Pflanztermine müssen entsprechend angepasst werden. Auch wenn diese Termine je nach geografischer Region und Lage der Anbaufläche variieren, können bestimmte allgemeine Muster als Richtlinie verwendet werden.

Die Reifezeit für Kopfsalat verdoppelt und verdreifacht sich bei Pflanzungen zwischen September und Februar. Die Abstände der Pflanztermine müssen diese Realität widerspiegeln. Um von Anfang November bis April jede Woche Salat ernten zu können, hat die niederländische Forschung festgestellt, dass eine Pflanzung nach folgendem Pflanzplan erforderlich ist.[3] (Landwirte in der südlichen Hemisphäre können alle diese Daten um sechs Monate verschieben und erhalten so eine recht gute Annäherung an die für sie geltenden Pflanztermine.)

1. – 10. September
   Aussaat alle 3 1/2 Tage
10. – 18. September
   Aussaat alle 2 Tage
18. September – 10. Oktober
   Aussaat alle 3 1/2 Tage
10. Oktober – 15. November
   Aussaat alle 7 Tage
15. November – 15. Dezember
   Aussaat alle 10 Tage

Andere Versuche haben gezeigt, dass die Zeit von der Aussaat bis zur Ernte beschleunigt werden kann, wenn die Salatpflanzen in den ersten drei Wochen unter künstlicher Beleuchtung gezogen werden.

Bei der Freilandproduktion gibt es ähnliche Variablen. Nach eigenen Erfahrungen auf meinem Bauernhof in Maine war Salat, den ich am 1. März in einem unbeheizten Gewächshaus gesät und am 21. April ins Freie verpflanzt hatte, am 25. Mai verkaufsfertig, wohingegen Salat, der am 1. April im selben Gewächshaus gesät und am 1. Mai ins Freie verpflanzt wurde, am 2. Juni reif war. Denken Sie daran, dass konkrete Daten nur Richtlinien sind. Ich möchte das Verständnis für das Konzept und das allgemeine Muster fördern. Alle Gemüsebauer müssen selbst Informationen über das Klima und die Bedingungen ihrer individuellen Betriebe zusammenstellen. Auf lange Sicht wird das Prinzip ‚Versuch und Irrtum' der beste Lehrmeister für genaue Pflanztermine sein. Dies ist ein weiterer Bereich, in dem das Erstellen sorgfältiger Aufzeichnungen wertvoll für den Erfolg Ihres Betriebs sein kann.

Trotz bester Planung wird das Klima nie konstant sein. Ungewöhnliche Extreme von Hitze und Kälte können einem das Leben schwer machen. Eine Möglichkeit, unvorhersehbare Wetterbedingungen auszugleichen, ist der Anbau von mehreren Sorten einer Kultur. Wählen Sie die Sorten aufgrund ihrer leicht unterschiedlichen Leistung unter ähnlichen Wachstumsbedingungen aus, wodurch Sie den idealen Reifezeitpunkt „abfedern" können. Die Zuverlässigkeit der Ernte wird durch eine passende Flexibilität, die einige der Schocks klimatischer Anomalien entschärfen kann, besser gewährleistet.

Ein Wort zum Schluss

Eine weitere Lektion, die ich von den Nearings gelernt habe, ist, dass es eine Torheit ist, sieben Tage in der Woche zu arbeiten. Wenn man mit der Landwirtschaft anfängt, ist die Versuchung groß, alles sofort machen zu wollen, vor allem wenn man nicht in den Genuss kommt, dass schon Jahre zuvor Eltern und Großeltern einen Großteil der Vorarbeit geleistet haben. Tag für Tag nonstop zu arbeiten, ist nicht der beste Weg, um dieses Ziel zu erreichen. Man stumpft schnell ab und verliert das Gefühl für die Freude und das Vergnügen, das die Landwirtschaft von Anfang an so erstrebenswert erscheinen ließ. Scott und Helen haben mir beigebracht, wie wichtig es ist, zumindest an einem der sieben Tage etwas anderes zu tun, egal wie viel Arbeit auf dem Hof anfällt. Selbst inmitten der Frühjahrshektik stellt sich immer wieder heraus, dass ein Tag der Abwechslung an den anderen Tagen viel mehr Leistung ermöglicht. Ruhe und Reflexion lassen nicht nur den Körper genesen, sondern helfen auch dabei, Einsichten darüber zu gewinnen, wie man in Zukunft mit weniger Arbeit mehr erreichen kann, sodass derselbe Engpass in einem anderen Jahr nicht mehr entsteht.

KAPITEL NEUN

Fruchtwechsel

Die meisten zuverlässigen landwirtschaftlichen Praktiken sind uralt. Der jährliche Fruchtwechsel ist ein gutes Beispiel dafür. Beschreibungen der Vorteile des Fruchtwechsels finden sich bereits in den frühesten römischen landwirtschaftlichen Aufzeichnungen. Auch die Griechen und vor ihnen die Chinesen waren mit den Prinzipien des Fruchtwechsels gut vertraut. Aus seiner Erfahrung als Forscher an der Rutgers University erklärte Dr. Firman Bear, dass ein gut durchdachter Fruchtwechsel 75 Prozent des Erfolgs von allem ist, was sonst noch getan werden kann, einschließlich Düngung, Bo-

Je mehr Abwechslung es beim Fruchtwechsel gibt, desto besser.

denbearbeitung und Schädlingsregulierung. Ich denke, das ist eine vorsichtige Schätzung. Denn selten werden die Prinzipien des Fruchtwechsels so gründlich angewandt, wie sie es sollten, um alle potenziellen Vorteile zu nutzen. Meiner Meinung nach ist der Fruchtwechsel die wichtigste Praxis in einem Mehrkulturen-Anbauprogramm.[1]

Kurz gesagt, Fruchtwechsel bedeutet Abwechslung, und Abwechslung gibt biologischen Systemen Stabilität. Per Definition ist Fruchtwechsel die Methode, die Kultur auf einem Stück Boden jedes Jahr zu wechseln. Idealerweise sind diese verschiedenen Kulturen botanisch nicht miteinander verwandt. Außerdem sollten zwei aufeinanderfolgende Kulturen weder die gleichen Anforderungen an den Nährstoffgehalt des Bodens haben noch anfällig für die gleichen Krankheiten oder Schädlinge sein. Leguminosen werden mit Nicht-Leguminosen abgewechselt. Eine längere Fruchtwechselspanne, bevor die gleiche Kultur erneut angebaut wird, ist besser als eine kürzere. Und idealerweise werden so viele Faktoren wie möglich bei der Festlegung des Fruchtwechsels berücksichtigt.

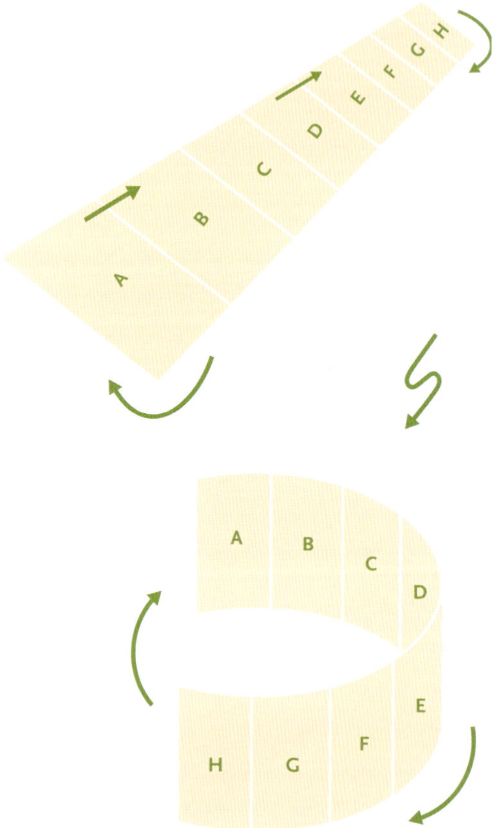

Abbildung 9.1. Ein achtgliedriger Fruchtwechsel

Raum und Zeit

Der Schlüssel zur Visualisierung von Fruchtwechseln ist das Verständnis, dass zwei Dinge gleichzeitig ablaufen. Rotationen erfolgen sowohl räumlich (die Pflanzenarten bewegen sich von einer Fläche zu einer anderen) als auch zeitlich (die Zeit schreitet voran). Da sowohl die Reihenfolge der Kulturen als auch die Zeit berücksichtigt werden müssen, kann es anfangs zu Verwirrung kommen, wenn man komplizierte Fruchtwechsel betrachtet. Lassen Sie sich nicht unterkriegen.

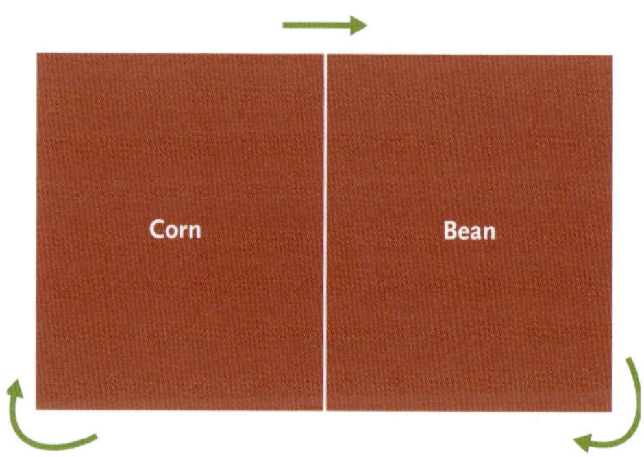

Abbildung 9.2. Plan für einen zweigliedrigen Fruchtwechsel

Die grafische Darstellung eines achtgliedrigen Fruchtwechsels würde wie in Abbildung 9.1 aussehen. Es gibt acht Bereiche, in denen jeweils eine andere Kulturpflanze wächst. Nehmen wir nun an, wir wollen diese acht Kulturen so drehen, dass A auf B folgt, B auf C und so weiter. Die Pfeile auf der Abbildung zeigen die Rotationsrichtung an. Die Buchstaben stehen jeweils für den Platz, an dem die Pflanze im jeweiligen Jahr wächst. Auf dem Bild für das nächste Jahr würde den Pfeilen entsprechend die jeweilige Pflanze ein Feld weiterrücken und A dort wachsen, wo in diesem Jahr B wächst, wobei H an der bisherigen Stelle von A wächst. Im darauffolgenden Jahr würde A dort wachsen, wo dieses Jahr C wächst, und so weiter.

Für die Planung der Fruchtwechsel verwende ich DIN A7 Karteikarten im Format 74 mal 105 Millimeter, auf denen die Namen der Pflanzen stehen. Einige von Ihnen arbeiten vielleicht gerne mit dem Computer, um die Planungsoptionen zu visualisieren. Ich bewege die Karten hin und her, während ich versuche, die ideale Reihenfolge für die Anzahl der beteiligten Kulturen zu bestimmen. Schauen wir mal, wie das funktioniert. Bei zwei Feldfrüchten gibt es kein Problem. Nehmen wir Zuckermais und Bohnen. Zuckermais wächst dieses Jahr dort, wo im nächsten Jahr Bohnen sein werden und Bohnen wachsen dieses Jahr dort, wo im nächsten Jahr Zuckermais stehen wird.

Ein dreigliedriger Fruchtwechsel erweitert dieses Konzept. Sobald es mehr als zwei Kulturen gibt, kommt ein neuer Faktor ins Spiel: die Reihenfolge. Es gibt nun zwei mögliche Reihenfolgen. Die Karteikarten können wie folgt angeordnet werden: Mais/Bohnen/Kürbis oder Mais/Kürbis/Bohnen.

Beachten Sie, dass es hier nicht um die Anzahl der Möglichkeiten geht, wie drei Elemente angeordnet werden können (von denen es sechs gibt), sondern um die möglichen Reihenfolgen. Bei einer viergliedrigen Rotation gibt es sechs mögliche Reihenfolgen. Ein achtgliedriger Fruchtwechsel bietet 5.040 mögliche Reihenfolgen.

Warum sich die Mühe machen?

Warum sollte man sich mit Fruchtwechsel beschäftigen? Weil es für den Landwirt von großem Nutzen ist, einen Fruchtwechsel einzurichten, der alle möglichen Vorteile mit sich bringt. Mais, Bohnen, Kürbis und andere Feldfrüchte entziehen dem Boden jeweils unterschiedliche Nährstoffe und reagieren auf unterschiedliche Düngeschemata. Sie sind für bestimmte Anbaupraktiken empfänglich und können die vorhergehende oder nachfolgende Kultur beeinflussen oder von ihr beeinflusst werden. Wann immer die jeweilige Kultur oder Anbaupraktik des laufenden Jahres so gewählt werden kann, dass sie einer Folgekultur zugutekommt, ist es die Mühe wert. Und in der Tat, wann immer man die Wahl zwischen mehreren Möglichkeiten hat, eine Aufgabe zu erledigen, ist eine von ihnen in der Regel die beste. Zielstrebige Landwirte werden sich die Zeit nehmen, die Dinge zu durchdenken, um jeden Aspekt ihrer Produktion zu optimieren.

Die Zeit, die man mit der Planung eines Fruchtwechsels verbringt, ist nie verschwendet. Man erfährt nicht nur viel über wichtige biologische Ausgleichsmöglichkeiten beim Anbau, sondern die Ergebnisse sind auch so wirksam bei der Verhinderung von Problemen, bevor sie entstehen können, dass man sich manchmal ganz bewusst vor Augen halten muss, was gerade passiert. Sehr oft versäumen es Landwirte, die Vorteile eines gut geplanten Fruchtwechsels voll auszuschöpfen, weil Fruchtwechsel keine kalkulierbaren Kosten verursachen. Da der prophylaktische Effekt bei der Verhinderung von Problemen so gut funktioniert, übersehen Landwirte oft die umfassenderen Vorteile, die in gewisser Weise unsichtbar sind.

Schädlings-, Krankheits- und Beikrautregulierung

Fruchtwechsel verbessern die Schädlings- und Krankheitsregulierung, indem das System so angelegt ist, dass es der jeweiligen Kultur zugutekommt. Monokultur begünstigt viele Schädlingsprobleme, da sich die für eine Kultur spezifischen Schädlingsorganismen überproportional vermehren können, wenn diese Kultur Jahr für Jahr an der gleichen Stelle angebaut wird. Schädlinge lassen sich am einfachsten im ökologischen Gleichgewicht halten, wenn der Boden über mehrere Jahre hinweg mit verschiedenen Pflanzen bepflanzt wird. Bei einem guten Fruchtwechsel werden anfällige Pflanzen in ausreichenden Abständen angebaut, um die Vermehrung der spezifischen Schädlingsorganismen zu verhindern.

Fruchtwechsel wirken in ähnlicher Weise bei der Regulierung von Beikraut. Die Eigenschaften einer Pflanze und die Methoden, mit der sie angebaut wird, können ungewollt dazu führen, dass bestimmte Beikräuter eine günstige Nische finden. Bei einem intelligenten Fruchtwechsel wird eine Folgekultur gewählt, die diese Beikräuter vernichtet. Darüber hinaus können einige Kulturen aufgrund der Art ihrer Kultivierung als „bodenreinigende Pflanzen“ fungieren. Kartoffeln und Winterkürbisse fallen in diese Kategorie. Durch die häufigen Hack- und Häufelarbeiten beim Kartoffelanbau in Dämmen können aufkommende Beikräuter gut in Schach gehalten werden. Bei Winterkürbissen ist es vorteilhaft, dass es eine lange Zeitspanne zum Kultivieren gibt, bevor die Pflanzen zu ranken beginnen.

Pflanzenernährung

Durch Fruchtwechsel können Nährstoffe in der ökologischen Landwirtschaft besser verfügbar gemacht werden. Einige Pflanzen sind effektiver als andere bei der Nutzung schwer löslicher Pflanzennährstoffe. Die Rückstände dieser nährstoffextrahierenden Pflanzen machen die Mineralien für spätere, weniger effektive Pflanzen in der nächsten Sequenz des Fruchtwechsels besser verfügbar.

Im Allgemeinen hat sich gezeigt, dass Pflanzen einer niedrigeren Evolutionsstufe sich besser von weniger löslichen Nährstoffquellen ernähren als Pflanzen einer höheren Entwicklungsstufe. Niedere Pflanzen – im evolutionären Sinne – wie Luzerne, Klee und Kohl sind offensiver bei der Gewinnung von Nährstoffen als höher entwickelte Pflanzen wie Salat oder Gurken. Letztere, so habe ich herausgefunden, können schwerer lösliche Mineralstoffe nicht gut nutzen. Daher behalte ich beim Fruchtwechsel immer den besten Platz und den besten Kompost den Salat- und Gurkenkulturen vor, und ihre außergewöhnliche Qualität hat diese Fürsorge immer belohnt.

Dünger

Durch Fruchtwechsel wird die Zugabe von organischem Material bestmöglich für die

Bodenverbesserung genutzt. Einige Kulturen (z. B. Kürbisgewächse, Mais, Erbsen und Bohnen) wachsen am besten, wenn jedes Jahr Dünger oder Kompost ausgebracht wird. Andere (Kohl, Tomaten, Wurzelfrüchte und Kartoffeln) scheinen besser auf Böden zu wachsen, die im Vorjahr gedüngt wurden. Grünpflanzen gehören in die erste Kategorie, mit dem Vorbehalt, dass der Kompost gut zersetzt sein sollte. Ein Fruchtwechsel, bei dem sich gedüngte und nicht gedüngte Pflanzen abwechseln, ermöglicht es dem Landwirt, diese Vorlieben zu berücksichtigen.

Bodenstruktur

Fruchtwechsel erhalten und verbessern die Bodenstruktur. Die einzelnen Pflanzen wurzeln unterschiedlich tief, werden mit unterschiedlichen Techniken angebaut und sprechen entweder auf eine tiefere oder flachere Bodenbearbeitung an. Durch den jährlichen Wechsel der Kulturen kann der Landwirt die volle Tiefe des Bodens nutzen und dabei den Oberboden langsam vertiefen.

Tiefer wurzelnde Pflanzen, sowohl Nutzpflanzen als auch Gründüngungen, ziehen Nährstoffe aus Bodenschichten, die von den flach wurzelnden Pflanzen nicht genutzt werden. Dabei öffnen sie die tieferen Bodenschichten und ebnen Wege für die Wurzeln anderer, weniger starkwüchsiger Pflanzen. Tiefwurzler nehmen auch mineralische Nährstoffe aus den unteren Schichten in ihre Pflanzenstruktur auf, sodass diese Nährstoffe schließlich, wenn sich die Rückstände dieser Pflanzen im Boden zersetzen, für die Flachwurzler verfügbar werden.

Ernteerträge

Fruchtwechsel verbessern die Erträge nicht nur auf die oben beschriebene Weise, sondern auch in subtilerer Hinsicht. Einige Kulturen werden durch die Vorgängerkultur begünstigt und einige behindert. Die Universität von Rhode Island hat über 50 Jahre lang den Einfluss von Vorfrüchten auf die Erträge der Folgefrüchte untersucht.[2] Die möglichen Gründe sind zahlreich, und selbst nach umfangreichen Untersuchungen besteht keine allgemeine Übereinstimmung darüber, welche Prozesse genau beteiligt sind. Einige Ursachen für den günstigen Einfluss von Vorfrüchten auf die Folgekulturen sind:

- Erhöhung des Stickstoffgehalts im Boden
- Verbesserung der Bodenbeschaffenheit
- Erhöhte bakterielle Aktivität
- Erhöhte Freisetzung von Kohlendioxid
- Ausscheidung von nützlichen Substanzen
- Regulierung von Beikraut, Insekten und Krankheiten

Die schädlichen Auswirkungen von Vorfrüchten, die ich durch eine sorgfältige Planung des Fruchtwechsels zu vermeiden suche, entstehen durch

- Abbau von Bodennährstoffen
- Ausscheidung von Giftstoffen
- Erhöhung des Säuregehalts im Boden
- Produktion von Schadstoffen aus der Zersetzung von Pflanzenresten
- Ungünstige Bodenbeschaffenheit durch eine flachwurzelnde Kultur
- Mangelnde Durchlüftung des Bodens
- Entzug von Feuchtigkeit

- Krankheiten, die auf Folgekulturen übertragen werden
- Einflüsse der Kulturpflanzen auf die Bodenflora und -fauna

Fruchtwechsel-Konzepte

Trotz mangelnder Übereinstimmung unter den Forschern ergeben sich aus den Studien, die ich über positive und negative Effekte bestimmter Fruchtwechsel gelesen habe, sowie aus meinen eigenen Beobachtungen bestimmte Muster:

- Leguminosen sind grundsätzlich vorteilhafte Vorfrüchte.
- Zwiebeln, Salat- und Kürbispflanzen sind grundsätzlich vorteilhafte Vorfrüchte.
- Kartoffeln erbringen die besten Erträge nach Mais.
- Bei Kartoffeln erhöhen einige Vorfrüchte (Erbsen, Hafer und Gerste) das Auftreten von Kartoffelschorf, während andere (Sojabohnen) es deutlich verringern.
- Mais und Bohnen werden durch die Vorfrucht nicht wesentlich nachteilig beeinflusst.
- Die Zugabe von Kalk und Dünger vermindert die negativen Auswirkungen der Vorfrucht, heben sie aber nicht vollständig auf.
- Mitglieder der Zichorien-Familie (Endivie, Radicchio usw.) sind vorteilhaft für nachfolgende Kulturen.
- Zwiebeln erhalten keinen zusätzlichen Vorteil, wenn sie auf eine Leguminosen-Gründüngung folgen.
- Karotten, Rote Bete und Kohl sind in der Regel nachteilig für Folgekulturen.

Dies sind lediglich Beispiele, keine absoluten Werte. Dennoch ist es notwendig, irgendwo anzufangen. Diese Muster wurden durch Forschungen zum Einfluss von Vorfrüchten auf Folgefrüchte sowie durch meine eigenen und die Erfahrungen anderer Landwirte festgestellt. Da diese Muster boden- oder klimaspezifisch sein können, sollen sie in erster Linie auf mögliche Einflussfaktoren hinweisen, die wachsame Landwirte im Auge behalten sollten. Ob universell oder nur auf einen bestimmten Betrieb anwendbar, diese Weisheiten können für den Landwirt wertvoll sein, der lernt, sie anzuwenden.

Ein-Prozent-Maßnahmen

Während die weiter oben in diesem Kapitel vorgestellten Richtlinien für den Fruchtwechsel in die Kategorie der „Standardregeln" fallen, gehören die beschriebenen Muster eher in die Kategorie der „Vorschläge, Hinweise und Verfeinerungen". Die Wirksamkeit der Maßnahmen auf Ertragssteigerung, Wachstum und Vitalität beträgt vielleicht nur ein Prozent – ein Wert, der manchen zu gering ist, um sich damit zu beschäftigen. Es ist jedoch wichtig zu verstehen, dass ein biologisches System durch viele kleine Verbesserungen ständig justiert werden kann. Ich nenne sie die Ein-Prozent-Maßnahmen, wobei entscheidend ist, dass die Effekte kumulativ sind. Wenn der Züchter genug von ihnen beachtet, wird es zu einer erheblichen Gesamtverbesserung beitragen. Und das Beste von allem ist, dass es diese Maßnahmen umsonst gibt. Sie bringen kostenlosen Nutzen, der durch sorgfältiges, intuitives Management entsteht.

Ein-Prozent-Maßnahmen liefern vielleicht nicht immer messbare Ergebnisse, aber sie haben eindeutig einen Einfluss. Ich habe gelernt, ihnen Aufmerksamkeit zu schenken und zu versuchen, sie zu nutzen. Sir George Stapledon, ein englischer Grünlandspezialist und einer der klügsten Landwirtschaftsbeobachter aller Zeiten, war sich immer bewusst, wie viel er nicht wusste und wie viel die Wissenschaft übersieht oder wovon sie keine Kenntnis hat. Er wollte seine Handlungsfähigkeit dadurch jedoch nicht einschränken lassen. Ich denke, dass dies eine kluge Einstellung ist. Anstatt nicht zu handeln, weil wir uns nicht sicher sein können, schlage ich vor, dass wir stattdessen versuchen, das anzuwenden, was wir zu wissen hoffen. Wir sollten versuchen, so viele intelligente Maßnahmen wie möglich zu ergreifen, um unsere Ernten schrittweise zu verbessern, und dann abwarten, was passiert. Angesichts unseres begrenzten Wissens über alle miteinander verbundenen Ursachen und Wirkungen, die in der Natur aktiv sind, scheint dies die produktivste Einstellung zu sein.

Ich studiere weiterhin die ökologische Sukzession die auf natürlichen Faktoren beruhende Abfolge von Pflanzengesellschaften an einem Standort, um Muster für die Entwicklung immer besserer Fruchtwechsel zu finden. Ich bin neugierig auf die Mechanismen der natürlichen Sukzession in gestörten Ökosystemen und möchte wissen, wie man sich die Entwicklungen nach Bränden, Erdrutschen oder Kahlschlägen und so weiter erklärt. Hängt der Prozess nur von der Verfügbarkeit von Sonne und Schatten ab, oder gibt es fortschreitende Veränderungen im Boden, die die Sukzession diktieren, und wenn ja, wie verlaufen sie? Sind sogenannte Pionierpflanzen nur anpassungsfähiger, fügen sie lediglich organische Substanzen hinzu oder gibt es andere biologische, chemische oder strukturelle Veränderungen, die die Eignung des Bodens für die Bedürfnisse einer anderen Pflanze verbessern? Mit anderen Worten: Gibt es Muster, und kann ich sie wiederholen? Denn wenn es erkennbare Muster gibt, kann ich ähnliche Wirkweisen von Gemüse- oder Gründüngungskulturen auf den Boden nutzen, um Fruchtwechsel zu erstellen, die die Naturgesetze nachahmen. Ich vermute, dass die Landwirte im Laufe der Jahrhunderte eine Reihe solcher Beobachtungen berücksichtigt haben. Aber ich vermute auch, dass es endlos viele zusätzliche Verbesserungen gibt, die durch weitere Studien erreicht werden können.

Beispiel für einen Fruchtwechsel

Bevor wir entscheiden können, für welche Pflanzen die As, Bs und Cs in der Abbildung 9.1 stehen, müssen wir zunächst eine Menge Informationen sammeln. Lassen Sie uns zu diesem Zweck die beispielhafte Abfolge eines Fruchtwechsels für unseren 0,8 Hektar großen Gemüsebetrieb aufstellen. Folgende Faktoren müssen berücksichtigt werden:

ANZAHL DER FLÄCHEN

Ein Fruchtwechsel funktioniert am besten, wenn die Flächen für den Fruchtwechsel alle die gleiche Größe haben. Dieses Ziel ist auf großen Ackerflächen nicht immer leicht zu erreichen, sollte aber bei einer Gemüseanbaufläche von 0,8 Hektar machbar sein. Bei diesem Beispiel gehen wir von einer Anbaufläche dieser Größe aus und unterteilen sie in zehn Abschnitte zu je 810 Quadratmeter.

ZEITLICHE ABFOLGE

Genauso wie zwei Dutzend Kulturen nicht unbedingt einen 24-gliedrigen Fruchtwechsel bedeuten, sollten Sie sich darüber im Klaren sein, dass zehn Pflanzenabschnitte nicht zwangsläufig einen zehngliedrigen Fruchtwechsel zur Folge haben. Jeder Abschnitt kann in zwei, drei oder mehr separate und kürzere Fruchtwechselpläne unterteilt werden. Möglicherweise könnte eine Bepflanzung mit Leguminosen oder Weidegras für eine Reihe von Jahren in den Fruchtwechsel einbezogen werden. Jeder Landwirt und jede Landwirtin trifft diese Entscheidungen nach seiner bzw. ihrer individuellen Situation. Nehmen wir einmal an, dass die zehn Abschnitte in einem zehngliedrigen Fruchtwechsel bewirtschaftet werden sollen.

ANZAHL DER KULTUREN

In unserem Beispiel werden 24 Hauptkulturen angebaut. Um zu entscheiden, wo die einzelnen Kulturen im Fruchtwechselplan angebaut werden sollen, müssen wir die Kulturen zunächst botanisch klassifizieren. Tabelle 9.1 zeigt, wie dies geschehen kann.

Die Tabelle ist nach Gemüsefamilien unterteilt, basierend auf einem der ersten Prinzipien des Fruchtwechsels: Bauen Sie nicht die gleiche oder eine eng verwandte Pflanze in aufeinanderfolgenden Jahren an der gleichen Stelle an.

Diese Listen sind ein guter Anfang, aber weitere Informationen können uns helfen, die Planung des Fruchtwechsels zu verfeinern. Es könnte hilfreich sein, die Pflanzen nach allgemeineren gärtnerischen Kategorien aufzuteilen. Tabelle 9.2 klassifiziert die Pflanzen im Hinblick auf den Fruchtwechsel nach Typen.

Obwohl Tabelle 9.2 die botanische Klassifikation durcheinanderbringt, fügt sie wertvolle neue Informationen hinzu. Da in einigen Abschnitten mehr als eine Kultur wachsen wird, kann die Kategorisierung der Kulturen nach Typen uns helfen zu entscheiden, welche Pflanzen ähnliche Anforderungen an den Anbau haben und welche (wie z. B. Blattgemüse) für einen bestimmten Vertriebsweg gemeinsam geerntet werden müssen.

DER RICHTIGE PLATZ IM FRUCHTWECHSELSYSTEM

Die Tatsache, dass 24 Kulturen in einem zehngliedrigen Fruchtwechsel angebaut werden sollen, zeigt, dass einige der Kulturen weniger Anbaufläche als andere benötigen, um die Nachfrage zu befriedigen. Dies führt zu einer der interessantesten Aufgabenstellungen bei der Fruchtwechsel-Planung: Wie kann man die verschiedenen Bedürfnisse des Marktes erfüllen und dabei die unterschiedlichen Kulturen einem systematischen Fruchtwechsel zuordnen. Es hängt davon ab, ob Sie eine möglichst große Pflanzenvielfalt anbauen oder sich nur auf die umsatzstärksten Sorten spezialisieren wollen. Zu Beginn machen Sie sich am besten Gedanken, wie viel Platz oder wie viel Prozent der gesamten Anbaufläche jede Kultur benötigt, um die richtige Menge für den Markt zu produzieren. Wir können diesen Platzbedarf bestimmen, indem wir sechs verschiedene Kategorien bilden, vom größten bis zum kleinsten Platzbedarf. Gemäß meiner Erfahrung würde die Einteilung für unsere 24 Kulturen wie in Tabelle 9.3 abgebildet aussehen.

Jetzt kommen die Karteikarten ins Spiel. Jede Karte stellt einen Abschnitt der Felderwirtschaft dar. Schreiben Sie die Namen der Kulturen, die links in der Tabelle stehen (mit dem meisten Platzbedarf) jeweils auf eine separate Karte (oder zwei Karten, im Fall von größeren Kulturen wie Zuckermais). Für die Pflanzen, die weniger Flächen beanspruchen (rechts in der Tabelle), schneiden Sie mit einer Schere proportionale Abschnitte aus anderen Karteikarten zu, um den geringeren Bedarf abzubilden. So zeigt sich, dass mehrere der Kulturen mit kleinerem Platzbedarf denselben Rotationsabschnitt belegen können. Als Nächstes kleben Sie einige dieser Kulturen zusammen auf die Fläche einer Karte. Kombinieren Sie dabei möglichst Pflanzen, die zur selben Familie gehören oder ähnliche Anbaubedingungen erfordern.

TABELLE 9.1. Pflanzen für den Fruchtwechsel, aufgelistet nach der Pflanzenfamilie

DOLDENGEWÄCHSE
Karotte
Sellerie
Petersilie
Pastinake
KORBBLÜTLER
Kopfsalat
KREUZBLÜTLER
Brokkoli
Rosenkohl
Weißkohl
Blumenkohl
Grünkohl
Radieschen
Steckrübe
GÄNSEFUSSGEWÄCHSE
Rote Bete
Mangold
Spinat
KÜRBISGEWÄCHSE
Gurke
Sommerkürbisgewächse
Winterkürbisgewächse
HÜLSENFRÜCHTLER
Bohne
Erbse
LILIENGEWÄCHSE
Zwiebel
SÜSSGRÄSER
Zuckermais
NACHTSCHATTENGEWÄCHSE
Paprika
Kartoffel
Tomate

TABELLE 9.2. Pflanzen für den Fruchtwechsel, aufgelistet nach dem Pflanzentyp

KOHLGEWÄCHSE
Brokkoli
Rosenkohl
Weißkohl
Blumenkohl
FRUCHTGEMÜSE
Paprika
Tomate
GETREIDEPFLANZEN
Zuckermais
BLATTGEMÜSE
Staudensellerie
Mangold
Grünkohl
Kopfsalat
Petersilie
Spinat
LEGUMINOSEN
Bohne
Erbse
WURZELFRÜCHTE
Rote Bete
Karotte
Zwiebel
Pastinake
Kartoffel
Radieschen
Steckrübe
RANKENDE GEMÜSEPFLANZEN
Gurke
Kürbis

TABELLE 9.3. Pflanzen für den Fruchtwechsel, geordnet nach ihrem Platzbedarf

GRÖSSERER PLATZBEDARF ←					→ GERINGERER PLATZBEDARF
6	5	4	3	2	1
Zuckermais		Erbse	Brokkoli	Bohne	Rote Bete
		Kartoffel	Blumenkohl	Weißkohl	Rosenkohl
		Winterkürbisgewächse	Tomate	Karotte	Staudensellerie
				Grünkohl	Mangold
				Kopfsalat	Gurke
				Paprika	Zwiebel
				Spinat	Petersilie
				Sommerkürbisgewächse	Pastinake
					Radieschen
					Steckrübe

Das Fruchtwechsel-Spiel

In diesem Stadium sind die Anordnung und Neuanordnung der Karten so etwas wie ein Brettspiel. Die zuvor besprochenen Rotationsprinzipien und -muster sind die „Regeln". Neue Regeln werden hinzugefügt, wenn Sie sie durch Erfahrung, Fachlektüre und Vorschläge anderer Landwirte kennenlernen. Beginnen Sie das Spiel, indem Sie die Karten flach auslegen und so anordnen, dass sie die eine oder andere Rotationsfolge ergeben. Ziel ist es herauszufinden, ob es möglich ist, alle gewünschten Kulturen auf der zur Verfügung stehenden Fläche und in der benötigten Menge anzubauen und gleichzeitig alle Regeln zu erfüllen. Der Gewinner ist die Sequenz, die dem idealen Muster am nächsten kommt und möglichst viele der vorteilhaften Aspekte eines Fruchtwechsels optimal umsetzt, die Sie mit Ihren Kulturen erreichen können.

Versuchen wir es also mal. Die beiden Maiskulturen sollten nicht nebeneinanderstehen. Setzen Sie eine in die Mitte der Fruchtfolge und eine an das Ende (Abbildung 9.3), sodass sie so weit voneinander entfernt sind, wie es bei einem zehngliedrigen Fruchtwechsel möglich ist. Wir wissen, dass Kartoffeln nach Mais den besten Ertrag bringen, also legen Sie die Kartoffeln in Abschnitt 4. Dieser Schritt legt nun automatisch den Platz für Tomate und Paprika nahe, um Abstand zwischen ihnen und den verwandten Kartoffeln zu schaffen (Abbildung 9.4).

Getreidekulturen (Mais) gedeihen bekanntlich gut nach Hülsenfrüchten (Erbsen und Bohnen); wie wäre es, wenn wir die beiden Hülsenfrüchte dem Mais voranstellen? (Siehe Abbildung 9.5.) Zugegeben, es gibt die Kohlgewächse, die sich den Bereich mit den Bohnen teilen (und eines unserer Muster legt nahe, dass Kohlgewächse negative Vorgängerpflanzen sind), aber es hat sich gezeigt, dass Mais grundsätzlich am wenigsten von vorangehenden schädlichen Vorfrüchten beeinflusst wird. Außerdem wird das Maisfeld wahrscheinlich gedüngt, was dazu beiträgt, die negativen Auswirkungen auszugleichen.

Da auch Bohnen in der Regel durch Vorfrüchte nicht allzu sehr beeinträchtigt werden, lassen Sie uns die oft nachteiligen Wurzeln (Karotten und Rote Bete) vor ihnen platzieren. Hier gilt es, eine Feinheit zu beachten. Es hat sich gezeigt, dass Zwiebeln eine sehr vorteilhafte Kultur vor den Kohlgewächsen sind. Wir bauen zwar nicht genug Zwiebeln an, um diesen Vorteil in der Größenordnung eines ganzen Abschnitts zu nutzen, aber sie können trotzdem effektiv sein, je nachdem, wo die Pflanzen in einem Abschnitt platziert werden. In diesem Fall bauen wir Karotten und Rote Bete dort an, wo im nächsten Jahr Bohnen gesetzt werden, und die Zwiebeln so weit wie möglich dort, wo ihnen Pflanzen der Kohlfamilie folgen werden. Wie auch immer!? Irgendwo müssen wir sie ja hinsetzen, also kann es auch dort sein, wo sie eine Chance haben, etwas Gutes zu tun. Und da diese Kohlgewächse im gleichen Bereich wie die Bohnen wachsen, sollten die anderen Kohlgewächse von ihnen getrennt werden. Abschnitt 7 scheint ideal zu sein (Abbildung 9.6).

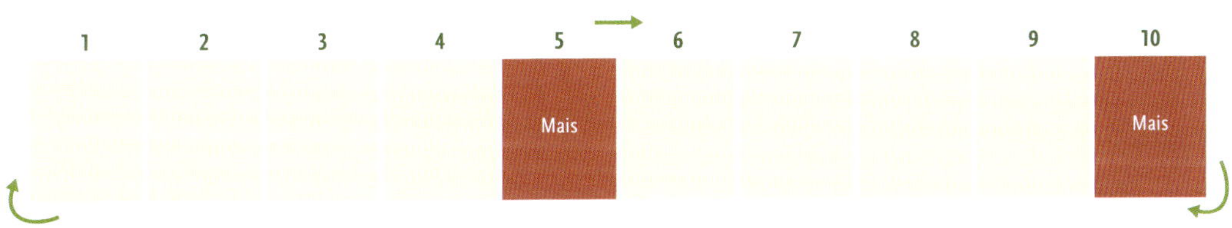

Abbildung 9.3. Platzierung von Zuckermais beim zehngliedrigen Fruchtwechsel

Abbildung 9.4. Kartoffeln, Tomaten und Paprika haben nun auch ihren Platz im zehngliedrigen Fruchtwechsel gefunden.

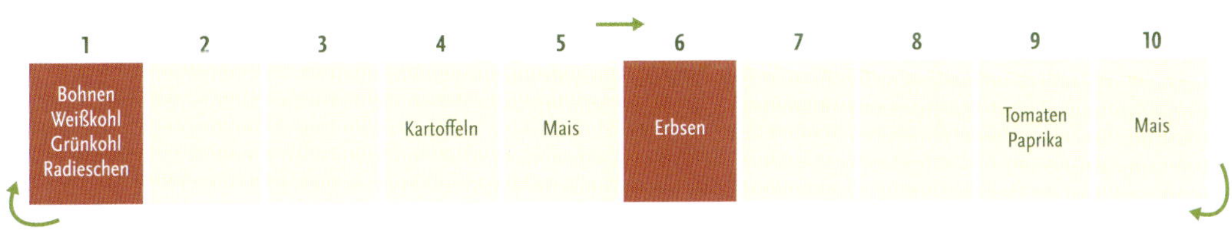

Abbildung 9.5. Zwei Hülsenfrüchtler sind dazugekommen.

Nun zu den letzten beiden Abschnitten. Kürbisgewächse sind allgemein nützliche Vorfrüchte und eignen sich gut für die Untersaat mit einer Leguminosen-Gründüngung (siehe Kapitel 10). Da sich diese Gründüngung hervorragend vor dem Brokkoli-Blumenkohl-Abschnitt eignen würde, legen wir die Kürbis-Karte in Abschnitt 8 ab. Das Blattgemüse kommt standardmäßig in Abschnitt 3 (Abbildung 9.7).

Lassen Sie uns nun überprüfen, ob diese Anordnung mit einigen der Regeln übereinstimmt, die wir bei unseren Überlegungen noch nicht berücksichtigt haben. Was ist mit den Pflanzen, die am meisten von Dung oder Kompost profitieren, der im selben Jahr ausgebracht wird? Im Idealfall werden diese Kulturen abwechselnd mit den anderen angebaut. Das scheint bei unserer Verteilung gut geklappt zu haben (Abbildung 9.8). Ich würde

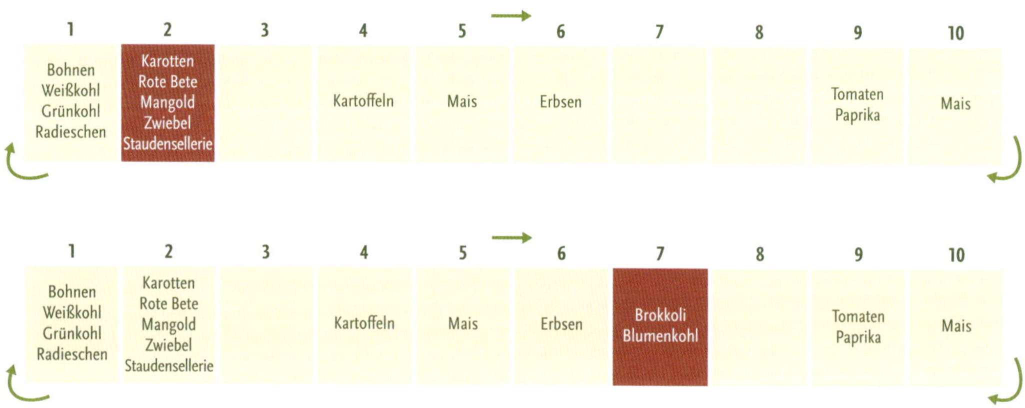

Abbildung 9.6. Ergänzung von Wurzelgemüse und Zwiebel (oben) sowie Kohlgewächse (unten)

Abbildung 9.7. Kürbisgewächse und Blattgemüse nehmen ihren Platz ein.

Abbildung 9.8. Bedarfsgerechte Verteilung von Kompost/Dung im Fruchtwechsel-Plan

vorschlagen, dass der Dünger für den Mais in Abschnitt 5 weggelassen werden kann, da die Erbsen selbst bei unserer kurzen Saison (120 frostfreie Tage) früh genug fertig werden, um auf der Fläche noch eine Leguminosen-Gründüngung zu säen, die sich bis zum Ende der Vegetationsperiode gut etablieren kann. Wenn die Gründüngung im folgenden Frühjahr untergepflügt wird, sollte sie mehr als genug geeignete Nährstoffe für den nachfolgenden Maisanbau liefern.

Wenn Dung und Kompost knapp sind, müssen einige gezielte Entscheidungen getroffen werden. Es wäre schön, wenn mindestens jedes dritte Jahr Dung ausgebracht werden könnte, aber selbst das ist nicht entscheidend. Stattdessen können Sie auf eine andere Bewirtschaftungsmethode zurückgreifen: die bereits erwähnte Untersaat von Gründüngung. Diese Technik wird im nächsten Kapitel besprochen.

Mehrjährige Kulturen

Es ist kein Problem, Kulturen in den Fruchtwechsel mit aufzunehmen, die mehr als ein Jahr im Boden bleiben müssen. Ihnen werden so viele Abschnitte zugewiesen, wie die Anzahl der Jahre, die sie wachsen sollen. Das erste Jahr eines sechsgliedrigen Fruchtwechsels für vier Feldfrüchte ist in Abbildung 9.9 dargestellt. Nehmen wir an, Kultur A sind

	1	2	3	4	5	6
1. JAHR	noch nicht belegt A	noch nicht belegt A	Erdbeeren A	Karotten B	Erbsen C	Brokkoli D

Abbildung 9.9. 1. Jahr eines sechsjährigen Fruchtwechsels von vier Kulturen

	1	2	3	4	5	6
2. JAHR	Brokkoli	noch nicht belegt	Erdbeeren	Erdbeeren	Karotten	Erbsen

Abbildung 9.10. 2. Jahr, Abschnitt 4 wird mit Erdbeeren bepflanzt

	1	2	3	4	5	6
3. JAHR	Erbsen	Brokkoli	Erdbeeren	Erdbeeren	Erdbeeren	Erbsen

Abbildung 9.11. Fruchtwechsel im 3. Jahr

Erdbeeren. Im ersten Jahr würde nur Abschnitt 3 mit Erdbeeren bepflanzt werden. Auf den anderen Abschnitten könnten Gründüngung oder eine andere Kultur gepflanzt werden, die nichts mit B, C oder D zu tun hat. Im zweiten Jahr würde der Abschnitt 4 mit Erdbeeren bepflanzt werden.

Die Erdbeeren in Abschnitt 3 tragen in diesem Jahr zum zweiten Mal. Abschnitt 2 kann wieder wie im ersten Jahr behandelt werden. Ab dem dritten Jahr ist die Rotation in vollem Gange.

Die Erdbeeren in Abschnitt 3 liefern in diesem Jahr eine zweite Ernte, bevor sie untergepflügt werden. Die Beeren im Abschnitt 4 befinden sich im ersten Erntejahr, und die Beeren in Abschnitt 5 wurden gerade gepflanzt.

Die Reihenfolge setzt sich in den kommenden Jahren fort. Würden die A-Abschnitte als Weide oder für Grünlandpflanzen genutzt, würde das gleiche System gelten. Jedes Jahr würde ein neuer Abschnitt gesät und ein alter untergepflügt und für die nächste Ernte vorbereitet werden. In der Tat wäre dies eine hervorragende Möglichkeit, eine mehrjährige, tiefwurzelnde Leguminose wie Luzerne oder eine Leguminosen-Gras-Mischung (z. B. Rotklee/Schwedenklee/Wiesen-Lieschgras) einzusetzen, um die Bodenfruchtbarkeit beim Fruchtwechsel zu verbessern. Es hat sich gezeigt, dass mehrjährige bodenverbessernde Pflanzen einen optimalen Nutzen für die Bodenstruktur haben und mehr organische Substanz produzieren, wenn man sie drei Jahre lang stehen lässt. Die Vorzüge von Luzernen und vielen anderen Gründüngungskulturen werden im nächsten Kapitel besprochen.

Kurze Fruchtwechsel

Die Realität oft nicht so perfekt ist wie das Ideal. Sollten Sie nicht die Möglichkeit haben, einen längeren Fruchtwechsel zu planen, müssen Sie das Beste aus dem Vorhandenen machen. Wenn eine einzelne Kultur den Großteil Ihres Produktionsprogramms ausmacht, müssen Sie sie vielleicht jedes zweite Jahr wiederholen – oder, wie im Fall einiger Salatproduktionen im Gewächshaus, sogar zweimal im Jahr. Unter diesen Voraussetzungen sollte bei jeder Gelegenheit ein Wechsel vorgenommen werden. Das schließt sogar den Wechsel der Sorte ein. Jeder noch so kleine genetische Unterschied sollte genutzt werden, wenn er dem Anbauprogramm Vielfalt verleiht. Die Aussaat einer Folgekultur nach der Hauptfrucht hilft möglicherweise. Zum Beispiel kann eine Gründüngung folgen oder untergesät werden (siehe Kapitel 10). Senf oder Raps – traditionelle Gesundungsfrüchte für kranke Böden, weil sie die Bodenmikroorganismen anregen – können sehr effektiv sein, solange die Hauptkultur keine andere Kohlart ist.

Mit anderen Worten: streben Sie im Fruchtwechsel zwischen verwandten Pflanzen eine möglichst große Vielfalt an nichtverwandten Pflanzen an. Einige Züchter befürworten den Anbau der gleichen Kultur (z. B. Kopfsalat) zweimal hintereinander, gefolgt von einer längeren Pause, anstatt die Kulturen mit kürzeren Pausen abzuwechseln. Ich konnte nicht feststellen, dass dies Vorteile bringt, aber ich ermutige Sie, es auszuprobieren, wenn Sie diese Idee anspricht. Andere Landwirte weisen darauf hin, dass, je intensiver der Anbau, desto mehr darauf geachtet werden muss, alle Anbaubedingungen zu optimieren, insbesondere durch die Verwendung zusätzlicher bodenverbessernder organischer Zusätze wie Kompost. Ich stimme diesem Rat voll und ganz zu.

In manchen Fällen wird überhaupt kein Fruchtwechsel empfohlen. Viele alteingesessene Züchter bestehen darauf, dass Tomaten am besten gedeihen, wenn sie jedes Jahr an der gleichen Stelle gepflanzt werden. Sie empfehlen sogar, sie mit Kompost zu düngen, der aus den verrotteten Rückständen ihrer Vorgänger hergestellt wurde. Ich habe mal acht Jahre lang Tomaten auf diese Weise in einem Gewächshaus gezogen. Und in der Tat waren sie ausgezeichnet und wurden jedes Jahr besser. Meine Freilandtomaten baue ich derzeit nicht auf diese Weise an; allerdings kann ich meine Entscheidung nicht wirklich begründen, außer dass es bequemer ist, wenn sie Teil des Fruchtwechsels sind. Es könnte sein, dass es mir einfach unangenehm ist, die Regeln zu brechen, die sich bei anderen Kulturen so gut bewährt haben. Es könnte aber auch sein, dass ich meine Möglichkeiten unnötig einschränke. Ich empfehle Ihnen, den Tomatenanbau (oder jede andere Kultur) einmal ohne Fruchtwechsel zu versuchen. Denn nichts ist für den Erfolg in der Landwirtschaft so hinderlich wie das starre Festhalten an den Regeln eines anderen. Mit ein wenig Wagemut und Fantasie können sich ganz neue Perspektiven eröffnen. Denken Sie daran, dass die Ziele dieses Anbausystems Unabhängigkeit, Zuverlässigkeit und Nachhaltigkeit sind. Alle Praktiken und Einstellungen, die zu diesem Ziel beitragen, sollten Teil des Regelwerks werden.

Ein bewährter Fruchtwechsel

Der zehngliedrige Fruchtwechsel, den wir gerade zusammengestellt haben, war als Lehrübung gedacht. Er muss möglicherweise für Ihren Betrieb verfeinert werden. Ich erläutere Ihnen jetzt einen achtgliedrigen Fruchtwechsel; es ist ein guter Abschluss, denn ich habe ihn in den 1980er Jahren auf einem Hof in Vermont zehn Jahre lang befolgt. Dieses Fruchtwechselsystem hat sich gut bewährt. Unzählige Male habe ich darüber nachgedacht, ihn zu modifizieren, habe es aber nie getan. Die Vorteile schienen seine Mängel immer zu überwiegen, obwohl das nicht heißt, dass der Plan nicht verbessert werden kann. Ich bin sicher, dass es möglich ist. Für mich hat dieses System zuverlässig funktioniert, und ich biete es hier als ein bewährtes Beispiel für einen erfolgreichen Fruchtwechsel an.

Das Ziel dieses speziellen Fruchtwechsels war es, 32 Gemüsepflanzen in ausreichender Menge anzubauen, um ein Jahr lang die Gemeinschaft von etwa 60 Personen zu ernähren, die täglich in der Mensa einer Schule aßen. Die Erfahrungen, die während der beiden Weltkriege mit den sogenannten Kriegsgärten gemacht wurden, haben gezeigt, dass es möglich ist, auf einer 0,4 Hektar großen Fläche ein Jahr lang Gemüse für 40 Personen anzubauen. Der folgende Fruchtwechsel bezieht sich also auf eine Fläche von 0,4 Hektar. Die hier nicht berücksichtigten Salatpflanzen wurden in einem separaten kleinen Salatgarten in der Nähe der Küche angebaut.

1. **Kartoffeln** folgen in dieser Fruchtfolge auf Mais, weil Untersuchungen gezeigt haben, dass Mais zu den Vorfrüchten gehört, die den Ertrag von Kartoffeln am meisten fördern.
2. **Zuckermais** folgt auf Kohlgewächse, weil Mais im Gegensatz zu vielen anderen Kulturen keine Ertragseinbußen zeigt,

wenn er auf Kohlgewächse folgt. Zweitens können Kohlgewächse mit einer Leguminosen-Gründüngung untersät werden, die, wenn sie im folgenden Frühjahr untergepflügt wird, die idealsten Wachstumsbedingungen für Zuckermais bietet.

3. **Kohlgewächse** folgen auf Erbsen, weil die Erbsenernte bis zum 1. August abgeschlossen und der Boden geräumt ist, sodass eine kräftige Wintergründüngung erfolgen kann.
4. **Erbsen** folgen auf Tomaten, weil sie ein frühes Saatbeet benötigen; außerdem können Tomaten mit einer nicht-winterharten Gründüngung untersät werden, die den Boden über den Winter schützt, ohne dass es im Frühjahr zu einer Zersetzung oder zum Nachwachsen kommt.
5. **Tomaten** folgen auf Bohnen, weil dadurch eine Spanne von vier Jahren entsteht, bis ihr Verwandter, die Kartoffel, wieder an dieser Stelle gepflanzt wird.
6. **Bohnen** folgen auf Wurzelfrüchte, weil bei Bohnen nicht die schädlichen Auswirkungen bekannt sind, die bestimmte Wurzelfrüchte wie Karotten und Rüben auf die Folgefrüchte haben können.
7. **Wurzelfrüchte** folgen auf Kürbisgewächse (und Kartoffeln), weil beide gute „Gesundungsfrüchte" sind (sie können relativ leicht unkrautfrei gehalten werden); daher gibt es bei den Wurzelfrüchten, die zu den am schwierigsten sauber zu haltenden Kulturen gehören, weniger Unkraut zu bekämpfen. Außerdem haben sich Kürbisgewächse als vorteilhafte Vorfrucht für Wurzelfrüchte erwiesen.
8. **Kürbisgewächse** werden nach Kartoffeln angebaut, um zwei „Gesundungsfrüchte" hintereinander vor den Wurzelfrüchten zu haben und so Unkrautprobleme bei den Wurzelfrüchten zu reduzieren.

KAPITEL ZEHN

Gründüngung

Nicht alle Nutzpflanzen sind zum Verkauf bestimmt. Gründüngungen werden nicht angebaut, um damit Geld zu verdienen, sondern zur Pflege und Ernährung des Bodens. Ein Gründüngungsbewuchs, der in den Boden eingearbeitet wird, verbessert die Fruchtbarkeit, aber der tatsächliche Nutzen geht noch weit darüber hinaus.

Erträge mit geringem finanziellem Aufwand

Gründüngungspflanzen schützen vor Erosion, halten Nährstoffe im Boden, die andernfalls ausgewaschen würden, unterdrücken die Keimung und das Wachstum von Beikräutern, holen Nährstoffe aus den unteren in

Eine starkwüchsige Gründüngung aus Roggen und Wicke auf der nicht-bedachten Fläche eines mobilen Gewächshauses.

die oberen Bodenschichten und – im Fall von Leguminosen – bescheren der nachfolgenden Kultur eine beträchtliche Menge an Stickstoff. Weitere Vorteile der Gründüngung sind die Verbesserung der Bodenstruktur, eine Anreicherung mit organischem Material, eine verbesserte Trockentoleranz sowie eine erhöhte Nährstoffverfügbarkeit für die Pflanzen.[1]

Der Wert von Gründüngungen wird bereits seit Beginn des Ackerbaus geschätzt. Es sollte eigentlich nicht nötig sein, ihre Vorzüge anzupreisen, doch verhält es sich ähnlich wie beim Fruchtwechsel. Das volle Potenzial der Gründüngung wird immer noch nicht ausreichend gewürdigt und ausgeschöpft. Gründüngungen stellen – vergleichbar mit dem Fruchtwechsel – einen betriebswirtschaftlichen Vorteil dar: Sie sind eigene, auf dem Hof generierte Mittel, die mit wenig Aufwand einen überdurchschnittlichen Ertrag bringen. Zugegeben, das Saatgut für eine Gründüngungspflanze muss möglicherweise gekauft werden, doch ihre Aufnahme in den Fruchtwechsel bringt Vorteile, die ihre geringen Kosten bei Weitem übersteigen. Wenn Gründüngung in die gesamte Boden-Bewirtschaftung mit einbezogen wird, kann die Kombination von Gründüngung und Fruchtwechsel zu einem wirklich unschlagbaren System für den Gemüseanbau führen.

Der Anbau von Gründüngung wurde üblicherweise als eine Entweder-Oder-Entscheidung betrachtet. Man baute entweder eine gewinnbringende Kultur oder eine Gründüngung an. Wenn der Einsatz von Gründüngung den Ersatz einer Nutzpflanze bedeutet, dann ist das mangelnde Interesse daran verständlich. Es gibt andere Möglichkeiten. Aber lassen Sie uns zunächst die allgemeinen Vorteile von Gründüngung betrachten.

Preiswerte Stickstoff-Anreicherung

Eine Leguminosen-Gründüngung ist eine äußerst wirtschaftliche und kostengünstige Stickstoffquelle. Der Stickstoff wird genau dort produziert, wo er benötigt wird – im Boden. Wenn die Leguminosen-Gründüngung effektiv eingesetzt und der Gehalt an organischer Substanz aufrechterhalten wird, ist eine zusätzliche Stickstoffzufuhr meist nicht nötig. Der symbiotische Prozess, bei dem Leguminosen Stickstoff aus der Luft binden, hängt von einer Reihe von Faktoren ab, damit er erfolgreich ist. Erstens sollte der pH-Wert des Bodens idealerweise zwischen 6,5 und 6,8 liegen. Zweitens muss das richtige Rhizobium für die jeweilige Leguminose im Boden vorhanden sein. Im Zweifelsfall sollte eine bakterielle Impfung erfolgen. Impfmittel für bestimmte Leguminosen gibt es sowohl in Pulverform als auch als Granulat; sie können zusammen mit dem Saatgut in Hofläden oder Saatgutkatalogen erworben werden. Schließlich kann eine Bodenuntersuchung auf die Spurenelemente Molybdän (Mo) und Kobalt (Co), die beide wichtige Katalysatoren für die symbiotische Stickstofffixierung sind, eine meist lohnende Investition sein.

Humus

Jedes bisschen organisches Material, das dem Boden zugefügt wird, hilft, den wichtigen Humusvorrat aufzustocken. Humus, das Endprodukt des Zersetzungsprozesses organischer Substanz im Boden, ist der Schlüssel zu einer guten Bodenstruktur, Nährstoffverfügbarkeit, Feuchtigkeitsversorgung und der biologischen Vitalität des Bodens. Einige Formen von Rückständen sind langlebiger als andere. Sehr junges, saftiges Grün regt die Bodenaktivität an, trägt aber nicht viel, wenn überhaupt, zu dauerhaftem Humus bei. Alte, trockene Rückstände brauchen länger, um von den Bodenprozessen verarbeitet zu werden, sind aber wertvoller für den Aufbau von Humusreserven. Ein 5 oder 7,5 Zentimeter hoher Aufwuchs von kürzlich gesätem Hafer oder Klee ist ein Beispiel für junges Grün. Braune, abgefrorene und vertrocknete Maisstängel würden am anderen Ende der Skala liegen. Wahrscheinlich ist es am besten eine üppige Gründüngung zu mähen und einen Tag lang welken zu lassen, bevor man sie in den Boden einarbeitet. So kann man eine möglicherweise zu schnelle Zersetzung verlangsamen. Die kräftigen ausgewachsenen Pflanzen zersetzen sich schneller, wenn sie gehäckselt oder geschreddert werden, bevor man sie in den Boden einarbeitet. Die meisten Gründüngungspflanzen, mit denen wir uns beschäftigen werden, liegen irgendwo zwischen diesen beiden Extremen.[2]

Stabile Nährstoffe

Pflanzennährstoffe können aus ungeschützten Böden verloren gehen. Im Herbst, Winter und zeitigen Frühjahr, wenn keine Nutzpflanzen auf dem Feld stehen, schützen die Gründüngungspflanzen nicht nur den Boden vor Erosion, sondern ihre Wurzeln binden und nutzen auch verfügbare Pflanzennährstoffe, die sonst ausgewaschen werden könnten. Die Vermeidung dieser Verschwendung wird in den meisten kleinen europäischen Betrieben, die ich besucht habe, als so wichtig erachtet, dass die Landwirte den Erntevorgang als zwei untrennbar zusammengehörende Bereiche betrachten: erstens die Ernte des Getreides und zweitens die Aussaat mit einer Wintergründüngung. Die Aussaat erfolgt so schnell wie möglich nach der Ernte.

Zusätzlich zu den Stickstoffknöllchen an den Wurzeln der Leguminosen liefern Gründüngungen weitere Beiträge zur Mineralstoffversorgung der Folgekulturen. Den unmittelbarsten Anteil bilden die Gründüngungspflanzen selbst, nachdem sie von Bodenorganismen zersetzt wurden. Ein indirekter Beitrag entsteht, wenn der Zersetzungsprozess dazu beiträgt, weitere Nährstoffe verfügbar zu machen. Verrottendes organisches Material kann durch die Wirkung von Zersetzungsprodukten wie Kohlendioxid und Essig-, Butter- und Milchsäure sowie anderen organischen Säuren ansonsten unlösliche Pflanzennährstoffe im Boden verfügbar machen. Kohlendioxid ist das Endprodukt der von den Bodenmikroorganismen genutzten Energie. Die Erhöhung des Kohlendioxidgehalts der Bodenluft durch die Zersetzung von Pflanzenresten steigert die Kohlensäureaktivität und beschleunigt so den Prozess, Bodenmineralien verfügbar zu machen.

Auch die Bodenmikroorganismen werden durch den im frischen Pflanzenmaterial enthaltenen leicht verfügbaren Kohlenstoff angeregt und beschleunigen durch ihre Aktivität die Produktion von Ammonium und Nitrat. Selbst Böden, die von Natur aus einen hohen Anteil an organischer Substanz haben, wie zum Beispiel Torf oder Moor, werden durch die Einarbeitung einer Gründüngung verbessert und damit biologisch aktiver gemacht.

Natürliche Tiefenlockerer

Da die als Gründüngung gepflanzten Leguminosen tiefe Wurzeln bilden, sind sie auch als natürliche Bodenlockerer wertvoll. Denn sie können bei Bodenverdichtungen allein dadurch, dass sie mit ihren Wurzeln den Unterboden durchstoßen und aufbrechen, eine verblüffende Verbesserung für die Folgekulturen bewirken. Der Boden wird auf diese Weise geöffnet und die Pflanzenwurzeln der folgenden Kulturen können leichter die tieferen Bodenschichten erreichen, wo sie ein größeres Angebot an Wasser und Nährstoffen vorfinden. Studien haben gezeigt, dass Lupinen, Steinklee, Luzerne und andere Gründüngungen mit Pfahlwurzeln die Dürreresistenz und die Ernteerträge erheblich verbessern.

Winterharte Gründüngung

Es gibt drei Arten, wie Gründüngungspflanzen genutzt werden können: als Überwinterungskultur, Hauptkultur und Untersaat. Eine Überwinterungskultur wird gesät, nachdem eine Marktfrucht abgeerntet wurde. Beim Fruchtwechsel am Ende von Kapitel 9 kann beispielsweise nach der Erbsen-Ernte eine Leguminosen-Gründüngung gesät werden, die den Boden bis zur Bodenbearbeitung im nächsten Frühjahr vor der Kohlsaat belegt. Alternativ könnte auch nach den Erbsen eine zweite Marktfrucht gepflanzt werden. In vielen Fällen mag das wünschenswert sein, aber der Vorteil einer überwinternden Leguminose, die ideale Wachstumsbedingungen für die Ernte des nächsten Jahres bietet, ist ein starker Anreiz für dessen Anbau.

Gründüngung als Hauptfrucht

In diesem Fall belegt die Gründüngung den Boden anstelle einer Marktfrucht während der Vegetationsperiode oder noch besser, für bis zu drei Jahre. Wenn zusätzliches Land zur Verfügung steht, ist dies eine sehr empfehlenswerte Praxis, und wenn die Gründüngungspflanze vom Vieh abgeweidet werden kann, erfüllt sie einen doppelten Zweck. Wenn Sie es jedoch vorziehen, Ihr gesamtes Land mit Marktfrüchten zu bepflanzen, müssen Sie zwischen den künftigen Vorteilen durch die Gründüngung und dem möglichen Einkommen aus einer Marktfrucht wählen. Da diese Entscheidung in der Regel gegen die Gründüngung ausfällt, oft auf Kosten des Bodens, empfehle ich eine dritte Bewirtschaftungsoption, eine, die es Ihnen erlaubt, eine Leguminosen-Gründüngung zu säen und gleichzeitig Einkommen zu erzielen: Diese Option ist als Untersaat bekannt.

GRÜNDÜNGUNG ALS UNTERSAAT

Untersaat, auch bekannt als Begleitsaat, ist die Praxis, Gründüngung zusammen mit der Marktfrucht anzupflanzen. Wenn die Untersaat richtig durchgeführt wird, bietet sie das Beste aus beiden Welten; sie ist eine etablierte Praxis im Anbau von kleinkörnigem Getreide. Die Kleearten oder andere Leguminosen werden zusammen mit oder kurz nach der Aussaat von Weizen oder Hafer gesät und wachsen langsam im Unterwuchs, bis das Getreide geerntet ist. Im Gemüseanbau war diese Praxis meines Wissens nicht üblich, wird aber seit den 1980er Jahren ernsthaft in Betracht gezogen.

Der Vorteil der Untersaat ist, dass die Gründüngung zum Zeitpunkt der Ernte bereits etabliert ist. In meinem nördlichen Neuengland-Klima ist Winterroggen die einzige Gründüngung, die nach der Herbsternte gesät werden kann. Eine Leguminose kann so spät in der Saison nicht mehr etabliert werden. Da

Meine selbst-gebaute mehrreihige Sämaschine

Zuckermais, untersät mit Sojabohnen für Futtermittel

meiner Erfahrung nach Leguminosen die vorteilhaftesten Gründüngungen sind, versuche ich, sie so oft wie möglich zu verwenden. Die einzige Möglichkeit, dies zu tun, ohne Flächen für die Produktion von Marktfrüchten zu belegen, ist die Untersaat.

DER RICHTIGE ZEITPUNKT FÜR DIE AUSSAAT VON HAUPTKULTUREN UND GRÜNDÜNGUNGEN

Untersaat ist wie das Pflanzen von erwünschtem Beikraut zwischen den Pflanzenreihen. Ähnlich wie bei der konkurrierenden Beziehung zwischen Beikraut und heranwachsender Feldfrucht hängt der Effekt der untergesäten Pflanze – des gewollten Beikrauts – auf die Kulturpflanze vom Alter der Pflanze ab. Beikräuter können junge Kulturpflanzen erdrücken, wenn beide zur gleichen Zeit mit dem Wachstum beginnen. Die Beikrautforschung hat gezeigt, dass die Kulturpflanzen gut gedeihen, wenn sie einen ausreichenden Vorsprung haben. Wenn die meisten Kulturen in den ersten vier bis fünf Wochen nach der Etablierung unkrautfrei gehalten werden, hat die spätere Konkurrenz durch niedrig

Winterkürbis mit einer Untersaat aus Steinklee

wachsende Beikräuter kaum Auswirkungen auf sie. Wenn wir daraus die richtigen Schlüsse ziehen, wären die beste Wahl für die Untersaat niedrig wachsende Pflanzen, und der beste Aussaattermin für die Gründüngung vier bis fünf Wochen nach Pflanzung der Hauptkultur, egal ob direkt gesät oder als Setzling. Das kann ich aus eigener Erfahrung bestätigen.

Wenn der Zeitpunkt entscheidend ist, neigt man dazu, auf Nummer sicher zu gehen. Warum nicht sechs Wochen oder länger mit der Untersaat der Gründüngung warten, nur um auf der sicheren Seite zu sein? Das Problem ist, dass das Gleichgewicht kippen kann. Da das untergesäte „Beikraut“ gewollt ist, möchte ich natürlich auch sicherstellen, dass es wachsen kann. Wenn ich mit der Untersaat zu lange warte, werden die Hauptkulturen so groß sein, dass sie die Gründüngung erdrücken. Der Kunstgriff besteht darin, die Untersaat dann auszubringen, wenn die Kulturpflanzen weit genug entwickelt sind, um nicht durch die Untersaat beeinträchtigt zu werden, aber noch nicht so weit gediehen sind, dass sie das Wachstum der untergesäten Gründüngung behindern.

Wie sieht dieses Timing in der Praxis aus? In dem bei uns herrschenden kühlen Klima, in dem Kulturen wie Zuckermais, Bohnen, Kürbisgewächse und späte Kohlarten oft nicht vor dem 1. Juni gepflanzt oder als Sämling nach draußen gesetzt werden, hat sich der 4. Juli als Datum für die Untersaat dieser Kulturen immer wieder als geradezu perfekt erwiesen. Natürlich haben spätere Kulturen oder Folgekulturen ihre eigenen Pflanztermine. In diesen Fällen kann die vier- bis fünfwöchige Spanne vor der Aussaat der Untersaat verkürzt werden, da die Wachstumsrate der Hauptkultur aufgrund des wärmeren Bodens schneller verläuft. Wenn Sie erst einmal Erfahrung gesammelt haben, können Sie den Zeitpunkt auch anhand der Größe der Kulturpflanzen beurteilen. Die einzige Kultur, für die ich zuverlässige Größenangaben machen kann, ist Zuckermais. Für mich hat sich eine Untersaat am besten bewährt, wenn der Mais eine Höhe von 25 bis 30 Zentimeter erreicht hat.

VOR DEM SÄEN EINER UNTERSAAT

Eine erfolgreiche Untersaat erfordert ein vorbereitetes, unkrautfreies Saatbeet. Die Aussaat der Gründüngung unterscheidet sich nicht von der Aussaat der Hauptkultur: Wenn die Samen in ein verunkrautetes Durcheinander gepflanzt werden, ist der Misserfolg vorprogrammiert. Mir kam oft der Gedanke, dass ein weiterer Nebeneffekt der Untersaat darin besteht, dass der Züchter motiviert ist, von Anfang an auf eine saubere Kultivierung zu achten, einfach weil es einen Grund mehr gibt, dies zu tun. Wie jedes Problem, das „im Keim erstickt“ wird, ist Beikraut am einfachsten zu Beginn der Saison zu kontrollieren. Das saubere Saatbeet, das für die Untersaat vorbereitet wird, ist ein Nebenprodukt der frühen Beikrautregulierung. Mindestens drei Bodenbearbeitungen sollten vor der Untersaat durchgeführt werden, die letzte nur ein oder zwei Tage vorher.

Das Ziel des Bauers ist es, der Untersaat die besten Voraussetzungen zu geben, sich ohne Beikrautkonkurrenz gut zu etablieren. Wenn auf der Anbaufläche kein starker Beikrautdruck besteht, wird sich das Blätterdach der Untersaat mit dem der Kulturpflanze verbinden und spätere Beikräuter am Keimen hindern. Die wenigen Beikräuter, die dennoch durchkommen, sollten ausgerissen werden, bevor es zur Versamung kommt. Gelegentliche Streifzüge durch die Reihen halten diese Konkurrenten davon ab, zum Problem zu werden.

AUSSAAT DER UNTERSAATEN

Ich habe Untersaaten sowohl durch Verstreuen als auch mithilfe einer mehrreihigen Drillsaatmaschine ausgebracht. Wenn die Untersaat in die Reihe der bestehenden Marktfrucht gestreut wird, kann das Saatgut mit einem flexiblen Hackstriegel flach in den Boden eingearbeitet werden. Wird die Untersaat zwischen den Pflanzenreihen gedrillt, kommt das Saatgut in der richtigen Tiefe in Kontakt mit feuchtem Boden, wo es sicher keimt.

Durchdachtes Vorgehen

Ich habe viel mit Untersaaten experimentiert, als ich in Vermont Landwirtschaft betrieb; dort hatte ich viel mehr Land zur Verfügung als jetzt. Es ist eine faszinierende Technik, um den Erwerbsgartenbau nachhaltiger zu gestalten, sobald ein Betrieb etabliert und das

Beikrautthema unter Kontrolle ist. Vor vielen Jahren habe ich für die Untersaat eine mehrreihige Sämaschine gebaut, indem ich fünf einreihige Earthway-Sämaschinen miteinander verschraubte (siehe das Foto auf Seite 85). Jetzt, da ich Intensivanbau betreibe und die Reihen enger beieinander liegen, arbeite ich mit denselben vier- oder sechsreihigen Sämaschinen, die so gut für die Aussaat von mehrreihigen Gemüsekulturen in engen Abständen funktionieren, und beschränke meine Untersaat auf Feldkulturen mit größeren Pflanzabständen wie Kürbisgewächse, Melonen und Gurken. Vorteilhaft ist Untersaat auch bei Herbst-Feldfrüchten wie Kohl, Blumenkohl, Brokkoli, Grünkohl und Rosenkohl, denn untergesäter wilder Weißklee verhindert bei nassem Herbstwetter schlammige Böden.

Die Aussaattermine und -geräte für untergesäte Gründüngungen sollten ebenso durchdacht sein wie die für die zum Verkauf bestimmten Produkte. Daher ist es sinnvoll, die Aussaattermine im Kalender zu markieren und das Saatgut im Voraus zu bestellen. Die Geräte sollten schnell, einfach zu bedienen und in einwandfreiem Zustand sein. Das Flussdiagramm auf Seite 92 (Abbildung 10.1) veranschaulicht, wie der im vorherigen Kapitel besprochene Fruchtwechsel mit untergesäten Gründüngungen kombiniert werden kann. Es scheint, dass Gründüngungen am effektivsten eingesetzt werden, wenn man sie als wichtigen Bestandteil der Fruchtwechselplanung berücksichtigt.

Es gibt eine weitere Parallele zwischen Gründüngung und Fruchtwechsel, die beachtet werden sollte. Die Vielfalt von Gründüngungen ist genauso wichtig wie die Vielfalt der Marktfrüchte. Da auch Gründüngungspflanzen unterschiedliche Schwächen und Stärken haben, die sich verschieden auf den Boden und die Folgekulturen auswirken, sollten beim Fruchtwechsel möglichst viele verschiedene Sorten berücksichtigt werden. Es wurde bereits viel zu artenreichen „Cocktail"-Mischungen für Gründüngungen geforscht, zu denen in der Regel 8 bis 15 Arten aus einer Liste von Gräsern, Leguminosen und Brassica-Arten gehören, die maximale Diversität gewährleisten. Als neueste Entwicklung auf unserem Hof säen wir jedes Jahr auf eine Hälfte unserer besten Gemüseanbauflächen eine artenreiche Weidelandmischung und lassen diese über den Sommer von unseren Legehennen abweiden, um so viel Bodenfruchtbarkeit wie möglich selbst zu erzeugen. Im darauffolgenden Jahr wird auf dieser Fläche Gemüse angebaut, während die andere Hälfte mit der Weidelandmischung eingesät wird (siehe Kapitel 14).

Wenn Sie sich Abbildung 10.1 mit den Gründüngungspflanzen für die Untersaat anschauen, werden Sie feststellen, dass sechs der acht Fruchtwechsel-Felder untergesät sind, auf einer siebten nach der frühen Ernte Leguminosen gesät und nur auf einer Parzelle nach der Herbsternte Roggen gesät ist. Der Boden liegt nie brach. Auf dem Boden wachsen immer entweder eine Marktfrucht oder Pflanzen, die die Fruchtbarkeit des Bodens für das nächste Jahr fördern. Die meiste Zeit des Sommers wächst sogar beides!

Welche Gründüngungspflanzen sind zu wählen?

Meine Auswahl an Gründüngungspflanzen für verschiedene Anwendungen sieht folgendermaßen aus:

- Bei hochwachsenden Pflanzen – Steinklee, Wicke, Rotklee oder Bastardklee
- Für eine rasenartige Abdeckung – niedrig wachsender Weißklee
- Für Trittfestigkeit bei der Ernte – niedrig wachsender Weißklee oder Wicke
- Vor Kartoffeln – Sojabohnen oder Steinklee
- Unter Mais – Sojabohnen, Steinklee oder Rotklee
- Zwischen Reihen mit Wurzelfrüchten – Steinklee oder niedrig wachsender Weißklee
- Bodenschutz, der im Winter abfriert – Sommerhafer, Sommergerste oder in wärmeren Klimazonen eine Winterleguminose, die ihr Wachstum im Frühjahr beendet und dann abgemäht werden kann
- Für die späteste Herbstaussaat in kalten Klimazonen – Roggen oder Winterweizen

Im milderen europäischen Klima werden nach der Ernte Gründüngungs-Mischungen gesät, um eine späte Herbstbeweidung zu ermöglichen. In Teilen Deutschlands ist diese Saatmischung für eine Gründüngung als Landsberger Gemenge bekannt. Eine Landsberger Mischung besteht in der Regel aus zwei Leguminosen, einer Gras- und einer Brassica-Art. Wenn ein Feld mit Landsberger Gemenge für die Herbstweide bereit ist, sieht es aus wie ein gemischter Salat für das Vieh. Beispielhafte Mischungen können sein:

- Hafer, Rotklee, Futtererbsen und Senf
- Weizen, Weißklee, Wicken und Raps
- Roggen, Weißklee, Winterwicke und Ölrettich

Damit sich die Pflanzen gut etablieren können, sollten sie mindestens sechs Wochen vor dem ersten Herbstfrost gesät werden.

Übersicht über Gründüngungspflanzen

Die Auswahl an Gründüngungssorten und -kombinationen ist endlos und nicht auf die von mir aufgeführten beschränkt. Die hier genannten Sorten haben sich für mich bewährt, als ich die biologischen Produktionstechniken speziell auf meinen Boden und das bei uns herrschende Klima abgestimmt habe. Anstatt über Besonderheiten zu sprechen, die so oft regionaler Natur sind, möchte ich Prinzipien hervorheben, die fast universell sind – nicht nur, weil verschiedene Teile der Welt unterschiedliche Gründüngungen benötigen, sondern weil es keine festen Regeln gibt. Obwohl es möglich ist, die groben Umrisse eines biologischen Systems in einem Buch darzustellen, ist die Feinabstimmung, die innerhalb dieser Umrisse stattfindet, Sache des Züchters. Die überzeugendsten Innovationen und Verbesserungen kommen in der Regel vom Züchter und sind nicht Ergebnis irgendeiner Tabelle oder Liste, egal wie vollständig sie angeblich ist. Was auch immer ein Experte sagt oder nicht sagt –, Sie sollten sich dadurch nicht einschränken lassen. Je mehr Sie sich damit beschäftigen, das hier vorgeschlagene System zu übernehmen und zu perfektionieren, desto unabhängiger, zuverlässiger und nachhaltiger wird Ihr System werden.

Hier sind einige Kriterien, die Sie bei der Auswahl der Gründüngungspflanzen beachten sollten:

Zeitpunkt der Aussaat. Früh, spät, Zwischenfrucht, Untersaat, Überwinterung, ganzjährig?

Etablierung. Die ideale Kultur ist leicht zu etablieren und wächst schnell.

Zeitpunkt der Einarbeitung in den Boden. Wie reif ist die Gründüngung? Voll ausgereifte, bodenverbessernde Pflanzen haben einen höheren Anteil an Zellulose und Ligninen. Dadurch zersetzen sie nicht so schnell und bilden eine länger anhaltende organische Substanz im Boden. Wie wird die Folgekultur gepflanzt – direkt ausgesät oder vorgezogen? Leguminosen, die im Herbst untergepflügt werden, verlieren 70 Prozent des von ihnen fixierten Stickstoffs, aber nur 38 Prozent, wenn sie im Frühjahr eingearbeitet werden. Bei einer winterabfrierenden Gründüngung ist es möglich, die Frühjahrskultur direkt einzupflanzen, ohne die Reste der Gründüngung in den Boden einzuarbeiten. Das Gleiche kann mit winterharten Gründüngungen geschehen, wenn man wartet, bis sie im Frühjahr ausreichend gereift sind, sodass sie nach dem Schnitt nicht mehr nachwachsen.

Passender Fruchtwechsel. Die Gründüngung sollte nicht die gleiche Anfälligkeit für Krankheiten oder Insektenbefall haben wie die folgenden Kulturpflanzen.

Futterwert. Wenn eine Gründüngung als Weideland genutzt wird, wird der Boden gedüngt und die Bodenfruchtbarkeit auf diese Weise weiter verbessert.

Mikroorganismen im Boden. Raps stimuliert beispielsweise die biologische Aktivität des Bodens.[3] Sojabohnen wirken unterstützend bei der Schorfbekämpfung von Kartoffeln.[4]

Nützliche Insekten. Einige Gründüngungen können als Nahrungsquelle für nützliche Insekten dienen. In dieser Hinsicht gibt es noch viel zu lernen!

Kosten. Ist das Saatgut teuer? Kann es leicht auf dem Hof produziert werden? Kann die Pflanze sowohl Saatgut als auch Futter liefern? Ist ein weniger teures Saatgut genauso effektiv, wenn es richtig gehandhabt wird?

Untersaat von Leguminosen

Bei der Auswahl einer Untersaat-Leguminose sind folgende Punkte zu beachten:

- Schattentoleranz
- Die Fähigkeit, mit der Kultur zu wachsen
- Auswirkungen, einschließlich konkurrierender Effekte auf die diesjährige Deckfrucht
- Nützliche Auswirkungen auf die Ernte des nächsten Jahres
- Erosionsschutz
- Winterhärte. In manchen Fällen ist eine im Winter abfrierende Leguminose vorzuziehen, um zu vermeiden, dass wüchsige Rückstände eine Aussaat im frühen Frühjahr behindern.
- Beikrautregulierung. Schnelles Wachstum und breite Blätter sind Pluspunkte.

Gründüngung beim Fruchtwechsel

Untergesäte Gründüngungen können innerhalb des achtgliedrigen Fruchtwechsels ausgiebig genutzt werden (siehe Ende des vorherigen Kapitels). Die folgende Fruchtfolge hat sich in der Praxis sehr gut bewährt. Abbildung 10.1 zeigt, wie alles zusammenpassen kann.

Bei Kartoffeln, die in Dämmen angebaut werden, ist eine Untersaat nicht ohne Weiteres möglich. Daher habe ich meine Kartoffeln ohne Dämme gepflanzt und sie stattdessen in eine 15 Zentimeter tiefe Pflanzfurche gesetzt und diese zunächst nur teilweise mit Erde gefüllt. Sobald sich das Kartoffelgrün an der Oberfläche zeigte, habe ich die Furche mit Erde aufgefüllt. In dem Fall kann Wicke als untergesäte Leguminose gepflanzt werden. Wenn nach der Kartoffelernte Gründüngung gepflanzt werden soll, ist Winterroggen wahrscheinlich die beste Wahl.

Zuckermais wird mit Sojabohnen untersät, weil Untersuchungen gezeigt haben, dass Kartoffelschorforganismen im Boden fast vollständig durch Sojabohnenkulturen blockiert werden. Sie entwickeln sich auch gut im Unterwuchs von Mais und bieten eine hervorragende Unkrautunterdrückung.

Unter die Kohlgewächse wird Steinklee gesät, der eine der besten Leguminosen-Gründüngungen ist, die man im Folgejahr für den Maisanbau unterpflügen kann. Er wächst gut unter Kohlgewächsen, weil er ein Pfahlwurzler ist, der die flacher wurzelnden Kohlgewächse nicht zu stören scheint.

Bei Erbsen pflanzt man keine Untersaat. Sobald die Erbsen jedoch gerodet werden können, wird eine Kleemischung gesät. Diese Leguminosen-Mischung wächst, bis sie im nächsten Frühjahr untergepflügt wird. Zu diesem Zeitpunkt ist genug Stickstoff gebunden, um eine prächtige Ernte von Kohlgemüse zu gewährleisten.

Unter Tomaten wird Hafer oder ein anderes nicht-winterhartes Gras gesät. Bestimmte Gräser haben sich als hervorragende Vorkultur für Leguminosen, wie zum Beispiel Erbsen erwiesen, da sie eine allopathische Wirkung haben, die andere Gräser und Beikräuter unterdrücken, nicht aber Leguminosen. Es ist wichtig, eine nicht-winterharte Sorte zu wählen, damit es im Frühjahr nicht zu Unmengen von frischem Grünwuchs kommt, was eine frühe Bodenvorbereitung und das Einpflanzen der Erbsen behindert.

Bohnen werden mit Winterwicke untersät. Sie ist eine verlässliche Gründüngungsvorfrucht für Tomaten.

Wurzelfrüchte werden mit weißem Kriechklee untersät (sowohl in als auch zwischen den Reihen), weil er im Unterwuchs der Deckpflanze wächst und weil er im Winter einen guten Erosionsschutz für den Boden bietet.

In den freien Streifen zwischen den Kürbisgewächsen wird Steinklee gesät. Rote Bete, Karotten und andere Wurzelfrüchte gedeihen sehr gut als Folgefrucht von Steinklee. Die Zwiebelkultur hingegen wächst am besten ohne vorhergehende Gründüngung, also pflanzen Sie die Zwiebeln in die Reihe, die zuvor von den Kürbispflanzen belegt waren.

Das Flussdiagramm in Abbildung 10.1 stellt versuchsweise die Integration von Gründüngung als Untersaat in einem achtgliedrigen Fruchtwechsel über drei Jahre hinweg dar. Das Prinzip des Fruchtwechsels sieht vor, dass die Pflanzen in Parzelle 1 auf Parzelle 2, die Pflanzen in Parzelle 2 auf Parzelle 3, die Pflanzen in Parzelle 8 auf Parzelle 1 und so weiter wandern. Wenn Sie sich den oberen Teil des ersten Streifens von Parzelle 1 ansehen, können Sie über die drei Jahre hinweg

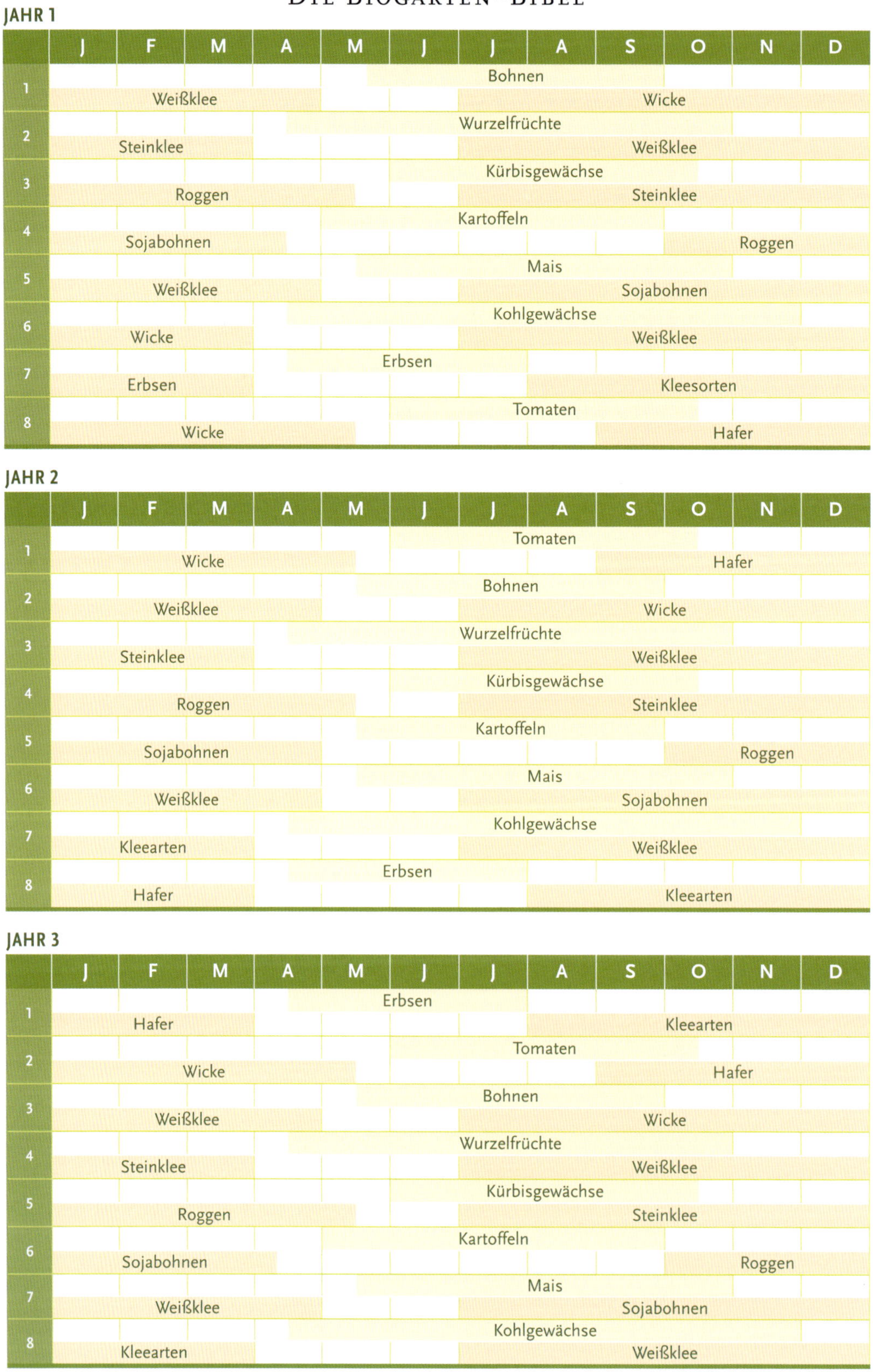

Abbildung 10.1 Plan für die Integration von Gründüngung im Fruchtwechsel

beobachten, wie auf Bohnen Tomaten und auf Tomaten Erbsen folgen. Wenn Sie sich die untere Hälfte anschauen, sehen Sie die Untersaat-Leguminosen, die vor dem Aussäen oder dem Einpflanzen der Deckkulturen untergepflügt und dann zum passenden Zeitpunkt als Untersaat in die Kultur gesät werden. Sie bleiben über den Winter im Boden, bis sie im Folgejahr vor der nächsten Kultur untergepflügt werden.

Um beim Beispiel von Parzelle 1 zu bleiben, beachten Sie, dass diese Parzelle in einem kühlen Klima nicht nur drei Kulturen (eine Kultur pro Jahr über 36 Monate) produziert, sondern auch 26 1/2 dieser Monate mit einer Gründüngungs-Untersaat bedeckt ist. In milderen Klimazonen gibt es zwei Unterschiede: Die Parzelle kann doppelt bepflanzt (zwei Kulturen in einer Saison) oder die Liste der möglichen Gründüngungspflanzen stark erweitert werden. Außerdem ist das Wetter während des Winters mild genug für ein anhaltendes Gründüngungswachstum.

Eine Erörterung der Möglichkeit, das gesamte Programm zur Erhaltung der Bodenfruchtbarkeit auf betriebseigene Komponenten wie Kompost, Fruchtwechsel und Weidewirtschaft zu stützen – unabhängig vom vorherrschenden Klima –, wird in Kapitel 13 vorgestellt.

KAPITEL ELF

Bodenbearbeitung

Bodenbearbeitung ist in der Landwirtschaft der allgemeine Begriff für die Bodenvorbereitung. Dazu gehören Erdarbeiten, das Einbringen von Kalk, Dünger und Dung, das Unterpflügen von Gründüngung und Ernterückständen sowie alle anderen mechanischen Verfahren, die der Vorbereitung des Bodens für den Anbau von Nutzpflanzen dienen. Die traditionellen Arbeitsgeräte sind Pflug, Scheibengeräte, Egge und gelegentlich der Tiefgrubber. Das Pflügen mit einem Wendepflug ist die Methode, die im Allgemeinen mit der Landwirtschaft in Verbindung gebracht wird. Beim Pflügen werden die Bo-

Die Tiefenräder am Meißelpflug können für ein tieferes Eindringen entfernt werden.

denschichten je nach Einstellung des Pfluges ganz oder teilweise gewendet. Da dieser Arbeitsgang allein keine geeignete Anbaufläche und keine ausreichende Durchmischung zur vollständigen Einarbeitung von Düngemitteln oder organischen Stoffen liefert, sind zusätzliche Arbeitsgänge notwendig.

Um den Boden in möglichst idealer Weise vorzubereiten, werden nach dem Pflügen meist noch Scheibengeräte und Eggen eingesetzt. Das Ziel ist es, den Boden zu lockern, Luft, organisches Material und Dünger einzuarbeiten und Beikraut zu entfernen, um ein sauberes Saatbeet zu schaffen. Als Ergebnis der Bodenbearbeitung haben sich die Belüftung, Feuchtigkeit, Temperatur sowie die chemischen und biologischen Werte des Bodens verändert. Es geht darum, die Auswirkungen dieser Faktoren auf das Wachstum und die Entwicklung der Pflanzen zu optimieren.

Bei der Bodenbearbeitung wird zwischen tiefer und flacher Bodenbearbeitung unterschieden. Bei einer tiefen Bodenbearbeitung kann mit einem Tiefengrubber bis zu 45 Zentimeter tief in den Boden eingedrungen werden. Bei der flachen Bodenbearbeitung werden nicht mehr als die oberen 15 Zentimeter des Bodens aufgebrochen, vorzugsweise nur die oberen fünf Zentimeter.

Tiefgründige Bodenbearbeitung

Immer mehr wissenschaftliche Studien weisen darauf hin, dass die Bodenverdichtung durch das Pflügen (Pflugsohle) und die Radlast der landwirtschaftlichen Maschinen ein ernsthaftes Problem für die Pflanzenproduktion darstellt. Der Tiefenlockerer ist das ursprünglich für die tiefgründige Bodenbearbeitung verwendete Werkzeug. Im Idealfall lockert er die unteren Bodenschichten auf und bricht Verhärtungen und Verdichtungsschichten auf, ohne den Boden zu wenden oder den Unterboden mit dem Oberboden zu vermischen. Darüber hinaus kann die tiefgründige Bodenbearbeitung den Boden bis in eine beachtliche Tiefe belüften, was die Drainage verbessert, die Durchwurzelungstiefe vergrößert, die Bodennährstoffe für die Wurzeln besser zugänglich macht und einen Prozess der Oberbodenvertiefung einleitet, der die Bodenfruchtbarkeit stark erhöht.

DER MEISSELPFLUG

Für unsere Zwecke ist der Meißelpflug wirksamer als der Tiefenlockerer. Der Meißelpflug stammt aus den 1930er-Jahren, als er als bodenschonende Alternative zum Wendepflug konzipiert wurde. Der Meißelpflug besteht aus einem stabilen Metallrahmen, der eine Reihe von gebogenen, in den Boden eindringenden Messern (Meißel) trägt, die etwa fünf Zentimeter breit und 60 Meter lang sind und mit verschiedenen Spitzen versehen werden können.

Wenn dieser Pflug durch den Boden gezogen wird, dringen die Meißel bis zu einer Tiefe von 30 bis 40 Zentimeter ein – sie wenden jedoch die Bodenschichten nicht wie ein Wendepflug. Vielmehr heben sie den Boden nur an, lockern ihn und brechen Verhärtungen und verdichteten Boden auf.

Dies ist kein Gerät für Anwendungen im kleinen Maßstab. Wenn Sie den Meißelpflug einmal im Jahr für die tiefgründige Bodenbearbeitung einsetzen, müssen Sie einen Traktor mieten oder einen Maschinenführer anstellen. Dies ist die einfachste und wirtschaftlichste Lösung, wenn Sie in einer Region leben, in der die entsprechenden

Dienstleistungen und Geräte verfügbar sind. Falls nicht, könnten Sie mit einer Gruppe von Landwirten gemeinsam einen kleinen Meißelpflug anschaffen und einen Traktor mieten, um ihn zu ziehen. Wenn es sich um felsigen Boden handelt, sollte der Traktor über einen Frontlader verfügen, der beim Einsammeln und Entfernen von Steinen hilft.

Viele Züchter glauben, dass ein Meißelpflug nur für steinfreie Böden geeignet ist. Meiner Erfahrung nach ist das nicht der Fall. Ich habe einen Meißelpflug sowohl auf steinfreiem Land in Texas als auch auf ziemlich felsigem Boden in Maine, Massachusetts und Vermont eingesetzt. Er hat jedes Mal gut funktioniert. In der Tat ist er in Neuengland als Werkzeug zur Bodenvorbereitung für den Gemüseanbau von unschätzbarem Wert. Der Meißelpflug findet Steine und bringt sie an die Oberfläche. Sie können die Steine dann entfernen, indem Sie sie bei der nächsten Überfahrt in die Schaufel des Traktors rollen.

Es gibt keinen Grund zu verzweifeln, wenn Sie feststellen, dass es nicht möglich ist, einen Meißelpflug zu bekommen. Es gibt Alternativen. Mit dem weiter unten vorgeschlagenen Handgerät (Doppelgrabegabel) und bestimmten natürlichen Techniken können Sie die Arbeit ebenfalls erledigen. Je mehr Sie darauf achten, den pH-Wert, die Drainage und die organische Substanz zu verbessern und gleichzeitig die Verdichtung zu minimieren, desto weniger benötigen Sie eine mechanische Tiefenbearbeitung. Ich empfehle jedoch den Meißelpflug als ein äußerst wertvolles Werkzeug in den ersten Jahren, um einen fruchtbaren Boden für den Gemüseanbau zu etablieren.

Nach den ersten Jahren sollten Sie dann in der Lage sein, bei der Bodenbearbeitung den gleichen Effekt mithilfe der Wurzeln von Gründüngungen zu erzielen. Tiefwurzelnde Gründüngungspflanzen (Luzerne, Steinklee, Lupinen, Sojabohnen und Rotklee) sind sehr effektiv bei der Verbesserung der Bedingungen im Unterboden. Die tiefe Durchwurzelung verbessert den Boden nicht nur physikalisch, indem sie ihn auflockert, sondern erhöht auch seine Fruchtbarkeit, indem sie mehr Nährstoffe aus den unteren Schichten aufnimmt. Die Wurzelkanäle bleiben noch lange nach der Zersetzung der Gründüngung bestehen. Sie tragen messbar dazu bei, die Porosität und das Wasserhaltevermögen des Bodens zu verbessern sowie eine zukünftige Verhärtung zu verhindern.

Die Doppelgrabegabel

Dieses mit zwei Stielen versehene Werkzeug für die tiefe Bodenbearbeitung ist unter verschiedenen Namen bekannt, aber *Doppelgrabegabel* kommt der Beschreibung am nächsten. Wie bei den meisten landwirtschaftlichen Geräten reicht ihre Entstehung sicherlich weit in die Agrargeschichte zurück. Sie besteht aus einer 60 bis 75 Zentimeter breiten Spatengabel mit jeweils einem 1,5 Meter langen Stiel an jeder Seite. Die Zinken der Gabel haben einen Abstand von zehn Zentimeter und sind etwa 30 Zentimeter lang.

Zum ersten Mal begegnete mir dieses Werkzeug in den 1960er Jahren mit dem Namen Grelinette, benannt nach dem französischen Landwirt André Grelin, der es entwickelt hatte. In den 1970er Jahren tauchten nach und nach Kopien der Grelinette in abgewandelter Form auf. Wie so oft, wenn ein Landwirt ein Werkzeug entwickelt, das dann von einem Ingenieur umgestaltet wird, ist Grelins Originaldesign den Kopien weit überlegen. Bestimmte wichtige Nuancen von

Grelins Konstruktion fehlen bei den modernen Nachbauten, weil sie nur durch ständigen Gebrauch erfahrbar und auf dem Reißbrett nicht ersichtlich sind. Die Kopien, die oft ganz aus Metall gefertigt sind, um stabiler zu sein, haben eine Reihe von Mängeln.

Erstens macht die Ganzmetall-Konstruktion das Gerät zu schwer. Zugegeben, ein Holzgriff kann schon mal brechen, aber ich ziehe es vor, mit einem angenehmen Werkzeug zu arbeiten, und nehme den gelegentlichen Umstand durch einen gebrochenen Griff in Kauf, als mich ständig mit einem unhandlichen Werkzeug abzumühen. Ein zweiter Mangel bei den Kopien ist die Verwendung von geraden Zinken, die an der Unterseite der Querstange befestigt sind. Bei der originalen Grelinette sind die Zinken parabelförmig und biegen sich von einem Befestigungspunkt an der Rückseite der Querstange nach unten. Dieser Unterschied ist der Schlüssel. Die nach vorne gebogenen Zinken von Grelins Originaldesign führen bei der Arbeit zu einer leichten, rollenden Bewegung. Wenn die Griffe nach unten gezogen werden, biegen sich die Zinken nach unten und heben den Boden leicht an. Bei den geraden Zinken wird eher eine hebelnde als eine rollende Bewegung ausgeführt, sodass Sie den Boden mit roher Kraft nach oben drücken müssen.

Eliot bei der Arbeit mit der Doppelgrabegabel auf dem Feld

VERWENDUNG DER DOPPELGRABEGABEL

Halten Sie die Doppelgrabegabel so, dass die Griffe leicht vor die Senkrechte geneigt sind. Drücken Sie die Gabel so weit wie möglich in den Boden, indem Sie auf den Querbalken treten, und ziehen Sie dann die beiden Griffe in einer leichten Schaukelbewegung zu sich heran. Heben Sie nun die Gabel aus dem gelockerten Boden, gehen Sie 15 Zentimeter zurück und wiederholen Sie den Vorgang. Das Werkzeug ist bequem zu bedienen und macht die Arbeit angenehm.

Wie groß ist die Fläche, die man mit einer Doppelgrabegabel bearbeiten kann? Sie ist mit Sicherheit für den Einsatz in der kommerziellen Produktion von Gewächshausgemüse ausgelegt. Ich habe sie im Freiland auf Flächen bis zu 0,4 Hektar eingesetzt, ohne dass ich mich überfordert fühlte. Die Arbeit kann auch in Abschnitte aufgeteilt und nur nach Bedarf vor dem Anpflanzen verschiedener Kulturen erledigt werden. Natürlich ist es nicht nötig, jeden Quadratzentimeter zu bearbeiten. Bei weit voneinander entfernt wachsenden Kulturen, wie zum Beispiel Winterkürbis, reicht es aus, die jeweilige Reihe entlangzugehen und gezielt zu lockern. Wenn die Grabegabel während der Pflanzsaison bewusst eingesetzt wird, ist selbst ein 0,8 Hektar großer Betrieb nicht zu groß für den Einsatz dieses Werkzeuges. Einige Kulturen sprechen mehr darauf an als andere. Zuckermais, Wurzelfrüchte und Pflanzen mit einem ausgedehnten Wurzelsystem, wie z. B. Tomaten, profitieren besonders davon.

Die Grabegabel sollte vor der Bodenbearbeitung und vorzugsweise im Herbst zuvor für die Abschnitte der Fruchtfolge eingesetzt werden, in die die frühesten Pflanzen gesetzt werden sollen. Wie jedes Werkzeug sollte auch dieses umsichtig eingesetzt werden: Wenn es keine erkennbare Wirkung zu haben scheint oder ein Unterschied nur bei bestimmten Kulturen sichtbar ist, dann passen Sie das Maß oder die Häufigkeit des Einsatzes der Doppelgrabegabel an.

Vor- und Nachteile der tiefgründigen Bodenbearbeitung

Die Vorteile der tiefgründigen Bodenbearbeitung sind:

- Die Bodenverdichtung wird aufgebrochen.
- Die Belüftung des Bodens wird gefördert.
- Die Bodenstruktur wird unterstützt.
- Die Drainage wird verbessert.
- Die Durchwurzelungstiefe der Pflanzen wird erhöht.
- Das Angebot an Bodennährstoffen, die für die Pflanzenwurzeln verfügbar sind, wird erhöht.
- Der Oberboden wird vertieft, was die Bodenfruchtbarkeit stark erhöht.

Die Nachteile der tiefen Bodenbearbeitung sind:

- Landwirtschaftliche Lohnunternehmer für Meißelpflüge sind schwer zu finden.
- Möglicherweise findet sich keine Gruppe von lokalen Landwirten, die gemeinsam einen Meißelpflug anschaffen wollen.
- Auf manchen Böden kann die Doppelgrabegabel selbst auf Flächen von weit weniger als 0,8 Hektar unpraktisch sein.

Lösungen:

- Sie können eine Bodenfräse einsetzen und so tief wie möglich arbeiten, ohne zu viel Unterboden an die Oberfläche zu bringen.
- Achten Sie bei der Tiefenbearbeitung mit der Bodenfräse darauf, dass Sie zusätzlich organische Substanz in den Boden mischen, um eine Verbesserung der Bodenstruktur zu fördern.
- Durch die Schaffung idealer biologischer Bodenbedingungen, die Bakterien und Regenwürmer begünstigen, wird die Bodenstruktur und -tiefe mit der Zeit verbessert. Wichtige Praktiken sind Fruchtwechsel, Gründüngung, Zugabe von organischem Material, ein pH-Wert zwischen 6 und 7 und ausreichende Mineralstoffe.

Flache Bodenbearbeitung

Bei der flachen Bodenbearbeitung werden die oberen Zentimeter des Bodens aufbereitet. Seit vielen Jahren verwende ich dafür eine Bodenfräse. Sie hat viele Vorteile gegenüber dem traditionellen Pflug, der Scheibe und der Egge. Erstens erledigt sie die Arbeit aller drei herkömmlichen Arbeitsgeräte in einem Arbeitsgang, zweitens macht sie dies mit einer Geschwindigkeit, die sie insgesamt wesentlich effizienter macht, und drittens erledigt sie die Arbeit besser.

DIE BODENFRÄSE

Die Bodenfräse bereitet den Boden mithilfe speziell geformter Bodenbearbeitungsmesser (Zinken) vor, die über eine Antriebswelle in Rotation versetzt werden. Die Fräse mischt und arbeitet Dünger, Pflanzenreste und organisches Material (Dung und Kompost) gleichmäßig in die gesamte Bearbeitungstiefe ein und bringt alles optimal mit den Bodenpartikeln in Kontakt. Diese gründliche Durchmischung verteilt die organischen Materialien und sichert die Verfügbarkeit von minimal aufbereiteten Düngemitteln.

Die schwerlöslichen Mineraldünger, die ich in diesem Buch empfehle, wirken am besten, wenn sie gut in den Boden eingemischt sind und nicht in Streifen oder Schichten ausgebracht werden. Sie haben dann den größten Kontakt mit den Bodensäuren und mikrobiologischen Prozessen, die die Bodennährstoffe für die Pflanzen nutzbar machen.

Die Bodenfräse arbeitet Dung, Kompost und andere Mittel zur Bodenverbesserung am leichtesten ein, wenn diese Zugaben vor der Bearbeitung auf der Bodenoberfläche verteilt werden. Die spezifische Dichte des Bodens und der Zuschlagstoffe hat Einfluss darauf, wie gründlich die Durchmischung erfolgen kann. Mineraldünger, der in der Regel die gleiche Dichte wie die Bodenpartikel hat, kann am gleichmäßigsten verteilt werden. Wenn organisches Material eingearbeitet wird, verbleibt das leichtere Material tendenziell weiter oben im Bodenprofil, während die schwereren Substanzen tiefer eindringen. Die Fähigkeit der Bodenfräse, sowohl organische als auch mineralische Zusatzstoffe gleichmäßig in das Bodenprofil einzumischen, ist eine wichtige Eigenschaft dieses Werkzeugs. Dadurch werden die Fruchtbarkeit und die biologische Bodenaktivität erhöht, die für die Etablierung eines lebensfähigen biologischen Systems so wichtig sind.

Es gibt Hinweise darauf, dass die Bodenfräse – übrigens jedes Bodenbearbeitungsgerät – schädlich sein kann, wenn sie im Übermaß eingesetzt wird. Die Wirkung der Bodenfräse auf den Boden ist wie die eines Blasebalgs auf ein Feuer: Sie beschleunigt den Verbrennungsprozess. Die zusätzliche Bodenbelüftung treibt die Zersetzung der organischen Substanz voran, was gut oder schlecht sein kann, je nachdem, wann es gemacht wird.

Die Bearbeitung im Frühjahr kann sich positiv auswirken. Zu Beginn der Saison ist der Boden kühl und kann von der Bodenbearbeitung profitieren, weil er sich aufgelockert besser erwärmt. Später in der Saison wird der größte Teil des Bodens mit Gründüngung bedeckt sein. Bei einer frühen Gründüngung oder bei Rückständen einer Vorfrucht, die vor einer Spätfrucht untergepflügt werden muss, tragen die zusätzliche Durchlüftung und die gründliche Durchmischung dazu bei, dass sich die Rückstände zügiger zersetzen und der Boden schneller für die Aussaat der Folgekultur bereit ist.

ALTERNATIVEN

Die Europäer verwenden schon seit einigen Jahren Alternativen zur Bodenfräse. Meine Kollegen im kommerziellen Gemüseanbau in Europa haben ihre Bodenfräsen durchweg durch Spatenmaschinen ersetzt – dabei unterscheidet man zwischen rotierenden und Kurbelwellen-Spatenmaschinen. Diese Geräte teilen die Fähigkeit der Bodenfräse, das Material im gesamten Bodenprofil einzuarbeiten, und gleichzeitig vermeiden sie die oft kritisierte Tendenz, den Boden zu zerschlagen und zu überarbeiten.

Die rotierende Spatenmaschine sieht aus wie eine Großausführung der Bodenfräse, jedoch mit spatenförmigen Messern am Ende langer, gebogener Arme. Die Spaten bewegen sich in einem drei- bis viermal größeren Radius als die Bodenfräse. Sie arbeiten sich auch langsamer durch den Boden als die Zinken der Bodenfräse und verdoppeln in etwa die bodenvermischende Wirkung eines Gärtners, der einen Spaten benutzt.

Noch ähnlicher als das Spatenstechen von Hand ist die Wirkung einer Kurbelwellen-Spatenmaschine. Die Spaten bewegen sich, angetrieben durch den Motor, auf und ab und werfen dabei durch eine schaufelnde Bewegung die Erde nach hinten. Diese Aktion bewegt und mischt den Boden so sanft, wie es mit einem mechanischen Arbeitsge-

Einachsschlepper mit montierter Tiefenführungswalze. Foto mit freundlicher Genehmigung von Johnny's Selected Seeds

rät nur möglich ist. Sowohl die rotierenden als auch die stechend-werfenden Spatenmaschinen bewegen sich mit einer geringeren Arbeitsgeschwindigkeit über den Boden als Bodenfräsen. Daher ist die Fläche, die pro Arbeitsstunde bearbeitet werden kann, nicht so groß. Dennoch sind sich alle Landwirte, die ich kontaktiert habe und welche die Spatentechnik verwenden, einig, dass die Qualität der Bodenbearbeitung sehr viel höher ist, sodass es den erhöhten Zeitaufwand mehr als ausgleicht.

Der Hauptunterschied zwischen der rotierenden Spatenmaschine und der Kurbelwellen-Spatenmaschine besteht darin, dass die rotierende besser geeignet ist, um eine schwere Gründüngung einzuarbeiten oder wenn der Boden tief bearbeitet werden soll. Für einige der größeren traktormontierten rotierenden Spatenmodelle wird damit geworben, dass sie den Boden bis zu einer Tiefe von 40 Zentimeter bearbeiten können. Ob mit diesem Gerät eine so tiefe Bearbeitung weniger nachteilig ist oder nur unter bestimmten Anbaubedingungen, kann ich nicht sagen. Aber mein Instinkt lässt mich vorsichtig sein. Bei einem flachen Boden, wie dem, mit dem ich anfangs gearbeitet habe, würde jede Bearbeitung, die tiefer als 15 Zentimeter geht, wahrscheinlich den Unterboden nach oben bringen.

Die Kurbelwellen-Spatenmaschine gilt als schonender für den Boden, weil ihre Arbeitsweise eher der eines Gärtners mit einem Spaten entspricht. In Gewächshäusern und für Kulturen, für die schwere Gründüngungen erst gemäht werden, bevor sie in den Boden eingearbeitet werden, ist sie die Maschine der Wahl. Sie könnte dort im Nachteil sein, wo große Mengen halb zersetzter Ernterückstände ein Hauptbestandteil der Maßnahmen zur Förderung der Bodenfruchtbarkeit sind. Die Stromquelle für die im Gewächshaus eingesetzten Modelle wird oft so modifiziert, dass der Motor mit Propan läuft, da dieser Kraftstoff weniger Luftverschmutzung im Gewächshaus verursacht als Benzin oder Diesel.

Aufgrund ihrer Arbeitsweise erzeugt die Kurbelwellen-Spatenmaschine keine „Pflugsohle“ und keine Bodenverdichtung unter den Rädern. Sie kommt auch mit einem steinigen Boden, teils sogar mit großen Steinen, viel besser zurecht als das rotierende Modell. Die meisten Fachartikel, die ich aus europäischen Quellen gelesen habe, sind sich einig, dass die Kurbelwellen-Spatenmaschine die bessere Wahl ist. Die Züchter schätzen die bodenverbessernde Wirkung: Die Maschine fördert das Wurzelwachstum und verbessert die Wasserinfiltration. Außerdem arbeitet dieser Maschinentyp organisches Material am effektivsten in die oberen Bodenschichten ein.

Ein weiteres Werkzeug, das die organische Substanz noch sanfter und flacher einarbeitet, indem es eher horizontal als vertikal arbeitet, ist die Kreiselegge. Sie ist vergleichbar mit einer Reihe von kleinen Stachelzahn-Eggen, die sich auf einer vertikalen Achse drehen. Die Kreiselegge durchmischt den Boden an der Oberfläche wie Ihre Hand, wenn Sie Ihre Finger kreisförmig spreizen, die Spitzen flach in den Boden stecken und Ihren Unterarm drehen.

Auch wenn die Kreiselegge nicht für die Grundbodenbearbeitung (Unterpflügen von Grasnarben oder Gründüngung) geeignet ist, arbeitet sie krümelige Zugaben wie Kompost sehr effektiv in geringe Tiefe ein. Eine Kreiselegge wird normalerweise mit einer Krümelwalze kombiniert, um die Arbeitstiefe einzuhalten und eine ebene Oberfläche zu hinterlassen. Kreiseleggen sind von einer Reihe von Herstellern für Einachsschlepper erhältlich.

Ein nützlicher Bestandteil der Kreiselegge ist die nachlaufende Krümelwalze, mit der der Fahrer die Tiefe der Bodenbearbeitung genau einstellen kann. Für den BCS-Einachser gibt es eine neue Tiefenführungswalze, die an die Fräse montiertet werden kann. Mit diesem Zusatz wird die Bodenfräse zu einer einfach zu bedienenden Maschine für die tiefenregulierte Bearbeitung von Saatbeeten, sodass Sie die Kosten für den Kauf einer Kreiselegge vermeiden können.

DER EINACHSSCHLEPPER

Ein Einachser ist eine zweirädrige Zugmaschine. Unsere Bodenfräse wird von einem 12-PS-Einachser angetrieben. Diese Maschine hat genug Kraft, um unter fast allen Bedingungen eine hervorragende Bodenbearbeitung durchzuführen. Sie kann zudem mit einer Vielzahl von Anbauteilen, wie zum Beispiel zum Säen, Walzen, Mähen, Dämme Formen, Pumpen und Ernten ausgestattet werden. Alle diese Zusatzteile werden vom jeweiligen Hersteller des Einachsers angeboten, können aber oft auch aus anderen Quellen adaptiert werden. In meinem kleinen Betrieb ist der Einachser aus mehreren Gründen die Zugmaschine meiner Wahl: Er ist preiswerter als ein vierrädriger Traktor, er ist kleiner und einfacher zu handhaben, wenn Änderungen oder Reparaturen erforderlich sind, und er ist viel leichter zu bedienen. Der Einachser ist seit Langem die beste Kraftquelle für den Kleinbauern.

Natürlich scheint das Leben einfacher zu sein, wenn man auf einem leistungsstarken vierrädrigen Traktor mit großer Ausrüstung sitzt. Aber die Wirtschaftlichkeit wäre nicht dieselbe. Ein gut gebauter 12-PS-Einachser mit einer 65 bis 80 Zentimeter breiten Fräse kann zu einem Preis erworben werden, der kaum mehr als die Fräsvorrichtung für einen großen Traktor beträgt. Derselbe Einachser (Bodenfräse) dient auch als Grubber für mit großem Reihenabstand gesetzte Pflanzen.

Wenn der Betrieb natürlich bereits einen vierrädrigen Traktor und einen Fräsaufsatz besitzt, sollte er diesen auf jeden Fall verwenden. Der Einachser ist nicht besser als ein Aufsitztraktor, aber er ist für die Aufgaben, für die Sie ihn brauchen werden, vollkommen ausreichend. Er ist außerdem preiswerter, hat eine gute Größe und ist weniger aufwendig in der Wartung.

VORTEILE EINES EINACHSSCHLEPPERS/EINER BODENFRÄSE

Wirtschaftlichkeit. Die Anschaffungskosten sind geringer als bei einem vierrädrigen Traktor, ebenso die Betriebskosten.

Leistung. Spitzenmodelle pflügen genauso gut oder besser als viele Traktoren mit Fräsvorrichtung (außer bei alten Grasnarben).

Flexibilität. Ein Einachser ist im Grunde eine Kraftquelle auf Rädern und lässt sich an viele Erfordernisse anpassen. Er kann in Reihen mit breiten Abständen und zum Anhäufeln eingesetzt werden. Zusatzgeräte wie eine Wasserpumpe oder ein Sichelmäher können mit demselben Gerät betrieben werden, aber ich lasse meine Maschine nur für die Bodenbearbeitung eingerichtet.

Einfachheit. Er ist viel einfacher zu bedienen als ein großer Traktor, sodass auch unerfahrene Helfer schnell eingearbeitet werden können.

Wartung. Bei Reparaturen ist der Einachser weniger überwältigend und kompliziert als ein großer Traktor. Aufgrund seiner überschaubaren Größe werden Sie sich bald sicher fühlen, Reparaturen selbst durchzuführen.

Geringeres Gewicht. Er erzeugt nur eine minimale Bodenverdichtung und hinterlässt keine tiefen Spurrillen.

Geringere Größe. Er ist viel wendiger als ein vierrädriger Traktor, und weniger Vorgewende ist erforderlich, um an den Enden der Reihen zu wenden.

MINI-BODENFRÄSE

Für Gewächshäuser wurde eine elektrisch betriebene Mini-Bodenfräse konzipiert, die noch kleiner und leichter als der Einachser ist. Viele Landwirte finden diese Fräse auch praktisch für kleine Flächen im Freiland. Die Mini-Bodenfräse ist 38 Zentimeter breit (sodass man eine Hälfte eines 75 Zentimeter-Beetes beackern kann); der Kettenantrieb ist seitlich montiert. Da der Antrieb außerhalb der Arbeitsfläche liegt, bleiben mittig keine unbearbeiteten Streifen zurück. Die Mini-Bodenfräse wird mittels eines Akkuschraubers mit einem Halbzoll-Bohrfutter angetrieben. Ich empfehle ein Gerät mit 18-Volt oder höherer Leistung. Die Mini-Bodenfräse hat über den Fräszinken eine Abdeckung aus rostfreiem Stahl mit einem nach hinten ragenden Blech, das die Bearbeitungstiefe auf fünf Zentimeter begrenzt.

Die Zukunft der Bodenbearbeitung

Nun, da ich Ihnen meine besten Geräte für eine tiefe und flache Bodenbearbeitung vorgestellt habe, möchte ich die Frage aufwerfen, ob es möglich ist, die Bodenbearbeitung zu reduzieren oder ganz darauf zu verzichten!? Ich denke, diese Überlegung ist eine ernsthafte Betrachtung wert. Aber die Umsetzung muss auf eine Art und Weise erfolgen, die effizienter und nicht komplizierter für den Landwirt sein darf, sonst wird sie nicht gelingen. Ich bin nicht grundsätzlich gegen die Bodenbearbeitung. Wo die Ergebnisse dafür sprechen, wende ich sie weiterhin an. Durch die kontinuierliche Einarbeitung von organischem Material über die Jahre hinweg war es möglich, unseren ursprünglich flachen Oberboden auf die heutigen 25 Zentimeter zu vertiefen. Aber ich bin immer auf der Suche nach pflanzenspezifischen Vorteilen (Ertrag, Pflanzengesundheit), die sich aus anderen Techniken ergeben könnten. Unter den europäischen Bio-Gärtnern ist es seit Langem Tradition, den Boden nicht tiefer als fünf Zentimeter zu bearbeiten. In unseren Gewächshäusern mischen wir jetzt mit der Mini-Bodenfräse Zuschlagstoffe (Kompost, Luzernemehl) in die obersten fünf Zentimeter des Bodens. Die Ergebnisse dieser Oberflächenbearbeitung sind sehr ermutigend.

Es interessiert mich natürlich, ob eine Bewirtschaftung im Freiland in der Größenordnung einer kommerziellen Gärtnerei auch ohne Bodenbearbeitung funktionieren kann, denn in diesem System setzen wir extensiv Gründüngung ein. Ich experimentiere weiter. Während das allgemeine Konzept funktioniert, sind es die Details, die verfeinert werden müssen. Eine Möglichkeit, die wir ausprobiert haben, um die Stümpfe, Oberflächenwurzeln und Blattreste von Weißkraut, Blumenkohl und Broccoli zu beseitigen, ist das Schneiden und Hacken des Feldes direkt unter der Oberfläche. Wir verwenden dazu einen alten

Mit der Mini-Bodenfräse wird ein Zuschlagstoff eingearbeitet.

Ein selbstgebauter Seilzug für die Betätigung des Startknopfs

Schlegelmäher mit Y-Messerklingen, von dem ich die Walze zur Tiefenregulierung entfernt habe, damit die Klingen 2,5 Zentimeter in den Boden eindringen können. (Wir nennen es den Bodenkitzler.) Nach einem einzigen Durchgang ist das Feld mit einer 2,5 Zentimeter dicken, mit Erde vermischten Mulchschicht aus Kohl und untergesätem Klee bedeckt. Wir können direkt in diese Schicht hinein pflanzen. Andere Optionen sind der Einsatz von speziellen Grubbern, um die Oberfläche zu säubern, der Anbau von winterabfrierenden Gründüngungen, die im Frühjahr leicht entfernt werden können, oder das Abtöten des vorherigen Bewuchses mittels Solarisation oder Okkultation (siehe Kapitel 19). Die Wahl hängt von der Bodenart, dem Klima und den anzubauenden Pflanzen ab.

Ich bin immer wieder beeindruckt, wenn ich eine Strohmulchschicht entferne. Die verbesserte Bodenstruktur durch die zusätzliche Regenwurmaktivität macht deutlich, wie effektiv die Natur sein kann, wenn ich mich nicht einmische.

In einer Ausgabe von *The Land* aus dem Jahr 1945, einer in den 40er und 50er-Jahren von den „Friends of the Land" herausgegebenen Zeitschrift, wurde über Forschungen an der South Carolina Agricultural Experiment Station berichtet, die sich mit der Direktsaat von Gründüngungen beschäftigten.[2] Mais wurde in engen Reihen in Kleesoden gepflanzt. Wenn der Mais eine Höhe von 30 Zentimeter erreicht hatte, wurde der Klee mit speziellen Grubbern knapp unter der Oberfläche abgeschnitten. Der Klee wurde dann als Mulch an Ort und Stelle belassen.

In jüngster Zeit wurden viele ähnliche Untersuchungen durchgeführt. Forscher der US-Landwirtschaftsbehörde im Nordosten des Landes verwenden winterharte Zottelwicken als Deckfrucht und Mulch. Die Wicke wird mit einem Schlegelmäher im Frühjahr so spät gemäht, dass sie nicht mehr nachwachsen kann. Die Rückstände werden als Oberflächenmulch für die Hauptfrüchte belassen.[3] Die mögliche Verbesserung der Bodenfruchtbarkeit durch eine oberflächlich gemulchte Gründüngung ist dieselbe, als wenn sie in den Boden eingearbeitet würde, und sie bietet den zusätzlichen Vorteil, dass sie die Feuchtigkeit zurückhält, wenn sie als Mulch verwendet wird.

Zwei australische Forscher haben ein Programm entwickelt, bei dem die Gründüngung nicht eingearbeitet wird. Sie nennen es *Clever Clover*.[4] Sie wechseln auf jeweils separaten Feldern für die Sommer- und Winterproduktion sowohl Gemüse- (Sommer- und Winterkulturen) als auch Mulchsorten (Bodenfrüchtiger Klee und Luzerne) ab. Auf einem Feld dienen die Reste des bodenfrüchtigen Klees, der im Winter wächst und im Frühjahr abstirbt, als Sommermulch für vorgezogene Pflanzen. Im Herbst kann der Klee, je nach Sorte, entweder nachgesät werden oder er sät sich selbst aus, um den Mulch für das nächste Jahr zu bilden. Die Luzerne auf einem anderen Feld wird im Sommer alle sechs Wochen gemäht. Im Herbst geht sie in Winterruhe, und die Wintergemüsekulturen werden durch die Luzerne-Rückstände hindurch gepflanzt. Im Frühjahr beginnt die Luzerne wieder zu wachsen.

Es ist wichtig, eine kräftige Deckfrucht zu etablieren, die das Beikraut unterdrückt. Bei all diesen Versuchen wurden Pflanzenkrankheiten und Schädlinge durch die Oberflächen-Mulchtechnik deutlich reduziert.

Obwohl ich im Laufe der Jahre erfolgreich fruchtbare Böden mit den in diesem Kapitel beschriebenen mechanischen Bodenbearbeitungsgeräten geschaffen habe, bin ich deswegen nicht selbstzufrieden geworden.

Es gibt immer eine bessere Technik, die darauf wartet, entdeckt zu werden. Meine Vorliebe für die Biologie gegenüber der Technik lässt mich hoffen, dass neue Anbaumethoden den Ersatz mechanischer Lösungen durch biologische Lösungen beinhalten, um die gesunde, natürliche Struktur eines ungestörten Bodens nachzuahmen.

KAPITEL ZWÖLF

Bodenfruchtbarkeit

Die Voraussetzung für eine dauerhafte Bodenfruchtbarkeit ist einfach. Sie besteht kurz gesagt darin, sicherzustellen, dass jedes wesentliche Element der Pflanzennahrung kontinuierlich bereitgestellt wird, um die Voraussetzung für eine maximale Ernte zu erfüllen; und natürlich müssen alle Elemente, die nicht in diesem Maße von der Natur bereitstehen, vom Menschen gestellt werden.

–Cyril Hopkins

Meine erste wichtige Lektion in Sachen Bodenfruchtbarkeit habe ich vom US-Landwirtschaftsministerium gelernt, wenn auch durch deren Versäumnis. Es geschah im Jahr 1966, als ich begann, auf gepachtetem Land in New Hampshire Gemüse anzubauen. Da ich zu dieser Zeit nur begrenzte landwirtschaftliche Erfahrungen hatte, las ich eifrig alles, was ich zu diesem Thema finden konnte. Das Landwirtschaftsministerium stellte in einem Artikel über die Nährstoffe im Dünger, der für die landwirtschaftliche Produktion verwendet wird, eindeutig fest, dass Stickstoff Stickstoff und Phosphor Phosphor ist. Sie sagten, dass es für die Pflanze keinen Unterschied macht, woher der Nährstoff kommt. Stickstoff aus Dung und Stickstoff aus einem Sack gekauften Düngers seien dasselbe. Für mich waren das in der Tat willkommene Neuigkeiten.

Bringt den kostenlosen Dünger aus

Damals war mir nicht bewusst, dass der Grund für diese Äußerung darin bestand, die Bio-Bauern zu diskreditieren, die behaupte-

Bodenverbesserung durch frischen Seetang

ten, dass Mist oder Kompost bessere Pflanzen produzieren. In meiner Naivität sah ich nur die Chance, etwas Geld zu sparen. Ich würde keinen Dünger mehr kaufen müssen! Gleich um die Ecke gab es einen Pferdehof mit riesigen Haufen verrottetem Mist, den der Bauer verschenkte und sogar kostenlos an jeden lieferte, der welchen wollte. Hühnermist, von dem es in dem Artikel hieß, dass er viel Phosphor enthalte, war von einem anderen Nachbarn zu bekommen. Ich dachte mir, wenn die Experten vom Landwirtschaftsministerium sagen, dass es keinen Unterschied zwischen den Inhaltsstoffen im Dung und denen im gekauften Dünger gibt, dann reicht mir das. Ich entschied mich für den natürlichen Dünger und begann, auf ein paar Hektar Land Gemüse anzubauen, mit der Versicherung des Landwirtschaftsministeriums im Hinterkopf, dass alles gut funktionieren würde.

Und das hat auch geklappt. In den drei Jahren, in denen ich diese Felder bewirtschaftete, erntete ich das beste Gemüse in der Gegend; und es wurde jedes Jahr besser. Tatsächlich kamen die alteingesessenen Bauern und fragten den Neuen, wie er es gemacht hat, und nicht umgekehrt. Offensichtlich war Bodenfruchtbarkeit das Ergebnis einer Reihe von Faktoren, die nicht chemisch aufbereitet sein oder viel Geld kosten mussten, um erfolgreich zu wirken.

Wenn ich Nährstoffe zukaufen musste, nahm ich das Landwirtschaftsministerium weiterhin mit der Annahme beim Wort, dass die Elemente immer gleich sind. Ich kaufte unbearbeitete Mineralien wie zum Beispiel

Krabbenschalen sind ein weiteres Düngemittel an der Küste von Maine.

Rohphosphat. Auf lange Sicht waren sie günstiger. Da sie nicht wasserlöslich waren oder drohten, ausgewaschen zu werden, konnte ich genug auf einmal ausbringen, um mehrere Jahre zu überbrücken. Wir lernen also: Pflanzennahrung muss nicht in einer Fabrik vorproduziert werden. Die Nährstoffverfügbarkeit ist das Ergebnis biologischer und chemischer Bodenprozesse, die durch die landwirtschaftlichen Praktiken angeregt werden, die ich zu nutzen gelernt habe und denen ich vertraue – Fruchtwechsel, Gründüngung und tierischer Dünger. In diesem biologischen System schließt sich der Kreis. Jede Maßnahme unterstützt die andere, und das Ergebnis ist synergetisch.

Bodenfruchtbarkeit herstellen

Um einen fruchtbaren Boden aufzubauen, konzentrierte ich mich von Anfang an auf fünf Zuschlagstoffe, die ich als Rohmaterial verarbeitete:

Organisches Material. Kompost oder Dung, der in der Regel alle zwei Jahre in einer Menge von rund 18 Tonnen pro 0,4 Hektar ausgebracht wird.

Rohphosphat. Ein fein gemahlenes, natürliches Gesteinspulver, das alle vier Jahre ausgebracht wird.[1] Es gibt zwei Formen: harterdiges Rohphosphat, das 33 Prozent P2O5 enthält, und kolloidales Phosphat mit 22 Prozent P2O5. Ich bevorzuge die kolloidale Form, aber andere Gärtner werden genauso Gründe für das harterdige haben.

Grünsand (Glaukonit). Eine uralte Ablagerung auf dem Meeresboden, die etwas Kalium enthält, aber hauptsächlich als breit gefächerte Quelle für Mikronährstoffe ganzjährig verwendet wird. Getrockneter Seetang ist eine weitere beliebte (wenn auch teurere) Quelle für Kalium und Mikronährstoffe. Er wird schneller abgebaut und hat den zusätzlichen Vorteil, dass er die biologische Aktivität in vielen Böden anregt.

Kalksteinmehl. Ein gemahlenes Gestein, das Kalzium und Magnesium enthält und zur Erhöhung des pH-Werts des Bodens verwendet wird. Mit einer entsprechenden Menge Kalksteinmehl sollte der pH-Wert im Bereich von 6,2 bis 6,8 gehalten werden.

Spezifische Mikronährstoffe. Elemente wie Zink, Kupfer, Kobalt, Bor und Molybdän werden in sehr geringen Mengen benötigt, sind aber für einen fruchtbaren Boden unbedingt erforderlich. Sie sind in der Regel ausreichend vorhanden, wenn der Anbauer auf den pH-Wert und die organische Substanz geachtet hat. Der Bedarf an zusätzlichen Mikronährstoffen lässt sich am besten durch sorgfältige Bodenuntersuchungen und Beobachtungen des Züchters feststellen. In vielen Fällen ist Bor das einzige Element, das ergänzt werden muss. Wenn ein Bodentest anzeigt, dass einer der Mikronährstoffe bereits ausreichend vorhanden ist, wird dieser Zusatz natürlich nicht benötigt.

Zwei Arten des Düngens

Obwohl dies ein Kapitel über Bodenfruchtbarkeit ist, werde ich zuerst die grundsätzliche Philosophie dahinter besprechen. Das mag unkonventionell sein, aber es ist entscheidend für das Verständnis der oben empfohlenen Ergänzungen. Es gibt zwei unterschiedliche Ansätze beim Düngen:

Direkte Ernährung der Pflanze. Dies beinhaltet die Verwendung von löslichen Düngemitteln, sodass die Nährstoffe für die Pflanze „vorverdaut" sind, ohne dass die natürlichen Bodenprozesse in Anspruch genommen werden müssen.

Ernährung des Bodens, damit die Bodenprozesse für die Pflanze sorgen können. Dies beinhaltet die Schaffung und Aufrechterhaltung der optimalen Bedingungen eines fruchtbaren Bodens, um eine gesunde Bilanz für Boden und Pflanze zu erzielen.

Im ersten Fall liefert der Landwirt Pflanzennahrung in „vorverdauter" Form, weil die Bodenprozesse als unzureichend angesehen werden. Ein Symptom – schlechtes Pflanzenwachstum – wird mit einer temporären Lösung – lösliche Pflanzennahrung – behandelt. Im zweiten Fall sorgt der Landwirt dafür, dass die Bodenprozesse mit den notwendigen Rohstoffen versorgt werden, um nicht nur ausreichend, sondern hervorragend zu sein. Die Ursache für das schlechte Pflanzenwachstum – ein Mangel an ausreichender Pflanzennahrung im Boden – wird behoben, indem dem Boden die Rohstoffe zur Verfügung gestellt werden, die er zur Produktion dieser Pflanzennahrung benötigt.

Kompost ist der beste Dünger.

Natürliche Prozesse

Obwohl wir es mit landwirtschaftlichen Techniken zu tun haben, können wir die Denkmuster nicht ignorieren, die dazu führen, sich für die eine und gegen die andere Technologie zu entscheiden. Diese Denkmuster hängen mit unterschiedlichen Sichtweisen bezüglich des „natürlichen Systems" zusammen, das das Pflanzenwachstum steuert. Hierzu einige Fragen:

- Sind die natürlichen Prozesse so ineffizient, dass wir es besser machen können, wenn wir ihre Aufgaben übernehmen, auch wenn die Energiekosten einer solchen Entscheidung hoch sind? Oder können die natürlichen Prozesse alles liefern, was wir brauchen, wenn wir daran arbeiten, sie zu verbessern?
- Ist es klug, sich auf ein Anbausystem zu verlassen, das vollständig von zugekauften Substanzen abhängig ist, die hohe Kosten, Versorgungsnetze und Sicherheitsaspekte mit sich bringen, auf die der Landwirt keinen Einfluss hat? Oder ist es besser, ein auf eigene Ressourcen gestütztes landwirtschaftliches System zu schaffen, das auf

nur minimale Mengen von zugekauften Produkten zurückgreift und die dem Boden innewohnende Fruchtbarkeit maximal steigert?

- Ist es akzeptabel, den Pflanzen nur so viele Nährstoffe zu geben, dass eine Ernte möglich ist? Oder ist es sinnvoller zu versuchen, alle bekannten und unbekannten Nährstoffe und Wachstumsbedingungen bereitzustellen, damit die Pflanzen optimal wachsen können?

Ich bin auf viele Antworten zu diesen Fragen gestoßen. Es gibt immer einige Züchter, die sagen: „Natürliche Prozesse und optimale Wachstumsbedingungen sind mir egal. Ich will einfach nur meine Pflanzen mit möglichst geringem Aufwand anbauen und mich später um eventuelle Probleme kümmern.“ Leider beschränken sich die späteren Probleme, wenn sie denn auftreten, nicht nur auf geringe Erträge, sondern betreffen auch Insekten, Krankheiten und eine schlechte Erntequalität. Dann werden hinzugekaufte Produkte – Pestizide, Fungizide – eingesetzt, um die neuen Probleme zu bewältigen. Da landwirtschaftliche Systeme miteinander verbunden sind, führt eine Maßnahme zur anderen, und das eine Problem erzeugt ein weiteres.

Meine eigene Haltung zu diesen Fragen beruht darauf, dass ich einfach nicht genug weiß, um in das natürliche System einzugreifen, und ich habe auch nicht den Wunsch, dies zu tun. Ich bin ein Bewunderer der komplizierten zyklischen Systeme der Natur und ich ziehe es vor, diese zu studieren, um mir weniger und nicht mehr Arbeit zu machen. Selbst wenn ich glaubte, alles zu wissen, würde ich es lieber von den wirklichen Experten für mich erledigen lassen. Die wirklichen Experten sind in diesem Fall alle Vorgänge, die in einem fruchtbaren Boden ablaufen – die Interaktion von Bakterien, Pilzen, schwachen Säuren im Boden, chemischen Reaktionen, Rhizosphären-Effekten und unzähligen anderen, die wir nicht kennen.

Ich empfinde gegenüber der natürlichen Welt großen Respekt wegen ihres wunderbar effizienten Systems. Wenn ich versuche, die Pflanzen direkt zu nähren, beschließe ich, dass ich es besser machen kann. Bei einem unfruchtbaren Boden, wo das natürliche System schlecht funktioniert, kann ich das vielleicht. Aber bei einem fruchtbaren Boden kann das System diese Arbeit selbst besser erledigen. Daher ist es meine Aufgabe als Landwirt, dem System die Zutaten zu geben, die für einen fruchtbaren Boden notwendig sind. Diese grundlegenden Rohstoffe sind organisches Material und Mineralien in Form von pulverisiertem Gestein. Kaufen Sie also keine Fertigprodukte. Kaufen Sie die wenigen Rohstoffe, die nicht selbst produziert werden können, und lassen Sie die Bodenprozesse die Arbeit erledigen. Das ist nicht nur agronomisch sinnvoll, sondern auch der erfolgreichste, praktischste und wirtschaftlichste Ansatz.

Wie alles funktioniert

Nehmen wir an, wir haben zu Beginn einen unfruchtbaren Boden. Wenn wir den externen Ansatz wählen und lösliche Düngemittel hinzufügen, kann man in der Regel mit einem guten Ertrag rechnen. Der Boden dient lediglich als Anker für die Pflanzenwurzeln, und der Großteil der Nahrung für das Pflanzenwachstum wird durch den Dünger bereitgestellt. Der Boden bleibt jedoch unfruchtbar und die Düngergabe muss für jede Ernte wiederholt werden. Die Situation ist ähnlich, wie wenn man einem Schüler hilft, indem man ihm die Antworten für den Test gibt. Das Ergebnis kann eine gute Note sein, aber die Hilfe muss jedes Mal erneuert werden.

Wenn man dagegen den zweiten Ansatz wählt, versucht man, einen fruchtbaren Boden zu schaffen, indem man die notwendigen Zutaten hinzufügt, die einen fruchtbaren von einem unfruchtbaren Boden unterscheiden. Der fruchtbare Boden wird dann das tun, was fruchtbare Böden von Natur aus tun: hervorragende Feldfrüchte wachsen lassen. Um unsere Schüler-Lehrer-Metapher fortzusetzen, ist dieser zweite Prozess so, als würde man dem Schüler das Rohmaterial des Wissens (gute Bücher und Lernmethoden) zur Verfügung stellen, damit er die Fähigkeit entwickeln kann, bei Prüfungen ohne Hilfe zu glänzen. Ich denke, die meisten Leser und Leserinnen werden mir zustimmen, dass dieser zweite Ansatz die bessere Wahl für die Ausbildung ist. Es ist auch die beste Wahl bei der Pflanzenernährung.

Nährstoffe für den Boden

Das, was einen unfruchtbaren Boden in einen fruchtbaren Boden verwandelt, sind Mineralien und organisches Material. Wenn diese Zuschlagstoffe zur Verfügung gestellt werden, kann sich der Boden aus eigener Kraft entfalten. Anstelle einer vorübergehenden Krücke, die immer wieder gereicht werden muss, wird ein Prozess in Gang gesetzt, der sich selbst trägt. Ein fruchtbarer Boden befindet sich wie ein gebildeter Geist in einem kumulativen Prozess, und mit sorgfältiger Pflege ist er zu ständiger Verbesserung fähig.

Es gibt zwei Nährstoffquellen für den Boden: die Überreste von ehemals lebenden Organismen, die die organische Substanz oder den Humus bilden, und die fein gemahlenen Gesteinspartikel, die den mineralischen Anteil des Bodens ausmachen. Die Nährstoffe aus beiden Quellen werden durch die biologischen und chemischen Vorgänge im Boden verfügbar gemacht.

ORGANISCHE SUBSTANZ

Unter allen Feldfrüchten benötigen Gemüsepflanzen die nährstoffreichsten Böden, um gute Qualität und bestes Wachstum zu erzielen. Und dieser Reichtum muss real vorhanden sein. Keine Stimulanzien, sondern das, was britische Landwirte so treffend „a soil in good heart“ nennen. Organische Substanz ist der Schlüssel zum „Herzen“ eines Bodens. Das beste Buch, das ich je gelesen habe, als ich mit dem Gemüseanbau anfing, war kein technisches über Landwirtschaft. *Soil Microbiology*, der Klassiker von Selman Waksman (siehe Literaturverzeichnis), beschäftigt sich mit dem Bodenleben. Dieses Buch beeinflusste meine Herangehensweise an die Bodenfruchtbarkeit mehr als jede andere Quelle. Waksman schrieb aus dem Blickwinkel eines Menschen, der all die verschiedenen Lebensprozesse im Boden und deren Einfluss auf die Nährstoffverfügbarkeit und das Pflanzenwachstum studiert hatte. Seine Informationen öffneten mir die Augen für die wunderbare Welt der lebenden Organismen unter unseren Füßen und für die Bedeutung der organischen Substanz für das Wohlbefinden dieser Welt. Die Quantität und Qualität der organischen Materie sind die Grundlage für die Mikroorganismen im Boden. Dieses mikrobiologische Leben wächst und zerfällt,

Wir legen unseren Komposthaufen in einem Rahmen aus Strohballen an.

Fertiger Kompost unter einer Abdeckung

Wenden des Komposts mithilfe eines kleinen Miststreuers

macht Mineralien verfügbar und setzt als Teil seiner Lebensprozesse Kohlendioxid frei.

Organische Substanz lockert auch schwere Böden auf, damit sie leichter zu bearbeiten sind, und festigt sandigen Boden, sodass dieser das Wasser besser hält. Kurz gesagt, der Anteil der organischen Substanz im Boden ist mehr als nur eine Quelle für Pflanzennahrung und physikalische Stabilität. Er ist, wenn man so will, auch die Energiequelle. Die organische Substanz ist der Motor, der alle biologischen (und einige der chemischen) Prozesse im Boden antreibt.

Auch wenn organisches Rohmaterial wie zum Beispiel Erntereste direkt in den Boden eingebracht werden können, ist es oft besser, sie in einem Haufen zu kompostieren. Bei der Flächenkompostierung laufen im Boden biologische Prozesse ab, die das Pflanzenwachstum für einen Zeitraum von durchschnittlich zwei bis vier Wochen oder länger verhindern, je nachdem, wie zersetzungsresistent das Material ist. In einem intensiven Gemüseanbausystem würde diese Zeit besser für den Anbau der nächsten Kultur genutzt werden. Wenn zum Beispiel auf frühe Erbsen eine Folgebepflanzung geplant ist, entferne ich die Erbsenstöcke und werfe sie auf den Komposthaufen, anstatt sie einzuarbeiten. Die nächste Kultur kann dann sofort gepflanzt oder verpflanzt werden.

KOMPOST

Ich schätze kompostiertes organisches Material als langfristige Bodenverbesserung sehr. Das krümelige, dunkle, süßlich riechende Produkt aus einem Haufen verschiedener Pflanzenreste gemischt mit Stroh ist der beste

Kompost von allen. Es hat sich gezeigt, dass der Nutzen eines gut gemachten Kompostes für das Pflanzenwachstum weit über seine einfache „Nährstoffanalyse“ hinausgeht, und dass er ein aktiver Faktor bei der Unterdrückung von Pflanzenkrankheiten und der Erhöhung der Widerstandsfähigkeit von Pflanzen gegen Schädlinge ist. Die Herstellung von Qualitätskompost ist die wichtigste Aufgabe auf einem Biobetrieb. Viele der Probleme, die ich auf den von mir besuchten Betrieben sehe, könnten durch die Herstellung von besserem Kompost gelöst werden.

Im kleinen Maßstab empfehle ich, Komposthaufen innerhalb eines Rahmens aus Heu- oder Strohballen anzulegen (indem man die Ballen wie Ziegelsteine zu Wänden aufschichtet, jeweils zwei oder drei Ballen hoch). Bei mir misst er innen 3,7 Meter und ist so lang wie nötig.

Die Dämmung durch die Ballen hält den Kompost bis an die Ränder feucht und warm, lässt aber trotzdem ausreichend Luft durch. Für mehr Luft lassen Sie zwischen den Ballen kleine Zwischenräume. Die Ballen halten in der Regel zwei Jahre lang zusammen (wenn sie mit Draht oder Plastikschnur gepresst sind); anschließend wird das Heu oder Stroh zu einer Zutat für zukünftige Haufen. Ich schichte abwechselnd 7,5 Zentimeter trockenes braunes Material und 2,5 bis 15 Zentimeter grüne Zutaten – dünner, wenn es sich um feuchte Zutaten handelt, die verfilzen könnten (zum Beispiel frisches Gras, Kleemähgut oder Abfälle von unserer Verpackungsstation), dicker für lose, luftige Materialien (Erbsenstöcke, Tomatenpflanzen usw.). Ich streue eine dünne Schicht Mutterboden über die grüne Schicht. Falls ich Montmorillonit-Tonpulver verwende, streue ich es auf die Strohschicht. Da die Zutaten von den Ballenwänden umschlossen sind, erfolgt die Zersetzung bis zum Rand. Nach einem Jahr wenden wir den Haufen, indem wir ihn durch einen Miststreuer ziehen, um alle Bestandteile gründlich zu vermischen. Anschließend schütze ich den gewendeten Haufen mit einer Kompostabdeckung, damit die Sonne ihn nicht austrocknet und der Regen ihn nicht auswäscht. Darüber lege ich eine Abdeckung, die lichtundurchlässig ist, aber sowohl Luft- als auch Feuchtigkeitsaustausch zulässt. Mit diesem System wird ein gleichbleibend hochwertiger Kompost erzeugt.

Kompostierter Tiermist ist seit Langem eines der Hauptmittel zur Bodenverbesserung im Gemüseanbau. Dung kann entweder auf dem eigenen Hof produziert oder in LKW-Ladungen von benachbarten Höfen oder Ställen erworben werden, entweder geschenkt oder gekauft. In der Regel bezahlen Sie auf jeden Fall den Transport. Es gibt die Ansicht, dass ökologische Landwirtschaft sich dadurch auszeichnet, dass als Dünger Tierdung verwendet wird. Das ist aber nicht der Fall. Es ist die organische Substanz (und das muss nicht unbedingt Dung sein), die so wichtig für die Bodenverbesserung ist. Sobald sich das Material im Boden oder auf dem Komposthaufen zersetzt hat, kann fast jedes organische Material so effektiv wie jedes andere sein. Dazu gehören Herbstlaub, Stroh, Pflanzenabfälle, verrottetes Heu oder andere lokal verfügbare Materialien. Außerdem sind Gründüngung und Fruchtwechsel, die in Kapitel 10 besprochen werden, nützliche Methoden, um dem Boden organische Substanz zuzuführen, anstatt sie von außerhalb des Betriebes zu beziehen. Kompostierter Dung ist ein wunderbarer Bodenverbesserer. Verwenden Sie ihn auf jeden Fall. Wenn jedoch kein Dung zur Verfügung steht, können Sie Ihre Maßnahmen zur Bodenverbesserung mithilfe vieler anderer Quellen für organisches Material planen (Kapitel 13).

MINERALIEN

Die mineralischen Nährstoffe, die wir hinzufügen – Kalkstein, um einen möglichst günstigen pH-Wert für die biologische Aktivität zu halten; kolloidales Phosphat (oder Rohphosphat), um Phosphor zu liefern; Grünsand für eine breite Palette von Mikronährstoffen plus etwas Kalium – sind für den Boden Zusätze in Rohform. (Wenn Grünsand nicht verfügbar ist, kann ein Produkt aus getrockneten Algen, wie Algenmehl, die gleiche Aufgabe erfüllen). Kolloidales Phosphat und Grünsand gelten in einem „Feed the Plant"-System als nicht verfügbare Quellen, da sie nicht gut wasserlöslich sind. In der Praxis werden ihre Nährstoffe jedoch als Nebenprodukt der biologischen Bodenprozesse für die Pflanzen verfügbar gemacht. Diese Prozesse wiederum werden durch die in unserem Produktionssystem so oft erwähnten kulturellen Praktiken – hoher Anteil an organischer Substanz, ausreichende Feuchtigkeit, Bodenbelüftung, Gründüngung, Fruchtwechsel – stimuliert.

Um das Wachstum von Nutzpflanzen zu optimieren, muss ein Landwirt zuerst die Prozesse der biologischen „Maschinerie" im Boden optimieren. Genau das wird durch die oben erwähnten kulturellen Praktiken erreicht. Ich kann gar nicht oft genug betonen, wie wichtig die Wechselbeziehungen in diesem Prozess, wie enorm kumulativ und synergetisch die Vorteile dieser kulturellen Praktiken sind und wie sehr die eine Anwendung die andere optimaler funktionieren lässt. Das zyklische Konzept hat sich wieder bestätigt. Egal, um welches Thema es sich handelt, wir kehren immer wieder zu Zyklen zurück, denn ein gesundes biologisches System ist ein zyklisches System.

Warum diese Methode?

Aber warum düngen wir auf diese Weise? Warum nicht einfach wasserlösliche chemische Dünger verwenden? Weil die Qualität der Pflanzen von einer ausgewogenen Verfügbarkeit von Nährstoffen abhängt. Der Vorteil der Verwendung von basischen Gesteinsmineralien in ihrer natürlichen Form liegt darin, dass sie von der natürlichen „Düngemittelfabrik" des Bodens in dem Maße zur Verfügung gestellt werden, wie die Pflanzen sie benötigen. Die beiden Systeme sind aufeinander abgestimmt; sie haben sich gemeinsam entwickelt. Die wechselseitige Beziehung zwischen der Verfügbarkeit von Nährstoffen und ihrer Nutzung durch heranwachsende Pflanzen hängt von der Boden- und Lufttemperatur sowie vom Feuchtigkeitsgehalt und täglichen Schwankungen ab. Sowohl Pflanzen- als auch Bodenprozesse werden gleichzeitig beeinflusst. In wärmeren, feuchteren Phasen wachsen die Pflanzen besser und die Nährstoffe werden schneller verfügbar gemacht.

Daher gibt es bei der Verwendung von natürlichen Gesteinsmineralien nicht die Probleme, die durch ein Überangebot eines löslichen Nährstoffs, der den Mineralhaushalt der Pflanze stört, verursacht werden. Wenn es keine Überschüsse gibt, kann es auch keine Auswaschung von löslichen Nährstoffen wie Stickstoff und Kalium aus dem Boden geben, was sowohl dem Grundwasser als auch dem Geldbeutel des Landwirts schaden würde.

Phosphor wird nicht so leicht ausgewaschen wie Stickstoff und Kalium, sondern eher in einem Boden fixiert, der nicht darauf programmiert ist, ihn abzugeben. So oder so, wenn wasserlösliche Nährstoffe zur Pflanzenernährung eingesetzt werden, tragen sie nicht zu einer dauerhaften Bodenfruchtbarkeit bei.

Andere Gesteinsmehle

Da die wichtigsten Strukturbestandteile des Bodens aus fein gemahlenen Gesteinspartikeln bestehen, aus denen Bakterien und Pflanzenwurzeln mineralische Nährstoffe extrahieren, haben einige Landwirte vorgeschlagen, den Boden mit anderen Gesteinsmehlen als Kalk, Rohphosphat oder Grünsand anzureichern. Der Vorschlag macht Sinn.

Fein gemahlene Gesteinsmehle (in der Regel Abfallprodukte aus Steinbrüchen)[2] fügen dem Boden ein Material hinzu, das der Zusammensetzung von hoch fruchtbaren, unverwitterten „jungen" Böden nahe kommt. Bodenwissenschaftler klassifizieren Böden als jung, frühreif, spätreif und alt. Junge Böden liefern große Mengen an essentiellen Pflanzennährstoffen, da leicht verfügbare Mineralien von frischen Oberflächen (die unverwitterten primären Mineralpartikel) reichlich vorhanden sind. In älteren Böden hat die Verwitterung bereits teilweise oder ganz stattgefunden, und die Nährstoffe werden nicht mehr in dieser Fülle, wenn überhaupt, freigesetzt. Experimentellen Arbeiten zufolge, die zu diesem Thema durchgeführt wurden, bestimmen eine Reihe von Faktoren die Leistungsfähigkeit von Gesteinsmehlen als Bodenverbesserer.[3] Dazu gehören die Art des Gesteins, die Feinheit des Mahlguts, die Art des Bodens und die Art der Pflanze.

GESTEINSMEHLARTEN

Die erste wichtige Variable ist die Art des Gesteins. Im Laufe der Jahre wurden Versuche unter anderem mit vulkanischem Gesteinsmehl, Bims, Graniten, Feldspaten und Basalten durchgeführt. Dabei haben sich bestimmte vulkanische Produkte als vielversprechend erwiesen und bei einigen Graniten konnte ein hoher Gehalt an nutzbarem Kalium festgestellt werden. Biotit war der beste unter den Feldspaten. Aber am meisten erforscht und empfohlen wurden die Basalte.

Wenn es um die Versorgung des Bodens mit Nährstoffen geht, erweisen sich Basalte als ein ausgewogenes Gestein. Sie verwittern leichter als Granite, weil sie weniger Kieselsäure und mehr Kalzium und Magnesium enthalten. Basaltböden sind reich an Ton und Eisenoxiden und meist sehr fruchtbar. Beim Abbau und der Zerkleinerung von Trappgesteinen fällt in großen Mengen Basaltmehl an. Die europäische Gesteinsmehlforschung hat sich in den letzten Jahren auf Basaltmehle konzentriert, welche als Zusatzstoff in bestimmten europäischen biologischen Bewirtschaftungssystemen verwendet werden. Ich vermute, dass in Zukunft auch andere Gesteine als langsam freisetzende Träger von spezifischen Nährstoffen Beachtung finden. Vielleicht wird eines Tages ein ideales Produkt entwickelt, das aus einer maßgeschneiderten Mischung vieler verschiedener Gesteinsmehle besteht.

FEINHEITSGRAD DES MAHLGUTES

Der zweitwichtigste Faktor für die Fähigkeit von Gesteinsmehlen, Pflanzen mit Nährstoffen zu versorgen, ist die Größe der Gesteinspartikel. Je feiner das Mahlgut, desto größer ist die Oberfläche der Gesteinspartikel, aus der die Nährstoffe extrahiert werden können. Je größer die Oberfläche ist, desto größer ist auch die Verfügbarkeit von Mineralien. Eine Vorstellung von der Bedeutung der Partikelgröße für die Mineralienverfügbarkeit erhalten Sie aus folgender Statistik: 455 Gramm eines durchschnittlichen Gesteins in einem festen Würfel hätte eine Oberfläche von etwa 195 Quadratzentimeter. Wenn es jedoch zu einem Pulver mit einer Korngröße von 300-µm gemahlen wird, vergrößert sich die Oberfläche auf etwa 10,3 Quadratmeter.

NÄHRKRAFT DER GESTEINSMEHLE

Die Aktivitäten des Wurzelsystems einer Pflanze durch den Kontakt mit den mineralischen Bodenpartikeln machen deren Nährkraft aus. Dies ist ein weiterer Faktor, der die Verfügbarkeit von Nährstoffen aus weniger löslichen Quellen bestimmt. Studien haben gezeigt, dass Pflanzen der in botanischer Hinsicht niedrigeren Evolutionsstufe besser in der Lage sind, weniger lösliche Mineralien aus Gesteinsquellen zu extrahieren, als höher entwickelte Pflanzen.[4] Beispiele für Starkzehrer sind Baumwolle, Okra, Äpfel, Pfirsiche, Beeren, Rosen, Alfalfa, Klee, Grünkohl, Kohl, Blumenkohl und Radieschen. Zu den Schwachzehrern gehören zum Beispiel Gurken, Kopfsalat, Sonnenblumen, Gräser und Minze.

Es wäre also logisch, Gesteinsmehle zur Düngung derjenigen Kulturen und Gründüngungen zu verwenden, die sie nachweislich am effektivsten verwerten, und dann die Ernterückstände und Gründüngungen in den Boden einzubringen, um ihre Nährstoffe für nachfolgende Kulturen verfügbar zu machen. Eine letzte interessante Möglichkeit ist die Herstellung von Gesteinsmehl vor Ort als Nebenprodukt bei der Beseitigung von Steinen. Es gibt leistungsstarke, an Traktoren montierbare Maschinen, die Steine direkt im Boden zerkleinern können. Man könnte die Maschine so einstellen, dass sie die Steine alle paar Jahre, wenn sie wieder eingesetzt wird, immer feiner zerkleinert. Es ist reizvoll, darüber nachzudenken, den Nachteil eines steinreichen Bodens in den Vorteil einer langfristigen, langsam freisetzenden Mineralienquelle für die Pflanzen zu verwandeln.

Maßnahmen in kühleren Perioden

Es gibt Zeiten mit allgemein ungünstigen Wachstumsbedingungen, in denen der Züchter ein temporäres Stimulans für das Pflanzenwachstum einsetzen möchte. Lassen Sie uns ein gängiges Beispiel nehmen. In der Regel trifft es zu, dass die Verwendung von löslichem Stickstoff oder Phosphor zur Anregung des Pflanzenwachstums in einem kühlen Frühjahr die Erntemenge erhöhen kann. Die Forschung hat jedoch gezeigt, dass auch andere Nährstoffe (z. B. Zink) durch kühle Bedingungen ebenfalls blockiert werden und für die Pflanzen nicht verfügbar sind. Daher bedeutet ein erhöhter Ernteertrag zwar eine Zunahme an Quantität, nicht aber an Qualität, weil die Zusammensetzung der Pflanze unausgewogen ist. Falls ein Züchter die Lebensmittelqualität als Marketinginstrument hervorheben möchte, ist eine unausgewogene Nährstoffverteilung unbefriedigend.

Wenn die Anbaubedingungen unzureichend sind, dann ist das der Punkt, an dem Verbesserungen ansetzen sollten. Die Antwort auf kühle Bedingungen besteht also darin, das Problem durch Kälteschutz wie begehbare Tunnel oder niedrige Folienabdeckungen für Frühkulturen zu beheben. Denn unter den durch diesen Schutz geschaffenen wärmeren Bedingungen sind die natürlichen Bodenprozesse zur Mobilisierung der Nährstoffe in der Lage, ohne künstliche Stimulation zu funktionieren.

Für Feldkulturen wie Mais, bei denen ein Kälteschutz nicht sinnvoll ist, empfehle ich zwei wertvolle menschliche Eigenschaften – Geduld und Zuversicht. Geduld, weil sich am Ende alles zum Guten wenden wird, und Zuversicht, weil es oft schwierig ist durchzuhalten, wenn es anfangs schlecht aussieht. Obwohl der Mais auf einem chemisch gedüngten Feld zu Beginn der Saison größer und grüner sein mag, garantiere ich, dass der Mais auf dem durch biologische Maßnahmen fruchtbaren Boden bis zur Ernte gleichwertig oder sogar besser sein wird.

Es ist ein bisschen wie das Aufstehen am Morgen. Wir können den Tag mit einer Art Stimulans oder Droge beginnen, um „in Gang zu kommen", aber wir zahlen später den Preis in Form von Müdigkeit und fortgesetzter Abhängigkeit von dem Stimulans. Oder wir können die normale Mobilisierungsgeschwindigkeit menschlicher Energien akzeptieren, die schließlich zu einem verlässlich produktiven Tag führt. Es gibt eine Reihe von „natürlichen" Produkten auf dem Markt (z. B. flüssige Algenprodukte oder Fischemulsionen), von denen behauptet wird, dass sie eine pflanzliche Stimulation bieten, ohne ein Ungleichgewicht zu erzeugen. Diese Produkte appellieren an unsere menschliche Neigung, nach einem Wundermittel zu suchen, einem geheimen Zaubertrank, der alles besser funktionieren lässt. Meiner Meinung nach haben diese Produkte hauptsächlich einen psychologischen Nutzen. Sie geben dem Züchter ein sicheres Gefühl, weil er etwas unternommen hat, ob es nun notwendig war oder nicht. Zweifellos können sie manchmal hilfreich sein, wenn die Dinge trotz größter Bemühungen schieflaufen. Aber ich möchte Sie ermutigen, sie nur als gelegentliches Hilfsmittel zu verwenden, nicht als ständige Krücke. In den meisten Fällen wäre es besser, dieses Geld für den Aufbau einer langfristigen Bodenfruchtbarkeit auszugeben.

Natürliche Reserven

In vielen Fällen ist der Einsatz von mineralischen Zusatzstoffen nicht erforderlich. Wenn der Boden ausreichend Spurenelemente enthält oder wenn der Mist von Tieren stammt, die mit spurenelementhaltigen Zulagen gefüttert wurden, kann das Problem mangelnder Mikronährstoffe vermieden werden. Ich empfehle jedoch, zunächst einige Boden- und Pflanzenanalysen durchführen zu lassen, nur um sicherzugehen. Wenn das Feld in den vergangenen Jahren stark mit Superphosphat gedüngt wurde, ist in der Regel noch genügend Restphosphor für viele Jahre vorhanden. Obwohl der Kaliumgehalt des Grünsandes nützlich ist, ist er möglicherweise nicht notwendig, wenn Dung vorhanden ist. Außerdem verfügt ein durchschnittlicher landwirtschaftlicher Boden über natürliche Kaliumreserven von rund 9 bis 18 Kilogramm Kalium in den obersten 15 Zentimetern. Da ich die nutzbare Bodentiefe für die Wurzelernährung mit 60 Zentimeter ansetze und der Unterboden ebenso reich an Kaliumreserven ist, sind die Gesamtmengen beträchtlich.

Sandige Böden enthalten nicht so viel natürliches Kalium, daher sollten sie anders behandelt werden. Aber auch diese haben oft ausreichende Kaliumvorräte, wenn man die oberen 60 Zentimeter betrachtet. Sandige Böden benötigen möglicherweise eine stärkere Anwendung von organischen Zusätzen, nicht nur um den Kaliumgehalt zu erhöhen, sondern auch um ihre Struktur und ihr Wasserhaltevermögen zu verbessern. Möglichkeiten, wie Sie für den Betrieb zusätzlichen Dung zu geringen Kosten, ganz ohne Kosten oder sogar mit Gewinn bereitstellen, erfahren Sie in Kapitel 13. Natürlich sollten alle externen Quellen für organisches Material wie Herbstlaub oder Dung aus Ställen und von Rennbahnen geprüft werden.

In einigen Fällen kann es eine gute Idee sein, ein oder zwei Jahre lang beim Fruchtwechsel Klee unter kleinkörniges Getreide zu säen, und sei es nur, um das Stroh als humusbildende Bodenverbesserung zu nutzen. Man könnte auch drei Jahre lang Luzerne in den Fruchtwechsel aufnehmen und die vier Schnitte pro Jahr an das Vieh verfüttern, kompostieren, als Mulch verwenden oder direkt in den Boden einarbeiten. Auf Böden mit anfangs geringerer Fruchtbarkeit oder auf übermäßig sandigen Böden sind einer oder mehrere dieser zusätzlichen Schritte erforderlich. Die Technik kann variieren, solange das Ziel klar ist: langfristig verlässliche Fruchtbarkeit, nicht kurzfristige Pflanzenstimulation.

Erhaltung eines fruchtbaren Bodens

Einer der wichtigsten Punkte, die man verstehen muss, wenn man die Philosophie der „Ernährung des Bodens“ verfolgt, ist, dass es nicht notwendig ist, jedes Jahr die von der Pflanze benötigte Menge an Dünger auszubringen. Bei einem langfristigen Ansatz muss ein fruchtbarer Boden, sobald er etabliert ist, nur noch gepflegt werden, damit die Pflanzen gut wachsen können. Um die Fruchtbarkeit des Bodens zu erhalten und zu verbessern, sollten natürlich genügend Nährstoffe zugeführt werden, um zumindest das zu ersetzen, was durch Erosion, Auswaschung und den Verkauf von Feldfrüchten verloren geht. Falls die Gründüngung jedoch so fleißig eingesetzt wird, wie ich es empfehle, werden die Verluste durch Erosion und Auswaschung minimal sein, da die Wurzeln der Gründüngung den Boden halten und die Nährstoffe nutzen, sobald sie verfügbar sind.

Wenn ein wirklich fruchtbarer und produktiver Boden zu funktionieren beginnt, ist es im Prinzip nur noch notwendig, die Nährstoffe, die den Hof über den Verkauf der Produkte verlassen, zu ersetzen. Möchten Sie zum Beispiel Mais anbauen, müssen Sie nicht jedes Jahr die gesamte Menge an Stickstoff (N), Phosphor (P) und Kalium (K) ausbringen, die für die Maisernte erforderlich ist. Diese Nährstoffe sind im Boden in ausreichender Menge vorhanden, und zwar als Folge der kulturellen Praktiken.

Wie ist das möglich? Nun, sobald ein funktionierender Fruchtwechsel etabliert ist, ist nicht nur ein hohes Maß an Fruchtbarkeit im Boden vorhanden, um zum Beispiel den Maisanbau zu unterstützen; eine vorangegangene Brassica-Kultur wurde mit einer Leguminose (Weißklee) untersät, die zur Vorbereitung der Maispflanzung untergepflügt wird. Die Ernterückstände der Brassica-Pflanze werden ebenfalls eingearbeitet (sie machen über 75 Prozent der gewachsenen Pflanzenmasse aus). Wenn Mist oder Kompost zur Verfügung steht, kann das Maßnahmenpaket mehr als komplettiert werden, aber es ist nicht unbedingt notwendig. Mit diesem System garantiere ich eine erstklassige Maisernte.

Betrachten wir es aus einem anderen Blickwinkel: Alles, was von der Maispflanze genommen und verkauft wird, sind die Kolben. Sie machen weniger als zehn Prozent der gesamten Nährstoffe der Maispflanze aus. Der Rest der Pflanze wird dem Boden wieder zugeführt. Wenn Sie die Mengen an Phosphor (P) und Kalium (K) berechnen, die dem Betrieb durch den Verkauf von Mais physisch entzogen werden, würde dies bei einem durchschnittlichen Ertrag von 3,6 Tonnen pro 0,4 Hektar etwa 7,7 Kilo P und 8,6 Kilo K betragen. Die dem Mais vorausgehende Kohlernte hätte bei einem durchschnittlichen Ertrag von rund 9 Tonnen pro 0,4 Hektar etwa 2,7 Kilo P und 23 Kilo K entnommen.

Nehmen wir diese beiden Starkzehrer als repräsentative Pflanzen, so können wir 5,4 Kilo P und 16Kilo K als durchschnittlichen jährlichen Nährstoffentzug pro 0,4 Hektar Land annehmen. Das bedeutet, dass alle vier Jahre 22Kilo P und 63,5 Kilo K entnommen werden. Unsere vierjährige Mineraldüngung, die aus 455 Kilo kolloidalem Phosphat mit 36 Kilo P und 455 Kilo Grünsand mit 63,5 Kilo K (zusätzlich zu den Spurenelementen) besteht, gleicht diese Entnahmen aus. Wenn Sie zu diesen Zahlen die rund 36 Tonnen Dung oder Kompost, die in derselben Zeit ausgebracht werden – Dung, der zusätzlich 91 Kilo P und 181 Kilo K enthält – hinzurechnen, wird offensichtlich, dass der Boden sowohl biologisch als auch mineralisch an Fruchtbarkeit gewinnt.

Auch an Stickstoff, einem anderen wichtigen, bisher nicht erwähnten Nährstoff, mangelt es meiner Meinung nach nicht. Stickstoff ist aus leguminosehaltigen Gründüngungen, aus Ernterückständen, aus der nicht-symbiotischen Stickstofffixierung und als Bestandteil von Dung oder Kompost verfügbar. Diese Quellen allein sind ausreichend stickstoffhaltig, um den gesamten Bedarf zu decken.

Sich selbst erhaltende Bodenfruchtbarkeit

Im Laufe von vielen Jahren, in denen ich mich damit beschäftigt habe, wie man optimal Pflanzen anbaut und Landwirtschaft betreibt, bin ich zu diesem Konzept der „Ernährung des Bodens" gekommen. Aber das Konzept ist nicht neu. Und ich bin auch nicht ihr einziger Verfechter. Das Ideal einer dauerhaften Bodenfruchtbarkeit ist seit Langem bekannt und wurde von vielen Autoren formuliert. Der vielleicht eindringlichste Verfechter in diesem Jahrhundert war Cyril G. Hopkins, führender Agrarwissenschaftler und von 1911 bis 1919 Direktor der Illinois Agricultural Experiment Station. Hopkins hatte seine eigene Philosophie zur Bodenförderung, die er das „Illinois System of Permanent Fertility" nannte. Er vertrat seine Ideen sowohl in seinem bekanntesten Buch *Soil Fertility and Permanent Agriculture* sowie in vielen Veröffentlichungen von landwirtschaftlichen Versuchsstationen. Hopkins sah es folgendermaßen:

> Die eigentliche Frage ist: Soll der Landwirt das Zehnfache für das bezahlen, was für die Anreicherung seines Bodens erforderlich ist? Soll er Stickstoff für 45 bis 50 Cent pro Pfund kaufen, wenn die Luft über jedem halben Hektar

Biologische und mineralische Aktivitäten des Bodens

Der Großteil der Pflanzennährstoffe ist im pH-Bereich von 6,2 bis 6,8 am besten verfügbar.

Das mikrobielle Leben im Boden ist in diesem pH-Bereich am aktivsten.

Auch die Stickstofffixierung durch Leguminosen und Bakterien ist in diesem pH-Bereich am effektivsten.

Die meisten Böden enthalten immense Reserven an Kalium, das verfügbar wird, wenn der Boden biologisch aktiv ist.

Organische Substanzen sind der Treibstoff, der alle Bodenprozesse zum Laufen bringt.

Viele Spurenelemente sind nicht nur für die Qualität der angebauten Pflanzen entscheidend, sondern auch für das optimale Funktionieren sowohl der symbiotischen als auch der nicht-symbiotischen Stickstoff-Fixierungsprozesse. Eine zusätzliche Gabe ist aber nicht unbedingt erforderlich, wenn eine aktive Bodenbiologie etabliert ist.

Fein gemahlene Gesteinsmehle (meist Abfallprodukte der Steinbruchindustrie) können in einem biologisch aktiven Boden wertvolle Bodenzusatzstoffe sein. Europäische Landwirte, die diese Konzepte getestet haben, halten Basaltgestein für sehr effektiv.

Fruchtbarer Boden, gesunde Setzlinge

Je feiner die ergänzenden Gesteinsmineralien gemahlen sind, desto größer ist ihre Oberfläche und desto effektiver können ihre Nährstoffe durch bakterielle Prozesse im Boden freigesetzt werden.

Die komplexesten Systeme sind die stabilsten. Zum Beispiel ist der beste Kompost eine vielfältige Mischung von Bestandteilen. Ein aus verschiedenen Pflanzen, Beikraut, Gartenabfällen und Mist entstandener Kompost ist besser als einer, der nur aus Gerstenstroh oder Sägemehl besteht.

Empfehlungen zur Bodenverbesserung, um die Bodenfruchtbarkeit in Gang zu bringen

Erste Anwendung

(Anwendung vor dem 1. Jahr)

Für einen Boden mit anfänglich geringer Fruchtbarkeit:
18.145 kg/4.000 m² Dung oder Kompost
910 kg/4.000 m² kolloidales Phosphat
910 kg/4.000 m² Grünsand

Für einen Boden mit anfänglich mittlerer Fruchtbarkeit:
13.610 kg/4.000 m² Dung oder Kompost
680 kg/4.000 m² kolloidales Phosphat
680 kg/4.000 m² Grünsand

Für einen anfänglich fruchtbaren Boden (nur für den Fall):
9.070 kg/4.000 m² Mist oder Kompost
455 kg/4.000 m² kolloidales Phosphat
455 kg/4.000 m² Grünsand

Fügen Sie in allen Fällen ausreichend Kalksteinmehl hinzu, um einen pH-Wert von 6,5 zu erhalten.

Anwendung zur Erhaltung der Bodenfruchtbarkeit

(Anwendung im 5. Jahr)
455 kg/4.000 m² kolloidales Phosphat
455 kg/4.000 m² Grünsand
Kalksteinmehl nach Bedarf
(nicht notwendig, wenn ein Bodentest anzeigt, dass Phosphor, Kalium und Spurenelemente ausreichend vorhanden sind)

Anwendung zur Erhaltung der Bodenfruchtbarkeit

(Anwendung jedes zweite Jahr)
9.070 bis 18.145 kg/4.000 m² Dünger oder Kompost

Hinweis: Ich habe mich entschieden, diese Empfehlungen (leicht modifiziert) in dieser überarbeiteten Ausgabe beizubehalten, da ich so vorgegangen bin, als ich 1965 mit der Landwirtschaft begonnen habe, und es damals funktioniert hat. In neues Ackerland arbeite ich immer noch etwas Phosphatgesteinsmehl und Grünsand ein, aber ich kaufe es nicht mehr für das Land, das wir seit vielen Jahren bewirtschaften. Sobald eine kräftige Bodenbiologie etabliert ist, kann man die Bodenfruchtbarkeit mit den in Kapitel 13 beschriebenen Praktiken mit sehr geringem Aufwand aufrechterhalten. Sie können sich jedoch an diese allgemeinen Richtlinien halten, wenn Sie sich nicht auf spezifische Empfehlungen von professionellen Bodentests oder Erkenntnisse von zuvor angewandten Bodenverbesserungen stützen können.

Wenn Gründüngung oder abgeweidete Grasnarben beim Fruchtwechsel eine wichtige Rolle spielen, kann die Menge an Dünger oder Kompost je nach Voraussetzung reduziert werden.

Maisanbau auf 0,4 Hektar: Zwei Herangehensweisen

Nachhaltig: Ernährung des Bodens

Die Bodenfruchtbarkeit wird als biologischer Prozess verstanden. Wenn die Fruchtbarkeit einmal etabliert ist, kann sie durch Fruchtwechsel mit Leguminosen und die Zugabe (Input) von mineralischen Rohstoffen erhalten und verbessert werden.

Nur die tatsächliche Menge an Nährstoffen, die den Landwirtschaftsbetrieb in Form von Vorräten oder verkauften Feldfrüchten verlässt, muss als Input zugekauft werden, um die Fruchtbarkeit zu erhalten. Stickstoff ist kein zuzukaufender Input, da er durch symbiotische und nicht-symbiotische Prozesse bereitgestellt wird.

Inputs werden in ihrer am wenigsten verarbeiteten und am wenigsten teuren Form gekauft. Die Löslichkeit und Verfügbarkeit von Nährstoffen betrachtet man als natürliche Funktion der biologischen Prozesse in einem sachgemäß bewirtschafteten Boden.

Jedes Futtermittel, das in den Betrieb eingebracht wird, wird auf der Plusseite des Input-Kontos verzeichnet. Im Durchschnitt werden 75 Prozent des Nährstoffwerts des von den Tieren verzehrten Futters über den Dung wieder als Nährstoff in den Betrieb zurückgeführt.

Nicht-nachhaltig: Ernährung der Pflanzen

Bodenfruchtbarkeit wird als ein importierter Rohstoff verstanden. Sie wird durch Düngemittelzufuhr von außen geliefert, die in exakt berechneter Menge zur „Erzeugung“ der Kulturpflanze eingesetzt wird.

Alle Nährstoffe (N, P, K, Ca, Mg), von denen man weiß, dass sie für das „Gedeihen“ von Mais (Wurzel-Halm-Körner) erforderlich sind, werden jedes Jahr als Input in ihrer am stärksten verarbeiteten und teuersten Form gekauft. Stickstoff (N) gilt dabei als besonders wichtig. Die Löslichkeit und Verfügbarkeit von Nährstoffen werden als industriell erstellte Funktionen von chemischen Prozessen aufgefasst.

Jedes Futtermittel, das auf den Hof gebracht wird, wird ausschließlich als Futtermittelaufwand berechnet und nicht mit seinem Dungwert kalkuliert. Tierischen Dung behandelt man im Allgemeinen als Problem und nicht als Wert.

> 30 Millionen Kilo frei verfügbaren Stickstoff enthält? Soll er Kalium für 5 bis 20 Cent pro Pfund kaufen und 2Kilo pro halben Hektar ausbringen, wenn sein gepflügter Boden bereits 14 Tonnen Kalium pro halben Hektar enthält, mit noch größeren Mengen im Unterboden? Soll er, weil sein Boden Phosphor braucht, die Düngemittelfabrik beauftragen, ihm löslichen Phosphor zur Verfügung zu stellen, und diesen dann für 12 bis 30 Cent pro Pfund in Form von Phosphorsäure oder als „Volldünger" kaufen, wenn er ihn für 3 Cent pro Pfund in fein gemahlenem natürlichem Rohphosphat bekommen kann, und wenn er durch den Anbau und das Unterpflügen von reichlich Klee (entweder direkt oder im Dung) Stickstoff mit Gewinn aus der Luft bekommen, Kalium aus dem unerschöpflichen Vorrat im Boden freisetzen und den Phosphor im natürlichen Rohphosphat löslich machen kann, das er in Hülle und Fülle zu geringen Kosten ausbringen kann?[5]

Die Preise mögen sich geändert haben, aber die grundlegende Wahrheit über langfristige Bodenfruchtbarkeit und wirtschaftlichen Erfolg für den Landwirt gelten heute genauso wie damals.

Cyril Hopkins' Engagement dient als Sinnbild für unabhängige Wahrheiten, die einer Werbe- und Verkaufsflut gegenüberstehen, die versucht, so zu tun, als gäbe es diese Wahrheiten nicht. Nach mehr als einem Jahrhundert, in dem Düngemittel verkauft werden, erinnert sich heute niemand mehr an Cyril Hopkins. Die von ihm vertretenen Weisheiten über die Bodenfruchtbarkeit sind, obwohl sie zuvor über Generationen hinweg im Bewusstsein waren, so lange in Vergessenheit geraten, dass sie heute als eine Art revolutionäre Irrlehre angesehen werden.

Hopkins war sich dieser Situation durchaus bewusst. Er schrieb zahlreiche Artikel für landwirtschaftliche Versuchsstationen, in denen er den Landwirten klarmachen wollte, dass ihnen kein Verkäufer von diesen Ideen erzählen würde, weil dieser dann weniger verkaufen würde. Er warnte sie, dass die großen Düngemittelhersteller in erster Linie am Verkauf und erst in zweiter Linie an der Landwirtschaft interessiert wären. Er sagte voraus, dass die Hersteller ihre Produkte weiter groß herausbringen würden, bis die Landwirte vergessen hätten, wie gut die Landwirtschaft mit einem Minimum an zugekauften Mitteln funktionieren könnte. Nun, Cyril Hopkins mag diesen Kampf verloren haben und vorübergehend in Vergessenheit geraten sein, aber die Wahrheit über eine „dauerhafte Bodenfruchtbarkeit" lässt sich von all denen, die danach zu suchen, noch immer in der Erde finden.

KAPITEL DREIZEHN

Betriebseigene Erzeugung der Bodenfruchtbarkeit

Für schnell wachsende einjährige Kulturen betreibt der Gemüsebauer intensiven Ackerbau. Im Gegensatz zu mehrjährigen Kulturen wie Grasland, Heuwiesen und Obstplantagen (bei denen der Gehalt an organischer Substanz erhalten bleibt, weil der Boden permanent mit Vegetation bedeckt ist) oder Feldfrüchten wie Mais und Soja (bei denen ein Fruchtwechsel mit kleinkörnigem Getreide und Leguminosen das Ertragsniveau aufrechterhalten kann), ist für die Anforderungen an den intensiven Gemüseanbau ein zusätzlicher Input an organischer Substanz notwendig.

Es war üblich, diese Inputs in Form von tierischem Dung von anderen Betrieben zu erwerben. In dem Maße, in dem diese Betriebe ihre Produktionspraktiken ändern, um selbst nachhaltigere Systeme mit geringem Input zu schaffen, verwenden sie logischerweise den tierischen Dung als wertvolle Ressource für ihre eigenen Felder. Eine unmittelbare Folge davon ist, dass Dung, sofern er verfügbar ist, erheblich im Preis gestiegen ist. Eine weitere Veränderung, die sich auf die Verfügbarkeit von Dung auswirkt, ist das Verschwinden vieler Bauernhöfe. Immer häufiger passiert es, dass es den Nachbarbetrieb plötzlich nicht mehr gibt.

Ich selbst habe es 1990 erlebt, als ich auf meinen Hof in Maine zurückkehrte, nachdem ich zwölf Jahre lang Höfe und Forschungsprojekte in anderen Teilen der Vereinigten Staaten geleitet hatte. Die Landwirtschaft ist in meiner Gegend keine Wachstumsbranche, und es gab nur noch einen Milchviehbetrieb im ganzen Bezirk. Vier Jahre später gab es gar keinen mehr. Zum Glück hatte ich bereits viele Jahre zuvor damit begonnen, das Potenzial von landwirtschaftlichen Produktionssystemen zu erforschen, die keinen zusätzlichen Dung erfordern. Mich hatte schon immer die Abhängigkeit von Dung aus anderen Betrieben gestört. Sie schien mir wie der einzige Fehler in meinem ökologischen Gemüseanbau-System. In den ersten Jahren hatte der Einsatz von zugekauftem Dung für mich Sinn gemacht, weil dadurch sofort eine Bodenverbesserung erzielt werden konnte, ebenso auf kleinen Flächen, auf der nur Gemüse angebaut wurde. Aber wenn der biologische Gemüseanbau weiterhin nur deshalb erfolgreich ist, weil es in der Nähe Betriebe gibt, denen man die Fruchtbarkeit in Form von Dung „rauben" kann, dann kann man ihn eindeutig weder als universelles noch als nachhaltiges Mittel der Nahrungsmittelproduktion bezeichnen.

Auch wenn ich alle Gründüngungen und ausgeklügelten Fruchtwechsel einsetze, die ich mir ausdenken kann, brauche ich immer noch zusätzliche organische Substanz für meine intensive Gemüseproduktion. Wenn ich mich in der Nähe einer städtischen Laubkompostierung, einer Pferderennbahn oder einer ähnlichen Quelle befinden würde, würde ich diese Option prüfen. Aber es gibt keine in der Nähe, und ich habe auch Bedenken wegen der potenziellen Verunreinigung dieser Produkte in einer Welt, in der organische Abfälle nur allzu oft mit Giftstoffen belastet sind. Neueste Erkenntnisse über viele der kommunalen Kompostanlagen weisen auf hohe Werte von unliebsamen Schwermetallen hin. Und wie die Autoren einer Studie unverblümt feststellten, ist es kaum möglich, einmal in den Boden eingebrachte Schwermetalle wieder herauszubekommen.[1] Die naheliegende Lösung ist, meine eigenen Rohstoffe anzubauen und sie zu kompostieren.

Die erste Inspiration kam mir vor vielen Jahren, als ich an einem stillgelegten Nachbarhof vorbeifuhr, der von Auswärtigen als Feriendomizil gekauft worden war. Sie hatten einen ortsansässigen Lohnunternehmer beauftragt, die Felder und Weiden zu mähen, um den „ländlichen Look" zu erhalten. Mein erster Gedanke war: Warum habe ich nicht versucht, den Job zu bekommen und die Besitzer davon zu überzeugen, dass sie mich zusätzlich für das Einsammeln und Transportieren des unansehnlichen Grasschnitts bezahlen sollen? Warum sollte ich weiterhin Heu von minderer Qualität zum Mulchen kaufen, wenn ich es kostenlos oder mit Gewinn bekommen könnte?

Während ich über das reizvolle Szenario nachdachte, für den Abtransport von Rohstoffen zum Mulchen bezahlt zu werden, kamen mir jede Menge leuchtende Einfälle. Warum nicht den Grasschnitt kompostieren? Was war Dung überhaupt anderes als Heu und andere Futtermittel, die vom Vieh zerkaut und verdaut wurden? Ist ein Kreiselmäher nicht das Äquivalent zu den Kuhzähnen? (Ich nenne das Gerät jetzt die „eiserne Kuh".) Sind die Bakterien im Boden und im Komposthaufen nicht genauso effektiv bei der Zersetzung dieser Rohstoffe wie die Verdauungsbakterien im Magen der Kuh? Würde das Wenden des Komposthaufens nicht die zusätzliche mechanische Verarbeitung durch das Wiederkäuen der Kuh duplizieren? Meine Antworten auf alle obigen Fragen lauteten: Ja.

Die Idee ist nicht neu. Bereits Mitte des 19. Jahrhunderts und zunehmend zu Beginn des 20. Jahrhunderts, als die Pferdestärken den Verbrennungsmotoren wichen, machten sich viele Landwirte, die für die Düngung ihrer Gemüsepflanzen auf Pferdemist angewiesen waren, Gedanken darüber, neue Quellen für organisches Material zu finden. Sie experimentierten mit der Kompostierung von organischen Abfällen und benutzten die Begriffe *pflanzlicher Dünger* und *Kunstdünger,* um Komposte zu beschreiben, die direkt aus Pflanzenmaterial hergestellt wurden, ohne vorher an ein Tier verfüttert worden zu sein. Ein paar Bücher und Broschüren wurden veröffentlicht, bevor das Interesse daran verblasste.[2] Allzu bald wurde künstlicher Dünger mit Kunstdünger verwechselt, und chemischer Dünger schien kurzzeitig die Antwort zu sein, nach der die Landwirte suchten.

Die meisten landwirtschaftlichen Betriebe, wie auch meiner, haben grundsätzlich Platz für Futterflächen. Wenn nicht, sollte es möglich sein, Land in der Nähe zu pachten. Neben alten Heuwiesen gibt es meist auch Land, das entweder zu steil, zu felsig oder zu feucht für den Gemüseanbau ist. Es macht Sinn, auf all diesen Flächen ausgewählte Futterpflanzen anzubauen und diese zur Kompostierung zu ernten. Mir ist klar, dass dies nicht ganz dem zyklischen Fluss natürlicher Anbausysteme entspricht, aber es macht meinen Bio-Gemüsebetrieb auf ehrliche Weise nachhaltiger. Oberflächlich betrachtet scheint diese Lösung sehr einfach zu sein. Aber um ein gutes Konzept in eine gute Praxis umzusetzen, müssen eine Reihe von Einzelheiten festgelegt und Fragen beantwortet werden.

1. Welche Futtermittelquellen werden in einem solchen System am erfolgreichsten sein?

Auf der Grundlage von Erfahrungen und Kriterien wie Kosten, Einfachheit und Ertrag habe ich meine Auswahl eingegrenzt. Ertragreiche Pflanzen wie Beinwell und Topinambur wurden ausprobiert und wegen des zusätzlichen Aufwands für die Etablierung und die Bearbeitung verworfen. Die einfachste Möglichkeit ist die Nutzung alter Heuwiesen, die bereits vorhanden sind. Es fallen keine Kosten für die Etablierung an, und die Wiesen fördern eine Vielfalt von Pflanzenarten. Außerdem empfehle ich die Neuaussaat von Luzernen auf gut drainiertem Land, Rohrglanzgras auf feuchten Flächen oder anderen ertragreichen Futterpflanzen. Luzernen sind da offensichtlich die erste Wahl. Denn sie sind eine mehrjährige, tiefwurzelnde, trockenheitsresistente, leguminose Futterpflanze, die fast überall erfolgreich angebaut werden kann. Selbst bei einem kurzen Sommer sind drei Ernteschnitte möglich.

Auf Flächen, die nach ein paar Jahren wieder für den Gemüseanbau genutzt werden sollen, kann ein Fruchtwechsel eingesetzt werden. Nachdem ich die Gemüsefelder im Herbst gerodet habe, säe ich gerne als erstes Winterroggen. Im darauffolgenden Frühjahr bringe ich Untersaat mit zweijährigem Steinklee aus. Den Roggen mähe ich dann im Hochsommer als Kompostmaterial und lasse den Klee über den nächsten Winter weiterwachsen. Er wird im zweiten Sommer gemäht und von Buchweizen abgelöst. Diesen mähe ich im Herbst, bevor ich eine Mischung aus Roggen und Winterwicke säe, die das Land über den dritten Winter belegt, bevor es im nächsten Frühjahr für den Gemüseanbau untergepflügt wird. Das Land steht für zwei Wachstumsperioden nicht für die Gemüseproduktion zur Verfügung, sondern liefert in dieser Zeit große Erträge von drei verschiedenen Futterpflanzen für die Kompostierung und zum Schluss eine Gründüngung.

2. In welchem Wachstumsstadium sollten die Futterpflanzen geerntet werden?

Meine Erfahrung und die wissenschaftlichen Informationen aus den Büchern, die ich gelesen habe, stimmen darin überein, dass Futterpflanzen für die Kompostierung idealerweise zum gleichen Zeitpunkt geerntet werden sollten, wie man es machen würde, wenn die Pflanzen als Viehfutter bestimmt wären. Das Kohlenstoff-Stickstoff-Verhältnis liegt in diesem Stadium innerhalb der empfohlenen Grenzen für eine erfolgreiche Kompostierung. Da die ideale Erntezeit auch eine arbeitsreiche Zeit für Gemüsebauern sein kann, habe ich Versuche durchgeführt, bei denen ich die Futterpflanzen immer dann geerntet habe, wenn es in meinen Zeitplan passte, sogar bis spät in den Herbst hinein, wenn das ganze Heu strohig war. Ein Teil des Materials brauchte zwei Jahre, um zu fertigem Kompost zu verrotten, aber es hat trotzdem funktioniert, und ich war sehr zufrieden mit den Ergebnissen.[3]

3. Was ist die effizienteste Methode zum Ernten und Kompostieren?

Es wäre sicher schön, einen Häcksler, Häckseltransportwagen und einen Kompostwender zu haben. Aber ich habe immer wieder festgestellt, dass ich erfinderischer werde, wenn ich nicht die „idealen" Gerätschaften zur Verfügung habe. Als ich mit diesen Versuchen begann, hatte ich einen kleinen Traktor mit einem Sichelmäher und einen Heurechen. Das funktionierte ganz gut. Meine grundlegende Methode besteht darin, das Feld zu mähen und das Material anwelken zu lassen, bevor ich es in Schwaden zusammenharke. Die Schwaden sammle ich ein, indem ich den Frontlader des Traktors als Schiebegabel einsetze. Ich beginne an einem Ende einer Schwade, richte die Schaufel so aus, dass das Blatt senkrecht steht, positioniere die Kante etwa 2,5 Zentimeter über dem Boden und fahre so schnell wie möglich vorwärts, wobei ich einen immer größer werdenden Haufen an Mähgut vor mir herschiebe. Nachdem ich alle Schwaden an einer Seite des Feldes gesammelt habe, schiebe ich sie mit der Schaufel zu einem einzigen Komposthaufen zusammen und lasse den Zersetzungsprozess beginnen.

Die Reibung zwischen den gemähten trockenen Futterpflanzen und den Stoppeln darunter ist sehr gering. Eine Schiebegabel ist eine Reihe von 1,8 bis 2,4 Meter langen, parallelen Holzstangen, die im Abstand von 30 Zentimetern über die Bodenoberfläche gleiten und hinter denen sich ein Brett zum Schieben des Heus befindet. Die Schiebegabel nutzt die glatte Oberfläche unter dem Mähgut, um große Mengen zu bewegen. Da mein Frontlader gut funktioniert, so wie er ist, brauche ich keine Holzstangen anzubringen; es wäre aber möglich. Ich hätte auch einen einfachen Rechen aus jungen Schößlingen bauen können, der von jedem alten Fahrzeug geschoben werden könnte.

Für Arbeiten im kleineren Maßstab habe ich jetzt einen Kreiselmäher, den ich an der Ackerfräse anbringen kann. Ich leihe mir von einem Nachbarn einen alten, ursprünglich von Pferden gezogenen Heurechen und ziehe ihn mit der Ackerfräse. Gerade bin ich dabei, eine kleine Schiebegabel für die Ackerfräse anzufertigen, aber ich habe auch schon ohne Probleme eine Eigenkonstruktion vorne an einem alten Lastwagen benutzt. Für diejenigen, die gerne mit der Hand arbeiten, ist die Sense ein sehr effizientes Mähwerkzeug. Früher konnte ein guter Arbeiter mit einer Sense 0,4 Hektar pro Tag mähen. Ich bevorzuge die kontinentaleuropäischen Modelle mit einem geraden Sensenwurf (Stiel) und einem leichten Sensenblatt. Die erste Lektion, wie bei jedem Schneidwerkzeug, lautet: das Sensenblatt scharf halten. Die zweite Lektion lautet: das Blatt bei jeder bogenförmigen Schnittbewegung parallel zum Boden halten. Man zieht die Sense schräg am zu erntenden

Schnittgut entlang, nicht direkt dagegen, sodass mit jedem Zug nur ein kleiner Streifen gemäht wird.[4]

Das Beste beim Mähen und Einsammeln der Futterpflanzen für die Kompostierung ist, dass man sich nicht um das Wetter kümmern muss. Jeder, der jemals damit zu kämpfen hatte, in einem nicht sehr entgegenkommenden Klima Heu zu machen, wird diese neue, entspannte Einstellung zu schätzen wissen. Anstatt sich Sorgen zu machen, dass die Heuernte verregnet wird, freue ich mich darauf. Anstatt den Heurechen sorgfältig so einzustellen, dass er nur die Oberfläche abstreift, stelle ich ihn absichtlich zu tief ein, damit er Erde und alte Halme in das neue Mähgut wirft. Alle Praktiken, die negativ wären, wenn ich Heu für die Fütterung von vierbeinigem Vieh ernten wollte, kehren sich ins Positive, wenn ich das Mähgut kompostieren will. Mein neues „lebendes Inventar" sind die Mikroorganismen im Komposthaufen, und sie lieben nasses und verschmutztes Heu. Diese Art von Heu zaubert ein Lächeln auf mein Gesicht.

Ich kompostiere in Schwaden. Ich achte darauf, dass das gesamte Material gründlich befeuchtet ist, damit es nicht entflammt. Dazu lege ich einen perforierten Sprinklerschlauch auf die Schwade und lasse ihn nach Bedarf laufen. Sofern ich Zeit habe, versuche ich, den gemähten Heukompost mit der Traktorschaufel mindestens zweimal zu wenden. Die Haufen decke ich (wie bereits erwähnt) mit einem luft- und feuchtigkeitsdurchlässigen Vlies ab, das vor Sonnenlicht schützt und den Regen abhält. Ich verwende den Kompost erst, wenn er eineinhalb bis zwei Jahre alt ist.

Um den Zersetzungsprozess und die Qualität des entstehenden Komposts zu verbessern, mische ich ein bis zwei Gewichtsprozent Montmorillonit unter die Futterpflanzen. Montmorillonit ist ein Tonmineral, das nachweislich sowohl biotische als auch abiotische Effekte bei der Umwandlung von organischem Material in stabilen Humus hat.[5] Der entstehende Ton-Humus-Anteil ist sehr vorteilhaft für die Bodenfruchtbarkeit und das Pflanzenwachstum. Montmorillonit (auch als Natrium-Bentonit verkauft) wird für zahlreiche industrielle und landwirtschaftliche Zwecke abgebaut. Ich beziehe meine Vorräte entweder über die Viehfutterindustrie, wo es als Bindemittel für pelletierte Futtermittel verwendet wird, oder direkt vom Großhändler.

4. Wie kann die Fruchtbarkeit der Futterflächen erhalten bleiben?

Da wir Futterpflanzen anbauen, um ihre organische Substanz und Nährstoffe an anderer Stelle zu verwenden, müssen wir die „Verluste" für diese Flächen, auf denen sie wachsen, ausgleichen, damit das System erhalten bleibt. Ich könnte sie auf die gleiche Weise behandeln, wie ich sonst die Futterflächen behandelt habe, indem ich nämlich die Erde alle vier oder mehr Jahre auflockere und vor der erneuten Aussaat Kalk und andere schwerlösliche Mineralstoffe einarbeite. Oder ich könnte die Felder, wenn ich mein System möglichst lokal organisieren möchte, mit dem fein gemahlenen Gesteinsmehl aus den regionalen Steinbrüchen düngen.

Viele der beliebten Gemüsesorten sind, was die schwerlöslichen Mineralien im Gesteinsmehl angeht, keine Starkzehrer. Anders ist es bei den kräftigen Futterpflanzen. Daher würde das System in seiner einfachsten Anwendung (wie ich es im vorherigen Kapitel vorgeschlagen habe) darin bestehen, für ertragreiche, starkzehrende Futterpflanzen weniger lösliche Nährstoffquellen auszuwählen, sie auf Flächen anzubauen, die mit lokal verfügbaren Mineralien aus Steinbruch-Gesteinsmehlen gedüngt werden, sie dann zu ernten und für die Gemüseflächen zu kompostieren. Luzerne zum Beispiel sind intensive Starkzehrer von unlöslichen Bodenmineralien und wurzeln zudem sehr tief.

5. Wie ist das Größenverhältnis zwischen Futterflächen und Nutzpflanzen?

Die Antwort auf diese Frage hängt von der Qualität des Bodens, der Intensität des Gemüseanbaus und bis zu einem gewissen Grad auch von den Pflanzen selbst ab. Ich vermute, dass unter den meisten Bedingungen ein Verhältnis von 1:1 angemessen wäre, aber ich kann mir vorstellen, dass es auch 3:1 oder 4:1 sein kann, um einen Boden mit geringer Fruchtbarkeit auf Vordermann zu bringen. In einem wunderbaren Buch von früher (*Farming with Green Manures* von Dr. C. Harlan, veröffentlicht 1883) beschreibt der Autor, wie er mit einem Verhältnis von 3:1 arbeitet, und das auf eine sehr effiziente Weise. Er hatte auf einem acht Hektar großen Feld Klee angepflanzt, den er im Sommer dreimal mähte. Jedes Mal harkte er danach das Schnittgut von sechs Hektar auf die übrigen zwei Hektar. Am Ende des Sommers hatte er eine enorme Menge an Material auf den bevorzugten zwei Hektar. Er pflügte und eggte diesen Abschnitt und baute dort im nächsten Sommer Gemüse an. Parallel mähte und harkte er die verbleibenden Flächen, um das Schnittgut auf einer weiteren Zwei-Hektar-Parzelle zu sammeln. Auf diesem neuen Abschnitt wuchs im dritten Jahr Gemüse, während auf dem ersten Stück wieder Klee wuchs. Er fuhr fort, die besondere Behandlung der Zwei-Hektar-Parzellen abzuwechseln. Wenn er statt acht Hektar guten Landes nur zwei Hektar große, für den Gemüseanbau geeignete Flächen und sechs Hektar ungeeignete gehabt hätte, hätte es genauso gut funktionieren können, und die ansonsten unproduktiven Flächen hätten einen echten Beitrag geleistet.

Ein Vergleich mit dem Einsatz von herkömmlichen Düngemitteln (zirka 45 Tonnen pro halbem Hektar) ist aufschlussreich. Wenn man eine ähnliche Düngewirkung mit dem Dung von Tieren erreichen möchte, benötigt man zu deren Ernährung etwa drei bis vier Hektar Weideland, um 0,4 Hektar Ackerfläche düngen zu können. Es ist naheliegend, dass eine intensive Anwendung von organischem Material die Bodenfruchtbarkeit zu Beginn schneller erhöht. Aber ein Verhältnis von 1:1 in Kombination mit saisonalem Gründünger sollte mehr als ausreichend sein, um die Fruchtbarkeit auf jedem intensiv bewirtschafteten Boden zu erhalten.

Eine weitere Möglichkeit auf der Suche nach hofeigenen Inputs ist die Zusammenarbeit mit anderen Betrieben. Ich habe in Frankreich einen großen Bio-Gemüsebetrieb besucht, der mit einem zwölfjährigen Fruchtwechsel arbeitet. Innerhalb von drei Jahren baute er Luzerne an und in einem Jahr Weizen mit Klee als Untersaat. Ein benachbarter Milchviehbetrieb erntete die Luzerne und gab dem Gemüsebetrieb im Gegenzug Kuhmist. Ein anderer Nachbar erntete den Weizen, wofür er bezahlt wurde, ließ aber das gehäckselte Stroh liegen, um es mit dem Klee in den

Boden einzuarbeiten. Das war ein schönes System, und der Betrieb war sehr produktiv.

Dauerhafte Bodenfruchtbarkeit

In meinem Streben nach einer dauerhaften Bodenfruchtbarkeit, die mit weniger Zugaben aufrechterhalten werden kann, habe ich Ton (speziell Montmorillonit/Bentonit-Arten) direkt in den Boden meiner Gewächshäuser gegeben. Ich verteile den Ton auf einer Schicht Torfmoos (als lang anhaltende organische Substanz) und arbeite beides zusammen ein. Diese Praxis wurde durch Forschungsergebnisse der Michigan State University[6] inspiriert, die auf beeindruckende Verbesserungen des Ertrags, der Feuchtigkeitsspeicherung und der Nährstoffverfügbarkeit auf sandigen Böden hinwiesen, die mit Montmorillonit-Ton angereichert wurden. Montmorillonit hat die höchste Kationenaustauschkapazität (KAK) aller mineralischen Bodenbestandteile. Untersuchungen von Böden, die bodenbürtige Pflanzenkrankheiten unterdrücken, haben ergeben, dass der gemeinsame Nenner ihr Gehalt an Montmorillonit-Ton ist. Aber am besten gefällt mir die Vorstellung, dem Boden eine dauerhafte Zugabe zu verabreichen, die eine langfristige Verbesserung und nicht nur einen kurzfristigen Anreiz bewirkt.

Das Hinzufügen von Tonmineralen zu sandigen Böden war in den vergangenen Jahrhunderten in Europa und in geringerem Maße auch in den Vereinigten Staaten eine gängige Praxis. Henry Colman, der diese Praxis in seinem 1846 erschienenen Buch *European Agriculture and Rural Economy* gründlich untersuchte, bezeichnet die Bodenverbesserung durch Tonminerale als „substantiellen und dauerhaften Faktor“. Colman beschreibt seine Besuche bei verschiedenen Landwirten, die zwischen 20 und 90 Tonnen Ton pro 0,4 Hektar ausbrachten. Jeder von ihnen bestätigte die Vorteile dieser Praxis in Form von höheren Erträgen und einer besseren Produktqualität. Auf einem Landgut, das dem Herzog von Bedford gehörte, wurden auf insgesamt 170 Hektar Tonminerale ausgebracht. Die übliche Technik bestand darin, das Material im Herbst auf Grasland oder gepflügten Feldern zu verteilen, es durch den Winterfrost gut pulverisieren zu lassen und es dann im Frühjahr mit einer Egge einzuarbeiten. Diejenigen, die den Ton in geringeren Mengen ausbrachten, bemerkten zusätzliche Verbesserungen, wenn die Anwendung nach 20 Jahren wiederholt wurde.

Da ich es vorziehe, Ursachen zu korrigieren, anstatt die Symptome von Problemen zu behandeln, bin ich sehr daran interessiert, die anfänglich geringe Fruchtbarkeit meines Sandbodens durch die Zugabe von Tonmineralen dauerhaft zu verbessern. Ich kann den Einsatz von gekauftem Montmorillonit (ca. 9 Tonnen pro 0,4 Hektar) auf den Böden meiner Gewächshäuser rechtfertigen, da sie über eine lange Saison intensiv bewirtschaftet werden. Aber die Kosten wären unerschwinglich, wenn ich die gleiche Methode im Freiland anwenden würde. Eine Gelegenheit, Tonminerale im Freiland auszubringen, bot sich, nachdem wir einen Bewässerungsteich gegraben hatten. Als wir den Teich planten, wusste ich, dass ich Verwendung für die torfähnliche, schlammige Erde aus der obersten Schicht haben würde. Außerdem nahm ich zu Recht an, dass sich die nächste kiesige Schicht perfekt für den Bau von Wirtschaftswegen eignen würde. Ich war jedoch angenehm überrascht, als in den tieferen Schichten riesige Mengen an reichhaltigen marinen Tonsteinen zum Vorschein kamen. Ich eiferte dem guten Duke of Bedford nach, wenn auch in viel kleinerem Maße, indem ich dieses Tongestein auf meinen Feldern verteilte und über den Winter liegen ließ, bevor ich es einarbeitete. Der Unterschied im Ernteertrag und in der Qualität war von Anfang an offensichtlich, besonders bei den Zwiebeln, die unseren sandigen Boden nie zu schätzen wussten; und es sieht nach einer dauerhaften Verbesserung aus.

Das torfartige Material von der Oberfläche des Teichgeländes wurde in einem neuen Gewächshaus zur Verbesserung des Bodens verwendet. Alle Bio-Gärtner sind sich der Bedeutung von organischem Material bewusst. Aber ich habe schon lange das Gefühl, dass Kompost oder Dung auch im Übermaß in Gewächshäusern verwendet werden kann. Es ist durchaus möglich, zu viel des Guten zu tun.

In Gewächshäusern lassen sich Bodenstruktur und Pflanzennahrung am besten durch zwei verschiedene Komponenten schnell verbessern. Zur Verfeinerung der Bodenstruktur setze ich Torf ein, den ich im Hinblick auf die Pflanzennahrung als Bodenverbesserer mit „einem niedrigen Oktangehalt“ betrachte. Um in meiner Kraftstoff-Metapher zu bleiben: Torf ist wertvoll, um den Tank zu füllen, ohne dabei so stark zu sein, dass die Ventile durchbrennen. Wenn ich Torf als organischen Bestandteil zur Verbesserung der Bodenstruktur verwende, kann ich anschließend einen viel leichteren Kompost einsetzen, der genau die richtige Menge an Nährstoffen liefert.

Der Torf, den ich für den Gewächshausboden verwendet habe, kam von unserem Hof. Aber ich habe auch Torfballen für die Bodenverbesserung sowie für Topfmischungen zugekauft. Ich teile nicht die Argumente gegen die Verwendung von Torf, von denen ich gelegentlich höre. Die Anti-Torf-Bewegung begann in Europa, wo man aufgrund der Bevölkerungsdichte, der begrenzten Torfvorkommen und der jahrhundertelangen Nutzung der Ressource an einem Punkt angelangt ist, an dem es sinnvoll ist, Ersatz für Torf zu finden. Aber das ist in Nordamerika nicht der Fall. Von den Torfgebieten in Nordamerika werden nur 0,02 Prozent für den Torfabbau genutzt. Auf diesem Kontinent bildet sich der Torf etwa fünf bis zehn Mal schneller, als wir ihn nutzen. Und selbst wenn wir Moore, die so weit nördlich liegen, dass ihre Nutzung in keinem Fall wirtschaftlich wäre, nicht mit einbeziehen, ist Torf immer noch eine Ressource, die sich viel schneller bildet, als sie verbraucht wird. In meinen Augen erfüllt dies die Definition einer erneuerbaren Ressource.

Natürlich müssen wir dafür sorgen, dass jede natürliche Ressource nachhaltig bewirtschaftet wird und dass einzigartige Gebiete geschützt werden. Meine Nachforschungen über die Torfindustrie geben mir keinen Anlass zur Sorge. Aus reiner Neugierde habe ich aber lokal verfügbare Torfalternativen erkundet. Das krümelige Innere von gut verrotteten Ahorn- und Birkenstämmen auf dem Waldboden lieferte zuverlässige Ergebnisse in Topfmischungen.

KAPITEL VIERZEHN

Der autarke Bauernhof

Farmers must leave their part of the earth`s surface in more productive condition than when they received it. This will be accomplished by a better understanding of the powers of the soil and means of conserving them, for every well-managed soil should grow richer rather than poorer; and, speaking broadly, the farm should have within itself the power of perpetuating itself.

–LIBERTY HIDE BAILEY, 1908

In seinem Klassiker *Root Development of Field Crops* schrieb John Weaver: „Der Bewuchs des Landes mit Gras ist die Art und Weise der Natur, alten, abgenutzten Böden die Produktivität und die gute Bodenkrume neuer Böden zurückzugeben. Gras ist ein Bodenbildner, ein Bodenerneuerer und ein Bodenschützer." Weaver war sich sehr bewusst, dass die Pflanzen, die die Bodenfruchtbarkeit erhalten werden, um die Menschheit bis in die ferne Zukunft zu ernähren, bekannte Arten sind; es sind jedoch für uns keine Nahrungspflanzen. Vielmehr sind es die mehrjährigen Gräser, Leguminosen und zahlreiche tiefwurzelnde essbare Kräuter, die auf Weiden wachsen und wechselnd mit Vieh beweidet werden. Sie sind der Schlüssel zur Erhaltung der Bodenfruchtbarkeit und zur Verhinderung

Unsere Legehennen auf der Weide

von Bodenerosion, weil sie einen fruchtbaren Boden mit guter Struktur für die menschlichen Nahrungspflanzen schaffen, die im Fruchtwechsel auf die Viehbeweidung folgen.

Wendell Berry kommentierte diese Situation auf sehr kluge Weise: „Einst wurden Pflanzen und Tiere gemeinsam auf einem Hof gezüchtet – wodurch weder unüberschaubare Mengen an Dung produziert wurden, der nicht genutzt wurde und die Wasservorräte verschmutzte, noch waren Unmengen an Handelsdünger nötig. Hier zeigt sich die Genialität amerikanischer Agrarexperten: Sie nehmen eine Lösung und teilen sie fein säuberlich in zwei Probleme auf." Die *Lösung* ist die Gemischte Landwirtschaft, bei der auf demselben Hof sowohl Weideviehwirtschaft als auch ein Fruchtwechsel von einjährigen Pflanzen betrieben wird. Die beiden *Probleme* sind Viehzuchtbetriebe, in denen sich sowohl die Tiere als auch ihr gesamter Dung konzentrieren, und Monokulturbetriebe mit der daraus resultierenden Bodenerosion und dem übermäßigen Abfluss von Düngemitteln.

In England wurde das klassische System der gemischten Landwirtschaft (sowohl Ackerbau als auch Viehzucht) Ley Farming, zu deutsch: Feldgraswirtschaft, genannt. Bereits im 17. Jahrhundert gab es Veröffentlichungen zu diesem Konzept der Bodenbewirtschaftung. In seinem Buch *Agricultural Changes (1898)* liefert Robert Elliot eine gute Erklärung, die Sir George Stapledon in *Ley Farming (1941)* weiter differenziert. Ley ist ein altes englisches Wort für eine zeitlich begrenzte Weide – eine, die traditionell gepflügt wurde, um darauf nach einer zwei- bis vierjährigen Nutzung als Viehweide ein paar Jahre lang Getreide oder Gemüse anzubauen. Ich zitiere Stapledon:

> Die Argumente für die Feldgraswirtschaft beruhen also mit Sicherheit auf dem Wert und den günstigen Kosten von jungem Gras als Futtermittel im Vergleich zu allen anderen Futterquellen sowie auf dem Energiepotenzial der Grasnarbe als Grundlage für sinnvolle und fruchtbare Fruchtwechsel....
>
> Das Wesentliche bei der Feldgraswirtschaft ist der Anbau sowohl von Feldfrüchten als auch von Gras, wobei man gleichermaßen Mühe darauf verwenden muss, die Grasnarbe als Dünger und Grundlage der Bodenfruchtbarkeit optimal zu nutzen und das Gras bestmöglich als Futtermittel einzusetzen....
>
> Eine gesunde Grasnarbe hat viele Eigenschaften eines gut gemachten und gut verrotteten Komposts, und das Management sollte sich auf diese Eigenschaften konzentrieren....
>
> Die Bedeutung der Grasnarbe als Mittel zur Unterstützung einer maximalen Pflanzenproduktion (Weizen und andere Getreidearten, Zuckerrüben, Wurzelgemüse, Grünkohl, Kartoffeln usw.) ist mindestens ebenso groß wie die ihrer Funktion als Futterproduzent.

Ein anderer Name für Feldgraswirtschaft ist *Wechselwiese,* weil die Felder in der Weidegrasphase Fruchtbarkeit aufbauen und in den Jahren der Bewirtschaftung mit Nutzpflanzen davon profitieren. Heutige Forscher sprechen von einem grasbasierten Fruchtwechsel. Die Erfahrung zeigt, dass die Fruchtbarkeit von Feldern, die nach vier Jahren in einer rotierend beweideten Feldgraswirtschaft untergepflügt wurden, praktisch wieder die von Neuland ist. Die Kombination aus der enormen

Menge an Pflanzenfasern des ausgedehnten Wurzelwerks der mehrjährigen Weidepflanzen, den Mineralen, die sie aus den tieferen Bodenschichten extrahieren, und dem von den Weidetieren produzierten Dung bietet ideale Wachstumsbedingungen für die einjährigen Kulturen, die auf die Weidebepflanzung folgen. Außerdem entsteht durch die verbesserte Bodenstruktur Schutz vor Erosion. Die durch vierjährige Weidehaltung gespeicherte Fruchtbarkeit galt als ausreichend für den Anbau von Getreide, Bohnen und Futtermitteln über einen Zeitraum von bis zu vier Jahren, bevor die Fläche wieder als Weide eingesät wurde.

Bis 2012 hatten wir die Fruchtbarkeit unserer Gemüseflächen mit Gründüngung und gekauftem Mistkompost aufrechterhalten, um den Kompost zu ergänzen, den wir auf dem Hof produzierten. Sowohl die Kosten für den zugekauften Kompost als auch der Verbrauch an fossilen Brennstoffen für die Anlieferung dieses Materials motivierten uns, ein anderes System auszuprobieren. Ich hatte mich schon lange mit dem Konzept der Feldgraswirtschaft beschäftigt und war zu dem Schluss gekommen, dass dies der Schlüssel zur Erhaltung einer dauerhaften Bodenfruchtbarkeit sein könnte. Unser Boden ist nicht gut genug, um ihn drei bis vier Jahre in Folge für den Gemüseanbau zu nutzen, aber ich fand Forschungsstudien aus den 1930er-Jahren, die besagen, dass eine ein- bis zweijährige Grasnarbe auf Podsolböden wie dem unseren ausreichen würde.[1]

Also führten wir auf unseren begrenzten, für den Gemüseanbau geeigneten Flächen eine modifizierte Version der Feldgraswirtschaft ein. Jedes Jahr im zeitigen Frühjahr säen wir nun auf der Hälfte unserer Gemüseflächen eine Gras-Leguminosen-Mischung. Sobald sich diese Weide etabliert hat, wird sie im Sommer und Herbst wechselnd von unseren Legehennen beweidet. Es wäre schön, Rinder oder Schafe als Nutztiere zu haben, wie es die frühen Enthusiasten der Feldgraswirtschaft taten, aber wir haben uns für Eier von Freilandhühnern als ideales Nutztierprodukt zur Ergänzung unserer Gemüsefarm entschieden. Die andere Hälfte unserer Gemüseanbaufläche, die im Vorjahr die gleiche fruchtbarkeitsfördernde Weidebehandlung erhalten hat, wird abschnittsweise gepflügt, während wir die Pflanzen für das diesjährige Gemüse anbauen. (Wir pflügen die Grasnarbe ganze drei bis vier Wochen vor der Aussaat oder dem Umpflanzen einer Gemüsekultur unter. Um den Oberboden kontinuierlich zu vertiefen, verwenden wir in Kombination mit unserer Ackerfräse einen Meißelpflug.) Jedes Jahr gewinnt die Hälfte der Gemüseanbaufläche an Fruchtbarkeit und die andere Hälfte nutzt die Fruchtbarkeit, die im Jahr zuvor produziert wurde. Wenn wir vierbeiniges Vieh weiden lassen wollten, müssten wir das Land wahrscheinlich zwei Jahre lang mit einer Grasnarbe bedecken, um genügend Fruchtbarkeit durch das Wachstum der Weidepflanzen zu gewinnen. Bei getreidegefütterten Tieren wie unseren Legehennen werden jedoch drei Viertel des Mineralwerts ihres organischen Futters direkt über den Kot auf den Boden ausgebracht, was einer kurzphasigen Grasnarbe zusätzliche Fruchtbarkeit verleiht. Weitere Informationen über mobile Hühnerställe finden Sie im Abschnitt „Die Geflügel-Rikscha“ in Kapitel 27, Seite 271.

Das Ziel dieser Wechselwirtschaft ist es, ein System zu etablieren, das die Fruchtbarkeit des Bodens nahezu dauerhaft aufrechterhält, und genau das hat funktioniert. Der einzige andere Input, der diesem System neben Sonnenlicht und CO2 für die Photosynthese (die universal verfügbar sind) zugeführt wird, ist höchstwahrscheinlich alle vier Jahre etwas Kalkstein. Während des Erntejahres können wir Luzernemehl oder ein lokal verfügbares Krabbenmehl als temporären Fruchtbarkeitsschub für die Folgekulturen verwenden. Wir mögen das Luzernemehl besonders, weil es ein Produkt ist, das wir selbst anbauen und trocknen können, wenn wir unser Bodenfruchtbarkeits-Programm noch unabhängiger machen wollen. Da wir mobile Gewächshäuser verwenden, kann sogar der Gewächshausboden vom Konzept der Feldgraswirtschaft profitieren, indem wir unsere kleinen Hühnerhäuser auf Räder umstellen, damit die Hühner eine der unbedeckten (Gewächshaus-)Parzellen abweiden können. Ich habe die Erfahrung gemacht, dass die faserigen Wurzelreste von Gräsern und Hülsenfrüchten, die untergepflügt werden, eine bessere Bodenfruchtbarkeit für Gemüsekulturen schaffen als die gleiche Menge an organischem Material, das als Kompost zugegeben wird.

Ein zusätzlicher Vorteil, der während der Zeit der bodenverbessernden Gras-/Leguminosen-Bepflanzung weit über die Verwendung als Gründüngung hinausgeht, wird durch den Verkauf der tierischen Produkte erzielt, was direkt zum Einkommen des Betriebs beiträgt.

KAPITEL FÜNFZEHN

Aussaat im Freiland

Bei der Aussaat im Freiland geht es darum, die Gemüsesamen genau dort in den Boden zu platzieren, wo sie wachsen sollen. Das wichtigste Werkzeug für diesen Prozess ist eine Präzisions-Sämaschine. Die perfekte Sämaschine setzt Samen jeglicher Größe in jedem gewünschten Abstand und in richtiger Tiefe mit zuverlässiger Genauigkeit.

Da es Saatgut in so vielen verschiedenen Größen und Formen gibt, ist dies keine leichte Aufgabe. Viele Sämaschinen arbeiten nur mit runden Saaten oder pilliertem Saatgut, das durch eine Hüllmasse, zum Beispiel aus einem tonartigen Material, gerundet wurde. Obwohl Pillensaatgut für viele Sämaschinen einfacher zu handhaben ist, ist es auch teurer und nur für eine begrenzte Anzahl von Sorten erhältlich. Häufig sind jedoch die Sorten, die für den Kleinanbauer von größtem Wert sind (aufgrund von Geschmack, Zartheit, Textur, Lagerfähigkeit, Spezialitäten-Vertrieb usw.), nicht die handelsüblichen Sorten für den Massenversand und daher nicht als pilliertes Saatgut erhältlich. Die Aussaat ist oft erfolgreicher, wenn das Saatgut „kalibriert" gekauft werden kann, das bedeutet in Partien, die nach Feinabstufungen gleicher Größe sortiert sind. Diese Saatgutpartien keimen auch gleichmäßig und haben die gleiche Wuchskraft; bei den meisten Kulturen korrelieren diese Eigenschaften mit der Saatgutgröße. Somit sind die Gleichmäßigkeit und die Vorhersagbarkeit der Ernte weitere Vorteile von kalibriertem Saatgut.

Obwohl viele Gemüseproduzenten den Großteil ihrer Pflanzen direkt ins Freiland aussäen, empfehle ich es nur für Gemüsearten, bei denen ein Umpflanzen aus praktischen oder wirtschaftlichen Gründen nicht möglich ist. Dies sind Pflanzen mit Pfahlwurzeln (Karotten, Pastinaken), Pflanzen mit geringem Ertrag pro Quadratmeter (Mais, Kürbis), leicht zu säende Pflanzen (Erbsen, Bohnen) sowie schnell wachsende Pflanzen (Radieschen, Spinat). Die Gründe, warum ich umfangreich auf das Vorziehen von Gemüsekulturen setze, erläutere ich im nächsten Kapitel. Meine Präferenz hat zur Folge, dass auch die Freilandaussaat einfacher wird, da sie nur noch für wenige Kulturen angewendet wird. Die richtige Wahl der Präzisions-Sämaschine ist daher umso wichtiger, um diese Kulturen so effektiv wie möglich auszusäen.

Wünschenswerte Eigenschaften

Eine gute einreihige, handgeschobene oder -gezogene Präzisions-Sämaschine bietet bestimmte Möglichkeiten:

Es lässt sich leicht in geraden Reihen säen. Dies ist entscheidend für die spätere Bearbeitung. Geradlinige Reihen können maschinell bis an die Sämlinge heran bearbeitet werden, was viel Handarbeit spart.

Es ist eine präzise Saatgutablage möglich. Gutes Saatgut kostet Geld, und Verschwendung ist teuer. Idealerweise sollte kein Ausdünnen nötig sein. Wenn das Saatgut dort abgelegt wird, wo es wachsen soll, zudem im optimalen Abstand für bestes Wachstum, ist das Ergebnis eine höhere Produktqualität. Stark gedrängt wachsende Pflanzen gedeihen schlecht und reifen langsamer.

Eine genaue Tiefeneinstellung ist möglich. Die Pflanztiefe beeinflusst die Keimung, den Aufgang und das frühe Wachstum. Die Einstellung und Einhaltung der notwendigen Tiefe muss zuverlässig sein. Es ist Aufgabe des Gärtners, ein glattes Saatbeet ohne Erhebungen und Mulden vorzubereiten, wenn beste Ergebnisse erzielt werden sollen.

Die Maschine ist leicht zu befüllen und zu leeren. In einem Mischkultur-System sind viele verschiedene Samen im Spiel. Die Sämaschine sollte so konstruiert sein, dass der Saatgutbehälter leicht zu befüllen und überschüssiges Saatgut leicht zu entleeren ist. Der Wechsel der Saatbehältergröße, Säscheibe oder Zahnräder sollte keine zusätzlichen Werkzeuge oder komplizierten Verfahren erfordern.

Die Maschine ist flexibel und anpassungsfähig. Für eine breite Palette von Saatgut muss es eine breite Palette von Einstellmöglichkeiten für die Saatgutgröße, den Saatgutabstand und die Ablagetiefe geben. Es sollte kein Problem sein, für die Bedürfnisse des Züchters speziell dimensionierte Saatbehälter, Säscheiben oder Zahnräder für die Antriebskette herzustellen oder zu beschaffen.

Es gibt einen sichtbaren Saatgutpegel und Saatgutabwurf. Nichts ist frustrierender, als eine Kultur auszusäen und dann festzustellen, dass die Sämaschine nicht richtig funktioniert hat oder dass der Saatgutvorrat zum Teil aufgebraucht ist. Bei den besten Einzelkornsämaschinen-Modellen kann der Bediener deutlich sehen, ob das Saatgut abfällt und welche Menge noch übrig ist.

Zur Maschine gehört ein zuverlässiger Reihenmarkierer. Während eine Reihe gesät wird, wird die nächste durch einen verstellbaren Markierarm markiert. Es ist wichtig, dass die Reihen in gleichmäßigen Abständen angelegt werden. Wenn die Reihen pfeilgerade und in gleichem Abstand stehen, ist die spätere Bearbeitung zwischen den Reihen und in den Reihen viel einfacher und schneller.

Einsatz der Sämaschine

Die Earthway-Sämaschine, ein Scheiben-Modell, war das erste Gerät, mit dem ich gearbeitet habe. Das einzige Manko, das ich und andere Züchter festgestellt haben, ist, dass die Scheiben nicht steif genug sind. Einige kleine, harte Samen können sich hinter der Scheibe verklemmen und diese verkanten, wodurch die Samenaufnahme und -abgabe behindert wird. Meine Lösung für die Scheibe, die ich zum Beispiel für die Gründüngung mit Klee verwende, ist es, eine leere Saatgutscheibe zu kaufen und die Löcher in einem stumpferen Winkel nachzubohren, sodass die Neigung

Eine einreihige Jang Seeder-Handsämaschine, JP-1

nicht so groß ist, dass die Samen hinter die Scheibe gedrückt werden. Es ist auch möglich, mit Sekundenkleber einige Versteifungsrippen an den Scheiben anzubringen. Eine weitere Schwierigkeit kann bei einigen Saatgütern und einigen Wetterbedingungen auftreten, bei denen sich eine elektrostatische Aufladung aufbaut und das Saatgut an der Scheibe haften bleibt.

Ich habe dieses Problem gelöst, indem ich eine kleine hölzerne Querstange angefertigt und darunter eine Zahnbürste befestigt habe. Sie sitzt quer über dem Saatgutbehälter und bürstet das Saatgut von der Scheibe in das Saatgutrohr. Der Hersteller empfiehlt, die Saatgutscheibe in Seifenwasser zu waschen und einen kleinen Seifenrückstand darauf zu belassen. Dadurch wird eine statische Anhaftung verhindert. Außerdem wird empfohlen, die Scheiben und den Saatgutbehälter regelmäßig sorgfältig zu waschen, um die reibungslose und effiziente Funktion der Maschine zu erhalten.

Es ist ratsam, die Sämaschine vor dem Einsatz hinsichtlich der verschiedenen Saatgüter und anderen Einstellungen zu kalibrieren. Dies ist ganz einfach: Messen Sie zunächst den Umfang des Antriebsrads (nehmen wir an, er beträgt 92 Zentimeter). Drehen Sie das Rad bei gefülltem Saatgutbehälter etwa drei Mal von Hand. Die Anzahl der Samen, die aus dem Saatrohr fällt (sagen wir 54), ist die Anzahl, die in drei (Umdrehungen) mal 92 Zentimeter (Umfang), also auf 276 Zentimeter linearer Bewegung, gesät werden würden; 276 geteilt durch 54 Samen ist eine Aussaatrate von einem Samen alle fünf Zentimeter. Wenn dies die gewünschte Aussaatrate ist, notieren Sie sich auf der Saatgutpackung die Nummer des Saatgutbehälters, der Scheibe oder des Antriebrads, um das Ergebnis später zu überprüfen. Wenn nicht, nehmen Sie eine Anpassung vor und wiederholen Sie den Vorgang.

Eine weitere ausgezeichnete, wenn auch teurere Sämaschine ist die Jang JP-1, die zur Aufnahme der Samen Säwalzen anstelle von Scheiben verwendet.

Korrekturfaktor

Nur weil es möglich ist, ein einzelnes Saatgut in dem von Ihnen gewünschten exakten Abstand zu platzieren, heißt das nicht, dass Sie immer so vorgehen sollten. Denn es muss auch die Keimungsrate berücksichtigt werden. Auf der Verpackung ist die Keimungs-

Die zuverlässige, leichte, vierreihige Präzisions-Sämaschine

rate vermerkt, die in einem kontrollierten Labortest ermittelt wurde. Die Keimung auf dem Feld ist in der Regel niedriger als der angegebene Prozentsatz. Es ist ratsam, bei der Planung der Aussaatmenge einen Korrekturfaktor von 50 bis 100 Prozent zu berücksichtigen. Wenn Sie zum Beispiel alle zehn Zentimeter eine Pflanze haben möchten, kann die Sämaschine so eingestellt werden, dass sie alle fünf Zentimeter einen Samen abwirft. Wenn die Keimung nicht perfekt erfolgt, wird ein Teil der Ausdünnung automatisch für Sie erledigt. Eine weitere Ausdünnung ist mit einer Hacke schnell erledigt, da die Samen gleichmäßig verteilt sind und nicht in einer breiten Reihe oder gehäuft liegen.

Markierung

Bei der Aussaat sollte eine straff gespannte Schnur zur Ausrichtung der ersten Reihe genutzt werden. Alle folgenden Reihen werden mit dem an der Sämaschine angebrachten Reihenmarkierungsarm definiert. Bei der vierreihigen und der sechsreihigen Sämaschine markiert die Kante des ersten Durchgangs, wo der nächste Durchgang stattfinden soll. Achten Sie darauf, dass Sie die Sämaschine bei jedem Durchgang so gerade und genau wie möglich ausrichten. Wenn Sie von Hand säen, müssen Sie die Schnur oder das Maßband für jede Reihe neu auslegen. Für größere Flächen können Sie eine einstellbare Markierwalze oder einen Markierungsrechen verwenden.

Perforierwalze mit Markierungsriemen von Johnny's Selected Seeds, ein US-amerikanischer Saatgutvertrieb

Handsaat

Die Handaussaat wird für Pflanzen der Familie der Kürbisgewächse (Cucurbitaceae) verwendet: Gurken, Melonen, Sommer- und Winterkürbissorten. Es handelt sich um relativ große Samen, die leicht mit den Fingern aufgenommen werden können. Die zu säenden Mengen und Flächen sind für die Handaussaat nicht zu groß. Bei schlechteren Bodenverhältnissen ist es von Vorteil, wenn diese Pflanzen auf kleinen, mit Erde bedeckten Kompost- oder Misthaufen gepflanzt werden, um die Fruchtbarkeit zusätzlich zu steigern.

KAPITEL SECHZEHN

Vorziehen

Unter Vorziehen versteht man das Ausbringen von Saatgut an einem Ort und dem Auspflanzen der Sämlinge an einem anderen. Auf diese Weise kann eine große Anzahl von jungen Keimlingen auf einer kleinen Fläche unter kontrollierten Kulturbedingungen vorgezogen werden, bevor sie aufs Feld gebracht werden. Unabhängig davon, ob die Aufzuchtanlage drinnen unter künstlichem Licht oder draußen in einem Frühbeet, einem Folientunnel oder einem Gewächshaus untergebracht ist, muss der Raum sauber gehalten und gut gepflegt werden. Da die Voraussetzungen in einem überdachten Bereich den natürlichen Bedingungen nicht ganz entsprechen können, treffe ich Vorsichtsmaßnahmen, indem ich im Herbst sorgfältig alle Pflanzenreste entferne und sicherstelle, dass der Raum zu Beginn des Winters frei von wachsenden Pflanzen ist und Schädlinge durch die niedrigen Temperaturen ausfrieren können. Ich empfehle die Verwendung von thermostatisch gesteuerten Heizmatten, um optimale Keimtemperaturen zu gewährleis-

ten, wenn man mit wärmeliebenden Pflanzen beginnt.[1]

Traditionell werden Pflanzen wie Sellerie, Kopfsalat, Zwiebel und Tomate vorgezogen, deren Wurzeln leicht wieder weiterwachsen. Diese Pflanzen leiden nicht sehr stark unter dem Auspflanzen, obwohl sie natürlich besser wachsen, je weniger ihre Wurzeln gestört werden.

Das Vorziehen ist auch für viele andere Pflanzen (Gurke, Melone und Petersilie) von Nutzen, die weniger tolerant gegenüber Wurzelstörungen sind; es muss jedoch so durchgeführt werden, dass die Pflanzen kaum merken, dass sie versetzt werden. Das beste System zum Vorziehen ist eines, das die Wurzeln nicht stört, unkompliziert ist, mechanisiert werden kann und kostengünstig ist.

Vom Gewächshaus aufs Feld

Das Vorziehen muss man als drei separate Vorgänge verstehen: Anzucht, Umtopfen und Auspflanzen.

Bei der *Anzucht* gibt es drei weitere Unterbereiche: die Art der Behältnisse, der Bodenmischung und der Klimasteuerung. Die Samen werden in eine Art vorbereitetes Beet

oder ein Anzuchtgefäß gelegt. Das Gefäß enthält normalerweise eine spezielle Anzucht- oder Pflanzerde. Diese Mischung unterscheidet sich von der Gartenerde dadurch, dass sie mit zusätzlichen organischen Stoffen und Bestandteilen für eine gute Drainage angereichert ist, sodass die Sämlinge trotz der beengten Verhältnisse gut gedeihen. Für ein kontrolliertes Klima wird gesorgt, indem die Pflanzen in einem Gewächshaus, auf einem Mistbeet, im Frühbeet oder einem geschützten Bereich gezüchtet werden, um die frühen Wachstumsbedingungen für die jungen Setzlinge zu verbessern.

Umtopfen bedeutet, dass die Sämlinge aus dem anfänglichen Anzuchtgefäß in einen größeren Topf mit größerem Pflanzenabstand umgepflanzt werden. Bei der Verwendung von Erdpresstöpfen oder Anzuchtplatten ist dies aus praktischer Sicht nicht immer notwendig, außer bei Kulturen, die vor dem Auspflanzen längere Zeit oder zu einem größeren Wachstum herangezogen werden sollen. Im Hinblick auf eine größtmögliche Qualität der Pflanzen ist ein Umtopfen jedoch immer sinnvoll, da nur die wüchsigsten der zahlreichen jungen Sämlinge selektiert werden.

Beim *Auspflanzen* werden die Jungpflanzen ins Freiland oder ins Produktionsgewächshaus versetzt, wo sie bis zur Ernte verbleiben. Je effizienter dieser Transfer durchgeführt werden kann, desto wirtschaftlicher wird das Vorziehen als Bestandteil des Gemüseanbaus.

Eine sichere Ernte

Das Vorziehen sichert dem Gärtner eine Ernte während der gesamten Vegetationsperiode zu den gewünschten Zeiten und in den gewünschten Mengen, während eine Aussaat auf dem Feld ein Glücksspiel ist.

Das Vorziehen ist deswegen eine zuverlässige Methode, da der Anbauer eine bessere Kontrolle über die Produktionsumgebung hat. Die Variablen der Keimung und des Auflaufens, die im Feld so unvorhersehbar sein können, sind im Gewächshaus sicherer. Die Pflanzen wachsen gleichmäßig, weil es keine Lücken in den Reihen gibt. Es wird keine Fläche verschwendet, weil zum Beispiel durch eine fehlerhafte Keimung nur ein geringer Bestand heranwächst. Starke Pflanzen, die in der idealen Pflanzendichte für einen optimalen Ertrag ausgepflanzt werden, haben eine sehr hohe Überlebensrate. Die Ernte ist vorhersehbar, da die größten Schwankungen beim Pflanzenwachstum im Keimlingssta-

NABECHAN
SCALLION 3/22

dium auftreten. Ist dieses Stadium überwunden, kann mit einer gleichmäßigen Reife und einer zuverlässigen Ernte gerechnet werden.

Es ist viel einfacher, Tausende von winzigen Sämlingen auf kleinem Raum im Gewächshaus zu pflegen, als auf weiten Flächen auf dem Feld. Während der kritischen frühen Wachstumsphase, in der ideale Bedingungen einen großen Unterschied ausmachen, kann der Gärtner diese Bedingungen mit weniger Arbeit und Kosten auf einer konzentrierten Fläche herstellen.

Beikraut und Wetter austricksen

Wenn Nutzpflanzen direkt ins Feld gesät werden, kann Beikraut zur gleichen Zeit oder sogar schon früher zu keimen beginnen. Ins Freiland gesäte Pflanzen müssen möglicherweise auch ausgedünnt werden und mit dazwischen wachsenden Beikräutern fertigwerden, solange sie noch jung sind. Vorgezogene Pflanzen haben einen drei- bis vierwöchigen Vorsprung vor neu keimenden Beikräutern, weil es möglich ist, den Boden unmittelbar vor dem Auspflanzen zu bearbeiten. Da man vorgezogene Setzlinge im endgültigen Abstand setzen kann, müssen sie nicht ausgedünnt werden und sind viel einfacher zu kultivieren, wenn eventuell auftretende Beikräuter in der Reihe reguliert werden müssen.

Außerdem können vorgezogene Setzlinge die Produktion auf einem intensiv bewirtschafteten Kleinbetrieb messbar erhöhen, da sie zusätzliche Zeit für die Reifung der Nachfolgekulturen bieten. Dies geschieht, indem für die Nachfolgekultur drei bis vier Wochen vor der Ernte der Vorgängerkultur mit der Anzucht begonnen wird. Unmittelbar nach der Ernte wird der Boden gerodet, die Pflanzen werden gesetzt und die neue Kultur wächst, als wäre sie drei oder vier Wochen früher gepflanzt worden (was sie natürlich auch war). Das Ergebnis ist dasselbe, als ob die Wachstumsperiode um drei bis vier Wochen verlängert worden wäre. Durch das Vorziehen kann weniger Land effizienter für eine höhere Produktion genutzt werden.

Ein früherer Reifezeitpunkt ist ein weiterer offensichtlicher Vorteil des Vorziehens. Pflanzen, die drinnen vorgezogen und bei gutem Wetter ins Freiland gesetzt werden, haben einen Vorsprung und werden früher reif als direkt gesäte Pflanzen. In vielen kühlen Klimazonen sind Tomaten, Melonen, Paprika und andere Pflanzen nur als vorgezogene Pflanzen erfolgreich.

Methoden des Vorziehens

In früheren Zeiten setzten Gemüsebauern stark auf wurzelnackte Setzlinge; diese wurden aus einem speziellen Beet oder einem Freilandfeld ausgegraben und verpflanzt, ohne dass man versuchte, Erde um die Wurzeln herum mitzunehmen. Gleichmäßige Ergebnisse und gute Überlebensraten sind mit dieser Methode nur schwer zu erreichen. Die meisten der feinen Wurzelhaare, die die Pflanze mit Wasser versorgen, gehen beim Ausreißen verloren. Dadurch verringert sich die Aufnahmefläche des Wurzelsystems und die Wiederansiedlung sowie das anschließende Wachstum der Pflanzen werden deutlich verzögert. Dieser „Pflanz-Schock“ kann vermieden werden, indem die Pflanzen so versetzt werden, dass ihr empfindliches Wurzelsystem nicht beschädigt wird.

Viele Arten von Behältern sind bisher verwendet worden, um den Wurzelballen intakt zu halten – Tontöpfe, Plastiktöpfe, Torftöpfe, Papierbänder, hölzerne Aussaatkisten, Anzuchtplatten und andere. Zum Auspflanzen werden die Pflanzen entweder mit der Erde aus dem Anzuchtbehälter genommen oder mitsamt des Gefäßes nach draußen gepflanzt, wenn es aus verrottbarem Material (Torf, Papier) besteht. Leider haben die meisten Gefäße Nachteile. Torftöpfe und Papierbänder zersetzen sich oft nicht wie vorgesehen und hemmen das Wurzelwachstum. Außerdem sind sie teuer.

Traditionelle flache Aussaatkisten aus Holz bringen ausgezeichnete Sämlinge hervor, doch müssen einige der Sämlingswurzeln beim Herausnehmen der Pflanzen abgeschnitten werden.

Einzeltöpfe jeglicher Art sind zeitaufwendig und in der Menge umständlich zu handhaben. Die Anzuchtplatten, die für jede Pflanze ein einzelnes Segment bereithalten, lösen das Handhabungsproblem, indem sie die Einheiten zusammenfassen. Aber sie haben das gleiche Problem wie alle Gefäße – die Wurzeln kringeln sich. Die Wurzeln der Sämlinge wachsen bis zur Wand des Behälters und folgen ihr dann immer weiter im Kreis.

Pflanzen, deren Wurzeln sich im Kreis gedreht haben, kommen nicht so schnell in Gang, wenn sie ins Freiland gesetzt werden. Man versuchte, diese Situation zu verbessern, indem man die einzelnen Segmente mit einem Belüftungsloch im Boden sowie mit Rippen in den Wänden konstruierte.

Glücklicherweise gibt es eine andere Art von „Behältnissen", die besser sind als alle oben genannten. Diese Behälter – Erdpresstöpfe – sind das Thema des nächsten Kapitels.

TABELLE 16.1. Der richtige Zeitpunkt zum Umpflanzen

Crop	Transplant Timing
Artischocke	10 Wochen nach der Aussaat
Basilikum	3 Wochen nach der Aussaat
Bohnen	2 Wochen nach der Aussaat
Rote Bete	3 Wochen nach der Aussaat
Brokkoli	3 Wochen nach der Aussaat
Weißkohl	3 Wochen nach der Aussaat
Blumenkohl	3 Wochen nach der Aussaat
Knollensellerie	6 Wochen nach der Aussaat
Staudensellerie	6 Wochen nach der Aussaat
Mais	Sobald der erste grüne Trieb erscheint
Gurke	3 Wochen nach der Aussaat
Aubergine	10 Wochen nach der Aussaat
Fenchel	3 Wochen nach der Aussaat
Grünkohl	3 Wochen nach der Aussaat
Lauch	Sobald die Sämlinge über 25 cm hoch sind
Kopfsalat	3 Wochen nach der Aussaat
Melone	3 Wochen nach der Aussaat
Zwiebel	6 Wochen nach der Aussaat
Petersilie	7-8 Wochen nach der Aussaat
Erbsen	2 Wochen nach der Aussaat
Paprika	10 Wochen nach der Aussaat oder bevor sich die ersten Blüten öffnen
Kartoffel	3 Wochen nach Beginn der Vorkeimung
Radicchio	3 Wochen nach der Aussaat
Schalotte	3-4 Wochen nach der Aussaat
Spinat	2 Wochen nach der Aussaat
Tomate	5-6 Wochen nach der Aussaat
Winterkürbis	3 Wochen nach der Aussaat
Zucchini	3 Wochen nach der Aussaat

KAPITEL SIEBZEHN

Erdpresstöpfe

Es ist immer befriedigend, eine Technik zu finden, die einfacher, effektiver und kostengünstiger ist als das, was es bisher gab. Für die Anzucht von Setzlingen erfüllen Erdpresstöpfe diese Kriterien. Die Holländer wenden diese Technik schon seit über 100 Jahren an, doch reicht die menschliche Erfahrung mit dem Anbau von Pflanzen in einem Würfel „Erde" 2.000 Jahre oder länger zurück. Die Erzählung, wie von den aztekischen Gärtnern in den Chinampas von Xochimilco (Mexiko) Würfel aus nährstoffreichem Schlamm verwendet wurden, um Setzlinge zu züchten, ist faszinierend.[1] Eine verwandte Technik ist die Praxis früherer Gemüsebauer, 10 bis 13 cm große Würfel aus umgedrehten, teilweise zersetzten Rasensoden für die Anzucht von Melonen- und Salatgurkenpflanzen zu verwenden.

Funktionsweise von Erdpresstöpfen

Ein Erdpresstopf ist ziemlich genau das, was der Name schon besagt – ein Topf aus leicht verdichteter Pflanzerde. Er dient sowohl als Behälter als auch als Wachstumsmedium für die Anzucht eines Setzlings. Die Töpfe bestehen vollständig aus Pflanzerde und haben keine zusätzliche Umhüllung. Da sie durch ein Gerät in Form gepresst und nicht in eine Form gefüllt werden, entstehen zwischen den Wänden der einzelnen Erdpresstöpfe Hohlräume.

Basilikum-Setzlinge in Erdpresstöpfen

Statt dass die Wurzeln in Kreisen am Rand entlang wachsen, wie sie es tun, wenn sie die Wand eines Behälters erreichen, füllen sie den Erdtopf bis zu den Rändern aus und verharren dann. Die Hohlräume zwischen den Blöcken und die leichte Glättung durch die Blockform verhindern, dass die Wurzeln von einem Erdtopf zum anderen wachsen. Die Randwurzeln halten sich bereit, um draußen schnell weiterzuwachsen. Beim Umpflanzen ins Feld etabliert sich der Sämling schnell. Werden die Pflanzen jedoch zu lange in den Erdpresstöpfen gehalten, ragen die Wurzeln in benachbarte Töpfe hinein. Daher sollten die Pflanzen rechtzeitig umgepflanzt werden.

Obwohl ein Erdtopf nicht mehr als ein Würfel aus nährstoffreicher Masse ist, ist er nicht zerbrechlich. Bei der Herstellung wird das Material durch die faserige Natur der feuchten Bestandteile miteinander verbunden. Nach der Aussaat füllen die Wurzeln der jungen Pflanze den Block schnell aus und sorgen für seine Stabilität, selbst wenn er grob behandelt wird. Erdpresstöpfe sind die Lösung für ein selbst hergestelltes Anzuchtsystem, das nicht mehr kostet als die „Erde", aus der sie bestehen.

Vorteile

Das Beste an der Vorkultur-Methode mit Erdpresstöpfen ist, dass alles, was sonst in kleinen Töpfen, Schalen oder Anzuchtplatten gemacht wird, ebenso in Erdpresstöpfen funktioniert, ohne die Kosten und die mit Gefäßen verbundenen Probleme. Erdpresstöpfe können so hergestellt werden, dass sie allen Anforderungen gerecht werden. Oben kann eine kleine Mulde für das Saatgut mit gepresst oder ein tiefes Loch in der Mitte gestanzt werden, damit Stecklinge darin wurzeln. Erdpresstöpfe können auch mit einem breiten Loch produziert werden, um darin Setzlinge zu verpflanzen. Eine weitere Möglichkeit besteht darin, Erdpresstöpfe mit einem Loch in der Größe eines kleineren Erdpresstopfes zu versehen, sodass in den kleineren Töpfen vorgezogene Sämlinge schnell in einen größeren umgepflanzt werden können.

Kopfsalat-Setzlinge in 5-Zentimeter-Blöcken

Erdpresstöpfe bieten somit die modularen Vorteile von Anzuchtplatten ohne die Probleme und Kosten dieses Systems. Sie befreien den Gärtner von den Unmengen an Plastikbehältern, die in letzter Zeit in Gartenbaubetrieben so allgegenwärtig geworden sind. Europäische Gärtner verkaufen Beetpflanzen in Erdpresstöpfen an ihre Kunden, die sie dann in ihren eigenen Gefäßen transportieren. Es entstehen keine Kosten für Plastiktöpfe, weder für den Gärtner, den Kunden, noch für die Umwelt. Kurzum, die Verwendung von Erdpresstöpfen ist das beste System, das ich bisher für die Aufzucht von Setzlingen gefunden habe.

Die Erdtopfpresse

Das Kernstück dieses Systems ist das Werkzeug zur Herstellung von Erdpresstöpfen – die Erdtopf- oder Erdballenpresse. Im Grunde handelt es sich dabei um eine Auswurfform, die aus Anzuchtsubstrat in sich geschlossene Würfel formt. Es gibt sowohl Hand- als auch Maschinenmodelle. Für die Produktion kleinerer Mengen sind handbetriebene Modelle vollkommen ausreichend. Elektrische Erdtopfpressen haben eine Kapazität von über 10.000 Ballen pro Stunde. Sie sind aber für den kleinen Gemüsebetrieb überdimensioniert.

Es gibt zwei Merkmale, die man verstehen muss, um die Vielseitigkeit von Erdpresstöpfen zu schätzen: die Größe des Würfels und die Größe und Form des Mittelstifts.

Die Presse

Es gibt Pressen für 2 Zentimeter große (Mini-) Ballen, 4, 5 und 7,5 Zentimeter große Ballen sowie 10 Zentimeter große (Maxi-) Ballen. Die Form der Ballen ist eher kubisch als konisch. Gartenbauwissenschaftler haben herausgefunden, dass eine kubische Form für das Wurzelwachstum von Sämlingen besser ist als die konische Form von Anzuchtplatten.

Zwei Faktoren beeinflussen die Wahl der Ballengröße – die Art der Pflanze und die Länge der geplanten Wachstumsperiode vor dem Umpflanzen. Ein größerer Ballen wird zum Beispiel für frühe Aussaaten verwendet oder wenn sich das Auspflanzen voraussichtlich verzögern wird. Ein kleinerer Ballen würde für eine weniger Zeit in Anspruch nehmende Vermehrung im Sommer und Herbst ausreichen. Der Mini-Ballen wird nur als Keimballen für den Start von Sämlingen verwendet.

Es liegt auf der Hand, dass weniger Anzuchterde und Gewächshausfläche benötigt wird, je kleiner der Ballen ist (ein vier Zentimeter-Ballen enthält weniger als die Hälfte des Volumens eines 5-Zentimeter-Ballens). Aber bei der Wahl zwischen verschiedenen Ballengrößen ist der größere der beiden normalerweise die sicherere Wahl. Wenn ein kleinerer Würfel verwendet wird, können die Pflanzen natürlich auch für eine kürzere Zeit darin wachsen. Oder man kann, wie es in europäischen kommerziellen Betrieben, die mit Erdtopfpressen arbeiten, üblich ist, den Nährstoffbedarf von Pflanzen in zu kleinen Würfeln mit löslichen Nährstoffen ergänzen, um sie darin zu belassen. Die Notwendigkeit einer solchen Zusatzdüngung ist beim Arbeiten mit Anzuchtplatten eine absolute Notwendigkeit, da jede Zelle erheblich weniger Erde enthält als ein Erdwürfel. Die beliebte umgedrehte Pyramidenform zum Beispiel enthält nur ein Drittel des Erdvolumens eines Würfels der gleichen oberen Abmessung.

Ich bevorzuge immer die größeren Erdpresstöpfe, weil ich glaube, dass es falsche Sparsamkeit ist, bei der Pflege von Jungpflanzen zu knausern. Ihr kräftiges frühes Wachstum ist die Grundlage für spätere Produktivität und Schädlingsresistenz. Ich bin überzeugt, dass die Schädlingsprobleme, die ich in anderen Betrieben oft sehe, eine Folge davon sind, dass die Setzlinge beim Verpflanzen bereits gestresst sind, weil sie in der Enge von mehrzelligen Pflanzenschalen gewachsen sind. Zweitens möchte ich mich nicht auf lösliche Düngemittel verlassen, wenn ein Erdpresstopf das gesamte Nährstoffpaket von Anfang an enthalten kann. Bei der richtigen Größe des Erdpresstopfes und des richtigen Substrats müssen die Sämlinge nur noch gegossen werden.

Ein weiterer Faktor, der eine größere Menge an Kultursubstrat rechtfertigt, ist die Zugabe von organischen Stoffen in die Anzuchterde. Wenn Salat in 5-Zentimeter-Würfeln mit einem Abstand von 30 mal 30 Zentimetern angebaut wird, entspricht die Menge an organischem Material in den Würfeln der Ausbringung von etwa 4.5 Tonnen auf 0,4 Hektar! Da Torf für die langfristige Erhöhung der organischen Substanz im Boden mehr als doppelt so wertvoll ist wie Dünger, sind die Würfel tatsächlich das Doppelte ihres Gewichts an Dünger wert. Wo Folgekulturen angebaut werden, kann das bodenverbessernde Material, das allein durch das Umpflanzen hinzugefügt wird, erheblich sein.

Erdpresstöpfe versus Anzuchtplatten

Die Qualität der Setzlinge, die Sie heranziehen, ist der erste Schritt zu einer erfolgreichen Ernte. Ich denke, dass das minimale Bodenvolumen und der geschlossene Wurzelraum von Anzuchtplatten minderwertige Sämlinge hervorbringen, die anfällig für schlechtes Wachstum und spätere Schädlingsprobleme sind. Wenn ich andere Betriebe besuche und auf umgepflanzte Setzlinge stoße, die sich abmühen, dann kommen sie immer aus Anzuchtplatten. Es stimmt, Erdpresstöpfe verbrauchen mehr Pflanzsubstrat, aber der zusätzliche Aufwand ist es mehr als wert, um garantiert gesunde Setzlinge zu ziehen, die ohne Probleme wachsen.

Wenn Sie bisher Anzuchtplatten mit 96 Löchern verwendet haben, empfehle ich Ihnen, die „Stand-up 35"-Presse von Johnny's Selected Seeds auszuprobieren. Sie ist so dimensioniert, dass sie eine Standard 1020-Anzuchtschale mit 105 knapp 3 Zentimeter großen Blöcken füllt. Mit dieser Kombination aus Erdtopfpresse und Anzuchtschale erhalten Sie ein modulares System, das einer Anzuchtplatte ähnelt, aber qualitativ hochwertigere und gesündere Sämlinge hervorbringt.

Aufgrund der besseren Wachstumsbedingungen erreichen die Sämlinge in Erdpresstöpfen schneller die Umpflanzgröße als in Anzuchtplatten. (Siehe Tabelle 16.1, „Der richtige Zeitpunkt zum Umpflanzen" bezüglich der durchschnittlichen Zeiten von der Aussaat bis zur Umpflanzung der Erdpresstöpfe.)

Professionelle handbetriebene Erdtopfpressen für unterschiedlich große Erdwürfel

STIFT-EINSÄTZE

Der Stift ist der Gegenstand, der in der Mitte der oberen Pressformplatte angebracht ist. Der Standard-Saatgutstift ist ein kleiner Knopf, der oben in den Erdwürfel eine Vertiefung für das Saatgut presst. Dieser Stift ist geeignet für Kulturen mit der Samengröße von Kopfsalat, Weißkohl, Zwiebeln oder Tomaten. Andere Stifttypen sind dübel- oder würfelförmig. Ich verwende den würfelförmigen Stift für Melone, Kürbis, Mais, Erbsen, Bohnen und alle anderen Samen dieser Größen. Ein langer Zylinderstift wird verwendet, um ein tieferes Loch zu machen, in das Stecklinge eingesetzt werden können. Kubische Stifte kommen auch zum Einsatz, um Setzlinge in kleineren Erdwürfeln in größere umzutopfen; dazu presst der Stift in den großen Erdwürfel ein exakt passendes kubisches Loch, in das der kleinere Würfel eingesetzt wird. Die verschiedenen Einsätze sind leicht austauschbar.

Systeme mit verschiedenen Würfelgrößen

Die mit der Mini-Erdtopfpresse hergestellten zwei Zentimeter großen Würfel werden für die Anzucht von Sämlingen verwendet. In diesen kleinen Würfeln können baukastenartig enorme Saatgutmengen auf einer Heizmatte oder in einer Keimkammer keimen. Dies ist vor allem bei Samen sinnvoll, die lange zum Keimen brauchen, da dabei ein Minimum an Platz benötigt wird.

Mini-Erdwürfel sind effektiv, weil sie gut zu handhaben sind, wenn Sie die Sämlinge umtopfen wollen. Die oft wiederholte Ermahnung, mit dem Umpflanzen zu warten, bis die ersten echten Blätter erscheinen, trifft nicht zu. Spezielle Untersuchungen von W. J. C. Lawrence, einem der frühen Erforscher des Systems der Erdtopfpressen, haben gezeigt, dass die jungen Sämlinge später umso besser wachsen, je früher sie umgetopft werden.[2]

Der vier Zentimeter große Würfel wird für die Anzucht von Standardkulturen wie Salat, Weißkohl, Rote Bete, Fenchel usw.

85°

verwendet, die nicht so lange bis zum Umpflanzen brauchen. Wenn diese Würfelgröße mit einem langen Stifteinsatz versehen wird, eignet sie sich hervorragend zum Bewurzeln von Stecklingen.

Der fünf Zentimeter große Würfel ist das Standardmodell für Saaten mit einer längeren Anzuchtphase. Mit dem in der Mitte platzierten zwei Zentimeter großen kubischen Stift wird er für die Keimung von Bohnen-, Erbsen-, Mais- oder Kürbissamen sowie für das erste Umtopfen von Pflanzen verwendet, die in Mini-Würfeln gestartet sind.

Der 7,5 Zentimeter große Würfel mit einer zwei Zentimeter großen kubischen Aussparung bietet die Möglichkeit, viele verschiedene Feldfrüchte (Kürbis, Salatgurke, Melone) keimen zu lassen, wenn der Platzbedarf im Gewächshaus nicht ausschlaggebend ist. Es ist auch eine ideale Größe für das Umtopfen von Spargelsämlingen, die in Mini-Würfeln gestartet sind.

Der zehn Zentimeter große Erdwürfel, der durch einen entsprechenden Stift eine Aussparung von vier oder fünf Zentimetern hat, kann das endgültige Zuhause für Artischocken-, Auberginen-, Paprika- und Tomatensetzlinge sein. Aufgrund seiner kubischen Form hat er das gleiche Erdvolumen wie ein 15 Zentimeter-Pflanztopf. Mittlerweile bevorzuge ich für diese Kulturen die 15 Zentimeter-Pflanztöpfe und nicht mehr die 10-Zentimeter-Erdpresstöpfe.

Weitere Stift-Optionen

Zusätzlich zu den mit der Erdtopfpresse gelieferten Stiften können Sie selbst Stifte in jeder gewünschten Größe oder Form anfertigen. Die meisten harten Materialien (Holz, Metall oder Kunststoff) sind geeignet, solange sie eine glatte Oberfläche haben. Sie können Anzuchtplatten als Formen verwenden und sie mit einer schnellhärtenden Spachtelmasse auf Wasserbasis füllen, um viele verschiedene Stiftgrößen herzustellen. So werden beide Systeme – die Arbeit mit Anzuchtplatten und mit Erdtopfpressen – kombiniert.

Spezialerde für die Erdtopfpresse

Wenn Pflanzen vorgezogen werden, ob in Erdpresstöpfen oder Töpfen, ist ihre Bewurzelungsfläche begrenzt. Daher muss die Erde, in der sie wachsen, speziell zusammengesetzt sein, um diese eingeschränkten Bedingungen zu kompensieren. Das speziell für Erdpresstöpfe verwendete Kultursubstrat wird als Presstopferde bezeichnet. Die Zusammensetzung einer Presstopferde unterscheidet sich von gewöhnlicher Pflanzerde aufgrund der einzigartigen Anforderungen der Erdtopf-Herstellung. Presstopferde benötigt zusätzliches faseriges Material, um dem Substrat Stabilität zu geben, wenn es mit einer pastösen Konsistenz in die Presse gefüllt und zu Würfeln geformt wird. Wenn eine nicht entsprechend angepasste Gartenerde verwendet wird, die auf diese Weise behandelt wird, würde sie hart und undurchdringlich für die Wurzeln werden. Eine Presstopferde braucht auch ein gutes Wasserhaltevermögen, da die Würfel nicht von einem Behälter umschlossen sind. Die Hauptzutaten für dieses spezielle Substrat sind Torf, Sand, Erde und Kompost. Gekaufte Mischungen können auch funktionieren, aber die meisten enthalten chemische Zusätze, die von vielen Bio-Zertifizierungsprogrammen nicht zugelassen sind. Wenn Sie eine handelsübliche Torf-Perlit-Mischung ohne Zusatzstoffe finden, können Sie diese mit Erde, Kompost und den unten beschriebenen zusätzlichen Zutaten ergänzen.

In den letzten Jahren sind kommerzielle Bio-Spezialmischungen mit einem recht guten Wachstumspotenzial auf den Markt gekommen. Allerdings können die Versandkosten hoch sein, wenn Sie weit entfernt vom Lieferanten wohnen. Um ehrlich zu sein, habe ich nur wenige Produkte gefunden, die so schöne Setzlinge hervorbringen wie meine eigenen selbstgemachten Mischungen.

TORF

Torf ist ein teilweise verrotteter, feuchtigkeitsabsorbierender Pflanzenrückstand, der in Mooren und Sümpfen vorkommt. Er liefert Fasern und organische Substanz in einem. Torf ist jedoch nicht gleich Torf, und die Qualität kann stark variieren. Ich empfehle, die beste Qualität zu verwenden. Torf von schlechter Qualität enthält viele kleine Stöcke und ist sehr staubig. Die qualitativ besseren Torfsorten haben mehr Fasern und Struktur. Fragen Sie bei Ihrem regionalen Lieferanten für Gartenzubehör nach, bis Sie Torf von guter Qualität gefunden haben. Sehr oft hat ein großer Gewächshausbetrieb, der seine eigene Mischung herstellt, Zugang zu einem guten Produkt. Der Torf gibt einem Erdtopf Struktur.

SAND

Sand oder eine ähnlich körnige Substanz ist nützlich, um in der Mischung für mehr Luftdurchlässigkeit zu sorgen. Ein grober Sand mit einer Korngröße von 1,6 bis 3,2 Millimetern ist am effektivsten. Ich ziehe es vor, kein Vermiculit zu verwenden, wie es in vielen kommerziellen Mischungen anzutreffen ist, weil es zu leicht ist und dazu neigt, bei der Herstellung der Erdpresstöpfe zerdrückt zu werden. Wenn ich eine leichtere Mischung möchte, ersetze ich den Sand durch grobes Perlit. Wie auch immer das grobe Produkt aussieht, eine ausreichende Belüftung ist in jedem Substrat der Schlüssel für ein erfolgreiches Pflanzenwachstum.

KOMPOST UND ERDE

Obwohl die meisten modernen Kultursubstrate keine echte Erde mehr enthalten, habe ich festgestellt, dass für das Pflanzenwachstum sowohl Erde als auch Kompost wichtige Bestandteile der Mischung sind. Zusammen ersetzen sie die Lehmerde der erfolgreichen alten Topfmischungen.[3] In Kombination mit den anderen Bestandteilen bieten sie den Pflanzen stabile, nachhaltig wirkende Nährstoffe. Ich vermute, dass der wertvollste Beitrag der Erde darin besteht, überschüssige Nährstoffe im Kompost zu mildern und so gleichmäßigere Ergebnisse zu erzielen. Was auch immer der Grund sein mag, wenn Erde und Kompost dabei sind, wird keine zusätzliche Düngung benötigt.

Kompost ist die wichtigste Zutat. Er wird am besten von zwei Jahre alten Haufen genommen, die eine feine Textur haben und gut zersetzt sind. Der Komposthaufen muss sorgfältig für die spätere Verwendung in Pflanzerde vorbereitet werden. Ich verwende in der Kompostmischung keinen Tiermist, der Holzspäne oder Sägemehl enthält, und bevorzuge Pferdemist, wenn ich ihn bekommen kann. Ich schichte den Haufen aus fünf bis 15 Zentimeter dicken Lagen aus gemischten Gartenabfällen (wie äußere Blätter, abgeerntete Erbsenranken, Beikraut), bedeckt mit einer Schicht Erde und 5 bis 7,5 Zentimeter Strohmist, der mit Montmorillonit-Ton bestreut ist. Dann wiederhole ich die Abfolge, bis alles verarbeitet ist. Der Haufen sollte gewendet werden, sobald die Temperatur ansteigt und die Abbaugeschwindigkeit zu sinken beginnt, um so die weitere Zersetzung anzuregen.

An unserer Kompostierung sind keine zusätzlichen Würmer beteiligt, außer denen, die von Natur aus vorhanden sind, was normalerweise eine beträchtliche Anzahl ist, da wir jedes Jahr auf derselben Fläche Kompost herstellen. (Ich habe versuchsweise kommerzielle Wurmkomposter oder Aufgüsse gekauft, und sie haben sich als adäquater Ersatz für unseren Kompost erwiesen). Sowohl während der Verrottung als auch danach sollte der Haufen mit einem Kompostvlies abgedeckt werden. Ich empfehle dringend, den Kompost ein weiteres Jahr ruhen zu lassen (sodass er eineinhalb bis zwei Jahre alt ist, bevor er verwendet wird); das Ergebnis ist die Mühe wert. Je besser der Kompost als Bestandteil der Erde ist, desto besser ist das Wachstum der Pflanzen. Die außergewöhnlich gute Qualität der in dieser Mischung gezogenen Setzlinge ist Grund genug, bei der Kompostherstellung besondere Sorgfalt walten zu lassen. Kompost für Presstopf-Erdmischungen muss bereits im Herbst auf Vorrat angelegt und an einem frostsicheren Ort gelagert werden. Sein Wert als Bestandteil der Mischung scheint sich durch die Lagerung über den Winter zu erhöhen.

Die Zutat *Erde* bezieht sich auf einen fruchtbaren Gartenboden, der ebenfalls im Voraus gelagert wird. Ich sammle ihn im Herbst von Flächen, auf denen gerade Zwiebeln geerntet wurden. Denn ich habe festgestellt, dass Setzlinge (einschließlich Zwiebeln) am besten zu wachsen scheinen, wenn in der Erde, die Bestandteil der Erdtopfmischung ist, vorher Zwiebeln gewachsen sind. Ich vermute, dass hier ein biologischer Effekt am Werk ist, da Studien zum Fruchtwechsel gezeigt haben, dass Zwiebeln (und Lauch) sehr vorteilhafte Vorfrüchte sind.[4] Die Erde und der Kompost sollte man durch ein Sieb mit 1,25 Zentimeter großer Lochung sieben, um Stöcke, Steine und Klumpen zu entfernen. Für eine extrafeine Mischung, die man entweder für Mini-Erdpresstöpfe oder für die Vermehrung von winzigen Blumensamen verwendet, sollte der Kompost und der Torf durch eine Sieblochung von 0,6 Zentimetern gesiebt werden.

WEITERE ZUSATZSTOFFE

Kalk, Blutmehl, kolloidales Phosphat und Grünsand werden in kleineren Mengen zugegeben.

Kalk. Gemahlener Kalkstein wird zugegeben, um den pH-Wert der Presstopfmischung anzupassen. Die Kalkmenge richtet sich nach der Menge des Torfes, dem sauersten Bestandteil. Der pH-Wert von Kompost oder Gartenerde sollte nicht verändert werden müssen. Meine Erfahrung sowie neuere Forschungsergebnisse haben mich dazu veranlasst, einen pH-Wert zwischen 6 und 6,5 für alle wichtigen vorgezogenen Kulturen anzustreben. Diejenigen Gärtner, die verschiedene Torfarten in der Mischung verwenden, sollten einige pH-Tests durchführen, um sicherzugehen. Die in der untenstehenden Formel angegebene Kalkmenge passt jedoch für die verschiedenen Torfarten, die ich kennengelernt habe.

Blutmehl. Für mich ist dies für Kultursubstrate die zuverlässigste Stickstoffquelle mit langsamer Freisetzung. Englische Gartenbücher verweisen oft auf Huf- und Hornmehl, das ähnlich wirkt. Ich habe auch Krabbenschalenmehl mit großem Erfolg eingesetzt. Jüngste unabhängige Untersuchungen bestätigen meine Erfahrungen und legen nahe, dass vermahlene Baumwollsaaten und Biomasse aus getrockneter fermentierter Sauermolke ebenfalls gut funktionieren.[5]

Kolloidales Phosphat. Ein Tonmaterial, das in Verbindung mit Phosphatgestein-Ablagerungen vorkommt und 22 Prozent P2O5 enthält. Je feiner die Partikel, desto besser.

Grünsand (Glaukonit). Grünsand enthält etwas Kalium, wird hier aber hauptsächlich als breit gefächerte Quelle für Mikronährstoffe verwendet. Ein getrocknetes Seetangprodukt wie Kelpmehl kann denselben Zweck erfüllen, aber ich habe mit Grünsand konsistentere Ergebnisse erzielt.

Die letzten drei zusätzlichen Zutaten – Blutmehl, kolloidales Phosphat und Grünsand – bilden, zu gleichen Teilen gemischt, den Basisdünger.

Substrat für eine Erdtopfpresse

Ein standardmäßiger 10-Liter-Eimer ist die Maßeinheit für die Hauptzutaten. Dieses Rezept ergibt etwa 70 Liter Substrat. Führen Sie die Schritte in der angegebenen Reihenfolge aus.

3 Eimer Brauntorf
120 ml Kalk
2 Eimer grober Sand oder Perlite
720 ml Basisdünger
1 Eimer Erde
2 Eimer Kompost

Mischen Sie zuerst Torf und Kalk, da diese die säurehaltigsten Bestandteile sind. Fügen Sie dann Sand oder Perlit hinzu. Mischen Sie als nächstes den Basisdünger unter. Indem Sie die trockenen Zusatzstoffe mit dem Torf vermischen, werden diese möglichst gleichmäßig im Substrat verteilt. Fügen Sie Erde und Kompost hinzu und mischen Sie alles ein letztes Mal komplett durch.

Um dieses Rezept für größere Mengen zu verwenden, denken Sie daran, die Zutaten in „Einheiten“ zu messen. Die Einheiten können beliebig groß sein, solange das Verhältnis zwischen den Hauptbestandteilen und den Zusatzstoffen beibehalten wird. Eine Einheitsformel würde bedeuten:

30 Einheiten Brauntorf
1/8 Einheit Kalk
20 Einheiten grober Sand oder Perlite
3/4 Einheiten Basisdünger
10 Einheiten Erde
20 Einheiten Kompost

SUBSTRAT FÜR EINE MINI-ERDTOPFPRESSE

Für die Anzucht von Samen in Mini-Erdpresstöpfen wird eine andere Mischung verwendet. Das Saatgut keimt besser in einer nährstoffärmeren Mischung ohne Zusatz von Blutmehl. Torf und Kompost werden durch ein feines Sieb mit 0,6 Zentimeter-Lochung gesiebt, bevor sie der Mischung hinzugefügt werden.

16 Einheiten oder 15 l Brauntorf
1/8 Einheit oder 120 ml kolloidales Phosphat
1/8 Einheit oder 120 ml Grünsand
4 Einheiten oder 3,8 l gut zersetzter Kompost

Hinweis: Wenn kein Grünsand verfügbar ist, lassen Sie ihn weg; ersetzen Sie ihn in dieser Mischung nicht durch ein getrocknetes Algenprodukt.

STERILISIERUNG DES SUBSTRATS

In über mehr als 20 Jahren, in denen ich die Erdmischungen selbst herstelle und verwende, habe ich sie nie sterilisiert. Und ich habe keine Probleme gehabt. Früh habe ich erkannt, dass Feuchtigkeitsstau und ähnliche Sämlingsprobleme, die normalerweise auf nicht sterilisierte Erde zurückgeführt werden, in Wirklichkeit mit der Kultivierung zusammenhängen. Dazu gehören übermäßiges Gießen, mangelnde Luftzirkulation, zu wenig Sonne, Überdüngung und so weiter. Ein guter, fruchtbarer Gartenboden und gut vorbereiteter Kompost enthalten viele Organismen, die das Wachstum der Sämlinge fördern. Wenn Sie diese Bestandteile „sterilisieren", verlieren Sie die Vorteile einer lebendigen Mischung, ohne andere Vorteile zu erlangen, die durch eine richtige Kultivierung der Sämlinge erreicht werden. Neuere wissenschaftliche Studien stimmen dem zu und betonen den besonderen Wert von reifem Kompost als krankheitsunterdrückende Zutat in Anzuchtmischungen.[6]

STICKSTOFF-REAKTION

Bei bestimmten Kulturen (vor allem bei empfindlicheren Beetblumen) sollte man noch einen anderen Aspekt berücksichtigen. Wenn organische Stickstoffquellen wie Blutmehl oder das altbewährte Hornmehl in einer Mischung enthalten sind, kann die Mineralisierung des Stickstoffs durch biologische Prozesse und die daraus resultierende Produktion von Ammonium das Pflanzenwachstum für eine gewisse Zeit nach der Herstellung der Mischung hemmen, vor allem wenn Feuchtigkeit und Temperatur hoch sind.[7] Wenn Sie ein getrocknetes Algenprodukt anstelle von Grünsand verwenden, trifft dieser Aspekt wahrscheinlich ebenfalls zu. Um diese Reaktion zu vermeiden, stellen Sie die Mischung immer frisch bei Bedarf her und lagern Sie sie nie länger als drei Wochen. Meines Wissens ist dieses Problem noch nie aufgetreten, aber ich denke, es ist erwähnenswert. Ich habe die Erfahrung gemacht, dass die Mischung sogar besser wird, wenn sie länger als drei Monate gelagert wird, da alle Zutaten gemeinsam zu reifen scheinen.

Einer der europäischen Bio-Betriebe, die ich besucht habe, ließ seine Mischung tatsächlich ein ganzes Jahr lang ruhen, bevor er sie verwendete: Er schichtete die Zutaten – unten Pferdemist, darüber Laubkompost, dann Kompost – in einen Frühbeetkasten, pflanzte darauf zuerst Weißkohl, gefolgt von Melone und Feldsalat. Nachdem die einzelnen Schichten ein Jahr lang durch die Wurzeln dieser Pflanzen „aufbereitet" worden waren, bildeten sie die Grundlage für die Presstopf-Erdmischung. Sieben Teile der „aufbereiteten" Zutaten wurden mit drei Teilen Torf gemischt, dazu kam Gesteinsmehl, und dann war die Mischung fertig. Ein anderer Gärtner aus meinem Bekanntenkreis verwendet nur reinen Kompost für die Anzucht von Setzlingen in Anzuchtschalen und -platten. Ich erzähle diese Geschichten als Beispiele für die extrem große Vielfalt an Antworten, die verschiedene Züchter auf die Frage nach der richtigen Pflanzerde gefunden haben. Die Formeln, die ich oben angegeben habe, sind die Lösungen, die für mich bisher gut funktioniert haben. Sie sind nicht die einzigen Möglichkeiten.

BEFEUCHTEN DES SUBSTRATS

Die Substrat-Mischung muss mit Wasser angefeuchtet werden, bis sie eine stabile Konsistenz hat. Die Wassermenge variiert je nach dem ursprünglichen Feuchtigkeitsgehalt der Zutaten. Um eine Konsistenz zu erreichen, die feucht genug für die Herstellung von Erdpresstöpfen ist, beträgt das Volumenverhältnis von Wasser und Substrat etwa ein Teil Wasser auf drei Teile Substrat. Etwas mehr als 9,5 Liter Wasser sollten auf 0,09 m2 Substrat gegeben werden. Die Erdtopfmischung ist viel feuchter als Pflanzerde, die man für Töpfe oder im Wohnbereich verwendet, und daher etwas gewöhnungsbedürftig. Der häufigste Fehler bei der Herstellung der Erdpresstöpfe ist der Versuch, diese aus einer zu trockenen Mischung zu pressen. Damit die Erdpressmischung gründlich durchfeuchtet werden kann, enthält sie einen hohen Torfanteil, der die erforderliche Elastizität gewährleistet.

Handhabung von Erdpresstöpfen

Viele große Betriebe, die mit Erdpresstöpfen arbeiten, setzen die neu geformten und eingesäten Erdwürfel zu Tausenden auf den Betonboden des Gewächshauses. Wenn sie soweit sind, dass sie ins Feld verpflanzt werden können, werden die Setzlinge in den Erdpresstöpfen mit einer breiten, feinzinkigen Gabel angehoben und in Transportkisten geschoben. Diese Kisten haben hohe Seitenwände, sodass sie für den Transport gestapelt werden können, ohne die Setzlinge zu zerdrücken. Anstelle dieser speziellen Kisten gibt es drei andere Möglichkeiten, die sich für die Produktion in kleinem Maßstab bewährt haben.

Vor Jahren haben wir einfache flache Holzkästen mit drei Seitenwänden gebaut. Die Innenmaße betrugen 48 x 20 x 5 Zentimeter. Für die Seiten wurden 2 Zentimeter dicke und für den Boden 1,25 Zentimeter dicke Bretter verwendet. Ein Kasten fasst 60 Erdwürfel à 4 Zentimeter, 36 Erdwürfel à 5 Zentimeter oder 18 der 7,5 Zentimeter großen Würfel. Diese Kästen lassen sich optimal im Gewächshaus verwenden, da für die Pflanztische Standardrahmenhölzer reichen, um zwei Reihen Kisten nebeneinander aufzunehmen. Aufgrund der niedrigen Seitenwände lassen sich die Kisten, wenn sie mit Setzlingen gefüllt sind, nicht stapeln. Für den Transport ist daher ein Tragegestell mit Abstand haltenden Einlegeböden erforderlich.

Die Kästen haben nur drei Seitenwände, sodass beim Umpflanzen aufs Feld die Erdwürfel mit den Setzlingen leicht einzeln von der offenen Seite entnommen werden können. Dabei wird der Kasten mit einer Hand an der langen Seite gehalten, während die Setzlinge mit der anderen Hand schnell in die Pflanzlöcher gesetzt werden. Ähnliche dreiseitige Kästen (halb so breit und nur zwei Zentimeter hoch an den Seiten) werden für die Mini-Erdpresstöpfe verwendet. Da sie die gleiche Länge wie die anderen Kästen haben, nehmen sie auf effiziente Weise zu zweit einen Platz auf dem Pflanztisch ein. In jede Holzkiste passen 120 Mini-Erdpresstöpfe.

POLYCARBONAT-PLATTEN

Unsere heutigen, sehr einfachen Kästen für die Erdwürfel entstanden, nachdem wir die Stirnwände einiger neuer Gewächshäuser mit Polycarbonat-Platten verkleidet hatten. Wir haben die übrig gebliebenen Reste in 20 mal 45 Zentimeter große Stücke geschnitten, die 60, 36 oder 18 Würfel aufnehmen, genau wie die Holzkästen. Die Polycarbonat-Platten halten viele Jahre, da sie sich nicht wie die Holzkästen zersetzen. Eine neuere Entwicklung ist die Herstellung von Erdtopfpressen, deren Abmessungen passend für die Standard 1020-Anzuchtschalen sind. Viele Züchter, die mit den 1020-Anzuchtschalen vertraut sind und nicht in Anzuchtplatten kultivieren wollen, haben diese Option gewählt.

BÄCKERKISTEN

Wenn Sie mit größeren Mengen von Erdpresstöpfen arbeiten, können Sie die großen Bäckerkisten aus Plastikgeflecht verwenden, die man in den Bäckerei-Lieferwagen sieht. Man kann sie in der Regel kostengünstig gebraucht bei lokalen Bäckereien kaufen. Da die Seiten dieser Kisten höher sind, als die meisten Setzlinge (außer den größten) wachsen, können sie für den Transport gestapelt werden. Bäckerkisten variieren in der Größe, aber im Durchschnitt kann jeder Kasten 200 der vier Zentimeter großen Erdpresstöpfe und proportional weniger der größeren Exemplare aufnehmen.

Die Ergebnisse mit den Bäckerkisten sind ausgezeichnet. Durch die offene Gitterstruktur an den Seiten und am Boden sowie die Freiräume zwischen den Erdwürfeln bleiben die Wurzeln der Sämlinge an allen fünf potenziellen Kontaktflächen der Erde innerhalb des Würfels. Die Bäckerkisten sind beim Umsetzen aufs Feld nicht so einfach zu handhaben wie die kleineren, an einer Seite offenen Kästen, aber mit etwas Übung lassen sie sich gut verwenden.

Herstellung von Erdpresstöpfen

Verteilen Sie auf einer festen Oberfläche die feuchte Erdmischung in einer Dicke, die größer ist als die zu erzeugenden Erdwürfel. Füllen Sie die Presse, indem Sie sie mit einer schnellen Druck- und Drehbewegung in die Mischung drücken, sodass sich die Form gut mit Erde füllt. Heben Sie die Presse an, kratzen Sie überschüssiges Substrat an der Kante eines Brettes ab und platzieren Sie die Presse in einem an einer Seite offenen Holzkasten, einer Bäckerkiste, auf einer Plastikfolie, einem Betonboden oder einer anderen Oberfläche. Die Erdwürfel werden ausgeworfen, indem man vorsichtig den Anstoßbügel nach unten drückt, bis ein wenig Feuchtigkeit austritt und man dann den Rahmen der Handpresse in einer sanften, gleichmäßigen Bewegung anhebt.[8] Nach jedem Gebrauch tauchen Sie die Presse in Wasser, um sie abzuspülen. Mit etwas Übung ergibt sich eine erstaunliche Produktionsrate (ein Züchter behauptet, mit dem vier Zentimeter großen Modell bis zu 5.000 Erdwürfel pro Stunde zu produzieren).

EINSAAT IN DIE ERDPRESSTÖPFE

Jeder Erdtopf wird oben mit einer Vertiefung versehen, um darin das Saatgut aufzunehmen. Normalerweise werden die Samen von Hand in die selbst gefertigten Würfel gelegt. Bei den maschinellen Erdtopfpressen sind sowohl die Aussaat als auch der Pressvorgang mechanisiert. Ein automatisches Sägerät, das über der Presse montiert ist, lässt jeweils einen Samen in jede Vertiefung fallen, während die Erdpresstöpfe darunter durchlaufen. Diese automatisierten Modelle sind zu groß und zu teuer für den Kleinerzeuger, aber wenn sich eine Gruppe von Anbauern zusammenfindet, gibt es für einen von ihnen einen Job in einem spezialisierten Setzlingsbetrieb. Kleinbauern profitieren immer von solchen Kooperationen und sollten eine Teilnahme in Betracht ziehen, wann immer sich die Gelegenheit ergibt.

EINZELKORNSAAT

Säen Sie einen Samen pro Erdtopf. Es besteht die Versuchung, zwei zu verwenden (nur um auf der sicheren Seite zu sein), aber das ist nicht notwendig. Die Keimung ist in Erdpresstöpfen ausgezeichnet, da die idealen Feuchtigkeits- und Temperaturbedingungen leicht aufrechterhalten werden können. Die wenigen Samen, die nicht keimen, stellen ein viel geringeres Problem dar als die Arbeit, die nötig ist, um alle gekeimten Samen zu pikieren. Wenn das Saatgut von fragwürdiger Vitalität ist, lohnt es sich natürlich, mehr als einen Samen pro Topf zu pflanzen, aber es zahlt sich aus, von Anfang an mit gutem Saatgut zu arbeiten.

Die Aussaat kann bei großen Samen wie Salatgurken, Melonen und Kürbissen per Hand erfolgen. Handsaat ist auch für kleine, pillierte Samen möglich, obwohl diese für die meisten Sorten schwer zu bekommen sind und daher häufiger Standardsaatgut verwendet wird. Die kleinen Samen können am präzisesten mit einem dünnen Stäbchen, einem angespitzten Dübel, einem Zahnstocher oder einem ähnlichen spitzen Gegenstand ausgebracht werden. Verteilen Sie die Samen zunächst in einer Schale. Befeuchten Sie die Spitze des Stäbchens mit Wasser und berühren Sie damit einen Samen. Der Samen bleibt an der Spitze haften und wird in der Samenvertiefung oben im Erdtopf abgelegt. An dem festen, feuchten Erdtopf haftet der Samen stärker als an der Spitze des Stäbchens, sodass der Samen in der Mulde liegen bleibt.

Eine andere naheliegende Technik besteht darin, eine Seite des Saatgutpäckchens zu knicken oder einen anderen V-förmigen Behälter zu verwenden und die Samen nacheinander herauszuklopfen, indem man mit den Fingern oder einem kleinen Stock auf den Behälter schlägt. Die *Park Seed Company* verkauft kleine Samen in Päckchen aus fester Metallfolie. Wenn Sie ein leeres Päckchen mit der Schere einschneiden und falten, eignet es sich außergewöhnlich gut als „Saatgutklopfer", selbst für winzige Samen. Legen Sie immer nur so viele Samen auf einmal in das Päckchen, dass sie in einer Reihe ausgeklopft werden können, ohne zu klumpen.

Es gibt handelsübliche Sähilfen, die darauf abzielen, die Samen entweder einzeln herauszuschütteln, zu klicken oder zu rütteln. Für Kleinerzeuger gibt es elektrisch betriebene pneumatische Sämaschinen, die für die Aussaat von Erdpresstöpfen angepasst werden können. Ich habe mit einer nichtelektrischen, selbst gebauten pneumatischen Sämaschine speziell für Mini-Blöcke experimentiert, die ihre Saugkraft aus dem Rückhub einer fußbetriebenen Pumpe für Schlauchboote bezieht. Die Ansaugspitzen sind zwar noch nicht ganz perfektioniert, aber ich werde es eines Tages hinbekommen. Eine Anleitung für eine pneumatische Mehrkorn-Sämaschine zum Selberbauen finden Sie in einer früheren Ausgabe von *HortScience*.[9] [Anm. d. Verlags: Eine Zeitschrift der *Amerikanischen Gesllschaft für Gartenbau*] Züchter sollten solche Hilfsmittel ausprobieren und selbst entscheiden, ob sie es wert sind. Unabhängig davon, welche Methode Sie verwenden, sollten Sie immer mit Sorgfalt säen, um sicherzustellen, dass die Samen exakt in jeden Erdwürfel platziert werden.

In der Praxis entwickeln sich diese Aussaattechniken schnell, effizient und präzise. Denken Sie daran, dass das System mit Erdpresstöpfen das zusätzliche Umtopfen für viele Kulturen überflüssig macht. Denn die im Erdtopf vorgezogenen Setzlinge werden später mit dem Erdballen direkt aufs Feld ausgepflanzt. Allein diese Zeitersparnis ist den Aufwand wert, der erforderlich ist, um die Einzelkornsaat zu beherrschen.

Keimung

Ich decke die in Mini-Erdpresstöpfen gepflanzten Samen nie ab. Sauerstoff ist wichtig für eine hohe Keimrate. Daher kann selbst eine dünne Abdeckung mit Erde oder einer Topfmischung die Keimrate senken. Ich halte dies auch bei allen kleinen Blumensamen für wichtig. Wenn in der Aussaatanleitung steht, dass die Samen zum Keimen Dunkelheit brauchen, decke ich die Anzuchtschalen vorübergehend mit einer schwarzen Plastikfolie ab. Um den Feuchtigkeitsgehalt während der Keimzeit hochzuhalten, besprühe ich sie häufig mit einem feinen Wasserstrahl. Bei den meisten Kulturen in den größeren Erdpresstöpfen erhalte ich kräftigere Sämlinge, wenn ich die Samen abdecke. Das mache ich, indem ich eine dünne Schicht Topferde über die Samen streue.

Der dritte wichtige Faktor für eine hohe Keimrate ist neben Luft und Feuchtigkeit die Temperatur. Die ideale Temperatur für die Keimung lässt sich am besten mit thermostatisch gesteuerten Heizmatten unter den Anzuchtschalen aufrechterhalten.[10] Die Temperatur wird mittels eines ferngesteuerten Thermostatfühlers, der in die Topferde oder in den Spalt zwischen den Erdpresstöpfen eingeführt wird, auf die gewünschte Einstellung geregelt. Für die meisten Kulturen verwende ich eine Einstellung von 21-24 °C. Spargel, Salatgurken, Tomaten, Auberginen, Melonen, Paprika und Kürbisse brauchen eine Temperatur von 27-30 °C.

Mehrkornsaat

Obwohl ich betont habe, dass es klug ist, nur einen Samen pro Erdtopf zu säen, gibt es eine wichtige Ausnahme von dieser Regel – die Mehrkornsaat. In diesem Fall werden bewusst drei bis zwölf Samen in jeden Erdtopf gepflanzt, ohne dass ein Pikieren geplant ist. Viele Pflanzen wachsen normalerweise unter diesen Bedingungen heran, und die Effizienz des Vorziehens erhöht sich durch das Auspflanzen von Sämlingsbündeln anstelle von Einzelpflanzen.

Das Konzept der Mehrkornsaat basiert auf einem räumlichen und nicht auf einem linearen Pflanzabstand auf dem Feld. Nehmen wir zum Beispiel an, dass der durchschnittliche ideale Pflanzabstand für Zwiebeln 7,5 Zentimeter in der Reihe beträgt, mit 30 Zentimeter Reihenabstand. Bei der Mehrkornsaat wird ein äquivalenter Abstand von vier Zwiebeln pro 9 cm2 angestrebt. Der Unterschied ist, dass alle vier Zwiebeln zusammen in einem Erdpresstopf gesät werden und bis zur Ernte zusammenwachsen. Da es genauso einfach ist, vier Pflanzen in einem Block zu ziehen wie eine, ist nur noch ein Viertel der Arbeit für die Topfherstellung und der Gewächshausfläche erforderlich, um die gleiche Anzahl von Pflanzen aufzuziehen. Ein ähnlicher Vorteil ergibt sich beim Umpflanzen der Setzlinge auf das Feld. Wenn vier Pflanzen wie eine behandelt werden können, müssen nur noch ein Viertel so viele Einheiten gesetzt werden. Obwohl die Pflanzen gebündelt sind, haben sie rundherum mehr Platz. Die Zwiebeln wachsen ganz normal im Büschel, wobei sie sich gegenseitig sanft zur Seite schieben und eine schöne runde Zwiebelform und gute Größe erzielen.

Nicht nur Speisezwiebeln sondern auch Frühlingszwiebeln gedeihen, wenn sie als Mehrkornsaat ausgebracht werden. Sie werden zu zehn bis zwölf Stück pro Erdtopf gesät und wachsen in einem Büschel, ideal, um bei der Ernte zusammengebunden zu werden. Das Beikrautjäten zwischen den Pflanzen ist in der Reihe keine lästige Arbeit mehr, da die breiteren Abstände eine einfache Kreuz- und Querpflügung mit der Hacke ermöglichen. Natürlich müssen die Pflanzen aus der Mehrkornsaat etwas früher (in einem jüngeren Alter) auf das Feld verpflanzt werden als Erdpresstöpfe mit Einzelpflanzen, da die Konkurrenz der Sämlinge im begrenzten Raum des Erdwürfels größer ist.

Die Aussaat von mehreren Samen kann entweder Samen für Samen erfolgen oder in einem Vorgang. Für das Auszählen der Samen können Wackel-, Klick- und Vibrations-Sämaschinen eingesetzt werden, um den Aussaatvorgang zu beschleunigen, allerdings auf Kosten einer gewissen Genau-

Ein gut organisiertes Anzuchthaus

igkeit. Wenn ich genau sein muss, klopfe ich zuerst die Anzahl der benötigten Samen in einen kleinen Löffel, damit ich mir mit der Zählung sicher sein kann, bevor ich die Samen in den Erdwürfel gebe. Winzige Schaufeln, Löffel oder andere kleinvolumige Gerätschaften, die Platz für fünf, zwölf oder eine beliebige Anzahl von Samen haben, können vom Züchter selbst hergestellt (oder in einem Haushaltswarengeschäft gekauft) werden. Damit nimmt man die Samen auf und schüttet sie in die jeweilige Samenvertiefung. Diese Methode ist nicht so genau wie das Zählen, aber sie ist viel schneller.

Die Aussaat mehrerer Samen in einen Erdpresstopf erwies sich für eine Reihe von Kulturen als effizient. Bei Speisezwiebeln, Frühlingszwiebeln, Rote Bete und Petersilie hat sich meiner Erfahrung nach dieses Verfahren hervorragend bewährt. Selbst für Spinat, Mais, Stangenbohnen und Erbsen, die nur selten vorgezogen werden, auch nicht für die frühe Ernte, ist es ein vernünftiger Vorschlag, wenn der Aufwand fürs Umpflanzen dadurch um 75 Prozent reduziert werden kann. Europäische Züchter berichten von weiteren guten Ergebnissen mit Weißkohl, Brokkoli und Rüben, die zu drei bis vier Samen pro Erdtopf gepflanzt wurden.

Bewässerung

Erdpresstöpfe werden aus einem feuchten Substrat hergestellt und müssen in diesem Zustand gehalten werden. Ihre inhärente Feuchtigkeit macht sie zu einem idealen Keimmedium. Es ist daher sehr wichtig, dass die Erdballen nicht austrocknen, denn dadurch würde sowohl das Pflanzenwachstum gebremst als auch die Wiederbefeuchtung erschwert werden. Stellt man die Anzuchtschalen mit den Erdpresstöpfen auf die Pflanztische oder den Gewächshausboden, sind die äußeren Ballen am anfälligsten dafür, auszutrocknen. Ein Brett in der Höhe der Erdpresstöpfe, das entlang einer exponierten Kante angebracht wird, hilft dies zu verhindern. Da der Erdtopf selbst keine begrenzende Umhüllung hat, stehen die Pflanzen nie zu tief im Wasser. Der Erdballen nimmt nur so viel Wasser auf, wie er aufnehmen kann.

Um ein Auseinanderfallen des Erdtopfes zu verhindern, sollte anfangs mit einer sehr feinen Brause vorsichtig gegossen werden. Wenn der Brausekopf nicht fein genug ist,

In Erdpresstöpfen kann sich das Wurzelsystem gut entwickeln, ohne zu kreisen.

TABELLE 17.1. Anleitung zum Umpflanzen

Gemüse	Erdtopf (Größe in cm)	Anzahl der Samen	Temperatur	Umpflanzen in*
Artischocke	4	1 ★	21 °C	15 cm-Topf
Basilikum	2	1	30 °C	5 cm-Erdpresstopf
Bohnen	5 ◆	1 ★	21 °C	
Rote Bete	5	2 ★	21 °C	
Brokkoli	5	1 ★	21 °C	
Weißkohl	5	1 ★	21 °C	
Blumenkohl	5	1 ★	21 °C	
Knollensellerie	2	1	21 °C	5 cm-Erdpresstopf
Staudensellerie	2	1	21 °C	5 cm-Erdpresstopf
Mais	7,5 ◆	3 ★	30 °C	
Gurke	7,5 ◆	1 ★	30 °C	10 cm-Pflanztopf, für 10 Tage
Aubergine	2	1	30 °C	5 cm-Erdpresstopf ▸ 15 cm-Pflanztopf
Fenchel	4	1 ★	21 °C	
Grünkohl	4	1 ★	21 °C	
Kopfsalat	2	1	21 °C	5 cm-Erdpresstopf
Melone	7,5 ◆	1 ★	30 °C	10 cm-Pflanztopf, für 10 Tage
Zwiebel	4	4 ★	21 °C	
Petersilie	2	1	21 °C	5 cm-Erdpresstopf
Erbsen	5 ◆	2 ★	21 °C	
Paprika	2	1	30 °C	5 cm-Erdpresstopf ▸ 15 cm-Pflanztopf
Radicchio	4	1 ★	21 °C	
Frühlingszwiebel	4	12 ★	21 °C	
Spinat	4	3 ★	21 °C	
Tomate	2	1	30 °C	5 cm-Erdpresstopf ▸ 15 cm-Pflanztopf
Winterkürbissorten	7,5 ◆	2 ★	30 °C	10 cm-Pflanztopf, für 10 Tage
Zucchini	7,5 ◆	1 ★	30 °C	10 cm-Pflanztopf, für 10 Tage

◆ = würfelförmiges Loch gefüllt mit Anzuchterde
★ = Saatgut mit einer dünnen Schicht Pflanzerde bedeckt
▸ = Umtopfen in
* Wir verwenden 10 und 15 Zentimeter große quadratische Pflanztöpfe. Bei einigen Kulturen verpflanzen wir die Sämlinge aus dem Mini-Anzucht-Erdpresstopf in einen 5-Zentimeter-Erdpresstopf und anschließend in einen quadratischen 10 Zentimeter großen Pflanztopf.

sollte man die Mini-Erdpresstöpfe eher besprühen als gießen. Sobald die Pflanzen in den Erdwürfeln heranwachsen, können Sie mit jedem feinen Rasensprenger bewässert werden. Für eine erfolgreiche Kultivierung in Erdpresstöpfen ist eine besondere Sorgfalt bei der Bewässerung essentiell. Sie wird durch die Produktivität der Sämlinge um ein Vielfaches zurückbezahlt.

Umpflanzen

Unter Umpflanzen versteht man die Praxis, Samen in kleineren Erdpresstöpfen vorzuziehen und diese dann in größere umzupflanzen, damit sie dort weiterwachsen. Da die meisten Pflanzen bei der Keimung und Weiterentwicklung von Bodenwärme profitieren, kann durch diese Praxis der begrenzte Platz in Keimkammern oder auf Heizkissen effizient genutzt werden. Zum Beispiel haben 240 Mini-Erdpresstöpfe Platz auf einer Fläche, auf die nur 36 Erdpresstöpfe mit einer Größe von fünf Zentimetern passen würden.

Das Umpflanzen von Erdwürfeln ist schnell erledigt, und zwar in einem Drittel der Zeit, die für das Umpflanzen von wurzelnackten Sämlingen benötigt wird. Der kleinere Erdwürfel passt leicht in ein entsprechend großes Loch eines größeren Ballens. Die Mini-Erdpresstöpfe werden in der Regel in 5-Zentimeter-Erdpresstöpfe umgepflanzt und diese wiederum in 15 Zentimeter große Pflanztöpfe.

Die 5 Zentimeter-Erdpresstöpfe lassen sich leicht mit den Fingern umpflanzen. Für die Mini-Blöcke ist eine Art Transplantationswerkzeug zum Anheben der Blöcke und zum Eindrücken in das Pflanzloch nützlich. Eines der besten Utensilien für diese Aufgabe ist ein flexibles Palettenmesser aus dem Künstlerbedarf. Es erhöht die nötige Handfertigkeit, um die Mini-Würfel schnell und effizient zu bearbeiten.

Lassen Sie sie wachsen

Das Umpflanzen gelingt am besten, wenn die Samen in den Mini-Erdpresstöpfen gekeimt sind und bevor die Wurzeln aus den kleinen Würfeln herauswachsen. Je weniger Stress die Sämlinge ausgesetzt sind, desto besser. Pflanzen wie Tomaten und Paprika brauchen im Laufe ihres Wachstums immer mehr Platz. Sie bilden die kompaktesten Setzlinge, wenn sie weit genug auseinanderstehen, sodass die Blätter sich nicht gegenseitig überlappen.

KAPITEL ACHTZEHN

Auspflanzen der Setzlinge

Genügend Feuchtigkeit ist das erste Anliegen beim Auspflanzen von Setzlingen. Setzlinge in Erdpresstöpfen sollte man gründlich wässern, bevor sie in den Boden gepflanzt werden. Anfangs ist die Feuchtigkeitsmenge im Erdwürfel wichtiger für die Etablierung der Pflanze als der Feuchtigkeitsgrad des umgebenden Bodens. Die vorhandene Feuchtigkeit im Erdballen ermöglicht es der Pflanze, neue Wurzeln in den Boden zu schicken. Erst nachdem die Wurzeln etabliert sind, wird die Bodenfeuchtigkeit wichtiger. Die Erdballen sollten zu Beginn sehr feucht sein und während der Verpflanzung feucht gehalten werden. Ebenso ist es zu empfehlen, Anzuchtschalen und Transportgestelle vor der Sonne und vor austrocknenden Winden zu schützen.

Frisch eingepflanzte Lauchsetzlinge. Wenn sie ausgewachsen sind, werden sie im Winter durch das mobile Gewächshaus geschützt.

Der zweite wichtige Punkt ist der Bodenkontakt. Die Setzlinge in den Erdpresstöpfen müssen leicht, aber fest in die Erde gesetzt werden. Vermeiden Sie Lufteinschlüsse und unbedeckte Ränder.

Wenn das Auspflanzen all die Vorteile bringen soll, die wir besprochen haben, muss es sorgfältig und gut gemacht werden. Ich empfehle, direkt nach dem Auspflanzen zu bewässern, und zwar nicht nur, um Feuchtigkeit zu spenden. Die Wirkung der Wassertropfen hilft auch, jede Unachtsamkeit beim Einpflanzen auszugleichen. Obwohl der feuchte Erdtopf, der in trockenen Boden gepflanzt wird, sich erstaunlich gut hält, kann er irgendwann unter Stress leiden. Bewässerung ist eine Absicherung gegen Stress.

Eine gleichmäßige Setztiefe ist ebenfalls wichtig für eine schnelle Etablierung, ein gleichmäßiges Wachstum und eine einheitliche Reife der Pflanzen. Die Erdpresstöpfe sollten komplett in den Boden gesetzt werden. Wenn eine Ecke des Erdballens der Luft ausgesetzt ist, kann an einem heißen, sonnigen Tag der darin befindliche Torfanteil schnell austrocknen und die Pflanze in ihrem Wachstum zurückwerfen. Für die Setzlinge in kleineren Erdpresstöpfen werden die Pflanzlöcher mit einer Pflanzkelle ausgehoben. Es gibt verschiedene Ausführungen von Pflanzkellen, einige sind besonders für das Auspflanzen von Erdpresstöpfen geeignet, denn sie sind handlicher als die Standardmodelle: eine schmale Setzschaufel oder eine Winkelkelle. Beide werden in den Boden gestochen und zum Bediener zurückgezogen, um ein sauberes Loch zum Setzen der Pflanze zu öffnen.

Ich baue mir aus einer Maurerkelle mit einem 5 mal 13 Zentimeter großen Blatt meine eigene Setzkelle. Zuerst kürze ich die Klinge

(Fortsetzung auf Seite Seite 173)

Das Vormarkieren der Beete beschleunigt das Umpflanzen.

Eine rechtwinklige Kelle schont die Handgelenke und macht das Umpflanzen zu einem reibungslosen, effizienten Vorgang.

Mit einem Lochspaten werden Löcher für Artischockenpflanzen gegraben.

Im ersten Durchgang wird ein 75 Zentimeter breiter Rechen in Längsrichtung durch das Beet gezogen. Die längeren Markierungsfinger definieren die Reihen.

Mehrere seitlich ausgeführte Durchgänge mit dem Rechen erstellen das Pflanzgitter.

Eine elektrisch angetriebene Pflanzmaschine für das Auspflanzen von Setzlingen in Erdpresstöpfen in einem niederländischen Gewächshaus

um 6 bis 6,5 Zentimeter und biege dann den Griff im selben Winkel nach unten, in dem er vorher nach oben zeigte. Jetzt habe ich eine sehr effiziente Setzkelle für Erdpresstöpfe. Das gleiche Werkzeug kann wie ein Spatel verwendet werden, um Erdpresstöpfe aus der Anzuchtschale zu heben.

Wenn Sie Pflanzen setzen, achten Sie auf den richtigen Abstand. Genaue Abstände sorgen nicht nur für eine optimale Ausnutzung der Fläche, sondern verbessern auch die Effizienz aller nachfolgenden Bearbeitungen. Gerade Reihen mit gleichmäßig verteilten Setzlingen können schnell kultiviert werden, ohne das ständige Anhalten und Ausrichten der Maschinen, das durch eine unpassende Pflanzung verursacht wird. Der einzige Garant für genaue Pflanzabstände ist Messen.

Effiziente Pflanzenverteilung – Rechen-Codes

Wir markieren die Reihen- und Pflanzenabstände für die Auspflanzungen, indem wir unseren 75 Zentimeter breiten Rechen mit zusätzlichen Markierungsfingern versehen. Dafür nehmen wir 15 Zentimeter lange, rote Mehrschichtverbundrohre. Für unser Team haben wir in den Anweisungen für die Pflanzenverteilung für jede Arbeit einen „Rechen-Code" vermerkt – zum Beispiel „6-7", der für Kopfsalat, Grünkohl und (Mehrsaat-)Zwiebeln verwendet wird. Jede Zahl bezieht sich auf die Anzahl der leeren Rechenzähne zwischen den einzelnen Markierungsfingern (der Abstand zwischen zwei Rechenzähnen beträgt etwa fünf Zentimeter). Die erste Ziffer des Paares definiert den Abstand zwischen den Reihen, die längs über das Beet verlaufen. Egal ob Sie mit einer Reihe, zwei, drei oder vier Reihen arbeiten, wir richten sie zentriert auf dem Beet aus. Im Fall von „6-7" ergibt die Zahl 6 Reihen auf dem Beet im Abstand von 25 Zentimeter. Die Harke wird mit Markierungen in diesem Abstand über die Länge des Beetes geführt, um die Oberfläche einzuritzen und die Reihen zu definieren.Die zweite Zahl, 7, ist die Anzahl der leeren Zähne zwischen den Markierungsfingern, um den Abstand zwischen den Pflanzen in der Reihe festzulegen. Der Rechen wird mit den auf diesen Abstand eingestellten Markierungen schrittweise über die Reihen entlang des Beetes geführt, sodass ein Pflanzgitter entsteht.

Andere Beispiele: Der Rechen-Code 4-4 markiert im Beet vier Reihen für Pflanzen mit engeren Abständen, wie für Petersilie, „Salanova-Salat" und Bündel von Frühlingszwiebeln. Der Rechen-Code 10-10 platziert Pflanzen wie Brokkoli und Blumenkohl in zwei Reihen pro Beet mit einem Abstand von 40 Zentimeter zwischen den Pflanzen in der Reihe. Gewächshaustomaten und Salatgurken, die wir in der Mitte eines Beetes in einem Abstand von 60 Zentimeter pflanzen, haben den Rechen-Code 8-15.

Der Rechen zur Beetvorbereitung mit den Markierungsfingern ist ein praktisches System für eine effiziente Anordnung der Pflanzen.

Das Spannen eines Bandes oder einer geknoteten Schnur ist durchaus eine sehr zuverlässige Methode (es sei denn, es weht ein starker Wind), aber sie ist auch langsam und mühsam. Ein Markierungsrechen, der mit modifizierten Zinken sowohl die Längs- als auch die Quermarkierung vornehmen kann, ist schneller. Noch besser ist eine Walze mit Zähnen zum Markieren der Pflanzlöcher in einem Arbeitsgang.

Die Stollenwalze

Um das Umpflanzen noch effizienter zu gestalten, ist das nächste Vorhaben die Entwicklung eines Werkzeugs, welches das Markieren und Löcher-Setzen kombiniert. Wenn eine Markierungswalze mit Stollen in der Größe der Erdpresstöpfe ausgestattet ist, können beide Arbeiten auf einmal erledigt werden. Im frisch gepflügten Boden hinterlässt diese

„Stollenwalze“ im Boden einen regelmäßigen Satz von kubischen Löchern.

Mit ein paar konstruktiven Änderungen kann diese Idee noch besser funktionieren. Die Markierungsstollen sollten leicht verjüngte Seiten haben (zehn Grad), um ein stabileres Loch zu erzeugen.

TABELLE 18.1. Anzahl der Setzlinge und Abstände für 15-Meter-Beete

Anzahl der Sämlinge	Rechen-Code	Abstand in cm	Pflanze
500	3-3	15 x 15	Spinat
400	4-3	19 x 15	Spinat
320	3-3	19 x 19	Petersilie, Salat „Salanova“, Frühlingszwiebeln
300	6-3	27 x 15	Knoblauch, Lauch
200	6-5	27 x 23	Fenchel
175	6-6	27 x 27	Rote Bete in Erdpresstöpfen
150	6-7	27 x 30	Zwiebeln in Erdpresstöpfen, Kopfsalat, Staudensellerie, Knollensellerie
72	10-10	40 x 40	Blumenkohl, Paprika, Brokkoli, Weißkohl, Rosenkohl
33	8-11	75 x 45	Paprika
25	8-15	75 x 60	Tomate, Salatgurke, Aubergine

Weitere Informationen zu den Rechen-Codes finden Sie im Kasten „Effiziente Pflanzenverteilung – Rechen-Codes“, Seite 174.

Die Walze sollte idealerweise einen Durchmesser von 29 Zentimeter haben (eine örtliche Metallwerkstatt ist sicherlich bereit, diese für Sie anzufertigen). Das ergibt einen Abrollumfang von 90 Zentimetern. Wenn dann in die Walze in entsprechenden Abständen eine Reihe von Löchern zur Befestigung der Stollen gebohrt wird, können die Pflanzen in Abständen von 15, 30, 45 und 60 Zentimetern in der Reihe angeordnet werden. Die Walze sollte für einen 105 Zentimeter breiten Pflanzstreifen (inklusive 30 cm Reihenabstand) 75 Zentimeter breit sein. Nach dem Pflügen des Bodens bereitet eine einzige Fahrt mit der 75-Zentimeter-Walze den gesamten Anbaustreifen für das Umpflanzen vor. Der letzte Schritt besteht darin, die Erdpresswürfel in die quadratischen Löcher zu setzen. Anschließend sollte der Boden um die Setzlinge herum leicht mit den Fingerspitzen angedrückt werden.

Das oben beschriebene System ist ausgezeichnet; ich selbst habe es verwendet und habe es auch in einer Reihe von europäischen Betrieben im Einsatz gesehen. Es hat nur zwei kleine Nachteile. Erstens: Wenn der Boden zwischen dem Pflügen und Walzen austrocknet, können die Löcher nicht exakt geformt werden. Zweitens wird die Erde am Boden und an den Seiten des Lochs komprimiert, was eine leichte Durchwurzelung verhindern könnte. Dies sind nur kleine Aspekte, aber sie machen einen Unterschied. Eine Verbesserung besteht darin, die Stollen durch kleine fünf mal 7,5 Zentimeter große Kellenblätter zu ersetzen. Diese werden in einem 15-Grad-Winkel zur Fahrtrichtung an der Walze angebracht. Die Drehung der Walze bewirkt, dass diese „Schaufeln“ kleine Löcher graben. Da die Löcher nicht gepresst, sondern geschaufelt werden, gibt es kein Problem mit der Bodenverdichtung.

Der nächste Schritt besteht darin, die Effizienz des Systems zu optimieren, indem man statt zweimal nur noch einmal über das Feld fährt. Dies ist durch die Zusammenfassung der beiden Arbeitsgänge der Bodenbearbeitung und des Walzens möglich. Nachdem das hintere Abdeckblech entfernt wurde, wird eine Noppenwalze möglichst dicht hinter der Fräse montiert. Dadurch können die Pflanzlöcher sofort im feuchten, frisch bearbeiteten Boden geformt werden. Eine Verdichtung wird vermieden, denn die Erde, die von den Zinken gegen die Walze geworfen wird, fällt zurück, und zwar genau an die Stelle, wo dann die Noppenwalze die Löcher in den Boden drückt. Die Walze ist an Armen befestigt, deren Enden an den Seiten der Zinkenabdeckung angebracht sind. Am unteren Rand der Abdeckung angeschweißte Metallstollen heben die Walze an, wenn die Fräse am Ende der Reihe angehoben wird.

Mit dieser Maschine, die für die Bodenvorbereitung und Lochung nur einen Durchgang benötigt und die Möglichkeit bietet, Pflanzen in Erdpresstöpfen auszupflanzen, hat ein erfinderischer Gemüsebauer ein sehr effizientes Pflanzsystem für alle Pflanzen in vier und fünf Zentimeter großen Erdpresstöpfen geschaffen. Die Pflanzen in 7,5-Zentimeter-Erdpresstöpfen und 15-Zentimeter-Pflanztöpfen werden in von Hand gegrabene Löcher gesetzt. Zum Setzen der Pflanzen aus 15-Zentimeter-Pflanztöpfen eignet sich am besten ein zweistieliger Lochspaten. Ein schnelles Zupacken der Backen hinterlässt ein Loch in perfekter Größe.

TABELLE 18.2 PFLANZ- UND REIHENABSTÄNDE FÜR 75-ZENTIMETER-BEETE

PFLANZE	REIHEN/BEET	RECHEN-CODE
Artischocke	1	8-15
Rucola	12 Reihen mit 5,7 cm Pflanzabstand	direkt gesät
Basilikum	4	4-4
Bohnen	1	8-6
Rote Bete	3	6-6
Brokkoli	2	10-10
Rosenkohl	2	10-11
Weißkohl	2	10-10
Karotten	12 Reihen mit 5,7 cm Pflanzabstand	direkt gesät
Blumenkohl	2	10-10
Staudensellerie	3	6-7
Knollensellerie	3	6-7
Mangold	3	6-6
Zuckermais	1 (3 Pflanzen pro Damm)	8-11
Gurke	1	8-15
Aubergine	1	8-15
Fenchel	3	6-5
Knoblauch/Schalotte	3	6-3
Brokkoli	2	10-10
Grünkohl	3	6-7
Lauch	3	6-3
Kopfsalat	3	6-7
Salat „Salanova“		4-4
Melone	1	8-15
Zwiebel	3 (4 Pflanzen pro Erdpresstopf)	6-7
Petersilie	4	4-4
Erbsen	1 Doppelreihe mit 15 cm Pflanzabstand	mittig im Beet
Paprika	1	8-11
Kartoffel	1	8-5
Radicchio	3	6-7
Radieschen	12 Reihen mit 5,7 cm Pflanzabstand	direkt gesät
Frühlingszwiebel	4	4-4
Spinat	5	3-3
Tomate	1	8-15
Speiserübe	6 Reihen mit 11,5 cm Pflanzabstand	direkt gesät
Winterkürbis-Gewächse	1 Reihe pro Beet mit 183 cm Pflanzabstand in der Reihe (paarweise)	–
Zucchini	1 Reihe pro Beet mit 91,5 cm Pflanzabstand in der Reihe	–

KAPITEL NEUNZEHN

Beikräuter

Die beste Art zu jäten ist, die Aussaat von Unkraut zu verhindern.
Die geringste Verzögerung jeglicher Bemühung, die Aussaat von schädlicher Vegetation zu verhindern, ist eine Quelle des Ärgers.
Und dies ist in der Tat eine Erkenntnis, die Gärtner umsetzen und Bauern bedenken sollten, von April bis Dezember.

–Bauer aus New England, 1829

Ich freue mich immer wieder am Anblick frisch gekeimter Sämlinge, die durch den Boden brechen. Sie sind ein sicheres Zeichen dafür, dass die Wachstumsperiode begonnen hat. Winzige Beikrautsämlinge sind ebenso ein sicheres Zeichen – ein Zeichen dafür, dass die Beikrautkonkurrenz nicht weit entfernt ist. Ich bin immer schnell dabei und kümmere mich darum, solange sie noch klein sind.

Beikrautregulierung

Es gibt zwei konventionelle Ansätze zur Beikrautregulierung – die mechanische und die chemische. Bei den mechanischen Maßnahmen wird das Beikraut gekappt (Grubbern) oder erstickt (Mulchen und Häufeln). Die chemische Bekämpfung beruht auf dem Einsatz von Herbiziden. Ich glaube, dass alle Herbizide (auch die sogenannten natürlichen) nachweislich schädlich für den Boden und die Landwirte sind.

Die mechanische Kontrolle, vor allem das Grubbern und Hacken, ist bei uns die Methode der Wahl. Ich meine damit vor allem die Bearbeitung mit Handgeräten. Zunächst möchte ich betonen, dass es sich hierbei nicht um die gleiche alte Plackerei handelt, vor der sich Bauernkinder schon immer gedrückt haben. Die Werkzeuge, die ich empfehle, wurden speziell für diese Arbeit entwickelt, sodass man sie schnell und effizient erledigen kann. Ein weiterer wichtiger Faktor bei dieser Art der Unkrautregulierung ist neben der Konstruktion und Bedienung des Werkzeugs die Haltung desjenigen, der gegen das Beikraut vorgeht. Diese Arbeit wird oft als die mühsamste aller Aufgaben angesehen, und die Gründe dafür liegen auf der Hand. Sowohl die Werkzeuge als auch das Timing sind oft nicht optimal. Denn viele Gärtner verstehen unter Beikrautregulierung das Hacken des Bodens, womit sie meist zu spät beginnen. Das Hacken sollte jedoch als vorbeugende Maßnahme verstanden werden. Mit anderen Worten: Nicht Beikraut jäten, sondern grubbern.

Grubbern ist die oberflächliche Lockerung des Bodens, um kleine Beikräuter zu unterschneiden und das Aufkommen neuer

Beikräuter zu verhindern. Das Jäten erfolgt, nachdem sich das Beikraut bereits etabliert hat. Das Grubbern behandelt das Beikraut, bevor es zu einem Problem wird; das Jäten befasst sich mit dem Problem, nachdem es aufgetreten ist. Wenn das Beikraut größer und gröber geworden ist, wird die Aufgabe viel schwieriger. Es sollte gar nicht erst so groß werden dürfen. Am besten geht man gleich nach dem Keimen dagegen vor, denn kleine Beikräuter sind leicht zu bekämpfen, und der Arbeitseinsatz bringt größten Erfolg bei geringstem Aufwand. Außerdem sind kleine Beikräuter noch keine Konkurrenz für die Kulturpflanzen.

Die Radhacke

Bei einer Radhacke ist die Klinge an einem fahrbaren Gestell montiert. Im frühen 20. Jahrhundert waren Radhacken im Gemüseanbau allgegenwärtig; sie sind das beste Gerät zur Bodenbearbeitung für den Kleinerzeuger.

Vogelmiere.

Knopfkraut.

Gänsefuß

Portulak.

Die beiden gängigen Modelle unterscheiden sich hinsichtlich der Größe des Rades (mit einem Durchmesser von 60 bzw. 23 cm) und der Möglichkeiten, Werkzeuge sowie Lenkstangen und Griffe am Rahmen zu befestigen. Ich bevorzuge das Modell mit den kleinen Rädern; es funktioniert einfach besser.

Vor Jahren sagte man mir, dass Radhacken mit großem Raddurchmesser vorteilhafter seien, weil sie leicht über Hindernisse rollen können. Meine Antwort darauf lautete, dass derartige Hindernisse auf den Feldern wohl ein größeres Problem darstellen als die Auswahl einer Radhacke. Die Wahrheit ist, dass die Konstruktion der Radhacke mit großem Durchmesser mangelhaft ist. Die menschliche Kraft ist begrenzt und sollte nicht vergeudet werden. Bei einem gut konstruierten Werkzeug wird die vom Bediener ausgeübte Kraft direkt auf den bearbeitenden Teil des Geräts übertragen. Bei einer Radhacke ist dieses Arbeitsteil das bodenbearbeitende

Doppelradhacke mit U-förmigem Bügel und Blattheber (Johnny's Selected Seeds)

Werkzeug, nicht das Rad. Die Konstruktion mit kleineren Rädern überträgt die Kraft viel effizienter auf die Klingen als das Modell mit größeren Rädern.

Ein weiterer Nachteil der Hacke mit hohen Rädern ist, dass eine Vorwärtskraft verwendet wird, um ein hinten angebrachtes Werkzeug zu betätigen, wodurch Torsionskräfte (Verdrehung) ins Spiel kommen, die den Bediener noch mehr belasten. Insgesamt ist die niedrige Version genauer (leichter zu lenken), weniger ermüdend (keine Kraftverschwendung) und weniger schwerfällig in der Handhabung.

In den letzten Jahren wurden an diesem zuverlässigen Werkzeug Verbesserungen vorgenommen. Das schwere Metallrad der alten Modelle mit seiner einfachen Achslagerung wurde durch ein leichtes, kugelgelagertes Gummirad ersetzt. Anstelle der ursprünglichen Klinge verwendet man nun ein weitaus effizienteres Pendelmesser, das sowohl beim Vorwärts- als auch beim Rückwärtsgang schneidet. Alles zusammen genommen ergeben diese Verbesserungen das effizienteste Gerät, das bisher für die extensive Bodenbearbeitung entwickelt wurde.

Pendelhacken sind in verschiedenen Breiten, meistens um die 15 Zentimeter erhältlich. Modelle mit beidseitig angebrachten Pendelmessern können die Arbeitsbreite auf bis zu 80 Zentimeter vergrößern. Durch seine gebogene Form schneidet das Pendelmesser neben den Kulturpflanzen flacher als zwischen den Reihen und schont so die Pflanzenwurzeln. Der offene mittlere Teil des Pendelmessers ermöglicht auch das Passieren von Steinen und sogar dessen Anheben und Herausheben aus dem Boden zur späteren Entfernung.

Dank der vertikalen Schneiden an beiden Seiten kann sehr nahe zwischen den Kulturpflanzen gehackt werden, ohne deren Wachstum zu stören. Diese Hacken sind besonders effektiv, wenn das Erntegut klein ist oder nur vertikal wachsende Blätter hat. Für die Bearbeitung unter den Blättern von ausladenden Pflanzen ist ein Hackmesser erforderlich, das nur mittig mit dem Stiel verbunden ist, wie zum Beispiel Gänsefuß- und Winkel-Messer, die es in Breiten von 13 bis 25 Zentimetern gibt.

Die alten Radhacken waren mit einer kleinen Pflugschar ausgestattet, um einzelne Furchen zu ziehen. Ich habe die Radhacken noch nie zum Pflügen benutzt, aber sie sind recht praktisch, um Rinnen für das Eingraben der Kanten von Mulchfolien und Reihenabdeckungen zu ziehen. Für das Ziehen von Saatrillen und zum Anhäufeln kann auch ein zweischneidiger Häufelpflug-Aufsatz montiert werden; für die Bodenbelüftung eignet sich das dreizinkige Grubber-Zubehör. Mit zweirädrigen Radhacken kann man sich über die Kulturpflanzen bewegen und die Beetreihen gleichzeitig von beiden Seiten bearbeiten. Vor Jahren, als zweirädrige Modelle üblich waren, wurden beide Seiten durch einen nach unten offenen U-förmigen Bügel verbunden, sodass bei der Bearbeitung Pflanzen mit einer Höhe von bis zu 40 Zentimeter passiert werden konnten. Dies ermöglichte den Einsatz von Doppel-Winkelmessern oder kleinen Scheibenscharen, um den Boden um die Pflanzen anzuhäufeln und Beikraut in den Reihen zu ersticken. Bei der aktuellen Version sind die Räder an einem standardmäßig niedrigen Fahrgestell angebracht. Ohne den zusätzlichen Freiraum des U-förmigen Bügels sind sie jedoch nicht in der Lage, Pflanzen zu bearbeiten, die mehr als ein paar Zentimeter hoch sind.

EINSATZ DER RADHACKE

Eine mit einem Pendelmesser ausgestattete Radhacke ermöglicht ein angenehmes Bearbeiten der Beete. Während sich der Bediener in gleichmäßigem Tempo vorwärtsbewegt, schneidet das Stahlblatt mit jeder Pendelbewegung das Unkraut ziehend bzw. schiebend und hält die Schneidkanten frei von Ablagerungen. Mit diesem Werkzeug kann präzise entlang einer Reihe von Setzlingen gearbeitet werden. Konzentrieren Sie sich bei der Ausrichtung auf eine Seite des Schneidblattes (je nachdem, ob Sie mit dem rechten oder linken Auge fokussieren), wenn Sie nahe an den Pflanzen entlang arbeiten. Idealerweise sollte das Messer nicht tiefer als 2,5 Zentimeter geführt werden.

Eine gute Radhacke ist an der vorderen Gabel verstellbar, um den Neigungswinkel der Schar zu verändern, sodass sie für härtere Böden steiler und für leichte Böden flacher steht. Die Griffe können der Körpergröße des Bedieners angepasst werden. Stellen Sie die Höhenverstellung so ein, dass sich Ihre Hände etwa auf Hüfthöhe befinden und Ihre Unterarme parallel zum Boden sind.

Es gibt eine weitere Verbesserung, die ideal für den Anbau in Beet-Systemen ist. Je nach Modell wird an die Radhacke ein Drehgelenk oder Verlängerungsstück montiert, wodurch die Stoßbügel seitlich versetzt geführt werden können. Man läuft also am Rand der zu bearbeitenden Fläche und vermeidet, diese zu betreten. So kann beim Arbeiten im Beet-System der gesamte Fußverkehr auf die Wege beschränkt werden.

Die Verschmelzung von Altem und Neuem bei der Entwicklung moderner Radhacken hat das leistungsfähigste, handgeführte Bodenbearbeitungsgerät auf dem Markt ergeben. Die Radhacke ermöglicht eine sehr präzise Bodenbearbeitung (bis auf 1,25 cm genau in den Reihen der frisch keimenden Sämlinge) bei gleichzeitig hoher Arbeitsgeschwindigkeit.

Mit der Präzisions-Sämaschine oder der bereits beschriebenen Markier- und Lochwalze können Sie gerade, gleichmäßig ausgerichtete Reihen anlegen und diese mit der Radhacke bis zum Heranwachsen der Sämlinge kultivieren. Wenn diese Systeme kombiniert eingesetzt werden, entfällt ein Großteil der Arbeit, die bisher für das Pikieren und Jäten von Hand erforderlich war. Die Effizienz dieser Systeme macht die Produktionsrate im Gemüseanbau ebenso wettbewerbsfähig wie großflächige, hochmechanisierte und chemieabhängige Systeme.

Die langstielige Hacke

Die typische Gartenhacke, die sich im allgemeinen Bewusstsein festgesetzt hat, hat traditionell ein breites Blatt mit einem Winkel von etwa 90 Grad zwischen Blatt und Stiel und einen stark gebogenen Schaft. Die Schneidkante des Blattes ist etwas versetzt zur Stielachse. Meist war es ein grobes und schweres Werkzeug, da es zum Bewegen von Erde, zum Graben, Hacken, Häufeln, Mischen von Beton usw. konzipiert wurde. Die Ausführung dieses Werkzeugs hat dazu geführt, dass das Hacken per Hand einen schlechten Ruf bekommen hat. Eine gut konstruierte Hacke sollte dagegen ein dünnes, schmales Blatt, einen Winkel von 70 Grad zwischen Blatt und Stiel und einen leicht gebogenen Schaft haben; die Arbeitskante des Blattes liegt bei solch einem Modell in einer Linie (kollinear) mit der Mittellinie des Stiels. Dies ist ein leichtes und präzises Werkzeug, das für die flache Bodenbearbeitung, das Lockern der Krume und Unterschneiden von Beikräutern eingesetzt wird, nicht zum Hacken oder Graben.

Bei der Bodenbearbeitung mit der Hacke sind ein paar Dinge zu beachten. Die Erde sollte nicht im Übermaß bewegt werden, damit man die empfindlichen Sämlinge nicht zerdrückt oder Erde auf andere Pflanzen fällt. Die Klinge sollte schmal und dünn sein, und die Arbeit muss akkurat ausgeführt werden, um die Pflanzen nicht zu beschädigen. Die Stielachse sollte daher auf die scharfe Messerkante ausgerichtet sein, damit die Hacke präzise geführt werden kann. Der Boden sollte mit der Hacke nur oberflächlich bearbeitet werden und man muss darauf achten, die Wurzeln der Pflanzen nicht zu verletzen. Der Winkel zwischen Blatt und Stiel ist genau einzustellen, da die Technik darin besteht, knapp unter der Oberfläche des Bodes zu schürfen, nicht zu hacken. Die Arbeit sollte schnell und effizient, nicht ermüdend von der Hand gehen, das Werkzeug leicht, scharf, präzise und einfach zu bedienen sein.

Die bequeme aufrechte Position bei der Verwendung einer Kollinear-Hacke

HAND- UND KÖRPERHALTUNG

Wenn Sie die Kollinear-Hacke benutzen, stehen Sie aufrecht in einer bequemen, entspannten Haltung. Die traditionelle gebückte Haltung – und die daraus resultierenden Rückenschmerzen – ist eine Folge der traditionellen Ziehhacke, nicht der Kollinear-Hacke. Die Körperhaltung wird durch die Position der Hand auf dem Stiel bestimmt. Es gibt vier mögliche Handpositionen: (1) beide Daumen nach oben, (2) beide Daumen nach unten, (3) beide Daumen nach innen, oder (4) beide Daumen nach außen. Die letzte ist unangenehm. Die dritte ist ein Kompromiss. Die zweite, bei der beide Daumen nach unten zeigen, ist die herkömmliche Stellung bei der Ziehhacke und führt zu einer Beugung des Rückens. Die erste Position ist die Art, wie die Kollinearhacke gehalten wird.

Wenn Sie die Hände so halten, dass beide Daumen am Griff nach oben zeigen, können Sie bequem aufrecht stehen. Dies ist keine neu zu erlernende Technik, nur eine neue Herangehensweise. Die meisten Menschen halten einen Besen oder eine Laubharke instinktiv in der Daumen-hoch-Position. Wenn Sie sich eine Hacke als „Beikrautbesen“ vorstellen, der mit einer ziehenden Bewegung benutzt wird, ergibt sich die Handhaltung von selbst. Bewegen Sie Ihre Hände im Gleichklang, um die Hacke zu ziehen, und passen

Sie die Handstellung an, um den Arbeitswinkel der Klinge zum Boden zu optimieren. Diese Bewegungen ähneln denen, die Ihre Hände und Arme beim Kehren oder Harken ausführen. Mit ein wenig Übung werden Ihnen die schnellen, präzisen Züge, mit denen Sie das Unkraut so effektiv bekämpfen, zur zweiten Natur werden.

Eine scharfe Kante

Eine stumpfe Hacke erhöht den Arbeitsaufwand und verringert die Effizienz der Arbeit in einem weitaus größeren Maße, als Sie vielleicht denken. Ich habe eine Reihe von Schätzungen gesehen (abhängig natürlich davon, wie stumpf die Hacke war), aber ich würde sagen, dass selbst eine mäßig stumpfe Schneide die Effizienz um 50 Prozent verringert. Wie jedes Werkzeug, das zum Schneiden bestimmt ist, muss auch die Arbeitskante einer Hacke (Hand- oder Radhacke) geschärft werden. Es gibt verschiedene Geräte zum Schärfen, aber ich bevorzuge eine kleine Feile. Tragen Sie diese in Ihrer Gesäßtasche mit sich und benutzen Sie sie in regelmäßigen Abständen, um die Schneide zu schärfen, bevor sie stumpf wird. Das Blatt einer Hacke sollte wie beim Stemmeisen gefeilt werden, damit die Schneidkante möglichst direkt am Boden ist.

Das Gewicht des Werkzeugs

Ein durchschnittlicher Feldarbeiter führt bei der Bodenbearbeitung mit der Hacke im Laufe einer Arbeitsstunde etwa 2.000 Hiebe aus. Ein echter Draufgänger schafft vielleicht das Doppelte. Bei der Arbeit mit einer Radhacke werden pro Minute etwa 50 Hin-und-Her-Bewegungen ausgeführt; am Ende jeder Reihe muss das Gerät gewendet werden. Bei dieser sich wiederholenden Arbeit ist das Gewicht des Werkzeugs ein wichtiger Faktor. Wenn ein Werkzeug auch nur ein paar Gramm mehr wiegt als nötig, führt der Transport dieses Gewichts über einen ganzen Arbeitstag hinweg zu einem unnötig hohen Energieaufwand. Eine gut konstruierte Hacke zur Bodenbearbeitung sollte maximal 680 Gramm, eine moderne Radhacke nicht mehr als sieben Kilogramm wiegen.

Als ich anfing, mich mit dem Intensivanbau von dicht gesetzten Salaten im Gewächshaus zu beschäftigen, wurde mir klar, dass ich ein spezielles Werkzeug für die Bearbeitung der Zwischenreihen benötigte. Nachdem ich über das Problem nachgedacht und jedes verfügbare Handwerkzeug getestet hatte, ging ich in die Werkstatt. Ich nahm einen 6-Millimeter-Stahldraht, hämmerte an einem Ende ein 10 Zentimeter langes Stück flach und schärfte eine Kante. Dann bog ich den Draht rechtwinklig nach oben und wieder zurück, parallel zur Klinge. Auf Höhe der Klingenmitte bog ich den Draht wiederum im rechten Winkel nach oben, sodass das 20 Zentimeter lange Drahtende auf die Mitte der Klinge zeigte. Dieses Drahtende steckte ich in einen Feilengriff aus Holz, bog den oberen Drahtabschnitt leicht, sodass sich ein Arbeitswinkel von 35 Grad zum Boden ergab. Mit diesem einfachen selbstgebauten Werkzeug kehrte ich zum Gewächshaus zurück. Es war ein Quantensprung im Gewächshausanbau.

Mit der kurzen Klinge lässt sich gut zwischen den Reihen arbeiten. Außerdem ist die Drahthacke stabil genug für die leichte Bodenbearbeitung, für die ich sie einsetze. Ich benutze sie mit einer leicht schwingenden

Kollinear-Hacke

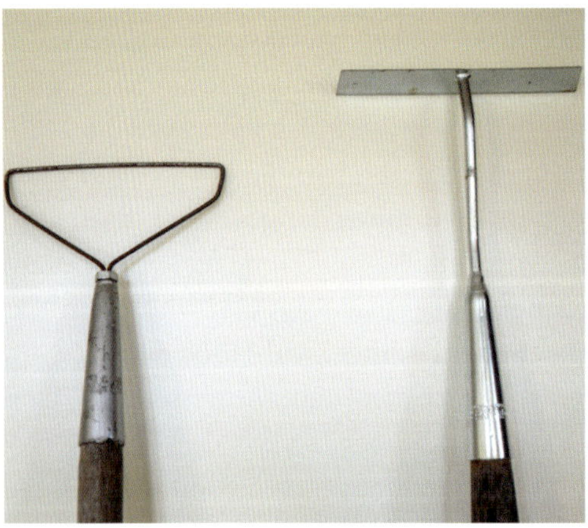

Selbst gefertigte Drahtbügelhacke und klassische Kollinear-Hacke

Anpassung des Stiels an die Kollinear-Hacke oder Drahtbügelhacke

Jeder lange Holzstiel weist normalerweise eine gewisse Biegung auf. Um bei der Verwendung des Werkzeugs die ideale Balance oder das richtige „Handling“ zu erreichen, müssen Sie diese Krümmung beim Anbringen des Stiels an das Blatt wie folgt berücksichtigen:

1. Stecken Sie den Stiel in die Hackenhülse.
2. Balancieren Sie die Hacke waagerecht auf einer schmalen Querstange aus (z. B. auf der Rückenlehne eines Küchenstuhls).
3. Wenn das Werkzeug ausbalanciert ist, notieren Sie die Position der Klinge. Ziel ist, dass die Schneide im ausbalancierten Zustand nach unten zeigt.
4. Drehen Sie dazu den Stiel in der Hülse, bis Sie die Position gefunden haben, in der die Hacke wie gewünscht ausbalanciert ist.
5. Drücken Sie den Stiel fest in die Hülse und fixieren Sie ihn mit einer Schraube. Es ist hilfreich, in der Hülse zwei Löcher für die Befestigungsschraube anzubringen. Auf diese Weise steht eine weitere Befestigungsmöglichkeit zur Verfügung, wenn der Holzstiel austrocknet und etwas weiter in die Hülse geschoben werden muss.

Hin-und-Her-Bewegung. Dies ist das perfekte Beispiel für ein Werkzeug, das dafür entwickelt wurde, eine Aufgabe an einer bestimmten Stelle, zu einem bestimmten Zeitpunkt und mit den richtigen Handgriffen zu erledigen. Während die Drahthacke in einem harten Boden keinen Sinn machen würde, ist sie für den krümeligen Boden im Gewächshaus ideal. Wenn ich sie zum Entfernen von gröberem Unkraut verwenden würde, würde sich die Hacke verbiegen. Sie hat genau die richtige Stärke und Präzision für eine leichte Bearbeitung der frisch gekeimten, kleinen Sämlinge. Die sehr dünne scharfe Klinge schneidet flach, knapp unter der Oberfläche, und verstreut keine Erde auf die Pflanzenkeimlinge. Und das Beste ist: Die Hacke ist angenehm in der Handhabung. Sowohl die langstielige als auch die kurzstielige als Wire Weeder bekannte Version ist im Handel erhältlich und wird aus schwerem Material hergestellt, um stabiler zu sein.

Aber ich habe immer wieder an den leichten 6-Millimeter-Draht gedacht, den wir für unseren ersten Prototyp verwendet hatten, und mich gefragt, ob dieser dünnere Draht auch für härtere Arbeiten stabil genug sein würde, wenn er nicht auf die L-Form beschränkt wäre.

Also spannte ich ein Stück sehr steifen 6-Millimeter-Draht in einen Schraubstock und bog die Enden in Form einer Hacke. An der Stelle, wo sich die beiden Drähte in der Mitte trafen, bog ich beide Enden im rechten Winkel zu mir hin. Anschließend bohrte ich in eine 10 Millimeter lange M20-Gewindestange längs ein 6,4 Millimeter großes Loch, setzte die Enden ein, kürzte sie passend und verlötete die Öffnung. Ich schweißte eine M20-Mutter auf das Ende einer Hülse, sodass ich jede beliebige Drahthackengröße anschrauben konnte. (Wir stellten sie schließlich in 10-, 15- und 20 cm Breiten her.) Wenn Sie Sämlinge direkt in ein gerade vorbereitetes Beet umpflanzen, gibt es keinen schnelleren und effizienteren Weg, eine Woche später all die kleinen, neu gekeimten Beikräuter zu entfernen, als mit solch einer Drahthacke. Meine Hof-Crew nennt das Werkzeug „den Radierer". Und das Beste ist: Da die Klinge nicht geschärft ist, verletzt sie nicht die Stängel der Pflanzen, sollte man sie versehentlich berühren. So können Sie selbst das kleinste Beikraut, das sich in der Nähe des Stängels befindet, tilgen, indem Sie die Klinge der Drahthacke gegen den Stängel setzen und zu sich heranziehen. Ein weiterer Schritt zum sauberen Anbau! Wenn Sie nicht die Möglichkeit haben, nach der obigen Beschreibung Ihre eigene Version umzusetzen, gibt es auf dem Markt ein kommerziell erhältliches Modell mit einem austauschbaren Sortiment an Drahtklingen.

Kultivierung bei breiten Reihenabständen

Kulturen mit breitem Reihenabstand werden mit der Ackerfräse am effizientesten bewirtschaftet. Die Wahl des Reihenabstandes bei der Aussaat dieser Kulturen richtet sich nach den einstellbaren Maßen der jeweiligen Fräse. Zwischen den Rändern der Bodenfräse und den Pflanzenreihen sollten mindestens fünf Zentimeter Platz sein. Zum Beispiel könnte eine 65 Zentimeter breite Fräse, die sorgfältig gelenkt wird, noch Reihen bearbeiten, die in einem Abstand von 75 Zentimeter gepflanzt wurden. Sie können die Tiefenführung der

Pflugzinken so einstellen, dass sie flach laufen, idealerweise nicht mehr als 2,5 Zentimeter tief. Wenn Sie Kartoffeln häufeln wollen, stellen Sie die Räder auf die schmalste Einstellung ein und ersetzen den Pflugaufsatz durch einen Häufler.

Ein seit einiger Zeit erhältliches Zusatzgerät für die handbetriebene Bodenfräse ist eine Kreiselegge in Kombination mit einer Gitterwalze. Die Kreiseleggenzinken arbeiten vertikal im Boden und nicht horizontal wie die Pflugzinken. Die Eindringtiefe kann durch das Verstellen der Walze gesteuert werden. Die Kreiselegge erledigt die primäre Bodenbearbeitung zwar nicht so gut wie eine Bodenfräse, sie ist aber ein ideales Werkzeug für eine frühe Kultivierung von weit auseinanderliegenden Feldkulturen und auch für die erneute Bearbeitung von frisch abgeernteten Beeten, um eine erste unkrautfreie Oberfläche zu schaffen.

Beikrautregulierung durch Abflammen

Der Einsatz von Flammen oder Hitze zur Beikrautregulierung in Reihenkulturen mag modern erscheinen, ist aber keine neue Idee. Die früheste aufgezeichnete Demonstration

Eine experimentelle Konstruktion für ein Abflammgerät. Der Propan-Tank wird auf der Rolle mitgeführt.

eines „Unkrautvernichters" fand auf der Royal Agricultural Show in England im Jahr 1839 statt. Das Gerät bestand aus einem von Pferden gezogenen Metallrost auf Rädern (auf dem ein Koksfeuer errichtet wurde) und war mit einem Gebläse ausgestattet (angetrieben durch eine Zahnradkurbel, die von einem Landarbeiter gedreht wurde), das die Hitze nach unten blies, um das Unkraut darunter abzutöten.

Flammen-Jäten mit flüssigem Brennstoff wurde in den Vereinigten Staaten bereits 1852 patentiert. Von da an bis 1940 wurden zahlreiche Modelle entwickelt und verbessert, hauptsächlich für den Einsatz auf Baumwoll- und Zuckerrohrfeldern. Alle frühen Modelle verwendeten Flüssigbrennstoff, einen Kompressor, eine Brennstoffpumpe und einen entsprechenden Brenner. In den frühen 1940er Jahren wurde flüssiges Propangas (LPG) zum Brennstoff der Wahl, da es sauber verbrennt und keine Rückstände hinterlässt. Von einem bescheidenen Anfang mit zehn LPG-Gasflammenkultivatoren in den frühen 1940er-Jahren gewann das Konzept stetig an Popularität, bis 1963 schätzungsweise 15.000 Maschinen für Reihenkulturen im Einsatz waren.

Der praktische und wirtschaftliche Nutzen des modernen Abflammens hängt von einer Reihe von Faktoren ab. Das Beikraut sollte weniger als fünf Zentimeter hoch sein. Bei größeren Exemplaren kann die Einwirkung durch Verlangsamung der Traktorgeschwindigkeit verlängert werden, aber dies verbraucht natürlich mehr Kraftstoff. Durch das Abflammen wird das Beikraut nicht im eigentlichen Sinne verbrannt. Die Hitzeintensität (Kraftstoffverbrauch) und die Einwirkungszeit (Fahrgeschwindigkeit) werden so eingestellt, dass nur so viel Hitze auf das Beikraut einwirkt, dass sich die Flüssigkeit in den Pflanzenzellen ausdehnt und die Zellwände dadurch aufreißen. Das erfordert eine Temperatur von etwa 70 °C für eine Dauer von einer Sekunde. Sie können leicht testen, ob Sie erfolgreich waren, indem Sie ein Blatt leicht zwischen Daumen und Zeigefinger drücken. Wenn die Blattoberfläche einen dunkelgrünen Fingerabdruck zeigt, ist die Arbeit erledigt. Nach dem Abflammen sieht das Unkraut noch mehrere Stunden lang normal aus, bevor es langsam zu welken beginnt und schließlich umfällt.

Das Abflammen funktioniert am besten auf relativ ebenen, klumpenfreien Böden, da Erhebungen oder Klumpen die Flamme gegen die Kulturpflanzen ablenken können. Das Verfahren ist brennstoffeffizienter, wenn die Beikrautblätter trocken sind, aber es kann auch durchgeführt werden, wenn der Boden für eine mechanische Bearbeitung zu nass ist. Bei den ersten Geräten zur Beikrautregulierung in der Reihe wurde der Einsatz so lange hinausgezögert, bis die Stängel der Kulturpflanzen hoch oder dick genug waren, um einem versehentlichen Flammenkontakt zu widerstehen. Die optimale Geschwindigkeit lag bei zehn km/h. Als nächste Entwicklung wurden Wassersprühschilde an den in den Reihen eingesetzten Abflammgeräten montiert, um die Hitze der Flamme auf das Beikraut neben der Pflanze zu beschränken. Die Wasserschilde ermöglichten eine höhere Arbeitsgeschwindigkeit von bis zu 13 km/h. Einige Modelle kombinierten das Abflammen in und zwischen den Reihen, aber schließlich stellte sich eine Kombination aus Abflammen in der Reihe und mechanischer Bodenbearbeitung zwischen den Reihen als die effektivste und wirtschaftlichste Methode heraus.

Ab 1963 wurde auf einem jährlichen Symposium über „Thermische Landwirtschaft", das von der National LP Gas Association gesponsert wurde, über die neuen Entwicklungen beim Abflammen berichtet. Diese Treffen gab es bis 1973; die Treibstoffkrise in jenem Jahr bedeutete das Ende der Symposien und der meisten Forschungsprojekte zum Flammen-Jäten. Zum Glück wurden diese Ideen von europäischen Bio-Züchtern unabhängig untersucht und weiterentwickelt. Höhere Kraftstoffpreise inspirierten sie dazu, ihre Geräte effizienter zu gestalten. Bei einem Besuch von Bio-Betrieben in Europa 1974 sah ich das erste Mal ein Abflammgerät. Obwohl es einige Modelle für den Einsatz in der Reihe gab, konzentrierten sich die meisten europäischen Landwirte auf Modelle für das Abflammen vor dem Auflaufen der Kulturen, wie zum Beispiel Karotten.

Die Abflammtechnik funktioniert folgendermaßen. Nach der Vorbereitung des Saatbeetes wartet der Züchter 10 bis 14 Tage (während dieser Zeit keimen die Beikrautsamen) und sät dann die Pflanzensamen aus. Kurz vor dem erwarteten Zeitpunkt des Auflaufens der Kulturpflanzen wird das Feld abgeflammt. Zur Bestimmung des richtigen Zeitpunkts werden auf den gesäten Flächen an ausgewählten Stellen kleine Glasscheiben ausgelegt. Diese sorgen für etwas wärmere Bedingungen, sodass die Pflanzenkeimlinge ein oder zwei Tage früher aufgehen. Sobald die ersten Keimlinge unter dem Glas erscheinen, werden die Scheiben entfernt und das Feld wird abgeflammt, um die jungen Beikräuter abzutöten. Die noch nicht aufgegangenen Gemüsesämlinge werden durch den Boden gegen die Hitze isoliert. Einige Tage später sprießen sie durch eine Mulchschicht aus abgestorbenem Beikraut aus einem Boden, der extra nicht kultiviert wurde, damit keine neuen Beikrautsamen nach oben kommen.

Es gibt zwei Arten von modernen Abflammgeräten – solche mit freiliegenden Brennern und solche, bei denen die Brenner unter einer Metallabdeckung liegen. Die Abdeckung entspricht idealerweise der Breite des Anbaustreifens oder Beetes und dient dazu, die Hitze zu konzentrieren. Das Gerät mit der Abdeckung ist effizienter, indem es im Durchschnitt 20 bis 25 Prozent weniger Kraftstoff als ein nicht abgedeckter Brenner verbraucht. Abflammgeräte gibt es als Rucksackmodelle mit einem Brenner, als handbetriebene mehrflammige Modelle auf Rädern (sowohl abgedeckt als auch nicht abgedeckt) sowie als traktormontierte Aufsätze. Viele Landwirte, die sich mit der Herstellung von Werkzeugen auskennen, haben sich ihre eigenen Brenner gebaut, da die Bestandteile meist Standardprodukte sind. Die Herstellung muss jedoch mit Sorgfalt und Wissen erfolgen, da Propan eine leicht brennbare Substanz ist. Das wichtigste Konstruktionskonzept besteht darin, die Anzahl der Brenner mit der Größe des Tanks in Einklang zu bringen. Die Umwandlung von flüssigem Propan in Gas hat eine kühlende Wirkung. Wenn die Verbrennungsrate zu hoch ist, wird die Kühlung eisig und der Regler kann einfrieren. Einige Hersteller von Abflammgeräten versuchen, dieses Problem zu lösen, indem sie das Propan in flüssiger Form zur Düse leiten, aber das verursacht andere Unsicherheiten. Ich empfehle Züchtern, die diese Technologie nutzen wollen, sich zunächst ein Gerät von einem kompetenten Hersteller anzuschauen. Sobald Sie sich mit den Feinheiten vertraut gemacht haben, können Sie entscheiden, ob Sie Ihr eigenes Gerät herstellen möchten.

Bei einer anderen Konstruktion sind die Brenner an der Vorderseite einer 75 Zentimeter breiten Gitterwalze befestigt. Der Propantank befindet sich auf der Beschwerungsplatte über der Walze und die Flamme wird vom Lenker gesteuert. Fünf Düsen beflammen einen 75 Zentimeter breiten Bereich direkt vor der Walze, während das Gerät über das Beet geschoben wird.

Ein weiteres Modell, das es zu kaufen gibt, besteht aus einer leichten Schutzhaube, die an einer Walze montiert ist. Sie wird an den Kopf eines Standard-Rucksackflammgeräts geklemmt. Die Haube leitet die Hitze nach unten und schützt die umliegenden Pflanzen. Mit einer Breite von 38 Zentimetern ist dies ein effizientes Werkzeug zum Abflammen von 75 Zentimeter breiten Beeten, ob im Gewächshaus oder auf dem Feld, mit jeweils einem Durchgang hin und zurück.

In Europa habe ich in kleinen Landwirtschaftsbetrieben viele verschiedene selbst gemachte Modelle gesehen. Einige der kleinen einreihigen Konstruktionen, vor allem fahrbare mit Vorrichtungen zum Schutz der Kulturpflanzen, scheinen besonders gut geeignet zu sein, um die spezifischen Anforderungen der Beikrautregulierung in Sonderkulturen zu erfüllen. Die Zukunft der Abflamm-Technologie wartet nur auf den Einfallsreichtum praktischer Landwirte, die die Geräte auf bisher ungeahnte Weise modifizieren und verfeinern.

Eine weitere Möglichkeit, Beikräuter durch Hitze abzutöten, besteht darin, den Boden im Sommer mit einer durchsichtigen Kunststofffolie abzudecken, in der Hoffnung, dass die Sonneneinstrahlung ausreicht, um die Bodentemperatur so stark zu erhöhen, dass die Beikrautsamen im Boden abgetötet werden. Diese Technik wird Bodensolarisation genannt. Als im Sommer 2014 eines unserer Gewächshäuser nicht im Einsatz war, beschlossen wir, den Boden darin zu solarisieren.

Bodensolarisation wird seit den 1960er-Jahren in Gebieten mit warmem Klima und viel Sonne erforscht. Wir erwarteten, dass die zweite Abdeckung durch das Gewächshaus die Tatsache ausgleichen würde, dass wir uns nicht in Texas befinden. Gemäß den Empfehlungen zur Bodensolarisation bewässerten wir den Boden (feuchter Boden überträgt Wärme besser als trockener Boden), bevor wir die Fläche von einer zur anderen Seite mit einer durchsichtigen Folie abdeckten. Als das erledigt war, schlossen wir das Gewächshaus ab Mitte Juli für drei Wochen. Mit einem Bodenthermometer kontrollierten wir, ob in einer Tiefe von fünf Zentimetern eine Termperatur von 63 °C erreicht wurde, um die Beikrautsamen abzutöten. Zum Schluss hatten wir das beikrautfreieste Gewächshaus, das wir je erlebt hatten; wirklich erstaunlich. Wenn Sie die wissenschaftliche Literatur zur Bodensolarisation lesen, weisen die Studien auf die Beseitigung vieler Bodenkrankheiten sowie eine positive Wirkung auf die Bodenfruchtbarkeit hin. Die Bodenmikroorganismen und Regenwürmer fliehen offenbar nach unten und kehren dann zurück. In der Literatur werden keine negativen Auswirkungen erwähnt, und wir haben auch keine bemerkt.

In unseren anderen großen Rollgewächshäusern wuchsen in diesem Jahr Sommerkulturen; aber wir denken nun darüber nach, die Gewächshäuser Mitte Juli von diesen Kulturen wegzubewegen (wir müssten dann eine Tomatensorte anbauen, die keine Rankhilfe benötigt), um das Nachbargrundstück zu solarisieren und später Winterkulturen darauf anzubauen.

Kunststoffabdeckungen, um die Böden im Gewächshaus zu solarisieren.

Da wir die Solarisation im Juli auch gerne im Freiland einsetzen möchten – vor allem dort, wo wir im August Herbstkulturen anpflanzen –, experimentieren wir mit zwei Kunststofffolien, die mit etwas Abstand übereinanderliegen, um so den Treibhauseffekt zu erhöhen. Möglicherweise könnten wir die Solarisation als Direktsaatverfahren einsetzen, indem wir eine Gründüngungsbepflanzung mit einem Schlegelmäher sehr kurz mähen, sodass sich die Pflanzen in einem mechanisch gestressten Zustand befinden, bevor wir die Folie auslegen, um sie weiter mit Hitze zu strapazieren. Wir möchten andere Landwirte in den nördlichen Regionen ermutigen, ebenfalls mit der Bodensolarisation zu experimentieren.

Ähnlich wie die Solarisation funktioniert die Okkultation als bodenschonende Methode: Der Boden wird über einen bestimmten Zeitraum mit einer lichtundurchlässigen Plane abgedeckt, um das Sonnenlicht abzuhalten und durch Hemmung der Photosynthese die Beikräuter zu vernichten. Die Okkultation wirkt langsamer, kann aber bei kühlen, bewölkten Außenbedingungen, bei denen die Solarisation weniger effektiv ist, ein nützlicheres Verfahren sein.

Langfristiger Nutzen

Die Anregung zur Untersaat im Kapitel „Gründüngung“ schränkt natürlich den Zeitraum ein, in dem der Boden bearbeitet werden kann. Deshalb muss die Kultivierung weit genug vor dem Untersaattermin erfolgen. Danach hemmt das sich ausdehnende Blätterdach der Kulturpflanze nach und nach das Beikrautwachstum. Wenn das zusätzliche niedrige Blätterdach der Untersaat hinzukommt, ist die hemmende Wirkung noch stärker ausgeprägt. Die wenigen Beikräuter, die es dennoch schaffen, müssen per Hand ausgerissen werden. Dazu sollte der Gärtner gelegentliche Begehungen des Gartens einplanen.

Diese Ermunterung mag perfektionistisch erscheinen, aber sie erfolgt aus gutem Grund. Ich erinnere mich an die Lektüre eines alten Buches für Landwirte aus dem 19. Jahrhundert, *Ten Acres Enough*. Der Autor vertrat eine ähnliche unkrautfreie Philosophie wie ich und bemerkte ironisch, dass die Nachbarn dachten, er würde seine Zeit verschwenden. Seine Schlussfolgerung hingegen war, dass die Anzahl der neuen Beikräuter jedes Jahr geringer wurde und sich sein Fleiß auf lange Sicht auszahlte. Meine Erfahrung ist die gleiche, ebenso die von Peter Henderson. In *Gardening for Profit* von 1867 schrieb er:

> „... Unkraut sollte jedoch niemals in einem Garten zu sehen sein, sei dieser zum Vergnügen oder zum Broterwerb; es ist eine kurzsichtige Ökonomie, die Zerstörung von Unkraut hinauszuzögern, bis es zu wachsen beginnt. Eine Person vermag an einem Tag mehr Fläche zu bearbeiten, wenn das Unkraut gerade durchbricht, als es sechs Arbeitskräfte tun werden, wenn man den Unkräutern erlaubt, fünfzehn oder zwanzig Zentimeter in die Höhe zu wachsen, ganz zu schweigen von der Beeinträchtigung des Bodens durch die Ernährung des Unkrauts anstelle der Kulturpflanzen. Ein weiterer Vorteil dieser frühen Ausrottung der Unkräuter ist, dass sie sich in diesem Stadium natürlich niemals versamen, und in ein paar Jahren sind sie fast vollständig zugrunde gegangen, was die Beseitigung in jedem folgenden Jahr zu einer viel einfacheren Aufgabe macht.“

Am Anfang mache ich mir keine Sorgen über die Beikrautsamen im Boden. Sie gehören dazu. Allerdings konzentriere ich mich darauf, ihre Vermehrung zu verhindern. Da die untergesäte Gründüngung ein erwünschtes Beikraut ist, das dem System zugutekommt, ist es das einzige Kraut, das ich wirklich will. Perfektion ist vielleicht nicht zu erreichen, aber ich komme diesem Ideal sicher viel näher, wenn ich die Selbstaussaat von Beikraut verhindere.

Auch die Beikrautforschung bestätigt diese Beobachtung und beschreibt den Fortschritt bei dessen Beseitigung im Ackerboden.[1] Eine Studie der National Vegetable Research Station in England konzentrierte sich auf den Rückgang entwicklungsfähiger Beikrautsamen in den obersten 23 Zentimetern des Bodens. Die Ausfallrate schwankte zwischen 22 und 36 Prozent pro Jahr, abhängig von der Intensität der Bodenstörung. Auf unbearbeitetem Boden, wo keine neuen Beikrautsamen aus unteren Schichten nach oben gebracht wurden und keine erneute Versamung und Aussaat zugelassen wurde, erschienen nach dem vierten Jahr kaum noch Sämlinge. Auch dies kann ich aus eigener Erfahrung bestätigen. Nach drei bis vier Jahren Fleißarbeit sollten Ihre Beikrautprobleme hinter Ihnen liegen.

Vorteile des Systems

Der Vorteil eines jeden Systems ist seine Stabilität, die durch die angewandten Verfahren erreicht wird. In einem gut konzipierten System erbringen die Maßnahmen diese Stabilität, indem sie sich gegenseitig ergänzen. Zum Beispiel helfen die beiden in einem früheren Kapitel vorgestellten Pflanztechniken bei der effizienten Beikrautregulierung. Der Einsatz einer Präzisions-Sämaschine sorgt für gleichmäßig gesetzte Pflanzen in geraden Reihen mit einheitlichem Abstand zueinander. Das erhöht natürlich die Effizienz und erleichtert den Anbau. Kulturen, die in Erdpresstöpfen vorgezogen und in den frisch bearbeiteten Boden verpflanzt werden, lösen eine Reihe von Problemen bei der Beikrautregulierung. Erstens haben die Pflanzen einen Vorsprung vor dem Beikraut, das noch nicht gekeimt hat, und zweitens werden die Pflanzen im gewünschten Abstand gesetzt, wodurch die Anpassungen für die Bearbeitung in der Reihe reduziert werden.

Ein Wort zum Schluss

In diesem Buch habe ich immer wieder betont, wie wichtig es für den Züchter ist, eine genaue Beobachtungsgabe zu entwickeln. Der Einsatz von Handwerkzeugen und gut durchdachten Systemen ist eine Hilfe, um den Überblick über die täglichen Veränderungen zu behalten. Ein englischer Naturforscher bemerkte einmal in Anlehnung an Robert Burns' Gedicht „To a Mouse, on Turning Her Up in Her Nest with the Plough" von 1785 „Wee, sleekit, cow'rin, tim'rous beastie / O what a panic's in thy breastie! ...",* dass das Gedicht in einer modernen Zeit nicht geschrieben worden wäre, denn ein Traktorfahrer hätte die Maus nicht bemerkt. Die Vorteile der von Pferden unterstützten Landwirtschaft beschränkten sich nicht auf Mäuse und Poesie. Ein Landwirt, der mit seinen Füßen in Kontakt mit der Erde ist, erfährt mehr über den Boden, die Pflanzen und den allgemeinen Zustand der Dinge, als er jemals vom Sitz eines Traktors aus beobachten könnte.

Trotz unserer modernen, auf Motorisierung basierenden Vorteile sind Handwerkzeuge und einfache Techniken, wenn sie richtig angewendet werden, für viele Arbeiten vorzuziehen. Gute Handwerkzeuge und Techniken stellen keinen Rückschritt dar. Sie sind zusammen mit den anderen in diesem Buch hervorgehobenen Praktiken ein Schritt vorwärts zu einem besseren Gemüsebaubetrieb.

* Du winziges, geschmeidiges, ängstlich zitterndes Tier, welche Panik nimmt Besitz von dir... [Anm. d. Verlags]

KAPITEL ZWANZIG

Krankheiten?

Es ist eine unbestrittene Tatsache, dass fast alle landwirtschaftlichen Studien sich heutzutage mit der Suche nach Mitteln und Wegen zur Bekämpfung von Pflanzen- und Tierkrankheiten und Schädlingen beschäftigen. Dieses Unterfangen wird von Jahr zu Jahr kostspieliger und scheint ein aussichtsloser Kampf zu sein. Könnte das nicht daran liegen, dass die Wissenschaftler gedanklich so besessen und beherrscht von Krankheiten sind, dass sie es versäumen, sich mit der Gesundheit zu beschäftigen? Die meisten scheint die Frage umzutreiben: „Wie können wir diesen und jenen Schädling vernichten oder diese und jene Krankheit heilen?" Die Frage zeigt eine negative Herangehensweise, denn die Antwort kann bestenfalls nur ein Heilmittel sein. Doch einige Forscher haben begonnen, die positive Frage zu stellen – „Was ist Gesundheit, wie können wir sie fördern und so die natürliche Widerstandskraft stärken?" Alles deutet bisher darauf hin, dass die Antworten auf diese Frage in ihren praktischen Ergebnissen weitaus fruchtbarer sein dürften als alles, was die Agrarwissenschaft bisher erreicht hat.

–Lady Eve Balfour,
Plant Health, 1949

In diesem Kapitel wird das Leben gefeiert. Es zelebriert die Koexistenz von heranwachsenden Pflanzen, lebendigen Kreaturen und positivem Denken. Es erklärt, warum ich Pestizide, ob organisch oder chemisch, immer für die falsche Antwort gehalten habe. Die Systeme der natürlichen Welt sind raffiniert und logisch. Die Idee, nach lebensspendenden Nahrungsmitteln zu streben und sie gleichzeitig mit tödlichen Giften zu übergießen, ist nicht sehr durchdacht und in sich unlogisch. Zu viele Bücher konzentrieren sich auf ein Katastrophenszenario möglicher Probleme und feiern das Negative. Ich richte mein Augenmerk eher auf die Möglichkeiten und Methoden eleganter Lösungen und feiere das Positive. Alle vermeintlich unlösbaren Probleme sind nur ein Auftakt für das nächste Fest.

Pflanzen-positiv: Die andere Seite des Wandteppichs

Wenn ich vor einem unlösbaren Problem stehe, stelle ich es auf den Kopf. Dann kann ich es aus der umgekehrten Perspektive neu betrachten, und sehr oft lässt sich ein stichhaltiges Argument für diese Position anführen. In der Geschichte der Wissenschaft gibt

Blühflächen ziehen nützliche Insekten an.

es zahlreiche Fälle von einst unantastbaren Ideen, die sich dann als rückständig erwiesen haben – das ptolemäische Konzept, dass sich die Sonne um die Erde dreht, ist ein bekanntes Beispiel dafür. Zwei Perspektivwechsel waren kürzlich aus den Nachrichten zu erfahren. Anstatt sich vor dem großen bösen Wolf zu fürchten, akzeptieren die heutigen Wildhüter, dass das Verhalten des Raubtiers untrennbar mit dem Gleichgewicht der natürlichen Welt verbunden ist. Der Waldbrand, den es einst „nur" zu verhindern galt, ist wieder als notwendiger Bestandteil eines gesunden Waldes ins Bewusstsein gerückt.

Bezüglich der Landwirtschaft würden die meisten Menschen zustimmen, dass das ‚unlösbare Problem' der Einsatz von Pestiziden ist. Denn trotz aller Nachweise über die damit verbundenen Gefahren von Rückständen, Schädlingsresistenzen und Umweltzerstörung müssen wir uns die Frage stellen, wie wir die Pestizide loswerden, die als so unverzichtbar für unsere Nahrungsmittelversorgung gelten. Nun, lassen Sie uns diese Annahme auf den Kopf stellen. Statt der derzeit dominierenden Haltung, dass *Pestizide unverzichtbar sind und wir ohne sie nicht auskommen können*, wäre die Umkehrung die richtige: *Pestizide sind überflüssig, da intelligente Agrarsysteme sie nicht brauchen*. Das ist sicher ein verlockendes Konzept, aber gibt es dafür auch Belege? Halten Sie sich fest!

Dieses Konzept ist nicht nur durch wissenschaftliche Studien belegt, sondern wird auch durch die praktischen Erfahrungen von Landwirten reichlich bestätigt. Seit über einem Jahrhundert lehnt eine kleine Gruppe von Landwirten und Forschern die Idee ab, dass Pflanzen wehrlose Opfer und Schädlinge bösartige Feinde sind. Nach ihrer Erfahrung sind gut gewachsene Pflanzen von Natur aus unempfindlich gegen Schädlinge. Sie behaupten, dass Pflanzen nur dann anfällig für Schädlingsbefall werden, wenn sie durch unzureichende Wachstumsbedingungen gestresst sind. Daher sehen sie Schädlinge nicht als Feinde der Pflanzen, sondern als hilfreiche Indikatoren für zu verbessernde Anbaumethoden. Einfach ausgedrückt: Insekten und Krankheiten vermitteln die Botschaft, dass die Pflanze unter Stress steht. Diese Botschaft ist unverständlich, solange wir Schädlinge als Feinde betrachten. Im Grunde genommen haben wir bisher versucht, den Boten zu töten.

Die Tatsache, dass Stress eine schädliche Wirkung auf Pflanzen haben kann, ist angesichts der ähnlichen Wirkung auf den Menschen nicht überraschend. Wenn wir unter Stress stehen, werden auch wir anfälliger für potentielle Krankheiten. Und genau wie in der Landwirtschaft können wir entweder zu chemischen Hilfsmitteln greifen, um die Symptome unseres Stresses zu überdecken, oder wir können Änderungen vornehmen, um die Ursache zu beheben – Änderungen in unserem Lebensstil, unserer Arbeitsumgebung oder unseren täglichen Gewohnheiten. Jedes seriöse Programm zur Stressreduzierung würde letzteres als die intelligentere Vorgehensweise empfehlen.

Ich bezeichne diese Denkweise in der Landwirtschaft als Pflanzen-unterstützend im Gegensatz zum gegenwärtigen Ansatz, der Schädlings-abwehrenden Haltung. Das macht Sinn. Da es zwei Faktoren gibt, Schädlinge und Pflanzen, gibt es zwei Handlungsmöglichkeiten: sich auf die Tötung des Schädlings oder auf die Stärkung der Pflanze zu konzentrieren; das Symptom zu behandeln oder die Ursache zu beheben. Da ersteres eine fehlerhafte Strategie zu sein scheint, ist es vielleicht klug, letzteres zu versuchen.

Um diese Dualität zu veranschaulichen, kann man sich die natürliche Welt als den gestickten Wandteppich vorstellen, den ich im ersten Kapitel erwähnt habe. Die Pestizid-Enthusiasten schauen alle auf die Rückseite des Wandteppichs. Aus dieser Perspektive sehen sie lose Enden, verirrte Fäden und verworrene Muster. Ihre Wissenschaft ist nicht schlecht, es ist nur so, dass sie die Logik des Gewebes der Natur nicht sehen können. Von der Vorderseite des Wandteppichs aus betrachtet ist die Rolle der landwirtschaftlichen Schädlinge als Selektoren minderwertiger Pflanzen klar, genauso wie räuberische Wirbeltiere wie der Wolf dafür bekannt sind, dass sie es auf Tiere abgesehen haben, die durch Krankheit, Verletzung oder Alterung gestresst sind.

Geschichte und Hintergrund

Der früheste offizielle wissenschaftliche Ausdruck für diesen Gedanken trat im 19. Jahrhundert in der pflanzenpathologischen Literatur als Prädispositionstheorie[1] auf, das bedeutet, die Wirtspflanze muss zunächst durch ungünstige Bedingungen negativ prädisponiert sein, bevor der Schädling sich durchsetzen kann. Die wissenschaftliche Betrachtung der Prädisposition wurde schnell durch neue wissenschaftliche Entdeckungen in den Hintergrund gedrängt. Dennoch gab es einige Stimmen, die behaupteten, dass sich nichts geändert habe. Auch wenn die Mikroben nun unter dem Mikroskop identifiziert und mit Namen versehen werden konnten, so waren sie doch nur in der Lage, sich gegen einen geschwächten Wirt durchzusetzen. Das ganze 20. Jahrhundert hindurch wurden weiterhin Studien und Übersichtsarbeiten veröffentlicht. Eine Literaturübersicht zu einem kleinen Themensegment, dem Einfluss von Kalium auf die Pflanzengesundheit, führt 534 Referenzen an und stellt fest, dass sich die Anzahl der neuen Referenzen seit 1950 in jedem Jahrzehnt verdoppelt hat.[2] Eine 1984 veröffentlichte Studie, die eine Theorie zum Zusammenhang zwischen Pflanzenstress und Insektenaufkommen vorstellt, führt mehr als 300 Referenzen an und wurde selbst hunderte Male in nachfolgenden Studien zitiert.[3]

Der allgemeine Tenor dieser Untersuchungen unterstützt, was schon immer ein beiläufig geäußerter, aber unzureichend verstandener Grundsatz der Öko-Bewegung war: „Gesunde Pflanzen werden von Schädlingen nicht belästigt.“ Oder wissenschaftlicher ausgedrückt: *In einem ausgewogenen Ökosystem sind Pflanzen bei richtigem Anbau von Natur aus unempfindlich und werden nur Opfer von Insekten und Krankheiten, wenn sie durch ungünstige Wachstumsbedingungen gestresst werden.* Mit anderen Worten: Die schädlingsfreie Pflanze ist nicht die normale Pflanze, der etwas hinzugefügt wurde, sondern die normale Pflanze, der nichts weggenommen wurde.

Der Großteil der veröffentlichten Forschungsergebnisse hat einen optimistischen Grundton. Diese Zuversicht überrascht angesichts der gegenwärtigen, ganz offensichtlich durch die Abhängigkeit von Agrarchemikalien beeinflussten Annahme, dass Züchter, die vor dem Aufkommen von Pestiziden Landwirtschaft betrieben haben, ausschließlich von Schädlingen befallene Produkte ernteten; denn diese waren ja angeblich ständig deren Angriffen ausgeliefert. Es scheint, dass dieses andere Verständnis damals mehr als nur eine Theorie war, sondern vielmehr ihren eigenen Erfahrungen im Garten entsprach.

Selbst Louis Pasteur, dessen Name so eng mit der Keimtheorie verbunden ist, schrieb mit Leidenschaft über das Potenzial dieses alternativen Ansatzes zur Verhinderung von Krankheiten. Er interessierte sich intensiv für die Bedeutung dessen, was er das „Terrain" nannte – die Umgebung, in der der Organismus lebt. Seine größte Faszination galt nicht der verursachenden Rolle der Mikroben, sondern den „Umweltbedingungen", die die „Vitalität und Widerstandskraft" des Wirts erhöhen.[4]

Viele Forscher sind zu ähnlichen Schlussfolgerungen in Bezug auf Insekten gekommen:

> Vielleicht wird man sich in Zukunft mehr auf die richtigen Kulturbedingungen verlassen als aufs Spritzen und die Bedingungen der Wirtspflanze genauer untersuchen als den Befall durch den Insektenparasiten.[5]
>
> Möglicherweise wird der anhaltende Bedarf an Neuentwicklung von Insektiziden, um größeren und zerstörerischeren Befall durch Schädlinge unter Kontrolle zu halten, durch die allmähliche, aber allgemeine Abnahme der Bodenfruchtbarkeit von Jahr zu Jahr verstärkt.[6]
>
> Zusammenfassend scheinen die bereits erzielten Ergebnisse zu zeigen, dass die Suche nach einer Verbesserung der Widerstandsfähigkeit der Pflanze mittels ihrer Physiologie nicht utopischer, sondern ziemlich praktischer Natur ist.[7]

Wie hängt es zusammen?

Die übliche Erläuterung konzentriert sich auf die durch Stress ausgelösten Veränderungen in der Zusammensetzung der Pflanze. Diese Veränderungen erhöhen die Anfälligkeit der Pflanze für Schadinsekten und Krankheiten. Das Hauptmerkmal ist die Unterbrechung der Proteinsynthese in gestressten Pflanzen, was zu einer Anhäufung von freiem (ungebundenem) Stickstoff im Pflanzengewebe führt. Da die Verfügbarkeit von stickstoffhaltiger Nahrung normalerweise die Anzahl der Schädlinge in der Natur begrenzt, können ihre Populationen explodieren, wenn gestresste Pflanzen mehr leicht verfügbare stickstoffhaltige Verbindungen enthalten.[8]

In Studien zu einer Reiskrankheit in Brasilien wurde als Hauptstressfaktor eine unzureichende Versorgung der Pflanze mit Spurenelementen diagnostiziert. Wo es im Boden an bestimmten Spurenelementen mangelte, grassierte die Krankheit. Wenn die notwendigen Spurenelemente zugeführt wurden, waren die Pflanzen immun, selbst wenn ansonsten besonders günstige Bedingungen für die Krankheit vorlagen.[9]

Die Forschung über Nematoden hat gezeigt, dass die organische Düngung des Bodens dabei hilft, den Befall mit Nematoden zu verhindern. Die Vorteile, die organische Substanz für den Boden mit sich bringt – verbesserte Struktur, höhere Feuchtigkeitsspeicherkapazität, vermehrtes Bodenleben, bessere Pflanzenernährung – wurden alle als Faktoren zur Vorbeugung von Nematodenbefall nachgewiesen.[10]

Eine Reihe von Studien weist auf den Unterschied zwischen „absoluter" Resistenz gegen Schädlinge hin, die vor allem ein Faktor der genetischen Voraussetzungen der Pflanze ist, und „relativer“ Resistenz, die sich aus den Bedingungen ergibt, unter denen die Pflanze wächst. Man vermutete, dass, wenn man in der Lage wäre, die Mechanismen der „relativen“ Resistenz in vollem Umfang zu fördern, sogar Anbauverfahren wie großflächige Monokulturen, die oft als ursächlicher Faktor für die Vermehrung von Schadinsekten angesehen werden, weniger Probleme bereiten würden, da die Kulturtechniken die Resistenz der Pflanzen sichergestellt hätten.[11]

Das US-Landwirtschaftsministerium schreibt 1957 in seinem Jahrbuch: „Gut ernährte Pflanzen sind in der Regel weniger anfällig für bodenbürtige Organismen als schlecht ernährte Pflanzen. Eine gute Bodenfruchtbarkeit kann die Widerstandskraft der [Wirts-]Pflanze so sehr erhöhen, dass es dem Parasiten nicht gelingt, die Wurzeln anzugreifen.“[12]

Und schließlich kommen zwei Forscher aus Cornell in einer der wenigen Studien, die sich speziell auf den ökologischen Landbau beziehen, zu dem Schluss: „Was auch immer die Ursache(n) für die signifikant geringere Anzahl von Schadinsekten bei den ökologischen Anbauverfahren ist, die Ergebnisse unterstützen die These, dass organische Düngemittel die Resistenz der Pflanzen gegen den Befall durch Schadinsekten fördern können“.[13]

Praktische Erfahrung

Mitte der 1990er-Jahre verschickte ich einen Fragebogen an 50 der besten kommerziellen Erzeuger von Bio-Gemüse in den Vereinigten Staaten. Ich fragte sie, ob sie einen Zusammenhang zwischen gesunden, ungestressten Pflanzen und einem geringeren Auftreten von Schädlingen beobachtet hätten. Alle, bis auf einen, sagten ja. Ich fragte sie, wie viel Prozent der Schädlingsprobleme, die ihre chemisch anbauenden Nachbarn betrafen, sie ihrer Meinung nach durch den Anbau gesunder, unbelasteter Pflanzen vermieden. Die durchschnittliche Antwort war 75 Prozent. Wenn man bedenkt, dass diese Landwirte diese Erfolgsquote ohne die Hilfe des landwirtschaftlichen Establishments erreicht haben, ist die Zahl von 75 Prozent ziemlich beeindruckend. Es ist sogar noch beeindruckender, wenn man sich vor Augen hält, dass sie nach konventionellem landwirtschaftlichem Verständnis etwas vollkommen Unmögliches tun. Die meisten dieser Landwirte sind sich einig, dass die Schädlingsprobleme, auf die sie immer noch stoßen, nur existieren, weil sie noch nicht die passende erfolgreiche Anbaumethode gefunden haben, um diese spezifischen Stresssituationen zu lösen.

Ich habe ähnlich aufregende Ergebnisse beim Anbau von unempfindlichen Pflanzen in Bio-Betrieben auf der ganzen Welt gesehen. Eine Erfahrung sticht dabei besonders hervor. Im Jahre 1979 besuchte ich zusammen mit einer Gruppe von Agrarforschern des US-Landwirtschaftsministeriums (USDA) einen Bio-Gemüsebauer in Deutschland. Die Forscher arbeiteten an der Studie „Report and Recommendations on Organic Farming“ (Bericht und Empfehlungen zum ökologischen Landbau), die im folgenden Jahr vom USDA veröffentlicht wurde. Ein Mitglied der Gruppe war ein Insektenforscher. Während der Rest der Gruppe eine lebhafte Frage-und-Antwort-Diskussion mit dem Landwirt führte, betrat der Insektenforscher das Gemüsefeld. Er bückte sich und verwirbelte mit den Händen die Luft über den Pflanzen, um die Insektenpopulation zu begutachten und nach Schädlingen und Schädlingsbefall zu suchen. Schließlich verstummte das Gespräch am Feldrand, weil sich unsere Aufmerksamkeit auf den Insektenforscher konzentrierte. Er setzte seine Suche fort und zeigte sich immer erstaunter über das fast völlige Fehlen von Schädlingsschäden an den verschiedenen Kulturen. Schließlich richtete er sich auf, drehte sich zu uns anderen um und sagte in einem Ton der fassungslosen Bewunderung: „So gut schaffen wir es nicht einmal mit Pestiziden."

Widerstand gegen neue Ideen

Wie Sie sehen, gibt es eine beträchtliche Anzahl an Belegen – sowohl positive wissenschaftliche Einschätzungen als auch erfolgreiche Praxisbeispiele –, die diesen umgekehrten Ansatz der Schädlingsregulierung unterstützen. Es scheint eine echte Option im Pestizid-Dilemma zu sein. Warum also wird diese Idee vom landwirtschaftlichen Mainstream völlig ignoriert? Könnte es sein, dass sie in ihren Auswirkungen so revolutionär ist, dass sich niemand traut, sich mit ihr auseinanderzusetzen? Vielleicht sind wir durch die „vom Verstand geschmiedeten Fesseln", von denen der Dichter William Blake schrieb, mehr eingeschränkt, als uns bewusst ist. In der Geschichte der Wissenschaft gibt es zahlreiche Fälle, in denen fehlerhafte Ideen jahrzehntelang, ja sogar jahrhundertelang, aufrechterhalten wurden, weil man sich nicht traute, sie zu ändern. In der August-Ausgabe der *Ag World* von 1978 sprach Lola Smith genau dieses Problem an:

> Ich kann nicht verstehen, warum [Agrar-] Wissenschaftler jeden Hinweis, dass Chemikalien in ihrer derzeitigen Anwendung mehr Probleme verursachen als dass sie nützen, so vehement zurückweisen müssen. Vielleicht ... würde das Eingeständnis, dass dies der Fall ist, heißen, zuzugeben, dass das System, das sie mit so viel Hoffnung und Optimismus entwickelt haben, möglicherweise verschrottet werden muss – und damit ein großer Teil ihres Lebens an Wert verliert.

Als ich den Veranstaltern von zwei Konferenzen über alternative Schädlingsregulierung vorschlug, zumindest einen Vortrag mit einer Skizze dieser Theorie aufzunehmen, wurde dies entschieden abgelehnt. Ihre Vorstellung von „alternativ" beschränkte sich offensichtlich auf die Feinabstimmung des gegenwärtigen Zustands. Ich verlangte eine Revolution. Ein Vortrag zu diesem Thema würde automatisch die Prämisse aller konventionellen Abhandlungen infrage stellen. Wenn diese Idee richtig wäre, wäre ein Großteil ihrer Arbeit überflüssig. Wie könnten sie mit der Tatsache umgehen, dass es mir und anderen Bio-Gemüsebauern gelungen ist, Systeme zu etablieren, in denen konventionelle Schädlingsregulierung kein Thema ist? Diese Revolution befasst sich mit Realitäten, die außerhalb des derzeitigen Rahmens des akzeptierten entomologischen Denkens liegen.

Ich habe bereits in Kapitel 2 angedeutet, dass unserer wissenschaftlichen Sprache die Begriffe fehlen, um Pflanzengesundheit zu beschreiben. Für diejenigen, die dieser Pflanzen-positiven Haltung in Bezug auf die menschliche Gesundheit folgen wollen, haben zwei britische Mediziner den Begriff *Ethologie* vorgeschlagen:

Man könnte es als das Studium jenes Zustandes von Ordnung und innerer Ruhe betrachten, der den Hintergrund bildet, vor dem sich Unordnung und Krankheit manifestieren. [...] Die Frage, wie verloren gegangene Gesundheit repariert und gelindert werden kann, stellt für den Wissenschaftler eine andere Herausforderung dar als die Frage, wie Gesundheit kultiviert – gefördert – werden kann. [...] Diese beiden Aspekte – Pathologie und Ethologie – beinhalten zwei verschiedene wissenschaftliche Abenteuer.[14]

Die beiden Mediziner fahren fort und schlagen vor, dass „es uns offensteht, entweder die Liebe zum Leben zu fördern oder uns die Angst vor dem Sterben aufzubürden." Sie beklagen, dass die auf Heilung basierenden Verfahren auf Letzteres ausgerichtet sind.

Ethologie, wie sie derzeit definiert wird, bezieht sich auf die Untersuchung des Verhaltens von Tieren in ihrer natürlichen Umgebung. Vielleicht könnte man den Begriff *Euologie (*von griechisch eu-: gut, wohl) auf Pflanzen übertragen. Eine neue Wissenschaft der Pflanzen-Euologie würde sich auf *Gesundheit* statt auf Krankheit konzentrieren, auf die

Stärkung von Pflanzen statt auf Schädlingsregulierung. Ein niederländischer Forscher stellt den Ausdruck „positive Gesundheit" in den Mittelpunkt, um zu betonen, dass Gesundheit kein statischer Zustand, sondern die dynamische Fähigkeit des Organismus ist, sich anzupassen und selbst zu managen. Und dann sind da noch die Worte von Aldo Leopold, dessen vorausschauende Weisheit aus dem Jahr 1938 diese Diskussion zusammenfasst. Seine Definition von Gesundheit als „die Fähigkeit eines lebenden Organismus zur inneren Selbsterneuerung" und die Formulierung der britischen Forscher von der „wechselseitigen Synthese zwischen Organismus und Umwelt" verschmelzen mit dem positiven Gesundheitskonzept des niederländischen Wissenschaftlers. Leider ist, wie Lady Eve Balfour betont hat, die Wissenschaft der Chemie, auf der der größte Teil der Agrarwissenschaft basiert, offensichtlich nicht in der Lage, einen solchen Fluss der Lebenskräfte zu untersuchen. Gegenwärtig sind sowohl die pflanzliche als auch die menschliche Gesundheit in einer Schädlings-negativen Welt gefangen. Wir können nicht einmal anfangen, uns über ein Konzept ernsthaft Gedanken zu machen, für das die Wissenschaft noch keine allgemein akzeptierte Terminologie hat.

Wir begegnen auch einem stark angstbasierten Widerstand gegen diese Idee – unserer Angst und unserem Misstrauen gegenüber der Natur. John Stuart Mills Aussage aus dem 19. Jahrhundert bringt diese Haltung unmissverständlich zum Ausdruck:

> Niemand, ob religiös oder nicht-religiös, glaubt, dass die schädlichen Kräfte der Natur, als Ganzes betrachtet, auf irgendeine andere Weise sinnvoll sind, als dadurch, dass sie die menschlichen, vernünftigen Geschöpfe dazu anregen, sich zu erheben und gegen sie zu kämpfen.[15]

Diese Kontrollmentalität spiegelt sich in der Ausdrucksweise wider, die wir verwenden. Da Insekten die Pflanze „angreifen" und die Ernte „verwüsten", führen wir einen „Kampf" gegen sie, um sie als „Feind" zu „besiegen". Wir verwenden Insekten-„Killer" in einer Spritz-„Pistole", um sie zu „vernichten". Robert Van den Bosch zeichnet in seinem Buch *The Pestizid Conspiracy* ein überzeugendes Bild des modernen Pestizid-Anwenders als prahlerischen, machohaften Revolverhelden, der „die tödliche Ladung seines Colts 44" in den Bösewicht pumpt.[16] Unsere Sicht auf die Natur und ihre Systeme ist in erster Linie negativ. Nur selten ziehen wir eine mögliche verbesserte Partnerschaft mit der Natur in Betracht, die sich aus ihrer Erforschung und dem Verständnis sowie der Suche nach der Führung durch die Natur ergeben könnte.

Weil wir die Natur als Feind betrachten, werden selbst unsere „alternativen" Praktiken oft falsch angewendet. Die Aufstockung der Zahl der Nützlinge ist ein Beispiel dafür. Wie bereits erwähnt, glaube ich, dass Pflanzen von Natur aus unempfindlich sind, wenn sie in einem ausgewogenen Ökosystem optimal wachsen. Ich versuche, ein ausgeglichenes Ökosystem zu fördern, indem ich Hecken aus ausgewählten Sträuchern anpflanze und zwischen den Gemüsefeldern Wiesenflächen belasse, um allen nützlichen Komponenten, die zum Gleichgewicht beitragen, einen Lebensraum zu bieten.[17] Wenn dieses Ökosystem aus der Balance gerät, zum Beispiel durch die versehentliche Einführung eines neuen Insekts, dann sind die Suche nach geeigne-

ten Parasiten und deren Einsatz gegen dieses neue Insekt logische Schritte, um das Gleichgewicht wiederherzustellen. Aber diese Praxis kann zu weit getrieben werden. Da Nützlinge als Teil eines ausgewogenen natürlichen Ökosystems existieren, ist der Gedanke aufgekommen, sie als eine Art biologische Spezial-Kampftruppe einzusetzen. Obwohl dies in einigen Fällen effektiv sein mag, basiert die Einfuhr und Ausbreitung von Raubinsekten auf dem gleichen antagonistischen Denken wie der Einsatz von Pestiziden. Die kürzlich erschienene Werbung für Nutzinsekten machte das deutlich: „Rache mit nützlichen Insekten". Der Einsatz von Nutzinsekten ist immer noch Ausdruck einer Schädlings-negativen Haltung; sie konzentriert sich immer noch auf den „Feind", behandelt immer noch das Symptom und versucht, den Schädling zu töten und kranke Pflanzen zu schützen.

Der gentechnische Ansatz zeigt noch weniger Verständnis. Das Verschieben resistenter Gene von einer Pflanze zur anderen ist rein defensiv und geht davon aus, dass das natürliche System schlecht konstruiert ist. Das Gegenteil ist der Fall, die Konstruktion ist tadellos – sie wird nur nicht verstanden. Eine kranke Pflanze, auch wenn sie mit einem resistenten Gen ausgestattet ist, ist immer noch eine kranke Pflanze. Wenn gesunde Pflanzen unter Bedingungen angebaut werden, die ihr Wohlbefinden optimieren, zeigt sich ihre Resistenz auf natürliche Weise durch das richtige Funktionieren aller ihrer Systeme. Genetische Manipulation ist immer noch eher eine negative als eine positive Lösung.

Wie kam es dazu, dass wir in Bezug auf die Landwirtschaft eine Mentalität entwickelt haben, die den Abläufen jener natürlichen Welt, auf der sie beruhen sollte, misstraut und sie missachtet? Letztlich läuft es darauf hinaus, dass wir uns die Natur nach unserem eigenen Bilde geschaffen haben. Wir sehen natürliche Prozesse als Projektionen unserer eigenen aggressiven Handlungen und unserer von Vergeltung geprägten Denkmuster. So meinen wir, in der Beziehung eines Organismus zu einem anderen und in der Beziehung der Natur zu uns eine Böswilligkeit zu erkennen. Wir sehen nicht das vorteilhafte Gleichgewicht zwischen Raubtier und Beute, das es überall in der natürlichen Welt gibt. Wir übersehen die offensichtliche Logik, dass wir dieses Gleichgewicht zu unseren Gunsten kippen, wenn wir optimale Wachstumsbedingungen für die Pflanzen schaffen. Wir müssen unser Denken ändern.

Damit es funktioniert

Als ich zum ersten Mal versuchte, ideale Wachstumsbedingungen zu schaffen, musste ich nicht lange nach einem Modell suchen, dem ich folgen konnte. Die Hinweise sind auf jedem Stück unkultivierten Feld und in jedem Wald zu finden. Die Pflanzen, die in einer Naturlandschaft erfolgreich wachsen, sind diejenigen, deren physiologische Bedürfnisse durch die Boden- und Klimabedingungen ihres Standorts am besten erfüllt werden. Da ich für meinen Betrieb eine Lage wollte, die den Anbau einer breiten Palette von Gemüsesorten begünstigt, musste ich lernen, wie ich das Gelände so gut wie möglich auf die Bedürfnisse jeder einzelnen Pflanze abstimmen kann.

Ich begann mit dem Offensichtlichen. Ich stellte sicher, dass die Abstände zwischen den Pflanzen und Reihen für das Pflanzenwachstum, die maximale Photosynthese und eine ausreichende Luftzirkulation angemessen waren. Ich vermied es, schattenliebende Pflanzen in volle Sonne zu pflanzen, feuchtigkeitsliebende in trockenen Boden oder Pflanzen für saure Böden in alkalische Erde zu setzen bzw. umgekehrt. Dann kümmerte ich mich Schritt für Schritt um die einzelnen Pflanzen. Ich unterteilte ein Feld in Streifen. Jeder Streifen wurde unterschiedlich gedüngt (z. B. einer mit Mist, der nächste mit Herbstlaub, Algen, Kompost usw.) oder erhielt eine andere Bodenvorbereitung (z. B. Fräsen, Meißelpflügen, Mulchen, Direktsaat von Gründüngung und dergleichen). Die einzelnen Kulturen (ich habe normalerweise mehr als eine Variante von jeder Sorte verwendet) wurden auf diesen Streifen angebaut.

Wo ich Abweichungen feststellte, startete ich neue Versuche. In den folgenden Jahren wurden Streifen mit Kuh-, Pferde-, Schweine- und Hühnermist oder Buchen-, Ahorn-, Eichen- und Eschenlaub oder Klee-, Wicken-, Buchweizen- und Roggengründüngung angelegt. Tief gelüftete Böden verglich ich mit ungelüfteten Böden; Mulchart oder -tiefe sowie der Zeitpunkt der Ausbringung wurden variiert. Ich schickte Bodenproben zum Testen ein, um dadurch eventuell die beteiligten positiven Faktoren zu bestimmen und um herauszufinden, wie ich sie mit anderen Mitteln verstärken könnte. Kurz gesagt, ich betrieb meine eigene Versuchsstation und entwickelte Techniken, die auf die jeweiligen Bedingungen zugeschnitten waren. Jedes Jahr wuchsen die Pflanzen besser, und ich hatte weniger Probleme.

Die allgemeine Erfahrung hat gezeigt, dass Maßnahmen, die die biologische Aktivität des Bodens stimulieren, am effektivsten und kostengünstigsten sind, um die Unempfindlichkeit der Pflanzen, den Ertrag und die Produktqualität zu erhalten. Zu diesen Praktiken gehören die Zugabe von organischer Substanz, die Anpassung des Gleichgewichts, der Menge und Verfügbarkeit von Hauptnährstoffen und Spurenelementen, die Korrektur des pH-Werts, die Belüftung des Bodens, um Verdichtungen zu verhindern, die Bereitstellung von ausreichender Feuchtigkeit und Drainage, eine flache Bodenbearbeitung, der Anbau von gemischten Gründüngungspflanzen zur Bodenverbesserung und zur Veränderung der Bodenbiologie sowie der Einsatz von gut durchdachten Fruchtwechseln. Wenn ich nur eine einzige Maßnahme vorschlagen sollte, dann wäre diese, so viel erstklassigen, gut zersetzten Kompost wie möglich herzustellen und diesen flach einzuarbeiten. Wenn Ihre Bemühungen anfangs nicht erfolgreich sind, geben Sie nicht auf. Sie müssen Ihre Maßnahmen an den Boden, Ihr Klima und Ihre Pflanzen anpassen.

In den 30 Jahren, in denen ich Gemüsebau betreibe und in denen es mir gelungen war, die besten Wachstumsbedingungen für die Pflanzen zu schaffen, habe ich nie die Notwendigkeit von Pestiziden festgestellt. Für die verschiedenen Pflanzen gibt es unterschiedliche „optimale" Bedingungen, und sie sind auf manchen Böden leichter herzustellen als auf anderen. Der ideale Fruchtwechsel kann einen großen Unterschied ausmachen, ebenso wie der Anbau der richtigen Sorte. Ich beobachte und experimentiere weiter.

Aber in keinem Fall braucht es für die Schaffung dieser idealen Bedingungen mehr als die minimalen Ressourcen eines kleinen Betriebs oder mehr als ein vernünftiges Verständnis von Bodenkunde und landwirtschaftlichen Prinzipien. Was es jedoch auf jeden Fall erfordert, ist ein Denkmuster, das sich dem Problem eher von einem Pflanzen-positiven als von einem Schädlings-negativen Standpunkt aus nähert – aus dem Wunsch heraus, die Ursache zu beheben und nicht nur das Symptom zu behandeln.

Biologische Diplomatie

Dieser Ansatz der Ursachen-Korrektur gegenüber Schädlingen ist grundlegend für den ökologischen Landbau. Die Wahrheit ist, dass man nur, wenn man diesen Ansatz versteht, die tatsächliche Funktionsweise des ökologischen Landbaus wirklich begreift. Nur so wird man eine Vorstellung von seinem Potenzial haben. Ohne dieses Verständnis wird der ökologische Landbau weiterhin durch eine nachahmende Denkweise eingeschränkt, die lediglich chemische Mittel durch „ökologische" Mittel ersetzt. Zu viele Bio-Bauern akzeptieren unkritisch das System der industriellen Landwirtschaft, während sie natürliche Stoffe verwenden – Blutmehl statt Natriumnitrat, Knochenmehl statt Superphosphat, Rotenon statt DDT. Auf diese Weise funktioniert der ökologische Landbau einigermaßen gut, weil die neuen Zugaben mit dem natürlichen System besser harmonieren als die alten. Aber das kratzt nicht einmal an der Oberfläche. Es gibt viele neue Forschungsergebnisse darüber, wie die „induzierte Pflanzenresistenz" gegen Schädlinge und Krankheiten ein Ergebnis der engen Partnerschaft ist, die zwischen

Pflanzenwurzeln und Mikroorganismen in einem gesunden Boden besteht.[18]

Was ich hier vorschlage, ist eine völlig neue Denkweise. Um ein richtiges Verständnis der Landwirtschaft zu erlangen, müssen wir ein biologisch orientiertes Denken entwickeln, das unsere landwirtschaftlichen Bemühungen als partizipativ und nicht als antagonistisch gegenüber der natürlichen Welt sieht. Hier geht es nicht um die Frage, ob Pestizide, seien sie natürlichen oder künstlichen Ursprungs, gut oder schlecht sind. Mein Denkansatz umgeht die nicht zu gewinnende Debatte, indem er suggeriert, dass Pestizide überflüssig sind, dass sie erfunden wurden, um ein agroindustrielles System zu stützen, das von Anfang an von falschen Voraussetzungen ausging. Wenn man dieses System aufgibt, kann man sich von dessen negativem Denkmuster lösen. Die veröffentlichten Forschungsergebnisse und die Erfahrungen von Bio-Bauern auf der ganzen Welt zeigen deutlich, dass wir, wenn wir das Positive betonen, gleichzeitig das Negative eliminieren.

Ich möchte an dieser Stelle nicht versäumen, die Diskussion versuchsweise eine Stufe weiter unten in der Nahrungskette fortsetzen zu lassen, um den Menschen als Konsumenten von Pflanzen einzubeziehen. Werden auch wir Menschen von diesen Konzepten geprägt? Werden unsere Gesundheit, Vitalität und Widerstandsfähigkeit, unsere „biologische Qualität“ wie im Fall der Pflanzen durch unsere „Wachstumsbedingungen“ und die physiologische Eignung unserer Inputs bestimmt? Wenn wir dem positiven Ansatz von der Pflanzengesundheit gefolgt sind und alle Wachstumsbedingungen optimiert haben, um eine Pflanze von höchster biologischer Qualität hervorzubringen, wird dann der Verzehr dieser Pflanze ein Faktor zur Optimierung unserer Ernährung und unseres späteren Wohlbefindens sein? Die Antworten auf diese Fragen weisen auf Auswirkungen des Pflanzen-positiven Denkens hin, die weit über den Bereich der Landwirtschaft hinausreichen.

Als Galilei vor fast 500 Jahren das allgemein akzeptierte, aber fehlerhafte ptolemäische Konzept eines erdzentrierten Sonnensystems infrage stellte, erkannte er, dass er „die Gehirne der Menschen neu formen“ musste, um ein anderes Verständnis zu ermöglichen. Die Veränderung, die ich vorschlage – von der Vernichtung von Schädlingen, um kranke Pflanzen zu schützen, hin zu einer Konzentration auf die Pflanzenentwicklung, um gesunde Pflanzen zu schaffen –, erfordert eine ähnliche Umformung. Aber es ist eine Veränderung, die es uns ermöglichen wird, alle Pestizide zu eliminieren und gleichzeitig nahrhaftere Pflanzen anzubauen.

KAPITEL EINUNDZWANZIG

Schädlinge: Vorübergehende Notmaßnahmen

In Kapitel 20 habe ich argumentiert, dass in der Landwirtschaft der Schwerpunkt auf Praktiken gelegt werden muss, die die Vitalität der Nutzpflanzen verbessern, und nicht auf Methoden zur Vernichtung von Schädlingen. Ich glaube, dass dieses Konzept der Schlüssel zum Verständnis der Prozesse einer ökologisch ausgerichteten Landwirtschaft ist. Aber ich weiß sehr wohl, dass viele Menschen es zwar als „Ideal" der Schädlingsregulierung ansehen, sie es aber lieber hätten, wenn ich mich darauf konzentrieren würde, viele „magische organische Lösungen" für sofortige Abhilfe anzubieten. Diejenigen, die solche Hilfe brauchen, werden viele Bücher finden, die sich auf diesen Ansatz spezialisiert haben. Ein sehr gut gemachtes Buch ist *The Organic Gardener's Handbook of Natural Insect and Disease Control,* herausgegeben von Barbara Ellis und Fern Marshall Bradley (Emmaus, PA: Rodale Press, 1992).

Ich betone das präventive Denken, weil ich kein Interesse an Palliativmaßnahmen (im Sinne des lateinischen *pallium = Umhüllung)* habe. Mit Palliativmaßnahmen meine ich Aktionen, die ein Problem verbergen oder verstecken, indem sie ein kurzfristig wirkendes Hilfsmittel verwenden. Aber ich muss auch die Meinung eines Freundes berücksichtigen, der zu mir sagte: „Okay, Eliot, ich stimme mit deinem Pflanzen-positiven Denken überein, aber lass uns für einen Moment realistisch sein. Was macht ein Züchter am Anfang, wenn die Systeme noch nicht zusammenwirken, oder wenn die Dinge schieflaufen?" Mein Freund hat einen wichtigen Punkt angesprochen. Da nur sehr wenige Menschen bewusst danach streben, Probleme von einem Pflanzen-positiven Standpunkt aus zu lösen, gibt es relativ wenig detaillierte Informationen für diejenigen, die Schwierigkeiten mit bestimmten Kulturen und bestimmten Situationen wie unterschiedliche Böden, Klimazonen, Jahreszeiten haben. Und solange sich diese Einstellung nicht ändert, wird der einzelne Züchter nur wenig Hilfe bei seinem Pflanzen-positiven Bestreben außerhalb seiner eigenen Erfahrung finden.

Daher werde ich im Folgenden einige Methoden zur Schädlingsregulierung vorschlagen, die ich in solchen Notzeiten eingesetzt habe. Meiner Meinung nach sind dies die besten von den zur Verfügung stehenden schlechten Möglichkeiten. Ich verwende sie immer mit dem Vorbehalt, dass sie als vorübergehende Notmaßnahmen und nicht als langfristige Lösungen betrachtet werden sollten. Ich entschuldige mich nicht dafür, dass ich so leichtfertig „natürliche" Methoden der Schädlingsregulierung praktiziere. Diese

Maßnahmen lösen das Grundproblem nicht. Wie auch die chemischen Mittel behandeln sie das Symptom, anstatt die Ursache zu beheben.

Nährstoffe gegen Schädlinge

Die nährstoffbezogenen Ansätze zur Schädlingsregulierung basieren eigentlich auf einer pflanzen-positiven Philosophie, und ich habe nichts dagegen, abgesehen von den Kosten für die Substanzen. Wenn die Pflanzen gestresst sind, habe ich festgestellt, dass der Einsatz von Blattsprays zur Nährstoffversorgung vorteilhaft ist, um die Widerstandskraft der Pflanzen gegen Schädlinge zu erhöhen. Aber die Ergebnisse sind nicht immer konsistent. Was speziell die Sprays auf Algenbasis betrifft, denke ich, dass die Erklärung im Cytokinine-Gehalt des Algenprodukts liegt. Cytokinine sind Hormone, die von den Pflanzenwurzeln produziert werden und eine wichtige Funktion bei der Proteinsynthese haben. Pflanzen, die unter Stress stehen, hören auf, Cytokinine zu produzieren; dadurch wird die Proteinsynthese gehemmt, was wiederum zu Insekten- und Krankheitsproblemen führt, wie in Kapitel 20 dargelegt. Cytokinine, die als Spray auf die Blattoberfläche aufgebracht werden, scheinen diese Situation verbessern

Folienbespannte Reifen bieten physischen Schutz gegen Insekten.

zu können. Ich vermute, dass die Inkonsistenz der Ergebnisse damit zusammenhängt, dass die Anwendung zu unterschiedlichen Zeiten erfolgt ist (diese Blattdünger können zu bestimmten Tageszeiten und während bestimmter Perioden in der Entwicklung der Pflanze effektiver sein), oder mit der Qualität der verschiedenen flüssigen Algenprodukte; ich kann es nicht mit Sicherheit sagen. Aber ich rate Gärtnern, die beabsichtigen, flüssige Algenprodukte zu verwenden, zu Marken mit einem garantierten Cytokinine-Gehalt.[1]

Eine wässrige Gärungslösung aus gut aufbereitetem Kompost, die als Blattspray verwendet wird, hat sich als wirksam gegen eine Vielzahl von Pflanzenkrankheiten erwiesen, darunter Kartoffel- und Tomatenfäule, Gurkenmehltau und Botrytis (Grauschimmelfäule) bei Erdbeeren. Die Länge der Fermentationszeit scheint Einfluss auf die Wirksamkeit bei verschiedenen Pflanzen zu haben. Diese Konzepte entwickeln sich schnell weiter, und Sie sollten sich in der Bibliothek nach den neuesten Forschungsergebnissen erkundigen.[2]

Mechanische Kontrolle

Die Folienabdeckungen für Beete, die ich im Kapitel über die Saisonverlängerung (Kapitel 24) beschreibe, funktionieren sehr gut als physische Barriere, um Schädlinge von den Kulturpflanzen fernzuhalten, vorausgesetzt, sie werden über die Ernte gelegt, bevor die Insekten eintreffen. Wir stützen die Folien normalerweise mit Tunnelreifen, die jeweils zwei Beete überspannen. Besonders leichte Gewebe, die speziell für die Schädlingsabwehr entwickelt wurden und die nur eine minimale Temperatur erhöhende Wirkung haben, sind bei warmem Wetter die beste Wahl. Da ich auf meinem trockenen Sandboden bisher keine

Individuelle Schutzabdeckungen

Pflanzen-positive Lösung gefunden habe, um während des Sommers Flohkäferfraß bei Rucolablättern zu verhindern, hat die Folienabdeckung sehr geholfen.

Für Pflanzen der Kürbisfamilie bedeutet das Umpflanzen Stress, weshalb sie anfälliger für Schädlinge sind. Um in unserem kühlen Klima eine längere Wachstumsperiode zu erhalten, pflanzen wir unsere Winterkürbisse als Setzlinge, die in 7,5 Zentimeter großen Erdpresstöpfen vorgezogen wurden. Wir haben festgestellt, dass Setzlinge, die während ein paar Wochen in einem geschützten Umfeld den Umpflanzungsstress überwinden und ihr Wurzelsystem aufbauen können, viel besser dazu in der Lage sind, Gurkenkäfer abzuwehren. Wir säen zwei Samen in jeden Erdpresstopf und setzen später diese Pflanzenpaare im Abstand von jeweils 1,8 Meter in der Reihe aus. Da dieser Abstand keine effiziente Nutzung von Reihenabdeckungen bietet, haben wir unsere eigenen individuellen Abdeckungen entwickelt. Wir schneiden 38 Zentimeter breite rechteckige Stücke von einer 92 Zentimeter breiten Rolle Fliegengitter ab und falten sie zu dreiseitigen Pyramiden mit Klappen an der Unterseite, die zur Fixierung mit Erde bedeckt werden können. Die Ränder heften wir zusammen und lassen die Schutzvorrichtungen drei Wochen lang stehen, bis die Blätter gegen das Gitter drücken. Nach dem Entfernen lagern wir sie zur Wiederverwendung in den nächsten Jahren ein.

Das Absaugen von Insekten ist ebenfalls eine effektive Maßnahme sowohl gegen leichte Schädlinge (wie Kürbis- und Gurkenkäfer) als auch gegen schwerere Exemplare (wie den Kartoffelkäfer). Seit 1979 habe ich Versuche zur Schädlingsregulierung mit einem Nass-/Trockensauger (19-Liter-Behältervolumen) durchgeführt, und ich kann dieses Gerät für die punktuelle Behandlung einer Vielzahl von Insekten, insbesondere Japankäfer, sehr empfehlen.

In den 1940er-Jahren gab es in Texas zwei verschiedene Hersteller von Maschinen zum Absaugen von Insekten. Sie wurden vorne am Traktor angebracht und über einen Riemen von der Zapfwelle angetrieben. Die Maschinen nutzten die kombinierte Wirkung von Blas- und Saugwirkung: außen eine Blas-Vorrichtung und in der Mitte ein Ansaugrohr. Zwei Reihen konnten gleichzeitig von Insekten befreit werden, wobei der Luftstoß von außen die Insekten zu der mittig montierten Saugeinheit blies. In der Praxis galten diese Maschinen bei der Regulierung von Baumwoll-Schädlingen als ebenso effektiv wie Pestizide. Erfahrene Züchter empfehlen als beste Zeit zum Absaugen den frühen Morgen, wenn die Insekten noch träge sind.

Bei einigen Problemen kann auch einfach mit Wasser Abhilfe geschaffen werden. Starke, feine Wasserspritzer, besonders wenn sie auf die Unterseiten der Blätter gerichtet werden können, haben sich als effektiv erwiesen, um zwischen 70 und 90 Prozent der Blattläuse und Spinnmilben von den Pflanzen zu waschen.

Natürliche Pestizide

Wenn Sie die Toxizitätsdaten vieler natürlicher Pestizide lesen, werden Sie feststellen, dass es schwerfällt, diese als unbedenklich für den Menschen anzusehen. Sowohl Rotenon als auch Nikotinprodukte sind für die meisten Tiere giftig. Kieselgur enthält hohe Mengen an freiem Siliziumdioxid, das die Lunge schädigt und Silikose verursachen kann. Bei der Verwendung dieser Produkte sollten Vorsichtsmaßnahmen getroffen werden. Der Sicherheitsfaktor bei Naturprodukten bezieht sich darauf, dass sie in der Natur vorkommen, nicht persistent sind und keine vom Menschen verursachten chemischen Rückstände in der Umwelt hinterlassen. Die postulierte Rückstandsfreiheit natürlicher Pestizide kann jedoch durch den Zusatz von Trägerstoffen und Netzmitteln beeinträchtigt werden. Ich empfehle Ihnen, bei allen Produkten, die Sie verwenden wollen, auf jeden Fall die Frage möglicher Rückstände zu berücksichtigen.

Ich habe Rotenon zur Regulierung von Kartoffelkäfern verwendet, und es hat einigermaßen gut funktioniert. (Es ist jedoch nicht mehr erhältlich.) Verschiedene *Bacillus thuringiensis* (Bt)-Stämme sind ebenfalls wirksame Präparate gegen diese Zielinsekten. Eine Reihe neuer und vermeintlich sicherer Produkte ist auf dem Markt erschienen. Ich habe fein gemahlenes Gesteinspulver wie Basaltstaub als inertes Pestizid verwendet, indem ich es über die Pflanzen gestäubt habe[3] (Basaltstaub ist sicherer als Granitstaub oder Kieselgur, weil er fast keine freie Kieselsäure enthält, die die Lungen schädigen kann). Diese fein gemahlenen Pulver sind bei trockenem Wetter sehr effektiv. Bei Kontakt mit dem Insekt wirken sie entweder absorbierend auf die Wachsschicht, die das Exo-Skelett des Insekts bedeckt, oder tragen sie ab, sodass das Insekt austrocknet. Es gibt keine Rückstandsprobleme, da Basaltstaub auch als langsam freisetzender Bodenzusatz verwendet wird. Leider sind die meisten dieser Materialien nicht selektiv und töten sowohl die Zielinsekten als auch andere Insekten. Dies ist jedoch weniger problematisch, wenn Sie ein einmaliges Problem behandeln. Getrocknetes, pulverisiertes Kaolin (weiße Tonerde), das an den Insekten haften bleibt und sie reizt, wird auf ähnliche Weise verwendet.

Schädlingsresistenz

Alle Mittel oder Verfahren zur Schädlingsregulierung haben eine integrierte Achillesferse. Durch ihre Wirkung werden automatisch resistente Mitglieder der Schädlingsart selektiert – solche, die aufgrund ihrer einzigartigen Genetik oder ihres Verhaltens weniger anfällig für diese spezielle Regulierung sind. Die Fähigkeit der Insektenevolution, sich unseren Maßnahmen zu entziehen, ist eine weitaus unwiderstehlichere Kraft, als den meisten Menschen bewusst ist. Zum Beispiel selektieren selbst die effektivsten Insektenfallen diejenigen Exemplare, die nicht von der Falle angezogen werden. Ihre Nachkommen vererben diese einzigartige Fähigkeit. Unseren eher „technologischen" Praktiken ergeht es nicht besser. Ein befreundeter Entomologe erklärte mir kürzlich, dass die Technik der Sterilisierung der Männchen, die als narrensicher galt, keine Zukunft hat: Angesichts der Evolution von Populationen mit einem Paarungsverhalten, das die freigelassenen sterilen Männchen ausschließt, und dem Auftreten parthenogener Weibchen. Die Wahrheit ist ziemlich eindeutig! Schädlings-negative Praktiken sind kurzfristige Lösungen. Die langfristige Lösung besteht darin zu lernen, wie Pflanzen richtig angebaut werden müssen, damit beim nächsten Mal keine kurzfristigen Notmaßnahmen mehr erforderlich sind.

KAPITEL ZWEIUNDZWANZIG

Ernte

Nachdem nun Zeit und Mühe aufgewendet wurden, um erstklassiges, qualitativ hochwertiges Gemüse anzubauen, gibt es eine letzte wichtige Etappe – die Ernte. Ein gutes Erntesystem beinhaltet mehr, als nur die Pflanzen vom Feld zu holen. Es muss sich auch darauf konzentrieren, die hohe Qualität der Produkte zu erhalten, bis diese den Kunden erreichen. Und es muss effizient sein, sowohl aus praktischer als auch aus wirtschaftlicher Sicht. Dies ist die letzte Prüfung für den Landwirt. Alle Bemühungen bis zu diesem Punkt können durch ein nachlässiges und schlampiges Ernteverfahren zunichtegemacht werden.

Gut gewachsene Pflanzen machen die Ernte zu einem Vergnügen.

Erhaltung der Qualität

Gemüsekulturen atmen nach der Ernte weiter, d.h. ihre Lebensprozesse laufen weiter, als ob sie noch wachsen würden. Da sie jedoch keine Wurzeln mehr haben, die mit dem Boden in Verbindung stehen, um sich selbst zu erhalten, haben geerntete Pflanzen eine begrenzte Haltbarkeit. Die Dauer hängt von der jeweiligen Pflanze ab, aber der Prozess ist immer der gleiche. Je höher die Temperatur ist, desto höher ist die Atmungsaktivität der Pflanze und desto kürzer ist ihre Haltbarkeitsdauer. Das Ziel des Züchters ist es, die Atmung zu verlangsamen, um alle Qualitätsfaktoren – Süße, Geschmack, Zartheit, Textur – zu erhalten, die durch sorgfältige Beachtung der Kulturbedingungen während des Wachstums erreicht wurden. Dies wird am besten durch effizientes Pflücken und schnelles Kühlen der Feldfrüchte erreicht, um so die Atemfrequenz zu verlangsamen.

Der Erntevorgang besteht aus zwei Teilen: der effizienten Organisation der eigentlichen Ernte und der Nacherntebehandlung.

Werkzeuge und Ausstattung

Effizienz und Bewegungsökonomie sind in allen Phasen der körperlichen Arbeit im Gemüsebau wichtig, aber nirgends sind sie so entscheidend wie bei der Ernte. Schnelligkeit

Ernte der Speiserübe „Hakurei“, Wurzel und Grün

Unser Wasch- und Verpackungsbereich befindet sich am Ende eines Gewächshauses.

ist essentiell. Sie hält das Qualitätsprodukt frisch – und wie wir bereits festgestellt haben, bestimmt die Qualität den Markt. Wenn das Gemüse gut gewachsen ist, aber nicht richtig geerntet oder behandelt wird, war die vorherige Arbeit umsonst. Die Erntegeschwindigkeit ist zunächst eine Frage der Organisation im Vorfeld.

Der Gemüsebauer muss sicherstellen, dass er die richtigen Werkzeuge – Messer, Körbe, Behälter – zur Hand hat. Das wichtigste Werkzeug ist ein gutes Erntemesser. Einige Züchter bevorzugen ein großes Erntemesser mit einer großen, breiten Klinge. Andere verwenden kürzere Modelle mit hakenförmiger Klinge, wie ein Linoleum-Messer, oder ein am Gürtel getragenes Modell mit einer 7,5 Zentimeter langen Klinge. In vielen Fällen hängt die Wahl des Messers von der zu erntenden Feldfrucht ab. Ich verwende zum Beispiel ein breites Erntemesser für Brokkoli und Blumenkohl, aber ein leichteres für die Ernte von Kopfsalat. Ich habe auch gerne eine Handgelenkschlaufe am Messer, damit es an der Hand bleibt, wenn ich es mit den Fingern loslasse.

Erntekörbe oder -kisten sind am effizientesten, wenn sie eine normale Größe haben und stabil genug sind, um auf dem Feld gefüllt und für den Transport gestapelt zu werden. Wir verwenden derzeit für unsere gesamte Ernte gebrauchte Blumen-

Schnell geschnitten: Eine geniale Salat-Erntemaschine im Kleinformat für Babyleaf- und Schnittsalate

Einzigartiger europäischer, pedalbetriebener Erntewagen

Selbstgebauter Erntewagen aus Metallrohr und einfachen Verbindungsstücken

Der Erntewagen mit hölzerner Ladefläche ist so dimensioniert, dass man ihn mittig über die Beete ziehen kann.

zwiebelkisten (gekauft von holländischen Blumenzwiebel-Importeuren). Diese Kisten mit offenem Gitter sind erstrebenswert, weil sie leicht zu reinigen sind und bei Bedarf in Eiswasser getaucht werden können, um die Ware schnell abzukühlen.

Der LKW, Anhänger oder Erntewagen zum Einsammeln oder Transport der Produkte muss für die Aufgabe geeignet sein. Bei einem gut konzipierten Erntewagen sind die Räder und Stützbeine so angeordnet, dass sie die Pflanzreihen überspannen. Bei diesem

Spinaternte im Winter aus dem unbeheizten Gewächshaus

System sind die Räder in einem Abstand von 105 Zentimeter angeordnet. Hochbelastbare Wagenräder können von den Herstellern von landwirtschaftlichen Fahrzeugen oder aus allgemeinen Werkzeugkatalogen bezogen werden. Der Raddurchmesser sollte 60 Zentimeter oder mehr betragen. Der beste „Corpus“ für den Wagen ist eine ebene Oberfläche zur Aufnahme von Kisten. Die Pflücker können dann die Produkte direkt in die Kisten auf dem Wagen schneiden und versorgen, während sie sich die Reihe entlang bewegen.

Dies kann derselbe Wagen sein, der während des Umpflanzens für den Transport der Anzuchtschalen mit den Erdpresstöpfen verwendet wird. Es ist eine gute Idee, den Wagen vorübergehend zu beschatten, bis die geernteten Pflanzen den dauerhaften Lagerbereich erreichen.

Auf einer Reise nach Europa im Jahr 1989 sah ich einige interessante Entwürfe für pedalbetriebene Erntewagen. Es gab Modelle für einzelne Arbeiter sowie für zwei oder drei Personen, die gemeinsam arbeiteten. Diese pedalbetriebenen Wagen stützen sich auf dicke Luftreifen, ähnlich den Reifen einer Schubkarre, die auf den Wegen oder Freiflächen zwischen den Beeten entlangrollen.

Ein körpergerechter, bodennaher Sitz versetzt den Arbeiter in die Lage, effizient nach links oder rechts zu greifen. Da die Sitze eine bequeme Arbeitsposition ermöglichen, sind diese Geräte eine geniale Alternative zum Bücken und Krümmen beim Pflücken von niedrigen Kulturen wie Buscherbsen, Erdbeeren, Spargel oder Gurken. Die Erntewagen sind mit Pedalen, Ketten und Getrieben für hohe und niedrige Geschwindigkeit ausgelegt. So können sich die Arbeiter entlang der Beete in dem für die jeweilige Arbeit erforderlichen Tempo fortbewegen. Kisten und Kartons lassen sich auf dem Gestell stapeln. Natürlich kann man den Wagen auch fürs Jäten und Umpflanzen von Hand nutzen. Wir haben einen angeschafft und probieren aus, ob er durch einen batterieunterstützten Radnabenantrieb zu einem noch effizienteren Hilfsmittel für den Gemüseanbau werden kann.

Planung

Die Ernte beinhaltet zum großen Teil sich wiederholende Arbeiten. Diese werden viel einfacher und angenehmer, wenn man die Bewegungsökonomie versteht und einen effizienten Arbeitsrhythmus einhalten kann. Um diese Kriterien zu erfüllen, müssen Sie die Arbeitsvorgänge grundlegend bewerten. Was ist zu tun? Wie soll es gemacht werden? Welche Hand- und Körperbewegungen sind beteiligt? Ist es einfacher, von links nach rechts zu arbeiten oder andersherum? Es besteht immer die Möglichkeit, einen einfacheren, schnelleren und wirtschaftlicheren Weg zu finden, um eine Arbeit zu erledigen. Die Vorteile solcher Verbesserungen sind wichtig, weil sie die Plackerei für die Mitarbeiter reduzieren.

Die Schlüsselelemente zur Vereinfachung der landwirtschaftlichen Arbeit, insbesondere der Ernte, sind daher folgende:

- Eliminierung aller unnötigen Arbeiten
- Vereinfachung der Hand- und Körperbewegungen
- Zweckmäßige Anordnung der Arbeitsbereiche und Lagerplätze für Materialien
- Optimierung der Angemessenheit, Eignung und Verwendung der für die Arbeit benötigten Ausrüstung
- Organisation der Arbeitsabläufe, um Arbeitskräfte und Maschinen vollständig und effektiv zu nutzen
- Einbeziehung der Mitarbeiter in den Arbeitsprozess.

Wenn Menschen sich bewusst sind, wie sie ihre Arbeit ausführen, steigt ihr Interesse und ihre Einstellung zur Arbeit ändert sich. Sie beginnen, andere Dinge zu bemerken und machen wertvolle Vorschläge für weitere Verbesserungen.

Kleine Details

Nehmen wir die Tomatenernte als Beispiel. Studien haben gezeigt, dass der Durchschnittsarbeiter nicht härter, sondern eher effizienter arbeiten muss. Vergleichstests haben Unterschiede in der Arbeitsproduktivität ergeben, die auf sehr einfachen Variablen basieren. Ein bequemer Griff am Kommissionierkorb, sodass er mit einer Hand statt mit zwei Händen bewegt werden kann, mag wie ein kleines Detail erscheinen, aber die Effizienzsteigerung ist beträchtlich. Wenn man mit beiden Händen kommissioniert und sie nahe genug beieinander hält, sodass die Augen sie gleichzeitig kontrollieren können, ohne dass man den Kopf bewegen muss, wird der Prozess beschleunigt. Die Handbewegung selbst ist effizienter, wenn zwei statt nur eine Tomate gepflückt werden. Da 40 Prozent der Zeit des Pflückers damit verbracht wird, die Hände zum Korb zu bewegen, kann die Pflückrate fast verdoppelt werden, wenn man die Fingerfertigkeit erlernt, die nötig ist, um zwei Früchte auf einmal zu pflücken. Die Technik besteht darin, zunächst mit jeder Hand eine Tomate zu pflücken, diese in die Handfläche zu schieben und jeweils eine zweite Tomate zu greifen, bevor man beide zum Korb bewegt.

Das Ergebnis einer derartig geplanten und organisierten Herangehensweise an die physischen Aspekte der Ernte ist nicht nur eine erhöhte Geschwindigkeit bei einer bestimmten Aufgabe wie dem Pflücken von Tomaten, sondern eine verbesserte Effizienz der gesamten Erntearbeit. Sobald der Landwirt und die Erntehelfer sich der Möglichkeiten bewusst werden, wie sie die Ernte einfacher und angenehmer gestalten können, indem sie sich auf alles konzentrieren, von den einzelnen Arbeitsschritten bis hin zur Gesamtorganisation, werden sich die Verbesserungen auch auf andere Aspekte des landwirtschaftlichen Tagesablaufs übertragen. Jede Arbeit, die in kürzerer Zeit und mit weniger Aufwand erledigt werden kann, ist angenehmer und entspannter. Jede Zeit, die damit verbracht wird, über Arbeitseffizienz nachzudenken und diese neu zu organisieren, ist gut investiert.[1]

Ein leuchtendes Beispiel

Die Ernte von Babyleaf- oder Schnittsalat wurde von kleinen Betrieben noch viele Jahre, nachdem die großen kalifornischen Betriebe schon über mechanische Erntemaschinen verfügten, mit einem scharfen Messer oder einer Schere von Hand durchgeführt. Dank der vereinten Bemühungen einer Reihe von Einzelpersonen kam jedoch 2012 endlich eine handbetriebene Babyleaf-Erntemaschine auf den Markt, die mit einem Akkuschrauber betrieben wird und den regionalen Erzeugern das Leben erleichtert und die Ernte effizienter macht. Sie heißt „Quick Cut Greens Harvester“, schneidet mit einer sich hin- und herbewegenden gezahnten Klinge und sammelt das Grünzeug mit einer Haspel aus in Makrameetechnik geknüpften Bändern mit sanftem Schwung in den dahinter angebrachten Korb.[2] Dies ist ein wunderbares Beispiel für die Art von Erfindungsreichtum im Bereich kleinerer Werkzeuge, der durch die Bedürfnisse der Züchter angeregt wird und hart arbeitende Kleinbauern seit vielen Jahren wettbewerbsfähig hält.

Eine weitere Lösung, die Teil des reizvollen Gleichgewichts zwischen biologischen und mechanischen Lösungen ist, sind die mehrblättrigen Salatsorten vom Typ „Salanova“, die mit einem einzigen schnellen Messerschnitt geerntet werden können, für einen zweiten Schnitt nachwachsen und einen erheblichen geschmacklichen Vorteil haben, weil die Blätter von einem reiferen Salatkopf stammen.

Nacherntebehandlung

Die besten und vollständigsten Informationen über die Nacherntebehandlung aller Nutzpflanzen sind in der ausgezeichneten Publikation des US-Landwirtschaftsministeriums zu diesem Thema enthalten – *The Commercial Storage of Fruits, Vegetables, and Florist and Nursery Stocks* (Agriculture Handbook Number 66). Ich befolge diese Richtlinien seit vielen Jahren mit großem Erfolg.

Die geernteten Früchte sollten weder unreif noch überreif sein, da in beiden Fällen die Essqualität und die Haltbarkeit beeinträchtigt werden. Alle nicht essbaren Teile wie Karottengrün oder überflüssige Kohlblätter sollten entfernt werden, es sei denn, sie werden un-

Unser Rübenkeller

In der Sonne trocknende Zwiebeln, bevor sie ins Lagerhaus kommen

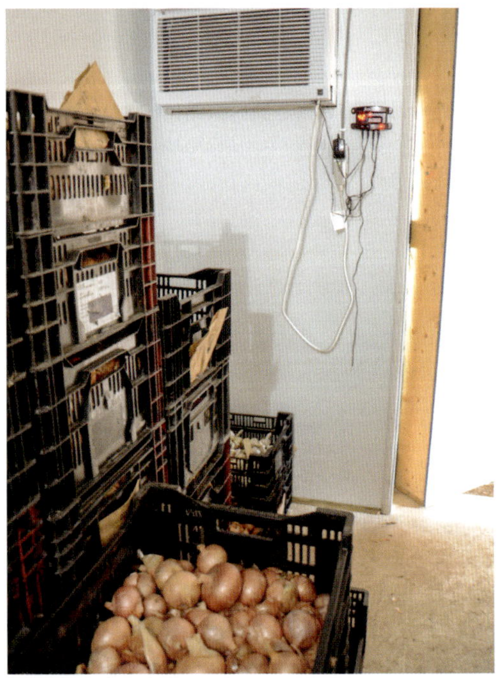

Unser selbst gebauter CoolBot-Kühler

bedingt für die Dekoration eines Verkaufsstandes benötigt. Solche großen, blattreichen Teile stellen eine zusätzliche Verdunstungsfläche dar, was den Wasserverlust und den Verlust der Gesamtqualität beschleunigt. Blattgemüse, das am schnellsten welkt, wie Kopfsalat und Spinat, sollte in den frühen Morgenstunden geerntet und sofort kühl gelagert werden.

Der erste Schritt nach der Ernte ist die Vorkühlung des Ernteguts. Unter Vorkühlung versteht man die schnelle Reduktion der Feldwärme. Frühmorgens geerntetes Erntegut, das noch nicht von der Sonne aufgewärmt wurde, muss weniger Feldwärme abführen. Je zeitiger die Feldwärme nach der Ernte reduziert wird, desto länger kann das Erntegut in gutem Zustand gehalten werden. Denn bei höheren Temperaturen tritt schneller eine Qualitätsverschlechterung ein. Die Vorkühlung kann durch Eintauchen in oder Besprühen mit kaltem Brunnenwasser erfolgen, – je kälter, desto besser. Eine bessere, wenn auch teurere Methode ist es, Crushed-Ice in Behälter zu füllen und diese in direkten Kontakt mit dem Produkt zu bringen oder über das Produkt zu streuen. Gefriergeräte zur Herstellung von Crushed-Ice können manchmal von Restaurantanbietern gebraucht gekauft werden.

Nach der Vorkühlung sollten alle zu lagernden Produkte in einem Kühlhaus, einem Wurzelkeller oder Kühlboxen kühl gehalten werden. Einen vorübergehenden selbst gebauten „Kühlschrank", der durch Wasserverdunstung gekühlt wird, kann man schnell einrichten, indem man einen Ventilator verwendet, der Luft durch ein wassergetränktes Tuch in den Lagerbereich zieht. Dadurch wird auch die Luftfeuchtigkeit in der Umgebung des gelagerten Ernteguts erhöht. Für die meisten verderblichen Feldfrüchte empfiehlt man eine hohe relative Luftfeuchtigkeit von 85 bis 95 Prozent, um das Weichwerden und Welken durch Feuchtigkeitsverlust zu verzögern. Da die meisten Obst- und Gemüsesorten zwischen 80 und 95 Gewichtsprozent Wasser enthalten, kann durch Welken die Qualität erheblich beeinträchtigt werden. Die kostengünstigste Option für einen elektrisch betriebenen begehbaren Kühlraum ist der Kauf eines CoolBot-Reglers. Mit dem CoolBot können Sie jeden isolierten Raum in einen begehbaren Kühlschrank verwandeln, indem Sie ein handelsübliches Klimagerät modifizieren – und das zu viel geringeren Kosten als bei einem kommerziellen Kühlhaus.

Manchmal ist es notwendig, verschiedene Produkte zusammen zu lagern. In den meisten Fällen ist dies kein Problem, aber bei einigen Produkten kann es zu einer unerwünschten Geruchsübertragung kommen. Kombinationen, die in Lagerräumen vermieden werden sollten, sind Äpfel oder Birnen mit Sellerie, Kohl, Karotten, Kartoffeln oder Zwiebeln. Sellerie kann auch Gerüche von Zwiebeln annehmen. Eine weitere Überlegung betrifft die Beeinträchtigung durch Ethylen. Salat, Karotten und Gemüse werden beschädigt, wenn sie zusammen mit Äpfeln, Birnen, Pfirsichen, Pflaumen, Melonen und Tomaten gelagert werden, da die Früchte während der Reifung Ethylengas freisetzen. Selbst sehr niedrige Konzentrationen von Ethylen können negative Auswirkungen auf andere Feldfrüchte haben.

KAPITEL DREIUNDZWANZIG

Marketing

Für den qualitätsbewussten Kleinerzeuger gibt es viele Vermarktungsmöglichkeiten. Die Standardmöglichkeiten sind Restaurants, Hofläden und Bauernmärkte. Dies sind alles bewährte Absatzformen, und es gibt hervorragende Modelle aus der Praxis, die man für sich prüfen kann. Irgendwann habe ich sie alle genutzt.

Den Erfolg planen

Um erfolgreich im Geschäft mit Restaurants zu sein, muss der Gärtner umtriebig und zuverlässig sein. Umtriebig, um potenzielle Restaurants als Kunden zu finden und sie zu überzeugen, bei ihm zu kaufen; umtriebig auch, um neue Kulturen, Saisonverlängerungen und

Kontrastreiche Farben sorgen für eine tolle Präsentation auf dem Markt.

Artischocken aus Maine. Da wird Kalifornien grün vor Neid!

Gourmetartikel anzubieten, die zur Absatzsteigerung beitragen, sobald sich die Zusammenarbeit entwickelt hat. Zuverlässigkeit ist nötig, um im Geschäft zu bleiben, und man sollte niemals mit einer versprochenen Bestellung in Verzug geraten. Gute Köche lieben gute Zutaten. Sie sollten sie wissen lassen, wie gut Ihre Ernte ist, indem Sie auf Ihrem Hof einen ‚Tag des offenen Feldes' veranstalten und die Chefköche und -köchinnen der lokalen Restaurants einladen. Oder packen Sie einen Geschenkkorb mit Ihren besten Produkten und liefern Sie ihn mit einer klaren Auflistung, was wann verfügbar ist. Wenn Sie außergewöhnliche Produkte haben, werden Sie nicht um Kunden betteln müssen. Vielmehr tun Sie den Köchen einen Gefallen, indem Sie sie darüber informieren, was verfügbar ist.

Die Erfolgsgeheimnisse von Hofläden und Bauernmärkten sind eine attraktive Umgebung, leichte Zugänglichkeit, Sauberkeit, Ordnung, freundlicher Service und frühe Ernte. Der Zugang zum Parkplatz muss offen und einladend sein. Der allgemeine Grad an Sauberkeit, Ordnung und Organisation ist das erste, was einem Kunden auffällt. Sorgen Sie für einen guten Eindruck. Der Mitarbeiter oder das Familienmitglied, das am Stand Dienst hat, muss freundlich und auskunftsfreudig sein. Für die Kunden soll es ein Vergnügen sein, dort einzukaufen. Gehen Sie auf Sonderwünsche ein, wann immer es möglich ist. Bieten Sie bei Kundenbeschwerden immer eine Entschädigung an. Unsere Qualitätsgarantie war oberstes Gebot. Wir erstatteten gerne Geld zurück, gaben Ersatz für das beanstandete Gemüse und zahlten sogar ohne Diskussion doppeltes Geld zurück. Es ist wichtig, dass die Kunden wissen, dass Sie hinter der Qualität der Produkte stehen, die Sie verkaufen. Diese Politik hat uns nie mehr als zehn Dollar pro Jahr gekostet und uns unbezahlbares Wohlwollen bei unseren Kunden eingebracht. Nichts ist für ein Einzelhandelsgeschäft teurer als unzufriedene Kunden.

Oft pflanzten wir leicht verderbliche Feldfrüchte wie Salat auf Feldern, die nahe beim Verkaufsstand liegen, damit die Kunden ihren Salat auswählen und an Ort und Stelle frisch schneiden lassen konnten. Kostenlose Kopien des Gemüserezepts des Tages wurden ausgehängt, um den Appetit unserer Kunden anzuregen. Die Kunden wurden ermutigt, entlang der Erntepfade zu wandern und alle Pflanzen anzuschauen. Ihre Anwesenheit ermutigte uns, unseren Betrieb in Schuss zu halten, damit der Ort ordentlich und vorzeigbar aussah. Ein markanter Kräutergarten inspirierte die Gourmet-Köche.

Wir wollten, dass sich unser Betrieb von allen anderen abhebt, und haben uns den Ruf erworben, zu jeder Zeit alles zu haben. Wir verfolgten diese Politik, indem wir ein möglichst breites Spektrum an Kulturen anbauten und Folgebepflanzungen vornahmen. Dies bedeutete, dass wir etwa 40 verschiedene Gemüsesorten hatten und so oft wie nötig nachpflanzten, um eine kontinuierliche Versorgung mit jeder Sorte von der ersten Reifezeit bis zum Ende der Vegetationsperiode sicherzustellen. In einem Jahr gelang es uns durch sorgfältiges Nachpflanzen und sorgfältiges Mulchen, jeden Tag, außer einem, frische Erbsen zu verkaufen, von der ersten Reife im Juni bis zur Schließung des Ladens im Oktober. Ich will nicht sagen, dass wir mit den Erbsen Geld verdient haben. In der Tat waren sie ein Verlustbringer. Aber allein die Tatsache, dass wir sie jeden Tag hatten, verbesserte unseren Ruf und unseren Umsatz.

All diese Bemühungen zahlten sich aus. Neue Kunden erzählten uns oft, dass ihnen von Freunden versichert wurde, dass wir diese oder jene Frucht (was auch immer sie suchten) haben würden. Kein anderer regionaler Gärtner kümmerte sich um Nebenkulturen wie Radicchio, Schwarzwurzeln oder Fenchel. Wir schon, und wir haben dadurch viele Kunden gewonnen. Außerdem waren alle unsere Felder sehr ordentlich, gepflegt und gut kultiviert. Die Kunden liebten den Anblick und kamen doppelt so oft und brachten Freunde mit. Ein typischer Kommentar war: „Unsere Freunde, die Smiths, kamen uns besuchen und wir sagten ihnen, eines der ersten Dinge, die sie sehen müssten, sei Ihr Hof. Ihr lasst das Gemüse so schön aussehen."

Ein weiterer Marketingansatz ist die Spezialisierung auf stark nachgefragte Kulturen wie Salatmischungen oder auf eine Besonderheit wie die Wintergärtnerei – zwei Bereiche, mit denen wir uns derzeit beschäftigen. Ich denke, das neue Bewusstsein für Gemüse und Salate als integrale Bestandteile einer gesunden Ernährung ist eine Bewegung, die weiterwachsen wird. Die lokale Salatproduktion kann besonders lukrativ sein, wenn eine längere Saison zur Verfügung steht. Wenn ich einmal das Interesse der Kunden geweckt habe, möchte ich sie auch weiterhin beliefern können. Regional angebaute Salate stehen vor allem für Frische, Knackigkeit und Makellosigkeit. Das ist ein erfolgreiches Aushängeschild für jeden kleinbäuerlichen Betrieb.

Wie auch immer die Vermarktung aussieht, die Präsentation ist entscheidend. Potenzielle Kunden werden sich schnell der Qualität Ihrer Produkte bewusst, wenn Ihre hohen Produktionsstandards mit der einladenden Art und Weise, wie Sie Ihre Produkte präsentieren, übereinstimmen. Der folgende Abschnitt aus einem Buch von 1909, *French Market Gardening* von John Weathers, zeigt die Zeitlosigkeit dieses guten landwirtschaftlichen Ratschlags:

> Vielleicht eines der schwierigsten Probleme, die mit dem erwerbsmäßigen Gartenbau verbunden sind, ist die Veräußerung der Produkte zu solch einem Preis, dass sie einen angemessenen Gewinn abwerfen. In diesem Zusammenhang hängt nicht nur viel von der Art und Weise ab, wie das „Zeug" angebaut wird, sondern auch davon, wie es für den Verkauf vorbereitet wird. Es ist bekannt, dass die besten Produkte der Welt kaum eine Chance haben, sich überhaupt zu verkaufen, wenn sie nicht ordentlich, sauber und attraktiv verpackt sind. Originalität, kombiniert mit Sauberkeit und guter Qualität, bedeutet sehr oft einen bemerkenswert guten Verkauf.

Bauernmärkte

Als wir anfingen, auf Bauernmärkte zu gehen, wussten wir, dass wir eine schnelle, effiziente Möglichkeit zum Auf- und Abbau brauchten. Mit der Entwicklung unseres „Veggie-Wagens" haben wir genau dies erreicht. Er war und ist ein großer Erfolg. Da unser Marktwagen autark ist, können wir gelegentlich auch in unterversorgten Gebieten einen schnellen kleinen Markt aufbauen. Die Entwürfe für die Konstruktion bestanden zunächst aus Zeichnungen, die wir auf irgendwelche Zettel gekritzelt hatten, wie es bei den meisten Ideen am Anfang der Fall ist.

(Fortsetzung auf Seite 228)

Blumen auf einer kleinen Gemüsefarm

Von Barbara Damrosch

Vor etwa 10 Jahren hielten auf der *Four Season Farm* nach und nach Blumen Einzug. Wie unser Name schon sagt, bauen wir das ganze Jahr über Gemüse für den Verkauf an, auch wenn unser Hauptaugenmerk darauf liegt, die Bewohner von Maine mit frischen Winterprodukten zu versorgen. Der Anbau von Blumen passt perfekt zu diesem Vorhaben. Im Juli und August wimmelt es in unserer Gegend von Touristen und Ferienhausbesitzern. Und da wir im Sommer ein ausreichend großes Team beschäftigen müssen, um die Kulturpflanzen für die Wintervorräte anzubauen, hilft der Blumenverkauf, die Gehälter zu bezahlen.

Blumen sind eine gute Ergänzung für jeden kleinen landwirtschaftlichen Betrieb. Sie erhöhen die Pflanzenvielfalt und ziehen Bestäuber an. Außerdem verleihen sie dem Hofladen, dem Marktstand und dem Hof selbst zusätzliche Schönheit. Eliot und ich finden Gemüse auch wunderschön und sind der Ansicht, dass sich der Anbau mehr als bezahlt machen kann. Aber warum sollte man auf eine sehr einträgliche Kultur verzichten, die die Leute lieben und die zu züchten so viel Freude macht? Die Einführung von Blumen war einfach, weil bereits eine komplette Hof-Infrastruktur vorhanden war: Felder, Gewächshäuser, Traktoren, Bewässerungsanlagen, Lieferwagen, Gewächshäuser für die Anzucht und ein Teil eines Wurzelkellers, der für die Lagerung von Dahlienknollen genutzt werden kann. Wir haben sogar einen „Zwiebelraum" in unserer Scheune, der im Herbst dank einer CoolBot-Anlage für die Lagerung von Zwiebeln und Kürbissen gekühlt werden kann. Im Sommer wird er genutzt, um Blumen nach der Ernte kühl zu halten.

Die Ausgaben für Blumen sind gering: Saatgutpakete im Frühjahr, manchmal neue

Gestützte Dahlien und Zinnien im Blumengewächshaus

Tulpenzwiebeln im Herbst und verschiedene, größtenteils wiederverwendbare Artikel wie Hortonova-Netze, Stützpfähle und Blumenkübel aus Kunststoff. Zugekaufte mehrjährige Pflanzen machen ihre Kosten wieder wett, da sie sich Jahr für Jahr vermehren. Betriebsmittel wie Heumulch werden zum Großhandelspreis für den ganzen Hof gekauft.

Es gibt viele Möglichkeiten, Blumen anzubieten. Es kann in kleinem oder großem Umfang erfolgen, als Großhandel oder Einzelhandel – oder beides. Sie könnten eine Solidarische Landwirtschaft (Solawi) für den Blumenanbau gründen oder Restaurants und Geschäfte dekorieren. Sie könnten Hochzeiten ausrichten oder Bräuten selbst arrangierte Blumensträuße anbieten. Eine weitere Idee wäre es, Trockenblumen zu züchten und daraus Kränze für die Winterdekoration machen. Es hängt davon ab, was am besten zu Ihren eigenen besonderen Talenten, Ihrer verfügbaren Zeit und Ihren Ressourcen passt. Es hängt auch davon ab, welche Art von Produkten in Ihrer Region am meisten nachgefragt wird.

Individuelle Sträuße mit einer Länge von 35 bis 40 Zentimeter haben sich bei uns am besten bewährt. Es macht mir Spaß, sie zusammenzustellen; sie verkaufen sich sehr gut in unserem Hofladen, auf Bauernmärkten und in verschiedenen Geschäften, wo wir sie en gros verkaufen. Wenn wir die Sträuße direkt verkaufen, stellen wir sie unmittelbar neben die Kasse, um zum Spontankauf zu animieren. Wenn wir andere Geschäfte mit unseren Blumen beliefern, drapieren wir sie in schönen Gefäßen.

Der Verkauf beginnt Mitte März. An der Mid-Coast von Maine, wo der Frühling kalt und der Sommer kühl ist, blühen die Blumen nur langsam. Ich habe das Glück, ein beheiztes Anzucht-Gewächshaus zu haben, in dem ich Setzlinge ziehen und Dahlien eintopfen kann, um ihnen einen Vorsprung zu geben. Zusätzlich zu den Anbauflächen im Freien habe ich einen Teil eines kleinen Gewächshauses für Zwiebel-Kulturen im Frühjahr und ein 15 m langes, unbeheiztes, mobiles Blumengewächshaus, das im Frühjahr und Herbst für zusätzliche Wochen Blühzeit sorgt. Erdpresstöpfe ermöglichen

Gestützte Zinnien in einem der Freilandbereiche.

mir einen supergesunden Start ohne Umpflanzungsschock. (Mitte November schiebt sich das Gewächshaus über Winterkulturen wie Spinat oder Lauch.)

Nachdem wir die Preise so gestaltet haben, dass wir einen Gewinn erzielen können und die Blumen trotzdem einen schnellen Absatz finden – nur so können die Blumen ihre Frische bewahren –, ist es aktuell unser Ziel, den Betrieb kontinuierlich zu rationalisieren und immer bessere Blumen zu züchten, und zwar auf effizientere Weise. Jedes Jahr lassen wir uns ein paar neue Tricks einfallen, damit die Arbeit schneller geht. Zum Beispiel habe ich die Blumen auf die gleiche Weise angebaut wie unsere anderen Feldfrüchte, nämlich in 75 cm breiten Beeten mit 30 cm breiten Wegen dazwischen. Aber viele Blumen sind dafür zu buschig und wachsen zu dicht, um sie einfach pflücken zu können. Also habe ich einige der Beete auf 90 Zentimeter und alle Wege auf 60 Zentimeter verbreitert. Jedes Jahr bewerte ich die Entwicklung der einzelnen Blumen und die Menge, die ich anbauen sollte, um keinen Platz und keinen Pflegeaufwand zu verschwenden. Ich bin immer auf der Suche nach besseren Sorten mit tollen Farben, verbesserter Haltbarkeit in der Vase und längeren, stärkeren Stielen. Obwohl Dahlien und Zinnien mein Standbein sind, gibt es Hunderte von Blumen, mit denen ich einen Strauß gestalten könnte, also probiere ich jedes Jahr einige neue aus. Rund ums Haus wachsende Pflanzen, wie zum Beispiel der Berglorbeer, haben sich als sehr nützlich erwiesen, ebenso Wildpflanzen wie Goldrute, die in den nicht kultivierten Bereichen des Hofes wachsen. Mein aktueller Favorit sind Spierensträucher, deren flauschige weiße oder rosa Blütenspitzen den perfekten vertikalen Akzent in Sommersträußen bilden. Die meisten Landwirte halten sie für eine Plage und hacken sie mit großem Eifer heraus. Wer hätte gedacht, dass die Pflanze von Nutzen sein kann?

Farbenfrohe Sträuße Ende Juni

Wir begannen mit einem 1,5 mal 2,4 Meter großen Pritschenanhänger. Für die Konstruktion des Aufbaus benutzten wir 5 mal 10 Zentimeter große Standardlatten. Verschalt wurde mit Nut- und Federbrettern, um genügend Stabilität zu erreichen. Den Aufbau haben wir mittels Metallbändern an allen vier Ecken mit dem Anhänger verschraubt.

An der Vorderseite des Anhängers haben wir 5 mal 10 Zentimeter große Hölzer angebracht, um im Falle eines plötzlichen Stopps zusätzliche Stabilität zu erzielen. Das Dach wurde bewusst nicht verschalt, sondern nur mit einer einzigen Lage überlappender Kiefernschindeln bedeckt, damit der Anhänger nicht zu schwer wird. Das Dach und die Verkleidung sind angestrichen. Ursprünglich waren die Seiten mit einem Firnis versehen, aber das hat der Witterung nicht standgehalten, daher haben wir sie inzwischen auch gestrichen. Die Gemüseregale sind unten mit einem Scharnier versehen und werden im geöffneten Zustand von Ketten gehalten. Der Verkaufstisch lässt sich für den Trans-

Unser mobiler Veggie-Wagen

Die beidseitig ausklappbaren Regale sorgen für viel Präsentationsfläche.

Wir können überall unseren Bauernmarkt einrichten.

Alles zusammengeklappt für den Transport

Unser Hofladen

port an die Rückseite des Aufbaus klappen. Der untere Teil der rückwärtigen Tür ist abnehmbar und dient als Verkaufsregal für zusätzliche Blumensträuße auf der Deichsel an der Vorderseite. Die Markisenstangen und -befestigungen sind aus zwei Zentimeter starken verzinkten Kabelrohren gefertigt. Die diagonalen Markisenstützen werden für den Transport entfernt und im Inneren gelagert. Die Markisen lassen sich auf ihren Stangen aufrollen und mit losen Schnüren an der Konstruktion befestigen. Die grün gestreifte Markise über dem Verkaufstisch wird flach über das Heck heruntergeklappt, wenn der Verkaufstisch hochgeklappt ist.

Ein Kabel liefert vom Zigarettenanzünder des Zugfahrzeugs Strom, um die Registrierkasse anschließen zu können. Unser Four-Season-Farm-Schild thront auf dem Dach, damit wir schon von Weitem gesehen werden können. Der Verkaufswagen kann Frischgemüse in stapelbaren Kunststoffkisten im Wert von zirka 2.500 Euro aufnehmen. Bei der Ankunft klappen wir den Verkaufstisch herunter, stellen die Markisen auf und klappen die Regale aus. Dann werden die Kisten mit den Produkten in die Regale geschoben. Zusätzliche Kisten im Inneren ersetzen diejenigen, die verkauft wurden. Am Ende des Marktes ist alles schnell wieder verstaut, und wir machen uns auf den Heimweg.

Abonnement-Vermarktung

Biokisten-Abos hat für kleine Betriebe das Potenzial, wirtschaftlich ziemlich erfolgreich zu sein, die Kundenbedürfnisse besser zu befriedigen und weniger Arbeitskosten zu verursachen. Ich habe mein eigenes Abo-Programm vor vielen Jahren zunächst als „Lebensmittel-Genossenschaft“ bezeichnet. Ich wählte das Wort Genossenschaft, weil es definiert ist als „eine freiwillige Vereinigung zum gegenseitigen Nutzen und zur Förderung gemeinsamer Interessen.“ Diese Beschreibung trifft die Idee sehr gut. Das Vermarktungskonzept ist eine Symbiose zwischen Landwirt und Verbraucher, eine Beziehung, von der beide Parteien profitieren.

Zum ersten Mal hörte ich 1980 von diesem Konzept durch ein Mitglied des USDA Organic Farming Study Teams, das gerade von einer Informationsreise zu Bio-Betrieben in Japan zurückgekehrt war. Es scheint, dass viele japanische Bio-Produzenten, die in der Größenordnung wirtschaften, von der wir hier sprechen, festgestellt haben, dass der beste Markt eine begrenzte Gruppe von treuen Kunden ist. Ein einzelner landwirtschaftlicher Betrieb wird zum kompletten Lebensmittellieferanten für eine bestimmte Anzahl von Familien, abhängig von der landwirtschaftlichen Produktionskapazität – und das nicht nur für ausgewählte Produkte, sondern für die Versorgung mit dem gesamten Gemüseangebot und allen anderen auf dem Hof produzierten Lebensmitteln im Laufe des Jahres. Die Familien, die sich im Voraus anmelden, wurden ermutigt, sich auf der Farm zu engagieren. Von der Auswahl der Salat-

Eine ansprechende Präsentation steigert den Umsatz.

Unsere liebste Art, Rosenkohl zu verkaufen

sorten bis hin zur Festlegung der Anzahl der Brathähnchen pro Jahr geschah alles in Absprache mit den Kunden. So wurden sie sich der Quelle ihrer täglichen Nahrung bewusst, und zwar in einem Maße, dass viele freiwillig in ihrer Freizeit kamen, um auf „ihrem" Hof mitzuhelfen. Der Landwirt profitiert, weil die Vermarktung nicht mehr zeitaufwändig ist.

Wenn man diese Art von Hingabe seitens des Verbrauchers erwartet, müssen sie natürlich auch eine gleichwertige Gegenleistung erhalten. Und das tun sie. Die Japaner verwenden die poetische Formulierung „Essen mit dem Gesicht des Bauern". Ich habe andere Leute sagen hören, dass der einzige Weg, um sicher zu sein, dass man unbehandelte Lebensmittel isst, darin besteht, den Vornamen des Erzeugers zu kennen. Regionale Bio-Produzenten bieten den Kunden sichere Lebensmittel in einer zunehmend von der chemischen Industrie bestimmten Welt. Die Kunden melden sich an, weil sie sicher sein wollen, dass die Lebensmittel des Bauernhofs unbehandelt und mit viel Liebe zum Detail angebaut sind. Sie können sich entspannen und das Essen genießen, frei von der Sorge um problematische chemische Rückstände.

Vor ein paar Jahren traf ich mich mit einem deutschen Gemüsebauern, der ein Abonnementkonzept für 600 Haushalte betrieb: *Aus unserem Garten in Ihr Haus*. Er sprach darüber, was es für ihn als Landwirt bedeutet, auf diese Weise zu vermarkten. Der offensichtliche Vorteil war, dass er wusste, dass die Ernte im Voraus verkauft war, sodass er sich auf den Teil konzentrieren konnte, den er am meisten liebte – den Anbau von außergewöhnlichen Produkten. Aber noch wichtiger als das war die implizite Anerkennung seiner Anbaukompetenz durch die Kunden. Indem sie sich für ein Abonnement anmeldeten, wählten die Kunden seine Dienste auf der Grundlage ihrer Einschätzung seiner fachlichen Kompetenz, auf gleiche Weise, wie sie einen Hausarzt, einen Anwalt oder eine andere zugekaufte professionelle Dienstleistung auswählen.

PARTNERSCHAFT ZWISCHEN ERZEUGER UND KONSUMENTEN

Der japanische Name für dieses Marketingkonzept ist teikei, Solidarische Landwirtschaft. Die Briten nennen es Biokisten-Lieferservice. Ich habe viele Beispiele für diese Art der Vermarktung in europäischen Ländern kennengelernt, wo die Idee bereits eine lange Geschichte hat. Der erste Landwirtschaftsbetrieb, der dieses Konzept in den Vereinigten Staaten anwandte, war ein Produkt des europäischen Einflusses. Seine Gründer prägten den Namen „community-supported agriculture" (kurz CSA), ein Name, der heute oft für alle Vermarktungskonzepte dieser Art verwendet wird. Obwohl das Grundkonzept in den meisten Fällen dasselbe ist – der Landwirt schließt mit einer Gruppe von Kunden einen Vertrag, um sie im Laufe des Jahres mit so vielen landwirtschaftlichen Erzeugnissen (meist Gemüse, aber manchmal auch Eier, Milch und Geflügel) zu versorgen, wie der Bauernhof produzieren möchte –, kann die Art und Weise, wie diese Idee präsentiert und vermarktet wird, sehr unterschiedlich sein.

Das europäische Modell, das die erste CSA in den Vereinigten Staaten inspirierte, entstand vor dem Hintergrund sozialer und philosophischer Überlegungen bzgl. Lebensmittel, Lebensmittelindustrie, Partizipation und individueller Verantwortung. Menschen, die diese Anliegen teilen, fühlen sich logischerweise von diesem Modell angezogen. Aber es gibt einen riesigen Pool potenzieller Kunden, deren Einbindung durch eine bestimmte Philosophie, die über den Lebensmitteleinkauf hinausgeht, gehemmt sein könnte. Alles, was sie wollen, ist ein verlässlicher Zugang zur Versorgung mit frischen, gesunden Lebensmitteln. Da die erste Regel des Marketings lautet, den Kunden das zu geben, was sie wollen, behaupte ich, dass es viele verschiedene Möglichkeiten gibt, wie dieses Konzept präsentiert und vermarktet werden kann, um sein Potenzial zu erweitern.

WOFÜR STEHT DER NAME?

Für eine erfolgreiche Vermarktung und um die Essenz dessen, was verkauft wird, besser zu vermitteln, ist es bei manchen Modellen vielleicht sinnvoll, einen präzisen Namen zu verwenden. Mein ursprünglicher Begriff ‚Lebensmittel-Genossenschaft' ist ein Beispiel dafür. Eventuell ist es besser, den Namen an ein bekanntes Konzept anzulehnen. Da Menschen üblicherweise Vereine gründen oder ihnen beitreten, um gemeinsam eine begrenzte Ressource zu nutzen, könnte ein „Verein für Bio-Lebensmittel" ihr Interesse wecken. Menschen, die Geld investieren wollen, aber

Die Kunden bekommen schöne Gemüsepflanzen zu sehen.

keine Kenntnisse in der Investmentwelt haben, nutzen oft einen Investmentfonds. Menschen mit einem Bedürfnis nach regionalem Bio-Gemüse, aber keinen Kenntnissen in der Landwirtschaft, könnten vielleicht von einer „Landwirtschaft auf Gegenseitigkeit" angelockt werden.

Wer würde nicht gerne wie ein Schlossherr seinen eigenen privaten Gärtner haben? Nun, ein Betrieb mit dem Namen „Gutshof-Gärtnerei" könnte seinen Service und die Qualität der Produkte als gleichwertig mit denen eines privaten Gärtners anpreisen, aber deswegen nicht teurer sein als ein Lebensmittelgeschäft, da die Kosten auf viele Mitglieder verteilt werden. Möglicherweise reicht schon der Name einer Stadt oder Region aus: „Mountainside Home-Grown Vegetables, Inc. – treten Sie jetzt bei und reservieren Sie Ihren Anteil."

Die Vielfalt, individuellen Abstimmungen und Möglichkeiten eines Genossenschafts-Marketingkonzepts sind unbegrenzt. Es gibt einige Ansätze, die auf den ersten Blick praktikabler erscheinen als andere, aber der eigentlich ausschlaggebende Punkt sind die Wünsche der Genossenschaftsmitglieder. In manchen Gegenden des Landes und für manche Gruppen sind ganz andere Maßnahmen erforderlich als für andere. Wir haben es hier mit einem Vermarktungssystem zu

Präsentation des Gemüses in unserem Hofladen

tun, das im Einklang mit der biologischen Vielfalt der Landwirtschaft steht. Es gibt daher so viele Vermarktungsalternativen, wie es landwirtschaftliche Optionen gibt, um den unterschiedlichen Böden, Klimazonen und Standorten gerecht zu werden. Es ist ein wohltuender Gedanke, dass ein Vermarktungskonzept potentiell so individuell auf den Betrieb zugeschnitten sein kann, wie es das jeweilige Produktionsverfahren ist.

Mögliche Vermarktungsformen

Die Beteiligung oder Nicht-Beteiligung der Kunden am Produktionsprozess kann abhängig von den Wünschen der jeweiligen Gruppe innerhalb des Konzepts angepasst werden. Die Kunden könnten z. B. bei der Ernte und dem Vertrieb helfen, wie in einer Lebensmittelkooperative. Auch wäre es möglich, dass der Hof interessierte Kunden oder Außenstehende für das Pflücken und Verpacken einstellt.

- Das Gemüse kann „wie geerntet" angeboten oder im Betrieb gewaschen und gebündelt werden, um es professioneller zu präsentieren.
- Die Kunden könnten z. B. zweimal pro Woche beim Hof ihre Lebensmittel abholen, oder der Betrieb liefert an eine zentrale Abholstelle (in einer Stadt) oder an einzelne Kunden, je nachdem, welcher Ablauf gewählt wurde.
- Der Hof könnte die Produkte roh liefern, und die Kunden wären für die Verarbeitung verantwortlich. Alternativ könnte der Hof die Vorräte für die Kunden einfrieren oder konservieren und sie mit fertigen Produkten beliefern.
- Die Kunden könnten Lebensmittel, die außerhalb der Saison konsumiert werden sollen, in ihren eigenen Gefrierschränken und Kellern lagern, oder der Hof könnte große Gefrier- und Lagerräume bereitstellen, auf die die Kunden dann bei Bedarf zurückgreifen.
- Es könnte eine festgelegte Produktliste geben, die das ganze Jahr über jede Woche geliefert wird, mit der Flexibilität für den Kunden, größere Mengen des einen oder anderen Artikels zu bestellen, indem sie entweder mehr bezahlen oder gegen etwas anderes tauschen: z. B. mehr Chinakohl, weniger Salat; mehr Hähnchen, weniger Schweinefleisch.
- Die Saisondauer für frische Produkte kann variieren. Erzeuger in einer Sommerurlaubsregion können die Saison für Freilandprodukte und die Zeit, in der potenzielle Kunden vor Ort sind, perfekt aufeinander abstimmen. Wenn Kunden verfügbar sind, kann die Produktionssaison mit einem einfachen Gewächshausschutz in beide Richtungen verlängert werden. Es liegt auf der Hand, dass das Vermarktungskonzept für potenzielle Kunden umso attraktiver ist, je länger die Produkte verfügbar sind.
- Es wäre möglich, ein Programm in Partnerschaft mit einer anderen Organisation durchzuführen. In den späten 1970er Jahren haben wir eine solche Vereinbarung mit einer nahe gelegenen Lebensmittelkooperative getroffen. Wir nannten es die „Bio-Überraschungstüte". Es handelte sich um eine Tüte mit Gemüse, die zu einem festen Preis angeboten wurde, ohne Garantie für den Inhalt, außer dass der Kunde einen großen Gegenwert bekam. Die Leute meldeten sich im Voraus an, und wir füllten die Tüten mit den Sorten, die in dieser

Woche besonders reichlich vorhanden waren. Wir zogen zusätzliche 10 Prozent ab, als die Genossenschaft begann, Pflücker zu besorgen (die für ihre Teilnahme Arbeitsgutschriften der Genossenschaft erhielten). Es war eine wunderbare Vereinbarung. Wir wurden für überschüssige Ernten bezahlt, die sonst vielleicht unverkauft geblieben wären. Die Käufer bekamen einen guten Gegenwert und kümmerten sich um die Ernte, die Verpackung und die Lieferung. Alles, was wir tun mussten, war, ihnen zu zeigen, wo sie ernten sollten, und ihnen ein Minimum an Anleitung zu geben. Es besteht die Möglichkeit, ähnliche Vereinbarungen mit jeglicher organisierten Gruppe zu treffen.

- Aus meiner Vermarktungs-Erfahrung heraus würde ich sagen, dass ein Abonnementprogramm umso attraktiver ist, je mehr Serviceleistungen es anbietet, – in einer Welt, die immer mehr auf die Bequemlichkeit der Supermärkte ausgerichtet ist. Obwohl ich als Produzent weiß, dass Qualität für mich an erster Stelle steht, ist mir klar, dass für viele potenzielle Kunden – die sich der Qualitätsunterschiede noch nicht bewusst sind – Service und Bequemlichkeit einen höheren Stellenwert haben. Wenn ich mit ihnen ins Geschäft kommen will, muss ich diese Realität berücksichtigen.

Preisgestaltung

Die Entscheidung für die eine oder andere oben aufgeführte Option bestimmt den Preis der Lebensmittel sowie den Umfang des Service. Logischerweise werden Nahrungsmittel umso mehr kosten, je mehr Dienstleistungen der Betrieb anbietet. Mit Ausnahme von persönlichen Serviceleistungen sollten die Kosten in etwa den üblichen Ladenpreisen für vergleichbare Artikel entsprechen. Und das ist ein weiterer Vorteil dieses Konzepts. Bio-Lebensmittel werden oft kritisiert, weil sie für die meisten Haushalte zu teuer seien. Dies hängt meist mit der Frage von Angebot und Nachfrage auf dem Markt zusammen. Doch aufgrund der Vorteile, die dem Bauernhof und dem Landwirt durch dieses vorher festgelegte Vermarktungssystem entstehen, können Verbrauchergruppen, die sich zusammengefunden haben, die besten Bio-Produkte zu den Standardpreisen im Lebensmittelhandel erhalten.

In den Fällen, in denen die Herstellung der Produkte aufwändiger ist, muss der Verkaufspreis jedoch die erhöhten Kosten decken. Da es sich um eine für beide Seiten vorteilhafte Beziehung handelt, werden sich die Kunden bewusst sein, wie wichtig ein lokaler Bauer für ihr eigenes Glück und Wohlbefinden ist. Es muss ein Preis vereinbart werden, der dem Landwirt und seinen Mitarbeitern ein realistisches Einkommen für die Bereitstellung einer so wichtigen Komponente im Leben ihrer Kunden ermöglicht.

Die Technologien, die ich für den Anbau von Bio-Produkten empfehle, sind darauf ausgelegt, kleinen Produzenten die Möglichkeit zu geben, auf dem Markt zu bestehen, indem sie ihre Kosten niedrig halten. Die gewonnene höhere Produktqualität sollte den Kleinproduzenten darüber hinaus bei der Erzielung eines höheren Einkommens helfen, denn die Preise sollten die Qualität widerspiegeln, so wie es bei anderen Gütern auch der Fall ist. Es muss ein Aufschlag für die durch Kompetenz und Sorgfalt geschaffene Qualität gezahlt werden, oder es wird diese Bio-Bauern in Zukunft nicht mehr geben. Der Kleinbauer, der ein hochwertiges Produkt herstellt, muss einen fairen Preis verlangen.

Klein bleiben

Erfolgreiche Unternehmen neigen oft dazu, ihren Erfolg vermehren zu wollen, indem sie sich vergrößern. Ich möchte Ihnen einen guten Rat geben – tun Sie es nicht. Diese Ermahnung mag angesichts der Mechanismen in der modernen Wirtschaft ketzerisch klingen, aber ich spreche aus Erfahrung. Ich habe zu viele erfolgreiche Gemüsebauern gesehen, die den Fehler gemacht haben, zu stark zu wachsen. Sie sind ausnahmslos alle zu einem weiteren Nullachtfünfzehn-Unternehmen geworden, das von dem Ruf zehrt, den es sich vor der Expansion aufgebaut hatte. Wenn die Nachfrage das Angebot übersteigt, bringen Sie beides wieder in Einklang, indem Sie die Preise erhöhen. Das Einkommen wird genauso steigen, wie es bei einer Expansion der Fall wäre, aber die Qualität wird nicht beeinträchtigt.

KAPITEL VIERUNDZWANZIG

Saisonverlängerung

Wir leben in einer Zeit des Supermarktdenkens, in dem die Kunden es gewohnt sind, Produkte auch außerhalb der Saison angeboten zu bekommen. Der Supermarkt verkauft Tomaten im April und Erbsen im Oktober. Um konkurrenzfähig zu sein, sollten lokale Erzeuger versuchen, diese Ziele für den Zeitraum des Jahres, in dem ihre Verkaufsstellen geöffnet sind, annähernd zu erreichen. Für fast alle Gemüsekulturen ist eine längere Anbausaison wünschenswert, wenn sie wirtschaftlich realisierbar ist. Gemüsebauern können neue Märkte erobern sowie höhere Preise erzielen, wenn die Ware, verglichen mit ungeschützten Freilandkulturen, schon sehr früh oder noch spät im Jahr verfügbar ist. Der Gärtner, der eine lokale Nachfrage befriedigt oder einen Marktstand

Wir arbeiten sowohl mit niedrigem Folientunnel als auch mit Foliengewächshäusern.

betreibt, wird feststellen, dass sich eine Politik des „Alles jederzeit verfügbar“ sehr auszahlt.

Das Erfolgsgeheimnis einer Saisonverlängerung ohne Schwierigkeiten oder Ausfälle liegt darin, den Punkt zu finden, an dem der Beeinflussungsgrad des Anbauklimas in einem ausgewogenen Verhältnis zum zusätzlichen Aufwand an Zeit, Geld und Managementfähigkeiten steht.

Denken Sie bei der Planung einer längeren Anbausaison daran, dass der Landwirt während des Jahres auch Urlaub braucht. Die dunklen Tage im Dezember und Januar sind die schwierigsten Monate für die Produktion von Feldfrüchten und sollten zur Erholung, Reorganisation und Planung für die kommende Saison genutzt werden. Bei der Saisonverlängerung geht es immer darum, die Systeme so einfach und wirtschaftlich wie möglich zu halten, ohne auf eine verlässliche Kontrolle zu verzichten, die für den Erfolg des geschützten Anbaus notwendig ist. Es steht eine breite Palette von Optionen zur Verfügung. In der folgenden Übersicht stelle ich Ihnen die meisten davon vor und empfehle Ihnen dann diejenigen, die am besten zu einem kleinen Gemüsebetrieb passen.

Veränderung des Kleinklimas

Bei der Betrachtung der Möglichkeiten zur Verlängerung der Anbausaison sollten wir andere Optionen als den Bau eines Gewächshauses oder den Umzug in südlichere Breiten in Be-

Gurken auf der einen Seite, Tomaten auf der anderen

Neu gepflanzte Gurken-Setzlinge

tracht ziehen. Es gibt viele kostengünstige oder kostenlose Methoden, die einen wesentlichen Beitrag dazu leisten können, die Klimabedingungen zugunsten des Landwirts zu verändern. Jede menschliche Modifikation des Klimas beinhaltet die Veränderung der bestehenden natürlichen Parameter mit dem Ziel, mehr zu erreichen, als diese Parameter sonst erlauben würden. Als Faustregel gilt: Je mehr wir das Klima verändern wollen, desto mehr Energie müssen wir dafür aufwenden. Tomaten im Januar in Neuengland zu kultivieren, erfordert natürlich einen weitaus kostspieligeren und umfangreicheren Aufwand, als lediglich die Reifung von Sommertomaten zu beschleunigen, indem man die Pflanzen an einen besonders warmen und geschützten Platz stellt.

Die einfachste Möglichkeit, die Wachstumsbedingungen für Frühkulturen zu verbessern, besteht darin, solche warmen und geschützten Plätze zu finden, zu schaffen oder zu optimieren.[1] Wir können das Kleinklima auch mit minimalem Energieaufwand mildern, wenn wir mit den Mechanismen der Natur arbeiten und versuchen, ihre Wirkung zu verstärken.

Drei allgemeine natürliche Parameter, die naheliegende Kandidaten für Modifikationen sind, sind der Grad und die Ausrichtung der Geländeneigung, das Maß der Windexposition beziehungsweise des Windschutzes und das wärmeabsorbierende Potential des Bodens (Bodenfarbe). Wenn Ihre Anbauflächen nicht nach Süden geneigt sind, kann

Gewächshauskulturen werden zur optimalen Flächennutzung vertikal angebaut.

auf einem flachen Feld eine entsprechende Anpassung geschaffen werden, indem es in Ost-West-Richtung mit einer Neigung der Südfläche von etwa 40 Grad aufgeschüttet wird. Dies schafft die gleichen Anbaubedingungen vieler kleiner nach Süden ausgerichteter Hänge. Berechnungen haben ergeben, dass der Boden durch diese Modifikationen durchschnittlich 30 Prozent mehr Wärme absorbiert. Frühe Pflanzen, die direkt an der Basis des Südhangs dieser Hügel gepflanzt werden, haben im Frühjahr einen deutlichen Vorsprung gegenüber ähnlichen Pflanzen, die in der Ebene wachsen.

Windschutz aus Hecken und Bäumen erfordert eine langfristige Planung, wenn ein solcher Schutz nicht bereits vorhanden ist. Glücklicherweise kann ein effektiver kurzfristiger Schutz durch die Verwendung von temporären Schutzvorrichtungen erreicht werden. Zwei der Länge nach parallel aufgestellte Schnee- oder Sandfangzäune, die 1,2 Meter hoch sind und mit 18 Meter Abstand voneinander aufgestellt werden, können die Lufttemperatur um 1 °C bis 2 °C erhöhen. Die Kombination eines Schnee- oder Sandfangzauns mit einer Hecke kann eine umfangreichere durchschnittliche Erhöhung der Lufttemperatur um 3 °C im April und 4 °C im Mai bedeuten. Selbst eine temporäre 60 Zentimeter hohe Hecke aus Fichtenzweigen kann die Lufttemperatur der geschützten Fläche um 1 °C bis 2 °C höher halten als die der nahe gelegenen offenen Felder.

Auf kleinen europäischen Bauernhöfen habe ich temporäre Windschutznetze aus Maschengewebe gesehen, die an den Feldrändern senkrecht zur vorherrschenden Windrichtung und auch innerhalb von Feldern angebracht waren, um kleinere geschützte Bereiche zu schaffen. Eine Reihe von Firmen verkaufen diese speziellen Windschutznetze, bei denen die Befestigungsösen bereits in den Gewebekanten integriert sind. In der Regel werden sie in Breiten von 1 oder 2 Metern hergestellt und sind in Längen von 30 bis 90 Metern erhältlich. Sie werden mit den Ösen an Holzpfosten befestigt, die je nach Windverhältnissen in einem Abstand von 1,8 bis 3 Meter aufgestellt werden. Bei sehr windigen Bedingungen sollte das Gewebe mit einer durchgehenden Latte am Pfosten befestigt werden. Diese Windschutzwände bieten teilweise den Vorteil eines Gewächshauses. Es gibt Wände, jedoch kein Dach, was bedeutet, dass die Bewässerung und Belüftung immer noch durch Regen und natürliche Luftzirkulation erfolgt. Dennoch ist die Temperatur um die Pflanzen herum wesentlich erhöht. Je dichter die vertikalen Wände zusammenstehen, desto mehr Schutz bieten sie. Temporär zwischen Tomatenreihen installierte 60 bis 90 Zentimeter hohe Wände aus lichtdurchlässigem Kunststoff erhöhen beispielsweise die Tagestemperatur um durchschnittlich 5 °C bis 6 °C, ohne dass man sich wie in einem überdachten Gewächshaus Sorgen um Überhitzung machen muss.

Die Farbe des Bodens ist ein dritter Faktor, der die Effekte der anderen beiden ergänzt. Die über die Saison hinausgehenden vorteilhaften Wachstumsbedingungen, die durch die Kombination von Südhanglage und Windschutz geschaffen werden, können durch die Verdunkelung des Bodens noch verstärkt werden. Bestimmte Böden erwärmen sich schneller als andere, und diese natürliche Absorptionskraft lässt sich erhöhen. Dunkle Farben absorbieren mehr Wärme als helle Farben, und da sind Böden keine Ausnahme.

Holzkohle, Ruß und Kohlenstaub wurden erfolgreich eingesetzt, um die Wärmeabsorption von Böden zu intensivieren.

In einem Experiment zum Einfluss der Bodenfarbe auf den Wärme-Absorptionsgrad wurden auf einem sandigen Lehmboden drei Parzellen vorbereitet. Die erste Parzelle wurde mit Ruß geschwärzt, die zweite mit ihrer normalen Bodenfarbe belassen und die dritte wurde mit Kalk aufgehellt. In jedem Abschnitt wurden in einer Tiefe von zehn Zentimetern Thermometer angebracht. Am Nachmittag eines sonnigen Tages Anfang Mai war die Temperatur im zehn Zentimetern tiefen Oberboden mit geschwärzter Oberfläche im Vergleich zum normalen Boden um 4 °C erhöht und um 7 °C im Vergleich zur geweißten Oberfläche. Der dunklere Boden konnte auch nachts die höhere Temperatur mit ein paar Grad halten. Die Strahlungsleistung der längeren Wellenlängen, die von der Erde abgestrahlt werden, wird durch die Farbe nicht beeinflusst, sodass der schwarze Boden die Wärme nicht schneller verlor als die anderen.

Abhängig von der Wachstumsgeschwindigkeit und der Art der Pflanzen nimmt die wärmeabsorbierende Wirkung eines abgedunkelten Bodens über einen Zeitraum von vier bis zehn Wochen ab, wenn die Pflanzen heranwachsen und ihre Blätter den Boden beschatten. Dies ist jedoch eine unbedenkliche Entwicklung, da die Bodentemperatur nur im Frühjahr erhöht werden muss.

Mulchfolie

Der nächste logische Schritt nach dem Holzkohlestaub ist eine einfache Folie, die als Mulch auf den Boden gelegt wird, um die Erwärmung des Bodens zu unterstützen. Polyethylen-Kunststoff ist das Standardmaterial. Kunststoffstreifen mit einer Breite von 1,2 bis 1,8 Metern und einer Länge nach Bedarf werden auf den Boden gelegt, wobei die Kanten eingegraben werden, um sie gegen den Wind zu sichern. Vier Aspekte tragen zur Beliebtheit von im Handel erhältlicher Mulchfolie bei. Sie speichert Feuchtigkeit, erwärmt den Boden, kann das Wachstum von Unkraut verhindern und ist leicht maschinell auszubringen und wieder zu entfernen. Die dafür verwendeten Folienleger gibt es sowohl als Anbaugerät für den Traktor als auch als handbetriebenes Gerät.

Landwirte wissen schon lange, dass transparente Folie den Boden effektiver erwärmt als schwarze (die durchsichtige wirkt wie ein niedriges Gewächshaus). Schwarze Kunststofffolie wurde jedoch häufiger eingesetzt, da sie zugleich das Unkraut unterdrückt. Die neuesten Entwicklungen im Bereich infrarotdurchlässiger Kunststoff-Mulchfolie bieten das Beste aus beiden Welten. Die Infrarotstrahlen (die etwa 50 Prozent der Sonnenenergie ausmachen) gehen durch und erwärmen den Boden genauso gut wie durch die Abdeckung mit transparenter Folie; da die Lichtwellen jedoch blockiert werden, wird das Unkrautwachstum verhindert. Warme Bodentemperaturen sind für einen frühen Start wärmeliebender Pflanzen von entscheidender Bedeutung. Bodenbedeckende Folien sind in glatter, strukturierter, biologisch abbaubarer und perforierter Ausführung erhältlich. Die perforierte Ausführung lässt Feuchtigkeit von außen in den Boden.

Flachabdeckung

Der nächste Schritt nach dem Mulchen ist eine Art niedriger Folientunnel über den

Pflanzen. Der Vorteil dieser einfachen, niedrigen Konstruktion ist ihre Flexibilität. Die Abdeckungen können umgesetzt oder aufgestellt werden, um bestimmte Pflanzen nach Bedarf zu schützen. Während die Kosten für den Einsatz von Mulchfolien allein schon durch die frühere Reife von wärmeliebenden Kulturen gerechtfertigt werden, wird diese Methode in der Praxis oft mit niedrigen Folientunneln kombiniert, um noch bessere Ergebnisse zu erzielen.

Leichte, lichtdurchlässige niedrige Folientunnel werden im Gartenbau schon so lange verwendet, wie es die Materialien gibt. Das Problem, das bei jeder Pflanzenabdeckung während des wechselhaften Wetters eines typischen Frühjahrs auftritt, ist die Notwendigkeit, die Konstruktionen zu belüften, wenn es zu warm ist, und sie wieder zu schließen, wenn die Temperaturen fallen. Die zusätzliche Arbeit und Aufmerksamkeit, die für eine solche Belüftungssteuerung erforderlich ist, kann eine Belastung für die Ressourcen des Züchters darstellen. Modifikationen und immer wieder neue Produkte zielen darauf ab, die Probleme des Abdeckens und Belüftens gemeinsam durch Schlitze oder Löcher zu lösen, die eine Luftzirkulation ermöglichen. Diese Konstruktionen bieten nicht so viel Frostschutz wie ungelochte Folien, aber der Unterschied ist gering, und der Gegenwert in Form der automatischen Belüftung macht dieses Konzept sehr sinnvoll.

Der Schutz durch niedrige Vliestunnel ist viel kostengünstiger als ein Gewächshaus.

Es gibt zwei gängige Arten von selbstbelüftenden Abdeckmaterialien. Die eine ist ein transparenter Polyethylen-Kunststoff mit einer Breite von 1,5 Metern und einer Dicke von 1,5 bis 2 Millimetern mit Schlitzen oder Löchern für die Belüftung. Die zweite Möglichkeit ist ein gewebtes lichtdurchlässiges Abdeckvlies (Spinnvlies), das den Durchlass von Luft und Wasser gewährleistet, ohne dass zusätzliche Schlitze erforderlich sind. Diese werden als Agrarvliese bezeichnet. Dies ist ein sich schnell entwickelnder Produktbereich, und jedes Jahr erscheinen neue Varianten. Ich erwarte, dass zukünftige Entwicklungen das Design, aber nicht den Zweck dieser Abdeckungen ersetzen werden.

Die Schlitzfolie wird in der Regel über Drahtbögen (6 oder 8 Millimeter stark) gelegt, wobei die Enden auf beiden Seiten der schwarzen Mulchfolie in den Boden gesteckt werden. Das Gestell ist etwa 40 Zentimeter hoch und hat die Form eines niedrigen Tunnels.

Die Agrarvliese werden direkt auf die Pflanzen gelegt, welche beim Wachsen die Abdeckung anheben. Auch hier werden die Ränder des Abdeckmaterials in den Boden eingegraben, um gegen Wind gesichert zu sein. Da diese Strukturen niedrig sind und eine Kultivierung innerhalb der Abdeckung nicht ohne Weiteres möglich ist, wird in der Regel eine unkrauthemmende Mulchfolie als unverzichtbar für die Beikrautregulierung angesehen. Bei Kulturen, bei denen eine Mulchfolie ungeeignet ist (z. B. frühe Aussaaten von Karotten, Radieschen und Spinat), muss die Abdeckung in regelmäßigen Abständen für die Bearbeitung entfernt werden, sobald die Pflanzensamen gekeimt sind.

Vorteile. Flachabdeckungen bieten viel mehr als nur Frostschutz. Meiner Meinung nach ist der Frostschutz wahrscheinlich der geringste Beitrag, denn er macht bestenfalls ein paar Grad aus. Flachabdeckungen sind allerdings sehr gut geeignet, ein geschütztes Mikroklima zu schaffen, welches das Pflanzenwachstum fördert und das es sonst zu Beginn der Saison im Freiland nicht gibt. Diese niedrigen Abdeckungen schützen die Pflanzen wie ein horizontaler Windschutz. Sie verhindern eine übermäßige Verdunstung von Bodenfeuchtigkeit, ermöglichen sowohl dem Boden als auch der Luft, sich tagsüber auf eine vorteilhaftere Temperatur zu erwärmen, und halten diese Verbesserung, wenn auch in geringerem Maße, auch nachts aufrecht. Außerdem bieten sie Schutz vor Insekten und Vögeln.

Einsatz im Frühjahr. Flachabdeckungen können so früh eingesetzt werden, wie der Gärtner es für die jeweilige Kultur wagt. Da die Abdeckungen nur ein paar Grad Frostschutz bieten, sind zarte Kulturen wie Tomatenpflanzen eher ein Risiko als winterharte Saatgutkulturen wie Karotten und Radieschen. Viele Gärtner säen erfolgreich extra-frühe Karotten unter Vliesabdeckungen, müssen diese aber regelmäßig zur Kultivierung entfernen.

Entfernen. Die Abdeckungen werden in der Regel vier bis sechs Wochen oder bis zum Anstieg der Außentemperaturen belassen. Das Entfernen der Abdeckungen muss genauso sorgfältig erfolgen wie jedes Abhärten. Es wird empfohlen, die Abdeckungen in Abschnitten für einige Tage zu entfernen und wieder auszulegen, bevor sie ganz entfernt werden, damit die gewonnenen Vorteile nicht verloren gehen. Das endgültige Abnehmen der Abdeckungen sollte möglichst an einem bewölkten Tag erfolgen, am besten kurz vor Regen. Vermeiden Sie auf jeden Fall helle, sonnige Perioden, die von einem austrocknenden Wind begleitet werden, da diese Bedingungen den Übergangsschock für die Pflanzen vergrößern.

Vor einigen Jahren haben wir die Vorteile all dieser Optionen bei der Konstruktion unserer Kleintunnel miteinander verbunden. Wir nahmen drei Meter lange verzinkte Kabelrohre (mit einem Durchmesser von 1,25 cm) und bogen sie um eine einfache Form zu 1,8 Meter breiten Halbkreisbögen. Die Enden dieser Bögen haben wir jeweils an den äußeren Rändern von je zwei nebeneinanderliegenden 75 Zentimeter breiten Beeten und dem dazugehörigen Mittelweg (30 cm) in den Boden gesteckt, um einen niedrigen Tunnel von 75 Zentimeter Höhe zu schaffen. Wir stecken die Bögen jeweils in einem Abstand von 1,5 Metern entlang der Beete in die Erde und bedecken sie mit einem drei Meter breiten Agrarvlies, der durch Sandsäcke am Boden fixiert wird. Die Kleintunnel haben sich sowohl für die Frühjahrs- als auch für die Herbstkulturen als sehr erfolgreich erwiesen, und sogar im Winter, wenn sie mit einer zusätzlichen durchsichtigen Kunststofffolie über der Vliesabdeckung eingesetzt werden. Ende August bauen wir Überwinterungszwiebeln an und im Spätherbst Spinat für die Ernte im folgenden Frühjahr. Die Kleintunnel haben sich Jahr für Jahr bewährt. Für die Überwinterung vergraben wir die Ränder der Folie, anstatt sie mit Sandsäcken zu sichern.

In Bezug auf die Ernteverfrühung muss bei jeder Kultur entschieden werden, ob eine frühere Reife die zusätzlichen Kosten rechtfertigt. Wenn Sie für einen lokalen Markt mehrere Kulturen anbauen (im Gegensatz zu einem Großmarkt mit nur einer Kultur), ist es am sinnvollsten, die Ernte mit Abdeckungen so weit vorzuverlegen, dass Sie die Nachfrage für jedes Gemüse abdecken können, bis die frühesten ungeschützten Kulturen reif sind. Sobald die Freilandkulturen verfügbar sind, verschwindet der wirtschaftliche Vorteil des geschützten Anbaus. Wenn Sie so vorgehen, ist die zu bearbeitende Fläche nicht übermäßig groß, selbst wenn es sich um viele Kulturen handelt.

Um die Saison noch weiter auszudehnen, als es mit Kleintunneln möglich ist, können Sie einen großen geschützten Anbaubereich effektiv und wirtschaftlich umhüllen, indem Sie die Größe der Tunnelbögen und der Folie erhöhen, um daraus einen begehbaren Tunnel zu machen.

Folientunnel

Mit „begehbaren Tunneln" meine ich unbeheizte Strukturen mit einer einlagigen Kunststoffabdeckung, die von Bögen oder Reifen getragen wird. Die Bögen sind in gleichmäßigen Abständen so gesetzt, dass der Tunnel hoch genug ist, um darunter herzugehen und zu arbeiten. Die Modelle variieren von sehr leichten Konstruktionen bis hin zu Ausführungen, die nicht von einem Gewächshaus zu unterscheiden sind (außer dem Fehlen von zusätzlicher Wärme). Ich habe Tunnel mit einer Länge von 60 Meter gesehen, obwohl 30 Meter ein gängigeres Maß ist. In einem Klima, das eine gute Belüftung erfordert, sind noch kürzere Tunnel (15 Meter) besser zu handhaben. Die Tunnel sind zwischen 3,7 und 5,2 Meter breit, wobei die beliebtesten Modelle eine Breite von 4,3 bis 4,9 Meter haben (ausreichend für vier 75 cm breite Beete). In der Praxis hängt die Breite von den verwendeten Materialien, der Bepflanzung und der Komplexität des Modells ab.

Begehbare Tunnel haben ähnlich wie eintunnelige Gewächshäuser einen halbkreisförmigen Querschnitt mit einem Gestänge aus gebogenen Rohren. Die Materialien sind jedoch in der Regel leichter und weniger dauerhaft, da diese Tunnel dafür ausgelegt sind, umgesetzt zu werden. Glasfaserstäbe, Kunststoffrohre, Metallstäbe, Bewehrungsstäbe, Kabelrohre und sogar gebogene Holzstäbe wurden für die Struktur verwendet. Ihre Enden werden normalerweise in Rohre gesteckt, die in den Boden getrieben werden, um die Bögen zu stützen. Diese sind in der Regel in einem Abstand von 1,2 bis 1,8 Metern voneinander angeordnet.

Beim Folientunnel befestigt man die Kunststoffabdeckung auf eine ausgeklügelte Weise. Die durchsichtige Kunststoffabdeckung wird zunächst über die Bögen gezogen, darüber spannt man Schnüre von der einen Seite auf die andere Seite des jeweiligen Rohres, um den Kunststoff unten zu halten. Die Kunststoffabdeckung wird straff gezogen und an beiden Enden des Tunnels an T-Pfosten befestigt. Die Belüftung erfolgt durch Anheben der Kunststofffolie entlang der Unterkante.

Beim Anheben der Folie hält die gespannte Schnur die Folie in der gewünschten Höhe über dem Boden. Die Belüftung über Tag und das Runterlassen der Folie am Abend lassen sich mit ein wenig Übung schnell bewerkstelligen. Da eine größere Anbaufläche pro Arbeitseinheit belüftet wird, ist der Mehraufwand mehr als gerechtfertigt. Man betritt den Tunnel, indem man die Folie an einer Kante anhebt und sich darunterduckt.

Wenn die begehbaren Tunnel breiter sein sollen, ändert sich das Design. An den Enden wird in der Regel ein separater Rahmen eingefügt und mit einer breiten Tür versehen. In einigen Fällen sichert man die Kunststoffabdeckung beidseitig durch Bretter: zum einen 90 Zentimeter über dem Boden, zum anderen am unteren Ende der Folie, direkt auf dem Boden. Bei diesem System kann die Kunststoffabdeckung zur Belüftung auf beiden Seiten mithilfe der langen Bretter aufgerollt werden. Nachts wird die Abdeckung heruntergerollt und das Brett mit Steinen oder Betonklötzen auf dem Boden fixiert.

Am oberen Ende des begehbaren Tunnels befestigt man die Folie wie bei einem konventionellen Gewächshaus mit einer Rohrkonstruktion an Rechteckprofilen. Diese sind mit Fundamentrohren verschraubt, die im Abstand von 1,2 Meter etwa 45 Zentimetern tief in den Boden getrieben sind.

Der Innendurchmesser der Fundamentrohre ist etwas größer als der Außendurchmesser der Bogenrohre. Der Rohrbogen wird aufgerichtet, indem seine Enden in die Fundamentrohre gesteckt werden. Der Bogen ruht auf der oberen der beiden Schrauben, die das Rechteckprofil befestigen.

Bei Modellen ohne aufrollbare Seiten wird die Belüftung durch große Türen oder Dachlüfter gewährleistet. Die Türen werden so groß dimensioniert, wie es die Tunnelbreite zulässt. Die Dachluken können von Hand oder mit einem automatischen, temperaturgesteuerten Fensteröffner geöffnet und geschlossen werden. Die Dachlüfter haben eine eigene interessante Konstruktion. Die gewünschten Lüftungsabschnitte sind im Tunneldach durch Rahmen fixiert, entweder aus dem gleichen Material wie die Tunnelkonstruktion oder aus Holz. Die gängigste Anordnung sind Entlüftungsfenster im Abstand von jeweils vier Bogenabschnitten. Die Kunststoffabdeckung wird an den Rändern der Dachöffnung befestigt, am einfachsten mit einer zweiteiligen Rinne und einem Drahtverschluss, der an den Rändern der Lüftungsöffnung angebracht wird, um die Folie zu halten. Die beiden Teile rasten zusammen und bieten einen starken, zuverlässigen Halt an der Kante des Kunststoffs. Ein leichter Rahmen für die Dachlüftungsluke wird mit Kunststoff überzogen, an einem Ende angelenkt und am temperaturaktivierten Öffnungsarm befestigt.

Bei jeder Kunststoffkonstruktion, selbst bei einer konventionellen Abdeckung, können Windpeitschen und Abrieb ein ernsthaftes Problem darstellen. Egal wie sorgfältig die Abdeckung beim ersten Anlegen angezogen wird, sie scheint sich immer wieder zu lockern. Es gibt zwei Möglichkeiten, dieses Problem zu lösen. Die einfachste ist, eine Spannschnur von einer Seite zur anderen über den Kunststoff zu führen, wie bei den Folientunneln. Normalerweise reicht eine Schnur zwischen jeder vierten Rippe aus. Die Spannung der Dehnungsschnur gleicht die Ausdehnung und Kontraktion des Kunststoffs aufgrund von Temperaturschwankungen aus und hält die Abdeckung stets straff. Die zweite Lösung besteht darin, den Tunnel an einem sehr warmen Tag abzudecken, wenn sich der Kunststoff ausdehnt. Bei anschließenden kühleren Temperaturen bleibt er straff. Alternativ können Sie das Haus mit zwei Lagen Folie abdecken und den Zwischenraum mit einem kleinen Gebläse aufblasen. Dadurch entsteht eine straffe Außenfläche, die dem Wind widersteht und hilft, Schnee abzuhalten.

Der letzte Schritt nach diesen fortschrittlichen begehbaren Tunneln ist das Hinzufügen einer anderen Wärmequelle als der Sonne. An diesem Punkt haben Sie ein Gewächshaus, also ist es vielleicht besser, sich von Anfang an bewusst für ein solches zu entscheiden.

Gewächshäuser

Ein Gewächshaus in seiner einfachsten Form ist im Prinzip nur ein stabilerer und etwas komplizierterer, begehbarer Folientunnel. Die Hauptunterschiede sind, dass das Gewächshaus in der Regel eine stabilere Konstruktion hat und zusätzliche Wärme liefert. Ein Gewächshaus kann aus 5 mal 10 Zentimeter Holzbrettern gebaut werden und erinnert an die Rahmenkonstruktion eines Holzhauses. Oder es kann im gleichen Stil wie die begehbaren Tunnel aus halbkreisförmig gebogenen Rohren gebaut werden, wobei ein stabileres Rohr verwendet wird. Ich bevorzuge diese Art der Konstruktion.

Gewächshäuser mit Rohrbögen können selbst gebaut oder in modularen Einzelteilen gekauft werden; diese lassen sich einfach aufstellen, erweitern oder nach Bedarf verschieben. Da die Rohre weniger massiv sind und in geringerer Anzahl benötigt werden als hölzerne Strukturelemente, werfen sie fast keine Schatten und lassen ein Maximum an Licht durch. Die oben erwähnten aufblasbaren Doppelfolien werden häufig für Gewächshäuser verwendet. Die erzeugte Luftschicht sorgt für zusätzliche Festigkeit und Stabilität. Die äußere Kunststoffhaut bleibt bei allen Temperaturen straff gespannt, und es gibt keine Probleme von Flattern, Abrieb und Reißen, denen eine einzelne Schicht bei windigem Wetter ausgesetzt ist. Außerdem hält die gespannte Wölbung der Oberfläche den Schnee besser ab und muss, außer bei schwersten Stürmen, nicht abgefegt oder freigeschaufelt werden. Im aufgeblasenen Zustand sind die beiden Folien durch eine etwa 10 Zentimeter große isolierende Luftschicht voneinander getrennt, die im Vergleich zu einem identischen Gewächshaus, das mit nur einer einzigen Schicht bedeckt ist, zu einer Einsparung von 25 bis 35 Prozent der Heizkosten führt.

Zusätzliche Wärme kann im Gewächshaus durch die Verbrennung verschiedenster Brennstoffe erzeugt werden, aber die am meisten eingesetzten und von mir empfohlenen Heizsysteme für kleine Gewächshäuser verbrennen Erd- oder Propangas. Sie sind mit einem Gebläse ausgestattet und werden nach außen entlüftet. Die Installation ist relativ einfach, und die Geräte können zusammen mit dem Gewächshaus bewegt werden.

Energie ist ein wichtiges Thema. Einige Züchter möchten vielleicht eine andere Wärmequelle ausprobieren, wie Holz, sich zersetzendes organisches Material, passive Solarspeicherung oder einen anderen Brennstoff. Ich schließe mich diesem Anliegen von ganzem Herzen an, schlage jedoch vor, dass Sie die Lösung des Energieproblems noch einige Jahre hinausschieben. Mein Ziel ist es, ein Anbausystem zu präsentieren, das funktioniert, und Sie müssen von Anfang an überlegen, wo Ihre Prioritäten liegen. Geht es Ihnen um die Entscheidung für eine gartenbauliche Lösung oder handelt es sich um ein Forum

Mein erstes selbstgebautes Gewächshaus von 1972

zum Experimentieren mit neuen Energietechnologien? Für Anfänger ist es immer ratsam, eine verlässliche konventionelle Technologie zu verwenden, da die meisten Probleme bereits von anderen durchdacht und bearbeitet worden sind.

Mit der Bereitstellung von Wärme ist es notwendig, die Lüftungsanlage zu automatisieren. Thermostatisch gesteuerte Ventilatoren und automatische Rollläden leisten die beste Arbeit und werden üblicherweise für das Temperaturmanagement von Gewächshäusern eingesetzt. Zweistufige Thermostate ermöglichen es, je nach Temperaturbedarf unterschiedliche Luftmengen zu bewegen, und erweisen sich als am effektivsten, um das Belüftungssystem präzise zu regulieren.

Hier möchte ich noch auf etwas hinweisen. Obwohl die Idee von zweistufigen Thermostaten, automatischen Rollläden und Lüftungsventilatoren sehr technisch und kompliziert erscheinen mag, ist sie es definitiv nicht. In einem Gewächshaus kann es schnell zu Temperaturen kommen, die für die Pflanzen tödlich sind. Ein zuverlässiges Belüftungssystem ist daher entscheidend. Gelegentlich können solche Mechanismen versagen, und ja, sie sind teurer als handbetätigte Lüftungssysteme oder rollbare Seitenwände. Aber sie sind Teil eines erfolgreichen Systems, das recht gut funktioniert. Alle Zweifel sollten warten, bis Sie genügend Sachkenntnisse über Gewächshäuser gewinnen konnten. Wenn Sie sich mit dem Anbau im Gewächshaus aus-

Biegen von Rohren für unsere selbstgebauten Gewächshäuser

einandergesetzt haben, werden Sie sehen, dass das System Sinn macht. Der Rest des Gemüseanbaus wird so anspruchsvoll sein, dass Sie es schätzen werden, wenn Sie ein paar automatische Helfer haben, die sich um einige Details kümmern.

KOMMERZIELL GENUTZTE GEWÄCHSHÄUSER

Für den erwerbsmäßigen Gemüseanbau, speziell für Kleinerzeuger, eignet sich am besten ein 5,2 bis 9 m breites und 15 bis 30 Meter langes Modell mit gebogenen Rohren, das entweder mit einer einlagigen oder einer doppelten luftgefüllten Polyethylenfolie abgedeckt ist.

Kleinere Gewächshäuser haben eine effiziente Größe für die Bepflanzung und sind handlich genug, um sie bei Bedarf zu demontieren und zu transportieren. Breitere Häuser sind sogar noch praktischer, solange sie zum Anbaukonzept des Züchters passen. Zwei Punkte müssen berücksichtigt werden. Erstens: In einem Produktionssystem mit Mischkulturen hat man mit zwei oder mehr kleineren Häusern eine größere Flexibilität als mit einem großen. Da verschiedene Kulturen mit unterschiedlichen Temperaturbedürfnissen angebaut werden, kann jeweils ein komplettes Haus für eine einzelne Kultur oder eine Gruppe von Kulturen mit ähnlichen Anbaubedingungen genutzt werden. Zweitens, wenn

Belüftungsmöglichkeit an der Stirnseite

etwas schiefgeht, bedroht es nur einen Teil der Produktion und nicht die gesamte Ernte.[2]

ANBAU IN EINEM GEWÄCHSHAUS

Sinn und Zweck eines Gewächshauses ist es, klimatische Bedingungen zu schaffen, die für das Pflanzenwachstum optimal sind. Das Gleiche sollte für die Bodenbedingungen gelten. Im Gewächshaus wird intensiver Gemüseanbau betrieben; daher muss man der Bodenvorbereitung besondere Aufmerksamkeit schenken. Alle Faktoren, die im Kapitel über die Bodenfruchtbarkeit betont werden, sind hier umso wichtiger. Die Verwendung von gut aufbereitetem Kompost ist für eine erfolgreiche Gewächshauskultur notwendig. Gewächshaustomaten und -gurken sind zwei der anspruchsvollsten Kulturen; sie benötigen eine außerordentliche Bodenfruchtbarkeit, nicht nur durch eine gute Bodenvorbereitung, sondern auch in Form einer Kompostdüngung, die alle sechs Wochen angewendet wird. Salat, die andere wichtige Gewächshauskultur, gedeiht gut in einer Fruchtfolge nach Tomaten oder Gurken, ohne dass eine weitere Bodenverbesserung erforderlich ist.

Die Produktion von stark nachgefragten Pflanzen in beheizten Gewächshäusern ist ein wertvoller Magnet, um Kunden für die anderen Produkte des Betriebs zu gewinnen. Es kann auch ein sehr lukratives Spezialgebiet sein. Aber man sollte sich nicht darauf stürzen, ohne vorher gründlich über die Sache nachgedacht zu haben. Der Anbau von qualitativ hochwertigem Gewächshausgemüse erfordert echten Einsatz bei der Bewirtschaftung sowie Liebe zum Detail. Eine ernsthafte erwerbsmäßige Gewächshausproduktion sollte aufgeschoben werden, bis der Betrieb gut etabliert ist und mehr Kapital aufgenommen werden kann. Dann kann ich es empfehlen. Bücher mit detaillierten Informationen über die Produktion von Gewächshausgemüse sind in der Bibliografie aufgeführt.

Die Antworten von morgen

Der fortschrittliche Gärtner schaut immer mit einem Auge auf die Ausführung seiner Arbeit und mit dem anderen darauf, wie sie optimiert werden könnte. Sie sollten stets darauf bedacht sein, sowohl die praktischen als auch die wirtschaftlichen Aspekte Ihrer gegenwärtigen Produktionstechnologien zu verbessern, nicht um mit der Zeit zu gehen, sondern um sie anzuführen. Die Zukunft lässt sich oft anhand der heutigen Entwicklungsmuster vorhersagen. Der Trend zur Saisonverlängerung ist deutlich erkennbar. Man versucht, die Strukturen leichter, einfacher zu handhaben und mobiler zu machen.

Die Konzepte von heute entstanden durch die Eingebungen von gestern. Die Ideen von morgen werden sich aus den Problemen von heute entwickeln. Die besten Innovationen kommen von erfahrenen Praktikern und wurden als Antwort auf ihre Bedürfnisse entwickelt. Wenn Sie erst einmal Erfahrungen gesammelt haben, steht die nächste Verbesserung für Sie als Kleinerzeuger und für unzählige andere Lebensmittelproduzenten vor der Tür.

KAPITEL FÜNFUNDZWANZIG

Das mobile Festmahl

Das ideale Gewächshaus-System für den Bio-Anbau wäre in Bezug auf den „natürlich", geschützten Anbau von Gemüse so zukunftsweisend wie die Spitzenentwicklungen der Bio-Gemüsebauer in den letzten Jahren in Bezug auf eine „natürliche" Bodenfruchtbarkeit. Die temporär mit Folien bedeckten Tunnelgewächshäuser kommen dem sehr nahe. Nachdem die Tunnel den Boden nach Bedarf bedeckt haben, können sie demontiert und an einen anderen Ort gebracht werden. Davor oder danach kann

Durch dichte Bepflanzung und sukzessive Aussaat wird der Platz im Gewächshaus voll genutzt.

eine Gründüngung erfolgen. Durch diese Gewächshäuser vermeidet man Schwierigkeiten wie Schädlings- und Krankheitsbefall oder Nährstoffüberschüsse im Boden, die bei fest installierten Gewächshäusern oft auftreten. Es wäre schön, wenn man zusätzlich zu den Vorteilen eines voll funktionsfähigen, stationären Gewächshauses auch die Möglichkeit hätte, den Boden periodisch im Freien zu belassen, wie es bei temporären Strukturen möglich ist. Glücklicherweise gibt es eine Kombination: Die Antwort ist ein Gewächshaus, das ohne Demontage bewegt werden kann.

Das Rollgewächshaus

Ein mobiles, voll ausgestattetes Gewächshaus, das zu einem anderen oder mehreren alternativen Standorten geschoben oder gerollt werden kann, kombiniert die klimatischen Vorteile eines stationären Gewächshauses mit den bodenreinigenden Vorteilen eines temporären Folientunnels. Die Idee eines Gewächshauses, das bewegt werden kann ohne demontiert zu werden, entstand Ende des 19. Jahrhunderts. Sie war die Lösung für im Gewächshaus auftretende Bodenkrankheiten. Die damaligen Optionen – das Abtragen und Ersetzen des Bodens bis zu einer Tiefe von 30 bis 40 Zentimetern oder das Sterilisieren des Bodens mit Dampf – wurden aufgrund der hohen Arbeitskosten oder der Probleme mit der Bodenfruchtbarkeit nach dem Sterilisieren als nicht zufriedenstellend angesehen.

Die Entwicklung der frühen mobilen Gewächshäuser von vor 100 Jahren war ein ziemliches Stück Arbeit. Ich bin mir sicher, dass die Idee, etwas so Zerbrechliches wie ein Glasgewächshaus so stabil zu bauen, dass es von einem Ort zum anderen transportiert werden kann, ohne dass es dabei zerstört wird, eine Herausforderung für die ursprünglichen Erfinder darstellte. Trotzdem hielten sie durch. Die Häuser, die sie bauten, sahen oberflächlich betrachtet wie herkömmliche Gewächshäuser aus – ein Holz- oder Stahlrahmen, der mit Glas bedeckt war. Doch statt direkt auf einem Fundament befestigt zu sein, wurde der Rahmen des mobilen Gewächshauses von Metallrädern getragen, die auf Metallschienen rollten. Die Schienen waren fest auf einem üblichen Fundament angebracht. Die Stirnseiten des Hauses waren so konzipiert, dass der untere Teil angehoben werden konnte, um an den Pflanzen vorbeizukommen, wenn das Haus an einen oder mehrere alternative Standorte gerollt wurde.

Einige Modelle verfolgten einen anderen Ansatz. Sie wurden so konstruiert, dass sich nur das Dach bewegte. In diesen Fällen bildete der Dachstuhl eine stabile dreieckige Struktur, die auf Schienen rollte, die auf den Seitenwänden angebracht waren. Diese Bauweise bot an windigen Standorten einen zusätzlichen Nutzen. Selbst wenn das Haus nicht abgedeckt war, dienten allein die Wände als lichtdurchlässiger Windschutz und sorgten für eine deutliche Klimaverbesserung. Trotz der anfänglich höheren Kosten für mobile Gewächshaus-Konstruktionen hielten viele innovative Gärtner dies für ein lohnendes Experiment, und es wurden ziemlich viele gebaut.[1]

Mein erstes Rollgewächshaus sah ich, als ich im Frühjahr 1976 eine Bio-Gärtnerei in den Niederlanden besuchte. Obwohl das Haus neu gebaut war, sah es genauso aus wie die klassischen Modelle, von denen ich gelesen hatte. Der mit Glas verkleidete Metallrahmen war zwölf Meter breit und 36 Meter lang. Das Gewächshaus stand auf Metallrädern, die auf

Eisenbahnschienen liefen, die lang genug waren, um drei verschiedene Standorte bedienen zu können. An dem Morgen, an dem ich ankam, wurde das Gewächshaus gerade versetzt. Obwohl ich mit der Idee vertraut war, muss ich zugeben, dass ich überrascht war, als ich sah, wie eine so riesige Konstruktion langsam auf mich zurollte, indem Arbeiter hinten an jeder Ecke anschoben. Die Anschlüsse für Bewässerung, Heizung und Strom waren vor dem Umzug getrennt worden und wurden dann am zweiten Standort wieder an neue Steckdosen angeschlossen. Die frühe Salaternte, die zuvor vom Gewächshaus bedeckt worden war, war nun weit genug fortgeschritten, um ihr Wachstum im Freien zu beenden. Daneben warteten Tomatensetzlinge darauf, am Nachmittag an dem neuen geschützten Standort eingepflanzt zu werden.

Man erzählte mir, dass außer für bestimmte Kulturen, wie zum Beispiel außerhalb der Saison angebaute Erdbeerpflanzen und Blumen, nur noch sehr wenige Rollgewächshäuser gebaut werden. Die meisten holländischen Züchter waren dazu übergegangen, die in stationären Gewächshäusern auftretenden Bodenprobleme mit Chemikalien zu lösen oder durch die Verwendung von künstlichen Substraten. Meine Gastgeber glaubten jedoch, dass die mobile Technologie für ihren Bio-Betrieb ökologisch sehr sinnvoll sei. Die gleichen Gründe, die zur ursprünglichen Entwicklung geführt hatten – die Vermeidung von Schädlingsbefall und Probleme mit der Bodenfruchtbarkeit – trafen auch für diese Landwirte zu, die natürliche Anbaumethoden verfolgten. Und obwohl in diesem Fall die Kosten im Durchschnitt etwa 20 Prozent höher waren als bei einem stationären Gewächshaus, war der Ertrag ebenfalls 20 Prozent höher. Meine Gastgeber betonten noch einen anderen Vorzug der Mobilität. Die Kapitalkosten des Gewächshauses konnten schneller wieder hereingeholt werden, weil es in einem Jahr für mehr Kulturen eingesetzt werden konnte, als ein stationäres Gewächshaus schützen konnte.

Die Vorteile eines Rollgewächshauses

Zunächst einmal möchte ich das Gleiche, was die frühen Pioniere der mobilen Gewächshäuser wollten – nämlich natürlichere Bodenbedingungen. Indem ich den Boden der freien Natur aussetze – Regen, Wind, Schnee, direktes Sonnenlicht und starke Minustemperaturen –, kann ich viele natürliche Reinigungs- und Ausgleichsprozesse ins Spiel bringen, die einem permanent abgedeckten, voll funktionsfähigen Gewächshaus verwehrt bleiben. Zweitens, und dies ist eine Erweiterung des ersten Punktes, erlauben mir Rollgewächshäuser, einen umfangreicheren Fruchtwechsel zu nutzen. Ich kann jetzt langfristige Gründüngungen einbeziehen, ohne dass ich die Anbaumöglichkeiten für Gewächshauskulturen verliere, denn ich pflanze die Gründüngung auf einer unbedeckten Fläche. Bodenverbessernde Pflanzen sind ein definitives Plus, nicht nur wegen ihrer physikalischen und biologischen Effekte auf den Boden, sondern auch, um die Menge an Kompost zu reduzieren, die ins Gewächshaus gebracht werden muss. Der Boden im Gewächshaus kann seine Fruchtbarkeit auf diese Weise selbst erhalten, wie der Rest des Hofes (siehe Kapitel 13). Drittens finde ich, dass die Mobilität es mir ermöglicht, die eher künstlichen und pal-

Vier mobile Rahmen-Konstruktionen, die als eine Einheit mit Folie bedeckt werden können.

Ein mobiles Gewächshaus auf Schienen

liativ ausgerichteten Ansätze zu vermeiden (z. B. Dampfsterilisation, Aufpfropfen von Tomaten auf resistente Wurzelstöcke, ständige Schädlingsüberwachung, Fallenstellen und Ergänzung von Nützlingen), denen sich andere ökologische Gewächshaus-Anbauer zuwenden, da die Probleme des durchgehenden Anbaus im Gewächshaus Jahr für Jahr zunehmen. Ich gebe zu, dass mir die Begeisterung für krankheitsmildernde Maßnahmen fehlt. Ich ziehe es vor, nach Wegen zu suchen, wie ich natürliche Prozesse ermutigen kann, das zu tun, was sie am besten können, wenn ich sie einfach machen lasse.

Und viertens können Sommer-Gewächshauskulturen wie Tomaten so lange bis in den Herbst hinein wachsen, wie es die Temperaturen zulassen, da die Winterkulturen zum passenden Zeitpunkt bereits auf einer benachbarten Fläche gesät wurden. Das Gewächshaus wird erst zum Schutz der Winterkulturen versetzt, wenn es nötig ist.

Ein fünfter Vorteil ist die Einsparung von Geld und Energie für Heizung und Kühlung. Ich beginne zum Beispiel mit der Aussaat vieler Winterkulturen im Hochsommer und setze sie bis zum frühen Herbst fort. Diese Winterkulturen werden im Freiland gepflanzt, wo sie kräftig wachsen, bis die kürzer werdenden Tage und die kühleren Temperaturen des Spätherbstes ihr Wachstum bremsen. Dann schiebe ich das Gewächshaus darüber, um sie für die Winterernte zu schützen. Wenn ich diese Pflanzen in einem stationären Gewächshaus angebaut hätte, hätte ich ein teures Kühlsystem benötigt. Selbst wenn die Lüftungsschlitze

Wintergewächshäuser benötigen rundum gute Gräben zur Entwässerung.

geöffnet und die Türen entfernt sind, um so möglichst viel passive Kühlung zu erreichen, ist das Sommergewächshaus zu warm, um mit den Winterkulturen zu beginnen. Aber es ist ein idealer Ort, um wärmeliebende Pflanzen anzubauen. Und das tue ich auch.

Die einzigen Kosten für all diese biologischen Vorteile sind der Mehraufwand, um ein stationäres Gewächshaus mobil zu machen. Wenn dieser Mehraufwand vertretbar ist, wird die Idee sehr attraktiv. Als ich also ernsthaft mit dem Gedanken spielte, ein echtes Rollgewächshaus zu bauen, begann ich damit, die Preise der mobilen Kunststoffgewächshäuser europäischer Hersteller zu überprüfen. Im Gegensatz zu den wirtschaftlichen Kennzahlen, die mir meine holländischen Freunde vor Jahren gaben, sind diese neuen Gewächshäuser nicht mehr lediglich 20 Prozent teurer. Von einem Hersteller erhielt ich ein Angebot, das das Dreifache des ursprünglichen Preises betrug. Natürlich hängt ein großer Teil dieses Preisunterschieds mit den unterschiedlichen Produktionskosten von Gewächshäusern aus Glas oder Kunststoff zusammen. Aber das Angebot schien immer noch erheblich aus dem Rahmen zu fallen. Mein Ziel war es, eine mobile Gewächshaustechnologie zu finden, die nicht mehr als zehn Prozent teurer als die Anschaffung eines Gewächshauses aus Kunststoff ist und dennoch genügend Stabilität bietet, um für ein 9 mal 29 Meter großes Haus eingesetzt werden zu können. Außerdem wollte ich, da ich bereits stationäre Häuser aus Kunststoff besaß, ein System, das diese ohne zu viele zusätzliche Teile mobil machen konnte. Während der gelegentlichen Frustrationen, die beim Versuch, eine neue Idee zu entwickeln, unweigerlich auftreten, fragte ich mich mehr als einmal: „Brauche ich wirklich

Beregnungsanlage in einem Rollgewächshaus

Rollgewächshäuser? Kann ich nicht genauso gut mit solchen arbeiten, die nicht bewegt werden können?“ Jedes Mal taucht nach und nach einer der oben genannten Gründe als Rechtfertigung auf, meine Bemühungen fortzusetzen. Ich bin froh, dass ich es getan habe.

Man kann allerdings auch aus den Erfahrungen anderer Leute viel lernen. Ein großer mir bekannter landwirtschaftlicher Betrieb hatte mit Begeisterung ein paar 9 mal 30 Meter große Rollgewächshäuser gebaut, wandelte sie dann jedoch in ein stationäres Gewächshaus um, indem er zusätzliche Rohrbögen hinzufügte und schließlich ein 9 mal 122 Meter großes Haus hatte. Der Betrieb hatte diese Entscheidung wegen der höheren Effizienz beim Einsatz größerer mechanischer Geräte für die Bodenbearbeitung, Anpflanzung und Ernte der Gewächshauskulturen getroffen. Da man jedoch der Meinung ist, dass für die Bodengesundheit eine bodenverbessernde Deckfrucht sehr wichtig ist, nehmen sie nun alle drei Jahre die Folie ab, um im Gewächshaus eine Deckfrucht in natürlicher Umgebung zu überwintern. Es gibt mehr als eine Möglichkeit, den Vorteil eines mobilen Gewächshauses durch einen vorübergehend unbedeckten Boden zu nutzen.

Die Entwürfe

Zu meinem ersten vor Jahren entworfenen Rollgewächshaus gehörte eine Holzschiene, die mit Rohren am Boden verankert war. Der hölzerne Unterbau des Gewächshauses konnte mithilfe von etwas Flüssigseife auf dieser Holzschiene gleiten. Dieser Prototyp zeigte uns, dass es machbar war, und überzeugte uns vom Nutzen mobiler Gewächshäuser. Wir experimentierten weiter mit dem Ziel, den Bewegungsablauf einfacher und kostengünstiger zu gestalten. Beim nächsten Entwurf setzten wir auf Rohre, die längs des Gewächshauses im Boden befestigt waren, große kugelgelagerte Rollen auf, über die das Gestell des Gewächshauses rollen konnte. Zwei Personen waren damit in der Lage, unseren sechs Meter breiten und elf Meter langen Prototyp zu bewegen. Wir verwendeten dieses Design für unsere ersten kommerziellen Rollgewächshäuser mit 30 Meter Länge und 9 Meter Breite. Die frühen Modelle wurden nur zwischen zwei Standorten bewegt. Wasser und Strom wurden unterirdisch zu einem 60 Zentimeter breiten Streifen geführt, der für beide Standorte zugänglich war. Unser 26-PS-Traktor konnte die Häuser leicht bewegen. Wie alle unsere Rollgewächshäuser wurden sie an Bodenanker mit einer Stärke von 1,8 Tonnen gekettet, sobald sie an ihrem Platz waren.

Allerdings gab es ein paar technische Probleme mit dem Kugelrollen-System. Außerdem war es schwierig, die Stützpfosten in unseren felsigen Boden zu treiben, also wechselten wir bei unserem nächsten Entwurf zu einem Gleitschienen-Konzept mit unten am Gewächshaus angebrachten Metallkufen. Das löste einige Probleme, aber die Reibung der Kufen auf dem Boden erforderte mehr Kraft, um diese Modelle zu ziehen, sodass wir dafür schweres Gerät mieten mussten. Zu diesem Zeitpunkt wurde uns auch klar, dass die großen 30 Meter langen Häuser mehr Schwierigkeiten verursachen, als dass sie einen messbaren Nutzen liefern. Seitdem sind alle unsere Rollgewächshäuser nur noch 15 Meter lang. Um die Häuser leichter bewegen zu können, wurden beim nächsten Entwurf Metallräder verwendet (jeweils eines am Ende jedes Bogens), die auf den am Boden liegenden Rohren rollten. Es war eine schöne Konstruktion, hatte aber zwei Nachteile. Erstens mussten wir eine Menge Geld für all die Räder investieren, die unter jedem Gewächshaus angebracht waren, und außerdem befindet sich das Gewächshaus wie bei jedem beweglichen System – ob mit kugelgelagerten Rädern an vertikalen Rohren oder Rädern auf horizontalen Rohren – immer etwas über dem Boden. Dieser Spalt muss abgedichtet werden, um die kalte Luft draußen zu halten, und dann vor jedem Umstellen wieder geöffnet werden. Eine andere Version des Rad-auf-Schiene-Modells, das wir für eine amerikanische Gewächshausfirma entworfen haben, verwendet eine 20 Zentimeter breite V-Schiene anstelle des Rundrohrs und rollt auf hochbelastbaren Rädern mit sehr guten Kugellagern. Dieses System ist wesentlich leichtgängiger als alle unsere anderen Entwürfe, aber durch die hochwertigen Schienen und Räder auch viel teurer.

Während wir uns Konstruktionen für die Gewächshäuser überlegten und bessere Möglichkeiten entwickelten, sie zu bewegen, gestalteten wir auch die Stirnseiten neu. Unsere ursprünglichen Stirnwände aus Polycarbonat mit einer Reihe horizontal aufklappbarer Elemente am unteren Rand sowie einer Tür, die man aushängen konnte, waren teuer und unpraktisch. Also begannen wir, auch die Stirnwände mit Folie zu verkleiden. Anstelle einer abnehmbaren Tür bauten wir über die gesamte Breite der Stirnseite einen Querbalken ein, und zwar in einer Höhe, dass die Kulturen beim Versetzen des Hauses darunter durchpassten. Wir mussten zwar über diese Querbalken steigen, um das Gewächshaus zu betreten, aber das war nur eine kleine Unannehmlichkeit. Ausführlichere Informationen finden Sie in Kapitel 10 meines Buches *Handbuch Wintergärtnerei.*

Unser neuester Entwurf für ein Rollgewächshaus deckt alle wünschenswerten Eigenschaften ab, die wir im Laufe der Jahre entwickelt haben. Das Gewächshaus ist 15 m lang und neun Meter breit. Die Stirnwand kann im unteren Bereich geöffnet werden, um ein Verschieben des Hauses über unsere Kleintunnel hinweg zu ermöglichen. Die Eingangstür befindet sich in einer Seitenwand. Die Enden der Bögen werden auf jeder Seite in metallenen Vierkant-Halterungen befestigt, die flach auf dem Boden liegen. Bevor wir das Gewächshaus in Bewegung setzen, montieren wir auf beiden Seiten jeweils fünf luftbereifte Schubkarrenräder an den Metallprofilkantrohren. Diese „Heberäder" werden in vorbereitete Löcher in den Metallprofilrohren gesteckt, die Ketten und Kettenspanner entfernt. Dann wird ein vertikaler Hebel, der Teil des Heberades ist, nach unten gedrückt und an Ort und Stelle fixiert, wodurch das Gewächshaus ein paar Zentimeter vom Boden angehoben werden kann. Nach dem Umsetzen des Hauses werden die Räder wieder gelöst, entfernt und an einem geschützten Ort gelagert. Auf diese Weise kann derselbe Satz Räder für alle Rollgewächshäuser des Hofes verwendet werden. Das Haus rollt leicht genug, um mit einer Handwinde gezogen werden zu können, sodass die Motorkraft eines Traktors nicht mehr benötigt wird. Wir sind gerade dabei, alle unsere Rollgewächshäuser auf dieses neue System umzustellen. Mit unserem bisher entwickelten System sind wir einer perfekten Konstruktion schon sehr nahe gekommen, aber ich bin sicher, dass wir in Zukunft noch weitere Änderungen vornehmen werden. Selbst wenn ich mich schließlich für ein System entscheide, weiß ich, dass es immer noch verbessert werden kann. Ich glaube an ein einfaches Gesetz und dessen logische Konsequenz. Das Gesetz besagt: „Es gibt immer einen Weg." Die logische Konsequenz lautet: „Wenn man einen Weg gefunden hat, gibt es immer noch einen besseren."

KAPITEL SECHSUNDZWANZIG

Das Projekt Wintergärtnerei

Meine Faszination für Gewächshäuser und Gewächshaus-Systeme entspringt zum Teil dem Wunsch, meine Kunden so lange wie möglich übers Jahr mit Lebensmitteln zu versorgen. Ich bin überzeugt, dass ich zu ihrer Gesundheit beitrage, indem ich Gemüse von außergewöhnlicher Qualität anbaue. Ich weiß, dass ich daran mitwirke, eine lebendige lokale Wirtschaft zu erhalten, indem ich das Geld in meiner Gemeinde zirkulieren lasse. Und wie ich bereits im Marketing-Kapitel erwähnt habe, habe ich als lokaler Erzeuger einen wichtigen Vorteil gegenüber den großen Lieferanten: Ich liefere frisches Gemüse. Es ist mir also egal, ob von den per LKW angelieferten Feldfrüchten behauptet wird, sie seien mit reinem Sternenstaub von Elfen und Feen angebaut worden. Jedes Gemüse, das in großen Mengen geerntet und über den Großhandel vertrieben wird, ist nicht frisch. Meine Produkte werden tagesaktuell geerntet und stehen am selben oder nächsten Tag auf dem Tisch des Kunden. Allein diese Tatsache macht mich konkurrenzfähig.

Wenn ich diesen Frische-Aspekt als wesentlichen Bestandteil meines Betriebs betone, möchte ich ihn so lange wie möglich im Jahr anbieten können, um meine Kunden – ob Geschäfte, Restaurants, Genossenschaften oder Nachbarn – nicht zu enttäuschen oder sie an einen anderen Lieferanten zu verlieren. Aber ich möchte dies ohne übermäßigen Energieeinsatz tun. Die Winterernte kann gelingen, wenn man die Technik der Beeinflussung des Kleinklimas mit der Biologie der Pflanzenwelt verbindet. Für diese Technik werden zwei

Eine im Gewächshaus über den Beeten angebrachte Vliesabdeckung

Schutzschichten angebracht, um die Auswirkung der starken Winterstürme abzumildern; die Pflanzen wachsen in einem unbeheizten Gewächshaus unter einer Schicht aus Spinnvlies. Der biologische Faktor wird durch die Auswahl von winterharten Gemüsesorten berücksichtigt. Diesen traditionellen Winterpflanzen machen die kurzen Tage nichts aus, und sie werden auch nicht durch Frost geschädigt oder dadurch, dass sie phasenweise gefroren sind.

Unser Ziel war es schon immer, die Saison für Frischgemüse über die Wintermonate zu verlängern, indem wir Low-Input-Lösungen einsetzen, die durch betriebseigene Ressourcen mit Energie versorgt werden. Die Kriterien zum Erreichen dieses Ziels konzentrieren sich auf umweltfreundliche Praktiken,

Rucola.

Winterportulak.

Speiserübe der Sorte „Hakurei“

Komatsuna (Japanischer Senfspinat)

Pak choi.

Feldsalaternte durch Abschneiden dicht über dem Boden

Japanischer Senfkohl

Junge Rote-Bete-Blätter

Gemüsekohl

die den Einsatz von Energie und Ressourcen minimieren.
Der Kriterienkatalog hängt an der Wand jedes Gewächshauses, um uns daran zu erinnern, wie wir es noch besser machen können:

Klimaangepasst. Nutzung des Potenzials einfacher, geschützter Mikroklimata für die Produktion von winterharten Pflanzen während der kalten Monate.

Sonnenlichtgesteuert. Mit minimaler Technik ausgestattete Rohrrahmen-Gewächshäuser, die mit einer einzigen Außenschicht aus Kunststoff bedeckt sind und innen einlagige Abdeckungen nutzen. Keine zusätzlichen Heizsysteme, keine Perimeterdämmung.

Naturgesteuert. Arbeiten mit und nicht gegen die kalten Bedingungen. Erfolgreicher Anbau winterharter Pflanzen in den kalten Monaten durch das Verständnis des Einflusses von Tageslänge und Bodentemperatur auf die Zeitspanne von der Pflanzung bis zur Ernte. Profitieren von der Anpassungsfähigkeit zahlreicher Kulturen an Winterlicht und Wintertemperaturen.

Verwendung hofeigener Mittel. Verwendung von selbst hergestelltem Kompost, Deckfrüchten und Fruchtwechsel mit mehrjährigem Gras als Hauptquelle für die Pflege eines fruchtbaren Bodens.

Schädlingsregulierung. Der Schwerpunkt liegt auf Böden mit ausgewogener Nährstoffversorgung als Teil eines Pflanzen-positiven Managementsystems. Dazu gehören Rollgewächshäuser, um die Ansammlung von Schädlingen in geschützten Umgebungen zu vermeiden.

Beikrautregulierung. Der Schwerpunkt liegt auf einer flachen Bodenbearbeitung, rechtzeitiger Kultivierung, Solarisation und Flammenjäten, um das Wachstum und die Ausbreitung von Beikraut zu verhindern.

Praktische Werkzeuge. Suche nach den einfachsten und effektivsten Werkzeugen (die wir oft selbst herstellen oder anpassen) für jeden Arbeitsbereich, von der Bodenvorbereitung bis zur Ernte.

Ernährungsphysiologisch ausgewogen. Bereitstellung aller ernährungsphysiologischen Vorteile von wirklich frischen Lebensmitteln durch die Konzentration auf lokale Produktion für regionale Märkte.

Ressourceneffizienz. Energieeinsparung; denn Winterkulturen, die vor Ort in Kalthäusern angebaut werden, benötigen nur fünf Prozent der Energie, die für den Transport von weither benötigt wird.

Öko-Vernunftsprinzip. Die Betonung sowohl ökonomischer als auch ökologischer Prinzipien. Ein gutes Einkommen für die Landwirte und ein positiver Einfluss auf die Gesundheit unserer Kunden sowie auf die Umwelt vor Ort.

Um in den kältesten Wintermonaten ein anständiges Einkommen zu erzielen, verbrauchen wir etwas zusätzliche Energie, um ein Gewächshaus mit minimaler Wärmezufuhr zu versorgen. Wir halten die Temperatur knapp über dem Gefrierpunkt, indem wir Holz und Propangas verbrennen. Dadurch können wir eine größere Vielfalt an Kulturen anbieten, die über das hinausgehen, was sonst in Kalthäusern erfolgreich kultiviert werden kann, und so Kunden für unsere Bauernmärkte im Winter gewinnen. Der gesteigerte Umsatz gleicht die Heizkosten im Verhältnis von etwa vier zu eins aus.

Beikraut

Meine Lösung für Beikräuter im Wintergewächshaus besteht darin, sie jung zu entfernen und sie nie zur Aussaat kommen zu lassen. Ich kann diesen Punkt nicht genug betonen: Kümmern Sie sich von Anfang an um das Beikraut und bleiben Sie dran. Die Methode zur Erreichung dieses Ziels ist sehr einfach. Die meisten Beikrautsamen keimen in den obersten fünf Zentimetern des Bodens. Entfernen Sie diese Samen, und das Problem ist gelöst. Solange ich den Boden flach bearbeite und nicht ständig neue Samen aus tieferen Schichten hochbringe, ist das Reservoir an Beikrautsamen in den oberen fünf Zentimetern des Bodens nach drei bis fünf Jahren erschöpft, und die Grundlage für eine saubere Kultivierung ist gelegt.[1] Hinsichtlich der Beikrautregulierung betrachte ich das Wintergewächshaus also als „Fünf-Zentimeter-Wirtschaft“ und wende zwei Techniken zur Beikrautprävention und Beikrautunterdrückung an. Erstens mache ich die gesamte oberflächliche Bodenbearbeitung mit der elektrisch betriebenen Fräse, die so konstruiert ist, dass sie nur oberflächlich bearbeitet und tief liegende Beikrautsamen im Boden belässt. Zweitens wird der Gewächshausboden alle drei Jahre im Sommer für einen Monat solarisiert. Dabei erzielt man in den oberen fünf Zentimetern eine Bodentemperatur von 63 °C, die alle Beikrautsamen in diesem Bereich abtötet.

Schädlinge

Ich habe bei der Wintergärtnerei bisher sehr wenige Probleme mit Insekten und Krankheiten gehabt. Anfangs hatte ich das Gefühl, dass das Gewächshaus eine künstliche Umgebung schaffen würde, die die Pflanzen anfälliger machen könnte. Jetzt bin ich davon überzeugt, dass der Effekt minimal ist, solange gut verarbeiteter Kompost verwendet und mit Fruchtwechsel gearbeitet wird. Die einzige Krankheit, die ich erlebt habe, war ein kleiner Grauschimmelpilz (Botrytis spp.), was mich nicht überrascht hat, da er in kühlen, feuchten Umgebungen gedeiht. Ich gehe jetzt dagegen vor, indem ich morgens lüfte und die feuchte Luft abziehen lassen. Vorbeugung ist eine alteingesessene Gewächshauspraxis. In niederländischen Bio-Gewächshäusern habe ich spezielle Sauggeräte gesehen, die vor dem Pflanzen einer neuen Kultur eingesetzt werden, um alle Blätter oder andere teilweise verrottete organische Rückstände von der Bodenoberfläche zu entfernen, damit sie nicht als Substrat für Krankheitsorganismen dienen können. Ich verwende kein Sauggerät, aber ich verbringe viel Zeit damit, Ernterückstände zu beseitigen, Stängel zurechtzuschneiden und die Gewächshausumgebung so zu gestalten, dass nur die Kulturpflanzen gefördert werden.

Europäische Züchter wenden einen tollen Trick an, um die Luftzirkulation zu verbessern und Probleme beim Anbau von Wintersalaten zu vermeiden. Anstatt die in Erdpresstöpfen vorgezogenen Setzlinge in der üblichen Tiefe in den Boden zu setzen, platzieren sie sie auf der Erdoberfläche. Mit ein wenig Bewässerung entwickeln die Pflanzen vom Erdtopfballen aus kräftige Wurzeln in den Boden. Abhängig von der Größe des Ballens bleiben die unteren Blätter zwei bis drei Zentimeter oder mehr über der Bodenoberfläche, was eine bessere Luftbewegung und eine geringere Wahrscheinlichkeit von Bodenfäule zur Folge hat.

Herbst- und Winterfröste können erheblich dazu beitragen, dass es wenige Schädlinge gibt. Ich habe Entomologen um Informationen zu diesem Thema gebeten und bin gespannt, ob jemand den Einsatz von selektiv eingesetzten niedrigen Temperaturen als Schädlingsregulierungsmaßnahme erforscht hat. Ich weiß, dass viele Züchter von Beetpflanzen ihre Gewächshäuser im Winter abschalten, um Schädlinge auszutreiben, aber ich habe noch nie von jemandem gehört, der das macht, während noch Pflanzen im Gewächshaus wachsen. Die Idee wäre, die unterschiedliche Widerstandsfähigkeit von Pflanzen und Schädlingen zu nutzen, indem man die Temperatur in einer Frostnacht so weit absinken lässt, dass die Schädlinge getötet werden, die Pflanzen aber überleben.

Nachdem ich gegenüber den Entomologen die Parameter unseres Systems –Rollgewächshäuser, Kompostdüngung, Fruchtwechsel, Gründüngung, Winterkulturen – erläutert

Ernte von Winterspinat

hatte, sagten einige, dass sie auf der Grundlage ihrer Erkenntnisse über die Lebensstadien von Insekten und deren Reaktion auf niedrige Temperaturen nicht überrascht wären, wenn es in den Gewächshäusern im Winter überhaupt keine Schädlingsprobleme gäbe. Ich fand ihre Kommentare beruhigend und sie stimmten definitiv mit meiner eigenen Praxiserfahrung überein. Was auch immer der Grund sei, Schädlinge sind ein sehr geringes Problem für Winterkulturen. Das ist auch gut so, denn so kann ich mich auf das Wichtigste konzentrieren – die Qualität der Ernte.

Erntequalität

Die Qualität der Produkte aus der Wintergärtnerei ist konstant hoch, sowohl optisch als auch in Bezug auf Geschmack, Zartheit und Genuss. Wir tun alles, was wir können, um optimale Bodenbedingungen zu schaffen, und das zahlt sich ganz offensichtlich aus.

Das große Qualitätsproblem, das manchmal bei Kulturen aus Wintergewächshäusern auftritt – ein hoher Nitratgehalt –, gibt es in diesem System nicht. Das liegt daran, dass keine der ursächlichen Faktoren vorhanden sind: Verwendung von löslichem Stickstoffdünger, Anbau bei schlechten Lichtverhältnissen und hohen Temperaturen, Mangel an Spurenelementen und die Verwendung anfälliger Sorten. Wir düngen nur mit gut verrottetem, eineinhalb- bis zweijährigem Kompost, wir forcieren die Pflanzen nicht, haben reichlich Spurenelemente im Boden, und bauen keine speziell im Winter austreibende Sorten an.

Darüber hinaus gibt es positive Faktoren, die dank unserer Rollgewächshäuser wirksam sind. Da unsere Böden alle zwei Jahre unbedeckt bleiben, gibt es keine kontinuierliche Anreicherung von Nitraten oder anderer Salze im Boden, wie es in einem stationären Gewächshaus der Fall wäre. Hinzu kommt, dass die Pflanzen, die wir bei minimalem Winterlicht (Mitte November bis Mitte Februar) ernten, alle im Herbst im Freien ausgesät wurden. Sie haben ihr Wachstum auf natürliche Weise als Folge der sinkenden Temperaturen und Tageslänge unterbrochen. Dann kam die Gewächshausabdeckung, um sie zu schützen (genauso, als ob wir sie in ein milderes Klima gebracht hätten). Wir haben die Erntezeit für Pflanzen also dadurch verlängert, dass wir sie während der Vegetationszeit gesät haben.

Die hohe Qualität, die mit Wintergärtnerei erreicht werden kann, ist nicht allein auf biologische Methoden zurückzuführen. Ich habe Probleme in europäischen Betrieben gesehen, die getrocknete Blut- und Federmehl-Dünger verwendeten, um Winterkulturen zu forcieren. Blut- und Federmehl können ebenso wie löslicher chemischer Stickstoff zu hohem Nitratgehalt in Winterfrüchten zur Folge haben. Qualitativ hochwertige Winterkulturen basieren auf dem Verständnis für die Grenzen der Winterproduktion und der Sorge um die Schaffung optimaler, ausgewogener Bedingungen für die Pflanzenentwicklung.

Niedrig stehende Wintersonne und Ausrichtung des Gewächshauses

Der andere Aspekt von kurzen Wintertagen ist der niedrige Sonnenstandswinkel. Stellen Sie sicher, dass der Standort Ihres Gewächshauses nicht von Bäumen, Hecken, Häusern, einem Berg oder anderen Gewächshäusern beschattet wird. Mich überrascht es immer wieder, wie sehr sich der Strahlungswinkel der Sommersonne zur Wintersonne verändert. Auf unserem Breitengrad (44 Grad Nord) hat die Mittagssonne am 21. Juni einen Höhenwinkel von 69 Grad, jedoch nur 22 Grad am 21. Dezember. Ich muss mich bei der Anlage der Gewächshäuser ständig aufs Neue daran erinnern, nicht zu vergessen, wo im Winter Schatten hinfällt.

Ich plane meine Gewächshäuser so, dass die Längsachse in Ost-West-Richtung verläuft, um den Einfall der Wintersonne zu maximieren. Südlich von 40 Grad nördlicher Breite wird eine Nord-Süd-Ausrichtung empfohlen. Sie müssen sich darüber im Klaren sein, dass für die Ausrichtung von Gewächshäusern an den meisten Standorten der eigentliche Süden nicht mit dem auf dem Kompass angezeigten Süden übereinstimmt und daher die Abwei-

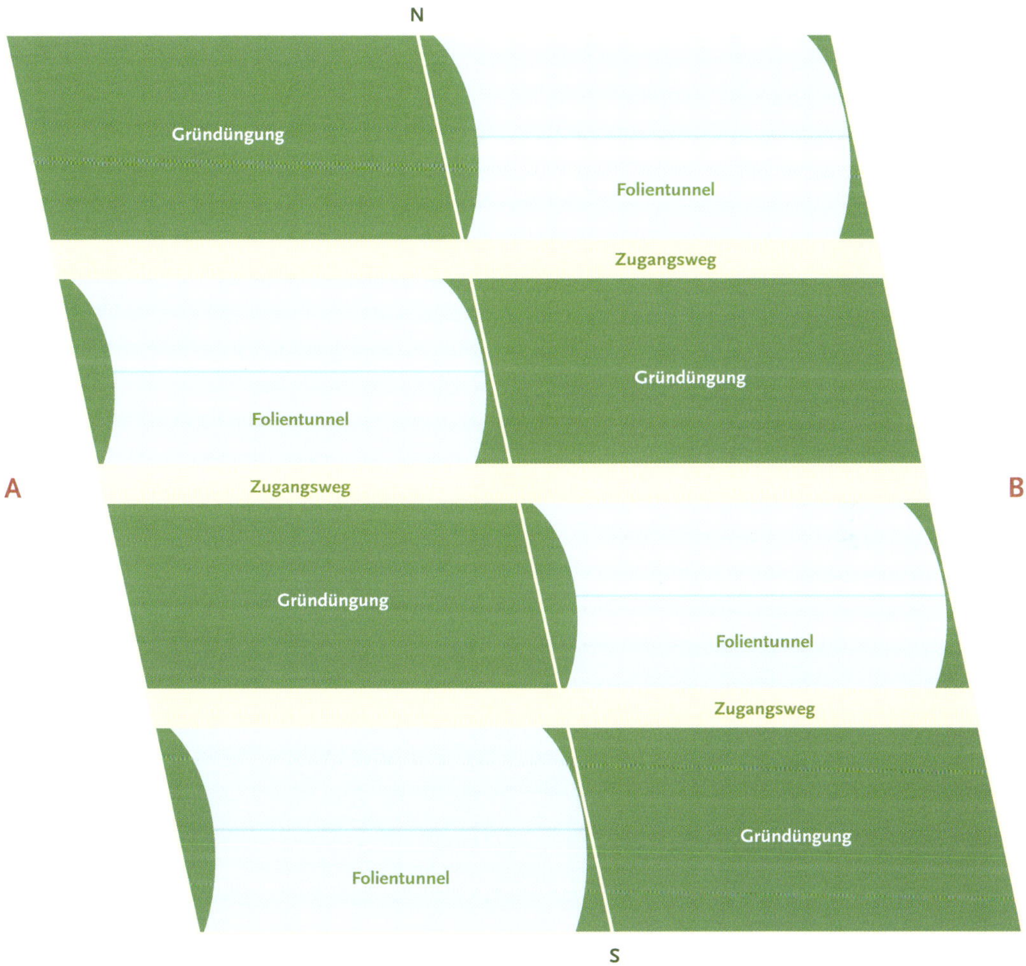

Abbildung 26.1. Platzierung von Folientunneln, um Schlagschatten zu vermeiden und Windschutz zu bieten. Der Zugangsweg sollte etwas breiter sein als die Höhe des Gewächshauses.

chung anhand einer topographischen Karte bestimmen und entsprechend anpassen.

Wenn die Sonne tief am Winterhimmel steht, wirft ein drei Meter hohes Gewächshaus in Ost-West-Richtung einen 7,6 Meter langen Schatten und ein 3,7 Meter hohes Gewächshaus einen neun Meter langen Schatten. Daher sollte ein zweites Gewächshaus so weit vom ersten entfernt stehen, dass es nicht beschattet wird. In der Vergangenheit habe ich diesen Bereich des Winterschattens oft genutzt, um Sommerkulturen im Freien anzubauen (sie profitieren von dem Windschutz, der durch die Gewächshäuser geschaffen wird), oder ich habe diesen Bereich im Frühling und Sommer, wenn die Sonne höher am Himmel steht, mit temporären Gewächshäusern abgedeckt. Eine andere Möglichkeit besteht darin, die Vorteile von Rollgewächshäusern zu nutzen und den Fruchtwechsel so zu planen, dass die Gewächshäuser versetzt stehen. Auf diese Weise können Sie so nahe beieinander platziert werden, wie es praktisch ist, und dennoch Winterschatten vermeiden. Die in Abbildung 26.1 dargestellten exemplarischen Fruchtwechsel sind so geplant, dass die Winterpositionen abwechselnd zwischen den Standorten A und B liegen.

Neben den kalten Temperaturen und der niedrigen Sonneneinstrahlung gibt es eine letzte Tatsache im Winter: Schnee. Bei beheizten Gewächshäusern ist es üblich, die Heizung während eines Schneesturms aufzudrehen, um den Schnee schmelzen zu lassen. Beim Anbau in Kalthäusern und bei niedrigen Temperaturen wähle ich einen anderen Ansatz. Meine Gewächshäuser haben eine spitz zulaufende Dachform und eine schwerere Rohrkonstruktion; beide Merkmale sorgen für eine stabilere Struktur und Form, die den Schnee besser abhält. Auch wenn der Schnee vom Dach abrutscht, ist er deswegen noch nicht verschwunden. Bei starkem Schneefall bleibt der Schnee an den Seiten aufgetürmt und kann das Sonnenlicht abhalten. Seien Sie vorsichtig, wenn Sie mit einer Schaufel den Schnee entfernen wollen, denn Sie können damit leicht durch die Kunststoffabdeckung des Gewächshauses stoßen (mir ist das schon mehr als einmal passiert). Wenn Sie viele Gewächshäuser haben, ist eine Schneefräse das Werkzeug der Wahl.

Die Schneefräse kann den Schnee direkt an der Wand des Gewächshauses entfernen, ohne einen Rückstau zu erzeugen, wie es ein Schneepflug tun würde.

Hinweis: Für detailliertere Informationen zum Winteranbau empfehle ich Erwerbsgärtnern mein Buch *Handbuch Wintergärtnerei: Frisches Biogemüse rund ums Jahr.* Es enthält umfangreiche und aktuelle Informationen über die Verwendung von Folientunneln in Kalthäusern, das Grundprinzip von minimal beheizten Gewächshäusern, Tabellen zur Temperaturbeständigkeit von verschiedenen Gemüsesorten sowie Aussaattermine für Herbst- und Winterkulturen.

KAPITEL SIEBENUNDZWANZIG

Viehzucht

Eine Möglichkeit, die Vermarktungsmöglichkeiten Ihres Hofes zu diversifizieren und gleichzeitig die Bodenfruchtbarkeit für den Gemüseanbau zu verbessern, ist die Einbeziehung von Nutztieren in Ihr System. Da die Aufnahme von Tieren den Verwaltungsaufwand erheblich erhöhen kann, sollten Sie dies jedoch erst tun, wenn die Betriebsabläufe für den Gemüseanbau fest etabliert sind. Auch dann müssen die zusätzlichen Arbeitsstunden und der mögliche Bedarf an weiteren Arbeitskräften gut durchdacht werden.

Wenn Sie sich mit dieser neuen Verantwortung wohlfühlen, ist die Hinzunahme von Vieh der nächste logische Schritt, um die Stabilität und wirtschaftliche Unabhängigkeit Ihres Betriebs zu erhöhen. Die Viehhaltung kann als Teil des Fruchtwechsels oder als separater Geschäftsbereich betrachtet werden.

Kostenloser Dünger

Viele Gemüsebauern haben Viehzucht getrennt vom Fruchtwechsel betrieben und für ihre Nutztiere hauptsächlich zugekauftes Futter verwendet. Das Vieh wurde in der Regel nicht aus Profitgründen gehalten, sondern eher als Quelle für kostenlosen Dünger. Ein wunderbares altes Buch aus dem Jahr 1864, *Ten Acres Enough* von Edmund Morris, beschreibt die positiven Erfahrungen des Autors mit genau diesem Ansatz. Wenn der Hof über einen Stall verfügt, könnte man zum Beispiel beschließen, Kälber mit zugekauftem Heu und Getreide bis zum Marktgewicht aufzuziehen. Als zusätzliche landwirtschaftliche Tätigkeit wird dies allein wahrscheinlich keinen Gewinn abwerfen. Die Kosten werden vermutlich dem Einkommen aus dem Verkauf der Tiere entsprechen. Die Rentabilität muss jedoch im Zusammenhang mit der Einsparung gesehen werden, die durch den Wegfall des Zukaufs von Dung erzielt wird, sowie mit dem weiteren Vorteil, dass die benötigte Menge und Qualität des Dungs direkt auf dem Betrieb produziert wird.

Pferde

Aus meiner Erfahrung mit verschiedenen Düngemitteln für den Gemüseanbau würde ich Pferdedung gegenüber dem von Rindern vorziehen. Wenn ich Platz hätte, würde ich mich dafür entscheiden, im Winter eine Pferdepension anzubieten. In vielerlei Hinsicht ist dies eine einfachere Option. Erstens ist der Winter für Gemüsebauer eine ruhige Jahreszeit, und die Verantwortung für die Tiere müsste in der arbeitsreicheren Hälfte des Jahres nicht fortgesetzt werden. Zweitens könnte ich genug Geld verlangen, um die Pferde gut zu füttern und sie auf Stroh zu betten, um eine hochwertige Mist-Stroh-Mischung zu produzieren. Und schließlich, selbst wenn mein Ertrag aus dem Pensionsbetrieb nur zur Deckung der Kosten ausreichte (ich könnte andere Pferdepensionen unterbieten, um die gewünschte Anzahl von Tieren zu bekommen), hätte ich einen kostenlosen Jahresvorrat von dem produziert, was lange Zeit als idealer Bodenverbesserer für den allgemeinen Gemüseanbau galt: Pferdemist und Stroheinstreu. Diese faserige Pferdemist-Stroh-Kombination hat sich in der Geschichte des Gemüseanbaus als zuverlässiger Dünger erwiesen.

Die Größe des Viehbestandes kann nach dem Düngebedarf des Betriebes berechnet werden. Wenn ein Betrieb mit zum Beispiel 0,8 Hektar jedes Jahr die Hälfte seiner Fläche (= 0,4 Hektar) düngen will, benötigt er zirka 18 Tonnen Dung. Da ein Pferd zirka 13 Tonnen Dung (inklusive Einstreu) pro Jahr produziert, würde das rechnerisch 0,07 Pferden pro Tonne entsprechen. Für einen sechsmonatigen Pensionsbetrieb muss dieser Faktor auf 0,15 verdoppelt werden; 0,15 Pferde pro Tonne Dung mal 18 Tonnen ergibt 2,65 und damit drei Pferde. Wenn Sie drei Pferde sechs Monate lang auf Stroh unterbringen, erhalten Sie 18 Tonnen erstklassigen Pflanzendünger. Mischen Sie diesen halb und halb mit kompostierten Pflanzenabfällen und Sie haben ein wirklich hochwertiges Produkt.

Verarbeitung des Dungs

Es gäbe jedoch ein Problem, mit dem man sich auseinandersetzen müsste. Bei der von uns in Erwägung gezogenen Produktionsgröße wäre der Landwirt mit einem gewissen Arbeitsaufwand konfrontiert, wenn er die Gülle richtig verarbeiten (durch Kompostierung) und auf dem Feld ausbringen will. Würden die Ställe jedoch täglich gereinigt und der Dung einer stetig wachsenden Kompostmiete zugeführt, hätte man diese Arbeit unter Kontrolle. Das Ausbringen dieser Menge an Mist ist eine gewaltigere Aufgabe. Ich habe in einem Jahr 18 Tonnen Dung von Hand ausgebracht, und das über viele Jahre des Gemüseanbaus. Ja, es ist harte Arbeit, aber sie übersteigt sicher nicht die Fähigkeiten der meisten Menschen. Sie wird meist über einen bestimmten Zeitraum hinweg erledigt und erscheint im Nachhinein gar nicht so schwierig. Ich gebe zu, dass das Ausbringen von 18 Tonnen Dung mit Unterstützung von Maschinen viel einfacher wäre. Nachdem wir den Betrieb auf eine solide finanzielle Basis gestellt hatten (und auch schon einige Jahre älter waren), haben wir uns einen kleinen Traktor mit Frontlader angeschafft, der uns die Arbeit sehr erleichtert hat.

Fruchtwechsel unter Einbeziehung von Tierhaltung

Wie bereits erwähnt würde ich mich, wenn ich ein solches System zur Tiermistproduktion betreiben würde, für Pferde entscheiden. Aber andere Überlegungen überzeugen mich, dass die erste Option – die Einbeziehung von Vieh bei der Felderwirtschaft (Fruchtwechsel) – aus folgenden Gründen die bessere Lösung sein könnte:

- Kleinviehprodukte wie frische Eier können nützlich sein, um Kunden auch für das Gemüseangebot zu gewinnen und zu halten. Das Zusammenspiel von Viehhaltung und Bodenfruchtbarkeit trägt dann direkt zum Betriebseinkommen bei.

- Eine ideale Bodenstruktur und die Vorteile von organischer Substanz, die durch die Zugabe von Dung in den Boden erzielt werden, können auch durch den Anbau einer Leguminosen-Gras-Mischung und deren Beweidung mit Vieh erreicht werden.

Glücklicherweise gibt es bestimmte Nutztiere, die eine Leguminosen-Gras-Bepflanzung optimal nutzen, einen leicht verkäuflichen Artikel liefern, nicht viel zusätzliche Pflege erfordern, tatsächlich Dung produzieren und diesen dabei für Sie ausbringen.

Geflügel

Das beste Nutztier zur Ergänzung der Gemüseproduktion ist Geflügel, das beim Fruchtwechsel auf Rasenflächen gehalten wird. Hühner gedeihen am besten, wenn sie auf kurzrasigem Grünland grasen, das bis zu 40 Prozent ihres Nahrungsbedarfs decken kann. Die als Teil eines Fruchtwechsels zur Bodenverbesserung angebaute Leguminosen-Gras-Bepflanzung liefert gleichzeitig das Futter für das Vieh, welches im Gegenzug das Feld düngt.

Studien zeigen, dass eine als Weide genutzte Fläche höhere Ernteerträge liefert (wenn sie für den Ackerbau umgepflügt wird) als eine identische Weide, die gemäht wird und bei der das Schnittgut liegen bleibt. Die biologische Aktivität des tierischen Düngers hat einen erheblichen Einfluss auf die Bodenfruchtbarkeit, auch wenn einige seiner Bestandteile vom Feld selbst stammen und einige Nährstoffe durch das Vieh verbraucht wurden. Da die Legehennen auch durch zugekaufte Futtermittel versorgt werden, ist die Fruchtbarkeitssteigerung erheblich. Im Durchschnitt werden 75 Prozent des Düngewerts des verbrauchten Futters als Dung in den Boden zurückgeführt.

Die erste Voraussetzung für dieses System ist eine Art mobiler Hühnerstall.

Die Geflügel-Rikscha

Es gibt viele Möglichkeiten, Geflügel in Freilandhaltung unterzubringen. Vor den 1950er-Jahren war die Aufzucht im Freiland üblich und es wurden viele Arten von Unterkünften entwickelt.[1] Als wir 1965 mit der Freilandhaltung von Geflügel begannen, modifizierten wir diese frühen Entwürfe, um die Häuser kleiner und leichter zu machen, damit sie ohne Traktor bewegt werden konnten. Außerdem verwendeten wir Wagenräder mit 65 Zentimeter Durchmesser, um sie leichtgängiger zu machen. Dieses Modell tauften wir zugleich auf den Namen „Geflügel-Rikscha".

Anfangs hatten wir das Hühnerhaus aus Holz gebaut, fertigen jetzt aber das Gerüst der Geflügel-Rikscha aus 25 Millimeter starken verzinkten Kabelrohren, die um die gleiche Form gebogen werden, die wir für das Gestänge unserer Folientunnel verwenden (siehe Kapitel 24). So entsteht eine runde Dachkonstruktion, die wir einlagig mit dünnem Glasfasergewebe oder einem anderen lichtundurchlässigen flexiblen Material bedecken. Das Grundgestell besteht aus Rohrabschnitten (35 mm Durchmesser), die über T-Stücke miteinander verbunden sind. Für den Boden nehmen wir Kaninchendraht (25 mm Maschenweite). Die Stirnwände sind mit 12,5 Millimeter starkem Drahtgewebe verkleidet. Eine unten eingehängte Holztür dient als Einstiegsrampe für die Hühner und ermöglicht auch uns den Zugang zum Innenraum.

Nahaufnahme der Gruppen-Legebox, die wie eine Schublade herausgezogen werden kann.

Das Junggeflügel kommt ab dem Tag seiner Ankunft in die Geflügel-Rikscha. Die Abmessungen von 1,5 mal 1,8 Meter sind groß genug, um anfangs jeweils 100 Küken darin unterzubringen. Wenn wir die Geflügel-Rikscha zum Ausbrüten der Küken verwenden, wird der Drahtgitterboden mit Zeitungspapier unter einer Schicht aus Holzspänen ausgekleidet. Im Inneren hängen wir zwei elektrische Wärmelampen in passender Höhe auf, um die ideale Bruttemperatur zu erreichen. Für mehr Wärme wird das Drahtgewebe der Stirnwände mit einer Kunststofffolie abgedeckt. (Spezifische Details über Temperatur- und Fütterungsanforderungen für Küken finden Sie in vielen Büchern und Broschüren oder beim Geflügelhändler.) Bei kälterem Wetter stellen wir die Geflügel-Rikscha zunächst in eine Garage und rollen sie erst nach draußen, wenn es wärmer geworden ist. Wir bekommen unsere neuen Küken jedes Jahr am 1. Juni.

Ab dem zweiten Tag öffnen wir die nach außen führende Rampentür, um den Junghühnern in einem variabel aufstellbaren, geschützten eingezäunten Bereich Zugang zur Kurzgrasweide zu geben. Wir denken, dass dieser frühe Zugang die beste Vitaminpille für heranwachsendes Geflügel ist. Die Küken können zurück in den Stall laufen, wenn ihnen kalt wird. Der Start im Hühnerwagen hat einige Vorteile. Erstens identifizieren sich die Küken mit dem

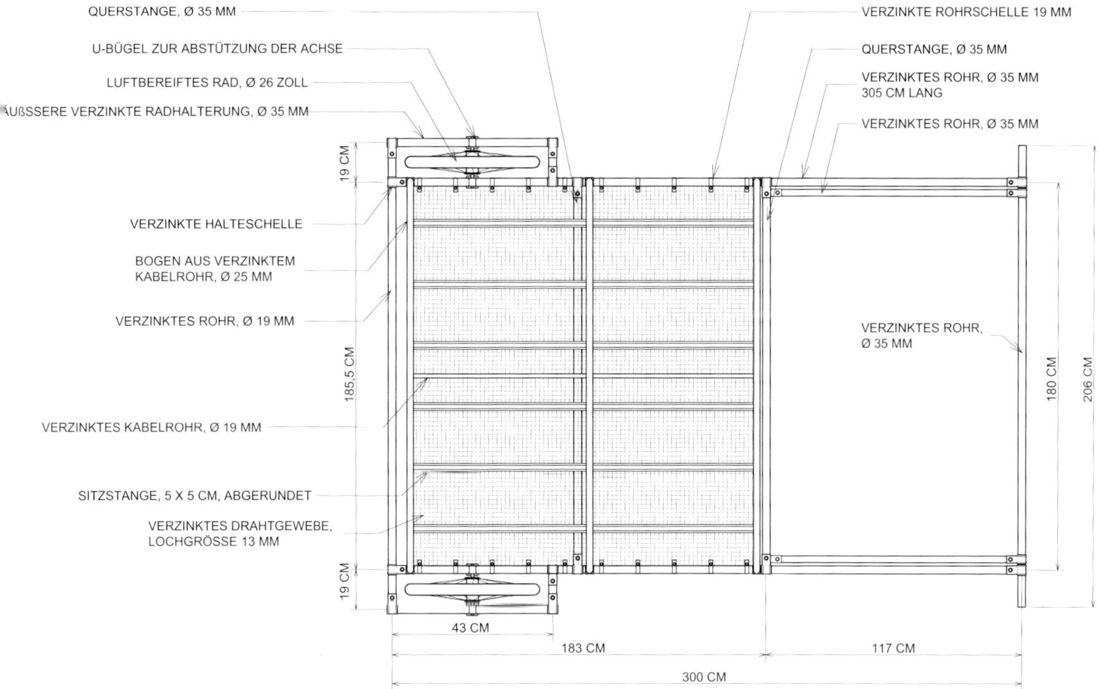

Abbildung 27.1. Konstruktionsplan für den mobilen Hühnerstall (Geflügel-Rikscha).

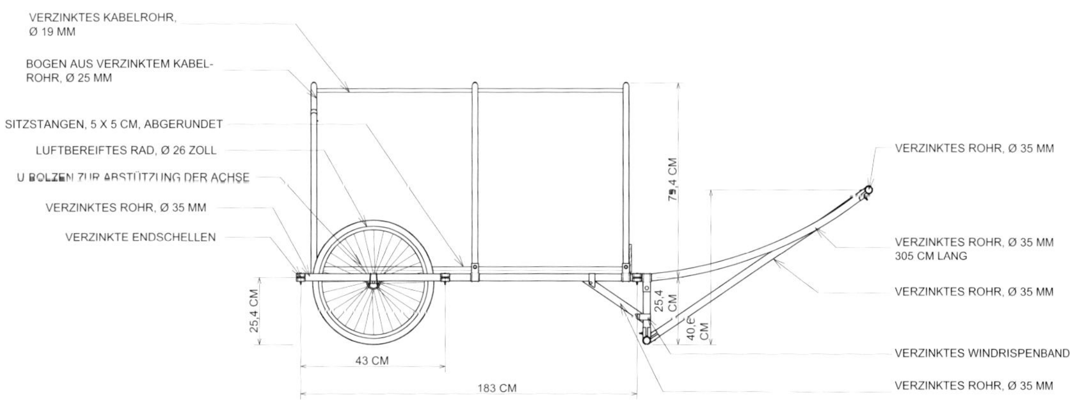

Abbildung 27.2. Mobiler Hühnerstall (Geflügel-Rikscha) - Seitenansicht

In jedem mobilen Hühnerstall (Geflügel-Rikscha) gibt es eine Gruppen-Legebox, die wie eine Schublade herausgezogen werden kann.

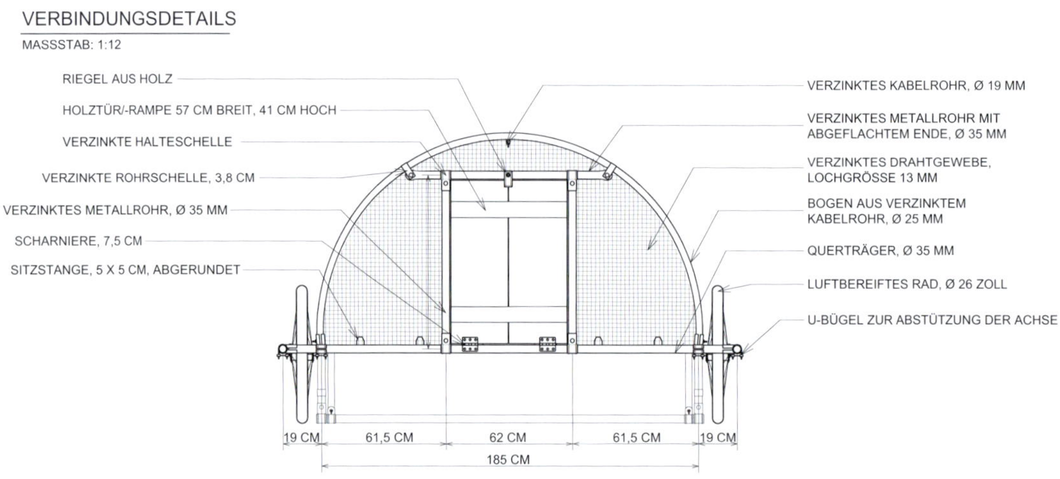

Abbildung 27.3. Frontansicht des mobilen Hühnerstalls (Geflügel-Rikscha).

Haus und werden zu ihm zurückkehren, wenn sie auf die Weide gelassen werden. Zweitens ermöglicht ihnen der Wagen den wichtigen frühen Zugang zu Gras. Die Grasfläche für die Küken sollte ein sauberer Boden sein, der in den letzten Jahren nicht von Geflügel beweidet wurde. Diese Möglichkeit bieten Fruchtwechselsysteme, bei dem die Geflügelhaltung Teil der wechselnden Bewirtschaftung ist. Wir verschieben den Hühnerwagen und den mobilen, geschützten Außenbereich immer wieder neu zu Flächen mit sauberer Grasnarbe, bis die jungen Legehennen sechs Wochen alt sind. Danach lassen wir sie frei herumlaufen.[2] Wenn die Junghennen das Legealter erreicht haben, kommen weitere Hühnerwagen dazu, um genügend Platz für ihre Unterbringung zu haben.

Legehennen auf der Weide mit der Geflügel-Rikscha

Die Hühnerwagen für Legehennen sind mit einer Gruppen-Legebox ausgestattet, die außen wie eine Schublade herausgezogen wird, sowie mit sechs 5 mal 5 Zentimeter-Sitzstangen über dem Gitterbogen (damit der Kot nachts durchfallen kann). Die Wagen bieten unseren ausgewachsenen Legehennen Unterschlupf, wenn sie von April bis November im Freiland sind. Für unsere 200 Legehennen haben wir vier Wagen, in denen jeweils ausreichend Schlafplätze für 50 Hennen vorhanden sind, da sie sich nur nachts zum Schutz vor Raubtieren darin aufhalten. Jeden Morgen verschieben wir die Wagen auf der Weide um eine Wagenlänge, sodass der Mist in der nächsten Nacht auf eine neue Fläche fallen kann.

Wenn das Geflügel auf der Weide ist, sollte ein einfacher, aber genauer Ablaufplan befolgt werden: morgens das Kratzfutter nach draußen streuen, die Türen öffnen, das Haus eine kurze Strecke bewegen, die Tränken nachfüllen, die Wasserversorgung überprüfen und bereits gelegte Eier einsammeln. Im Außenbereich verwenden wir große, abgedeckte Futterautomaten und eine automatische Tränke, die an einen Schlauch angeschlossen ist. Die restlichen Eier werden am Abend eingesammelt.

Mobiles Hühnerhaus

Während der Wintermonate, von November bis April, in denen die Hühnerwagen in unserem Klima unpraktisch wären, leben unsere Hühner in einem 8 mal 15 Meter großen, kunststoffüberdachten Hühnerhaus mit einer Rohrrahmen-Konstruktion. Auf beiden Längsseiten sind jeweils sieben Hartgummiräder (25 cm Durchmesser) angebracht, sodass sich das Haus etwa fünf Zentimeter über dem Boden befindet. Wir nennen es das Hühnerhaus auf Rädern. Über den Winter (Oktober bis April) versetzen wir es in wöchentlichen Intervallen um jeweils drei Meter über unsere 100 Meter lange Leguminosen-Gras-Weide, damit die Hühner nach jedem Wechsel 24 Quadratmeter neue Grasnarbe zum Scharren haben. Vor dem Umzug lösen wir die Ketten, mit denen der Stall gesichert ist. Wenn er wieder steht, wird er an jeder Ecke an eine Reihe von T-Pfosten angekettet, die im Herbst zuvor entlang der geplanten Strecke fest eingeschlagen wurden.

An einem Ende des Hühnerhauses befinden sich die Schlafplätze, außerdem gibt es Futterhäuschen, die vom Gestänge oben herabhängen, sowie ausziehbare Legeboxen, die alle mit dem Gewächshaus bewegt werden können. Die Tränken stehen auf einer beheizten Unterlage auf dem Boden und werden

Die Küken werden zunächst in der Geflügel-Rikscha und auf Kurzgras gehalten.

Das Innere eines Hühnerhauses auf Rädern

von Hand umgesetzt. Da es in einem folienbedeckten Gewächshaus so viel Licht gibt (sogar UV), legen unsere Hühner den ganzen Winter über außergewöhnlich gut, ohne dass sie zusätzliche Beleuchtung benötigen.

Im April, wenn das rollbare Hühnerhaus das andere Ende des Feldes erreicht hat, bringen wir alle Legehennen für den Sommer zurück in die Geflügel-Rikschas und nutzen das Hühnerhaus als Gewächshaus, um Tomaten, Melonen oder andere wärmeliebende Sommerfrüchte anzubauen. Wir pflügen den Streifen, über den sich das Hühner-Gewächshaus bewegt hat (drei Meter pro Woche mal 27 Wochen = 81 Meter), und bauen auf diesem gut gedüngten Boden Futtermais und Riesenkohlrabi an. Die fast fußballgroßen Kohlrabis lagern wir in unserem Wurzelkeller. Im Winter verfüttern wir täglich ein Dutzend davon an die Legehennen, halbiert, damit die Hühner das Fruchtfleisch herauspicken können. Es ist ihr liebstes Winterfutter. Der Futtermais wird getrocknet und für Kratzfutter gemahlen.

Im Oktober, wenn die Ernte im Sommergewächshaus beendet ist, versetzen wir das mobile Hühnerhaus wieder an das obere Ende des Feldes, genau neben den davor genutzten Streifen. Mitte Oktober bringen wir einen neuen Schwung junger Legehennen in das Hühnerhaus, kurz bevor sie zu legen beginnen. Der Prozess beginnt wieder von vorne. Im Spätherbst, wenn unsere neue Hühnergeneration voll im Einsatz ist, verkaufen wir die alten Hühner als Suppenhühner oder als Legehennen in der Mauser an Interessenten mit entsprechendem Platz.

Das rollbare Hühnerhaus bietet folgende Vorteile:

Niedrige Investitionskosten. Da ein Teil der Kosten des Hühnerhauses durch die Nutzung als Sommergewächshaus gedeckt wird, ist dies der günstigste Geflügelstall für den Winter, den wir uns vorstellen können.

Leichtgängig. Das Haus wird mühelos mithilfe einer Deichsel und einem kleinen Traktor bewegt. Es könnte auch mit einer Handwinde versetzt werden.

Sauberkeit. Da sich die Schlafplätze, unter denen sich der meiste Mist ansammelt, in den hinteren drei Metern des Stalls befinden, erhält man durch das wöchentliche Versetzen automatisch wieder saubere Flächen und kein Mist muss weggeschaufelt werden. Bevor das Gewächshaus am Ende des Sommers wieder als Hühnerhaus genutzt wird, reinigen wir den Innenraum mit dem Hochdruckreiniger. Ein mobiles Hühnerhaus verhindert das Aufkommen von Krankheiten und die Ansammlung von Parasiten in der Nähe des Stalls, da er nie zu lange an einem Ort verweilt.

Futtermais gedeiht an der Stelle, wo das Geflügel im Winter seinen Mist gelassen hat.

KAPITEL ACHTUNDZWANZIG

Informationsquellen

Die Natur ist wie eine Sprache; jede neue Tatsache, die wir lernen, ist ein neues Wort; aber richtig gesehen, alles zusammengenommen, ist sie nicht nur eine Sprache, sondern die Sprache, die ein höchst bedeutsames und universelles Buch ergibt. Ich möchte die Sprache lernen, nicht damit ich eine Reihe neuer Substantive und Verben lerne, sondern damit ich das große Buch lesen kann, das in dieser Sprache geschrieben ist.

–RALPH WALDO EMERSON

In meiner Entwicklung als Bio-Gärtner kann ich ein klares Muster erkennen. Ich habe meinen Schwerpunkt bewusst verlagert, und zwar weg von Produkt-Inputs, die ich zukaufen muss, hin zu Informations-Inputs, die ein bäuerliches Produktionssystem unterstützen. Je mehr Informationen ich über Bodenverbesserung, tiefwurzelnde Leguminosen, Gründüngung, Fruchtwechsel und andere Managementpraktiken erhalte,

Einige meiner Bücher in meiner landwirtschaftlichen Bibliothek

die die Ursache einer geringen Bodenfruchtbarkeit beheben, desto weniger muss ich die Symptome der Bodenmüdigkeit durch den Kauf von stimulierenden Düngemitteln behandeln. In dem Maße, in dem ich gelernt habe, die Abwehrkraft der Pflanzen gegenüber Schädlingen durch die Verbesserung der Bodenfruchtbarkeit und der biologischen Aktivität zu stärken, ein mineralisches Ungleichgewicht zu vermeiden, für eine angemessene Entwässerung und Luftzirkulation zu sorgen, geeignete Sorten anzubauen und Pflanzenstress zu vermeiden, habe ich auch die Notwendigkeit beseitigt, die Symptome durch das Töten der Schädlinge zu behandeln. Das ist ein mir vertrautes Denkmuster. Der Informations-Input hilft mir, mich auf die Ursachenbekämpfung zu konzentrieren, während der Produkt-Input nur die Behandlung der Symptome fördert.

Während ich mich immer besser mit der Biologie der natürlichen Welt auskenne, lerne ich, pflanzenfreundliche Ökosysteme zu schaffen, die die natürlichen Systeme nachahmen. Ich rede gerne davon, dass meine Landwirtschaft immer *biologischer* wird (ein Begriff, den ich allgemein zur Beschreibung dieser Art von Landwirtschaft gegenüber der Bezeichnung „organisch" vorziehe). Ich habe auch gehört, dass dieser Trend als Verschiebung von einer peripher-biologischen zu einer tiefen biologischen Landwirtschaft bezeichnet wird (um einen Ausdruck der Öko-Bewegung zu entlehnen). Wie auch immer der Name lautet, das Verständnis ist dasselbe. Das optimale ökologische Anbausystem, auf das ich mich mit meinen Anbaumethoden hinbewege, ist eines, das so vollständig wie möglich mit den entsprechenden biologischen Systemen der natürlichen Welt zusammenwirkt. Ob mein Ansatz mit selbst erzeugten landwirtschaftlichen Betriebsmitteln sein Ziel erreichen wird – nämlich überhaupt keine Inputs mehr kaufen zu müssen –, wird sich zeigen. Wenn ich an die begrenzten Möglichkeiten eines sauren Podsolbodens denke, mit dem ich anfangs gearbeitet habe, stellt dieses Ziel eine interessante Herausforderung dar. Aber es geht nicht um eine religiöse Mission. Denn ich habe nicht vor, pleite zu gehen, indem ich mir eine starre Doktrin auferlege. Ich arbeite weiter daran, weil es so erfolgreich ist. Mit jedem Schritt in diese Richtung stelle ich fest, dass ich immer stabilere und produktivere Systeme entwickle. Das gefällt mir. Während ich jedoch beobachte, dass die ökologische Landwirtschaft zum Mainstream wird, stelle ich einen starken Trend in die entgegengesetzte Richtung fest, nämlich hin zu mehr und nicht weniger zugekauften Betriebsmitteln. Die Gründe dafür sind nicht schwer zu finden. Doch zunächst einige Definitionen.

Agrar-Handwerk, -Business, und -Wissenschaft

Das, womit ich mich beschäftige, bezeichne ich als das Agrar-*Handwerk*. Ich bin Landwirt. Ich produziere Lebensmittel. Offensichtlich gründen meine Produktionssysteme auf Techniken, die sowohl ökonomisch als auch ökologisch sinnvoll sind. Ich bevorzuge Informations-Inputs (wie man etwas macht) gegenüber Produkt-Inputs (die man kaufen kann), nicht nur, weil Ersteres weniger kostet, sondern auch, wie oben erwähnt, weil die Ergebnisse erfolgreicher sind. Aber Bio-Bauern müssen sich ganz allein um diese Informations-Inputs bemühen, ohne Hilfe oder Ermutigung von außen – und das aus einem sehr guten Grund.

Dieser Grund ist das Agrar-*Business*, das darin besteht, dem Landwirt Produkt-Inputs zu verkaufen. Geld wird verdient, indem man den Landwirten vorgaukelt, ein bestimmtes Produkt zu brauchen, das ihnen dann Jahr für Jahr verkauft wird. Dieses Business hat kein Interesse daran, Informationen über bäuerliche Systeme zu vermitteln. E. C. Large beschreibt in „*The Advance of the Fungi*" treffend den Druck, dem Landwirte ausgesetzt sind, um bestimmte Produkte zu kaufen:

> Die Handelsvertreter gaben keine Ruhe; sie verfolgten die Bauern bei der Molkerei, lauerten ihnen an Markttagen auf, bestachen sie mit Brot, Käse und Bier, machten Vorführungen auf ihren Höfen und schmückten die Vorteile aus … mit einem optimistischen Enthusiasmus, der die Engel vor Scham erröten ließ … die Bauern zahlten manchmal einen hohen Preis für diese Form der Belehrung … denn die Hersteller schreckten nicht davor zurück, den Bauern so viel wie möglich für irgendeine erfundene besondere Güte ihrer speziellen Präparate zu berechnen.

Ein erfolgreicher Verkäufer ist eine wirkstarke Kraft, mit der man rechnen muss. Aber noch effektiver als das Verkaufsgespräch ist das Ergebnis nach Anwendung der Produkte. Die Zuverlässigkeit der gekauften Betriebsmittel bestärkt die Landwirte darin, die natürlichen Bestandteile ihres Systems zu ignorieren, die gefördert werden könnten, um das gleiche Ziel zu erreichen. Wie süchtig machende Drogen entsprechen viele zugekaufte Betriebsmittel der Definition eines zynischen Ökonomen, der das ideale Industrieprodukt als etwas beschreibt, das „einen Cent in der Herstellung kostet und für einen Euro verkauft wird, sich schnell abnutzt und eine Gewöhnung hinterlässt". Ökonomen prognostizieren schon seit Jahren, dass die steigenden Betriebsmittelkosten die chemieunterstützte Landwirtschaft unwirtschaftlich machen und Kleinbauern aus dem Geschäft drängen. Wenn das stimmt, macht es für Bio-Bauern sicher wenig Sinn, dem gleichen Trend zu folgen.

Angesichts der Bedeutung, die ich dem Informations-Input beimesse, könnten Sie erwarten, dass die dritte meiner Kategorien, die Agrar-*Wissenschaft,* den Bio-Bauern eine Menge zu bieten hat. Mit der neuen Anerkennung des ökologischen Landbaus durch die staatlichen Landwirtschaftsämter sollten genügend Informationen zur Verfügung stehen. Leider besagt die Realität, von wenigen Ausnahmen abgesehen, genau das Gegenteil. Das Agrar-Handwerk, also das, was jeder von uns jeden Tag auf dem Feld macht, ist praktischer Natur. Die Agrarwissenschaft, die sich in Labors und auf Versuchsfeldern abspielt, ist theoretischer Natur. Wie jedes Wörterbuch bestätigen wird, werden Theorie und Praxis als Gegensätze definiert.

Auf meiner eigenen Suche nach Informationen zur ökologischen Landwirtschaft ist mir sehr bewusst geworden, wie groß diese Kluft zwischen Theorie und Praxis sein kann. Da ich den Wert von Informationen sehr schätze, achte ich auf alles, was veröffentlicht wird, lese so viel wie möglich und halte mich selbst gut informiert. Dennoch komme ich nach 50-jähriger Erfahrung zu dem Schluss, dass der Großteil der wissenschaftlichen Forschung für mich nicht von praktischem

Nutzen ist. Die Erklärung dafür ist einfach. Die Ziele der Wissenschaft und meine Ziele als Landwirt sind grundverschieden. Selbst wenn wir uns beide auf das gleiche Problem konzentrieren, verfolgen wir nicht das gleiche Ziel. Die Agrarwissenschaft beschäftigt sich mit dem Verständnis von Mechanismen; sie ist problemorientiert. Das Agrar-Handwerk beschäftigt sich mit der praktischen Anwendung; es ist lösungsorientiert. Mit anderen Worten: Die Wissenschaft fragt nach dem Warum, der Landwirt aber nach dem Wie. Und so ist es natürlich, dass unterschiedliche Fragen zu unterschiedlichen Antworten führen. Der Dekan einer landwirtschaftlichen Hochschule bestätigte diese Tatsache kürzlich, als er sagte, seine Hochschule beschäftige sich „nicht damit, wie man Mais anbaut, sondern warum Mais wächst."

Nun, ich bin nicht uninteressiert daran, warum Dinge funktionieren. Ich nutze mein Verständnis für die Wirkungsmechanismen jeden Tag, um meinen Landwirtschaftsbetrieb zu organisieren. Aber dieses Wissen hilft mir nicht, wenn es um die praktische Umsetzung geht. Das Verständnis des „Warum" kann mir helfen zu planen, was getan werden muss, aber es kann mir nicht helfen, es auf die innovativste und effektivste Weise zu tun. Gegenwärtig versorgt uns die Agrarwissenschaft mit zu viel theoretischen und zu wenig praktischen Informationen. Die praktischen Informationen, die ich schätze, kommen aus anderen Quellen.

Die theoretisch ausgerichtete Agrarwissenschaft hat im letzten Jahrhundert eine besondere Rolle in der chemischen Landwirtschaft gefunden. Für die Entwicklung und Prüfung vieler chemischer Mittel braucht es ein Labor – eine Ressource, die dem Landwirt nicht zur Verfügung steht. Teils erfordert die technische Komplexität der chemischen Landwirtschaft die Dienste von Wissenschaftlern als Vermittler, um die Konzepte zu erklären und zu verstehen. Aber diese Situation entsteht nicht bei einem Agrar-System, das auf der Pflege natürlicher Prozesse basiert. In diesem Fall sind die Experten, die am besten wissen, wie man ökologische Landwirtschaft betreibt, diejenigen, die es jeden Tag tun – die Bio-Bauern selbst. Ironischerweise werden ihre Erfahrungen als anekdotische Evidenz abgetan und sind aus Sicht der Agrarwissenschaft grundsätzlich unzulässig.

Forschungen, die für Landwirte von praktischem Nutzen waren, wurden bis etwa 1940 veröffentlicht. Vielleicht war in jenen Jahren der Traum von komplizierten chemischen Allheilmitteln noch nicht so verbreitet wie heute. Was auch immer der Grund sein mag, viele Universitäten führten damals landwirtschaftlich praktikable Untersuchungen durch. Ich finde dieses Material in begrenztem Maße nützlich. Der moderne ökologische Anbau ist kein Aufguss alter Praktiken. Wir bewegen uns in neuen Gefilden. Ich bin jedes Mal beeindruckt, wenn ich die Niederlande besuche, wo der landwirtschaftliche Forschungsdienst weiterhin praktische Informationen liefert. Die holländischen Landwirte haben erfolgreich mehr „anwendungsorientierte" Daten zur Feinabstimmung ihrer Kulturtechniken gefordert. Ein großer Teil dieser Arbeit ist maßstabneutral (gleichermaßen hilfreich für Klein- und Großerzeuger) und systemneutral (hilfreich sowohl für Bio- als auch für konventionelle Landwirte). So haben die Niederländer zum Beispiel je nach Jahreszeit detaillierte Schnittanweisungen für die Rispen von Gewächshaus-Fleischtomaten entwickelt.

Da diese Art von pflanzenspezifischem Fachwissen genau das ist, was ich für meinen Betrieb brauche, habe ich gelernt, es selbst herauszufinden.

Die Suche nach Informationen

Ich habe zwei Hauptinformationsquellen. Die erste ist meine eigene tägliche Erfahrung, die umso wertvoller wird, je mehr ich meine Augen offen halte und aufzeichne, was ich lerne. Die zweite ist die Erfahrung anderer Landwirte und Agrarwissenschaftler. Es ist so etwas wie eine Henne-Ei-Beziehung, da eine Quelle aus der anderen erwächst. Fangen wir also mit der zweiten an. Ich hatte das Glück, sowohl in den Vereinigten Staaten als auch im Ausland andere Landwirte zu besuchen. Bei diesen Besuchen lerne ich sehr viel und ich bin jedem Züchter, der Informationen mit mir teilt, zu Dank verpflichtet. Auf meinen Reisen hat es sich als großer Vorteil erwiesen, viele verschiedene Betriebe kennenzulernen und dabei Unterschiede und Gemeinsamkeiten auf eine Art und Weise vergleichen und analysieren zu können, wie es meinen Gastgebern nicht möglich ist, da die meisten sich nicht gegenseitig kennen. Dieser Überblick verdoppelt oder verdreifacht den Wert der einzelnen Besuche. Wann immer Sie die Gelegenheit haben, andere Züchter zu treffen, nutzen Sie sie.

Diese Besuche kratzen allerdings nur an der Oberfläche. Ich wäre nicht einmal ansatzweise in der Lage, alle Höfe zu besuchen, und selbst wenn ich es könnte, weckt jede neue Idee, die bei einem Besuch entsteht, das Bedürfnis, sie zu erweitern oder zu verfeinern. Also gehe ich einmal im Monat in die hiesige Universitätsbibliothek. Allein durch diese Möglichkeit kann ich Zugang zu allem bekommen, was ich wissen möchte. Wenn Sie mit Bibliotheken nicht vertraut sind, erscheinen sie Ihnen vielleicht beängstigend wie ein großes, fremdes Land, in dem eine unverständliche Sprache gesprochen wird, mit undurchschaubaren lokalen Bräuchen. Ich bitte Sie inständig, diese Ängste abzulegen. Bibliotheken liefern Informationen, so wie Bauernhöfe Nahrung liefern. Wie wir Landwirte sind auch die Bibliothekare Profis und stolz auf ihre Fähigkeiten. Was auch immer Sie an Informationen suchen, Sie brauchen nur zu fragen.

Ich habe mich für die Universitätsbibliothek entschieden, obwohl sie anderthalb Stunden entfernt ist, denn sie hat einen großen Bestand. Da es sich um eine Land-grant-Universität (Als Land-grant-Universities werden in den Vereinigten Staaten staatliche Universitäten bezeichnet, deren Gründung beziehungsweise Finanzierung auf zwei 1862 und 1890 beschlossenen und als Morrill Land-Grant Colleges Acts bezeichneten Gesetzen beruht. Schwerpunkte der Ausbildung an diesen Hochschulen sollten gemäß den Bestimmungen der Gesetze die Agrarwirtschaft sowie die Ingenieurs- und Militärwissenschaften sein.) handelt, umfasst das Angebot auch Bücher zur Landwirtschaft. Als ich in der Nähe der besten Bibliothek eines angrenzenden Bundesstaates wohnte, habe ich diese Einrichtung genutzt. Universitätsbibliotheken sind jeden Tag lange geöffnet, also mache ich das Beste daraus, indem ich früh ankomme und lange bleibe. Wenn ich damit rechne, dass ich fachliche Unterstützung beim Verständnis der Funktionsweise einer Suchmaschine benötige oder viele Fragen habe, wo ich das Gesuchte finden kann, versuche ich, den Besuch für Zeiten wie Schul- oder Semesterferien oder Samstage, an denen Footballspiele ausgetragen werden, zu planen. Denn dann haben die meisten Studenten etwas anderes vor.

Ich habe das Bibliothekspersonal fast immer als höflich und hilfsbereit erlebt. Da ich kein Student bin, werde ich normalerweise als „Gast-Ausleiher" kategorisiert. Je nach Bibliothek kann das bedeuten, dass ich ein Bürger zweiter Klasse bin und nicht alle Dienstleistungen der Bibliothek in Anspruch nehmen kann. Manchmal erledigt das Personal Dinge für mich, wenn sie annehmen, dass ich zur Fakultät gehöre, weil ich älter bin als die Studenten. Ich habe zeitweilig einen Mantel und eine Krawatte getragen, um diese Möglichkeit zu untermauern. Manchmal reicht es, hilflos auszusehen oder freundlich zu lächeln, um Barrieren zu überwinden. Wenn ich ein bürokratisches „Nein" auf meine Anfrage erhalte, komme ich oft nach dem Schichtwechsel zurück, um zu sehen, ob ich mit der nächsten Person mehr Glück habe. Wenn alles andere fehlschlägt, kann mir die kleine Bibliothek in meiner Heimatstadt fast jedes Buch oder jeden Artikel besorgen, an dem ich interessiert bin; es dauert dann allerdings in der Regel viel länger. Also lassen Sie Bibliotheken keine unheimlichen Orte sein. Sie sind voller Informationen und Menschen, die Ihnen helfen können, diese zu finden.

Die Ressourcen der ganzen Welt stehen Ihnen in der Bibliothek zur Verfügung, heutzutage mehr als je zuvor. Meine bevorzugten Jagdgründe sind Fachzeitschriften mit Buchbesprechungen wie *Soils and Fertilizers* und *Horticultural Abstracts*. In diesen Zeitschriften werden jeden Monat nahezu alle relevanten Publikationen der Welt rezensiert, zusammen mit einer kurzen Zusammenfassung des jeweiligen Artikels in englischer Sprache sowie Nennung von Autor, Titel und Quelle. Die Einträge sind nach Themen geordnet und können schnell überflogen werden. Es kann ein oder zwei Besuche dauern, bis Sie herausgefunden haben, welche Schlagwörter Ihre Suche eingrenzen (es gibt jeden Monat mehr als 1.000 Zusammenfassungen), aber Sie werden sich bald zurechtfinden. Auf diese Weise sind Sie in Kontakt mit der Arbeit von Forschern zum Beispiel aus Ägypten, der Ukraine oder Argentinien. Die Forschung aus einigen Ländern, insbesondere aus den Niederlanden und vielen osteuropäischen Nationen, ist viel praxisorientierter als die US-amerikanische.

Wenn Sie einen nützlichen Artikel gefunden haben, sehen Sie sich die Bibliografie am Ende an. Dort listet der Autor frühere Studien zum Thema auf, die er herangezogen hat. Diese führen Sie in der Zeit zurück und decken sehr oft ältere, praktischere Untersuchungen oder ganz neue Ansätze auf. Mehr als einmal hat sich eine ältere Idee, die der Autor diskreditierte, als praktikabler und nützlicher für mein Produktionssystem erwiesen als das vermeintlich verbesserte Modell. Wenn Ihr Ausgangspunkt hingegen ein älterer Artikel ist, gibt es ein wertvolles Nachschlagewerk namens Science Citation Index, mit dem Sie nach Verbindungen zu aktuellen Publikationen suchen können. Wenn Ihr ursprünglicher Artikel zum Beispiel 1972 erschienen ist, können Sie unter Autor und Titel im *Science Citation Index* für jedes Jahr nach 1972 nachsehen, wer diesen Artikel in seiner Bibliografie aufgeführt hat und damit, wer das gleiche oder ein verwandtes Thema untersucht. Ein Tag in der Bibliothek wird zu einem reizvollen Spiel der landwirtschaftlichen Detektivarbeit.

Ich habe noch Seiten mit handschriftlichen Notizen aus der Zeit, als ich vor Jahren mit dem Sammeln von Informationen begann. Ich erinnere mich, wie ich stundenlang die Karteikästen der Bibliotheken durchforstet habe. Das Leben ist jetzt einfacher. Kopiergeräte erlauben es mir, den ganzen Artikel zu Hause aufzubewahren. Durch digitale Verzeichnisse ist es schneller, Bücher zu finden und auch auf Querverweise zu bestimmten Themen zu stoßen. Das Internet gibt mir Zugang zu einer Welt von Informationen und Publikationen, ohne dass ich die Bibliothek betreten muss. Meine Bibliotheksbesuche dienen jetzt hauptsächlich dazu, Zeitschriftenartikel zu lesen, die online nicht verfügbar sind.

In Bibliotheken gibt es eine derart überwältigende Menge an Material, dass es hilfreich ist, seine Suche so weit wie möglich zu fokussieren. Sie werden bald lernen, querzulesen und das für Sie Wertvolle herauszupicken. Der Gewinn von all dem sind eher Inspirationen und neue Möglichkeiten anstelle von harten Fakten. Aber ich halte das für sehr lohnenswert. Im Durchschnitt sind 20 Prozent dessen, was ich überfliege, interessant, fünf Prozent sind eventuell nützlich, und vielleicht ein Prozent sind echte Schätze – so wie die Ein-Prozent-Maßnahmen, über die ich in einem früheren Kapitel geschrieben habe. Das macht die Suche sowohl lohnend als auch unterhaltsam. Jeder Besuch in der

Bibliothek führt zu einer schrittweisen Verbesserung meines Betriebserfolges.

Der Wert eigener Erfahrungen

Ich erinnere mich an den Herbst 1965, als ich beschloss, im darauffolgenden Sommer mit der Landwirtschaft zu beginnen und alle Bücher las, die ich zu diesem Thema finden konnte. Doch jeder Satz schien in meinem Kopf mehr Fragen aufzuwerfen. Tag und Nacht habe ich meine Freunde, die in der Landwirtschaft tätig waren, mit meinen Fragen genervt und war frustriert, wenn ich keine Antworten fand. Es ist die typische Situation eines Anfängers. Am Ende des darauffolgenden Sommers hatte sich die Verwirrung nach meinen ersten eigenen praktischen Erfahrungen gelegt. Es war nicht so, dass alle meine Fragen beantwortet waren. Aber ich hatte jetzt eine Grundlage, um zu wissen, in welche Richtung ich fragen musste. Viele Fragen verschwanden einfach, weil sie sich selbst beantwortet hatten. Viele neue tauchten auf, und ich konnte es kaum erwarten, sie im nächsten Jahr einem Praxistest zu unterziehen.

Am wertvollsten war das, was ich aus eigener Anschauung auf meinen Feldern lernte. Von Anfang an habe ich mir angewöhnt, Experimente zu machen, und ich führe sie bis heute fort. Ich behaupte nicht, dass sie immer gut durchgeführt oder fehlerfrei sind. Es ist nicht einfach, Zeit zum Lernen zu finden, wenn ich rundum beschäftigt bin. Ein paar Mal hatte ich nur ein paar Sekunden Zeit, um eine Versuchsfläche auszuwerten, weil dort gerade die einzigen reifen Karotten oder Salatpflanzen oder was auch immer wuchsen, die uns am Stand ausgegangen waren. Aber nur weil ich meine dilettantischen Ergebnisse nicht in einer Fachzeitschrift veröffentlichen kann, schmälert das nicht ihren Wert für mich. Wenn sie auch an sich nicht nützlich sein mögen, liefern sie doch oft einen Hinweis, der im nächsten Jahr zu einer kleinen Verbesserung führt.

Erweiterung der Kenntnisse

Das waren also meine Lehrmeister: die Erfahrungsberichte anderer Landwirte, die täglichen Erfahrungen auf meinem eigenen Land und die Ideen, die ich aus Büchern und bei meinen monatlichen Besuchen in der Bibliothek gesammelt habe. Ich gebe gerne weiter, was ich gelernt habe, denn vieles davon habe ich direkt oder indirekt von anderen gelernt. Wann immer Züchter zusammenkommen und Informationen austauschen, vervielfachen diese sich exponentiell, weil jeder Züchter persönliche Erfahrungen aus einer etwas anderen Perspektive einbringt. Durch den Austausch von Ideen entstehen enorme Synergien. Am Ende wird sich niemand mehr daran erinnern, wer was vorgeschlagen hat, und niemand wird die Lorbeeren ernten, noch wird er oder sie welche verdienen. Ideen entwickeln sich und wachsen durch gegenseitige Befruchtung. Irgendwo hat immer irgendein anderer Landwirt oder eine Landwirtin die Antwort auf meine Frage und umgekehrt. Es ist wichtig, dieses Wissen aus unseren individuellen Köpfen ins kollektive Bewusstsein zu bringen.

In der Hoffnung, genau hierzu beizutragen, organisierten ein Freund und ich vor ein paar Jahren eine zweitägige Konferenz in Vermont. Wir luden die besten Bio-Landwirte aus dem ganzen Nordosten ein – von

Pennsylvania und New Jersey im Süden über New York im Westen bis nach Quebec und New Brunswick im Norden. Wir hatten außerdem zwei außergewöhnliche niederländische Bio-Bauern eingeladen. Die erklärte Absicht der Konferenz war es, dass die Niederländer detaillierte Präsentationen ihrer Produktionspraktiken geben. Die Eintrittskarte bestand darin, dass jeder Teilnehmer und jede Teilnehmerin eine fünfminütige Präsentation der besten Ideen auf seinem/ihrem Betrieb halten musste. Wir haben während der Konferenz spezielle Sitzungen für diese Präsentationen abgehalten. Es war bombastisch. In den einzelnen Räumen präsentierte sich das geballte Wissen eines jeden hervorragenden Bio-Bauern.

Bei der Auswahl der etwa 50 Teilnehmer dieser Konferenz haben wir darauf geachtet, dass sie weder Nachbarn noch Konkurrenten sind. Wir hofften, dass sie offener sein würden, wenn sie das Gefühl hätten, dass sie ihrem Nachbarn auf dem Bauernmarkt keine Geheimnisse verraten würden. Aber ich denke, unsere Vorsichtsmaßnahme war unnötig. Als wir erst einmal angefangen hatten, erkannten nicht nur alle die Vorteile dieses Austauschs, sondern die Teilnehmer waren auch mitteilsam, weil sie zu Recht stolz auf ihre eigenen Leistungen waren. Ich bin mir sicher, dass dasselbe auch für Treffen in anderen Ländern gelten würde.

Seit meiner ersten Reise im Jahr 1974 bin ich siebenmal nach Europa gereist, um Bio-Betriebe zu besuchen. Im Laufe der Jahre habe ich außergewöhnliche Landwirte aus allen Kontinenten getroffen und mit ihnen korrespondiert. Die Informationsmöglichkeiten, die über ökologische Betriebe auf der ganzen Welt existieren, sind wirklich erstaunlich. Wenn eine Organisation nach einem Programm sucht, um die Sache des ökologischen Landbaus voranzutreiben, habe ich einen Vorschlag. Veranstalten Sie eine Reihe von Treffen wie unseres in verschiedenen Regionen der Welt, um die fähigsten Bio-Bauern zusammenbringen. Anstatt sie zu fragen, was sie nicht können, sollten sie fragen, was sie können. Die Idee ist, jeden und jede dazu zu bringen, seine oder ihre biologischen Maßnahmen oder mechanischen Techniken, Lösungen und Innovationen mitzuteilen. Das Ergebnis wäre ein Anleitungshandbuch für jede einzelne Pflanze. Ich denke, wir wären erstaunt, wie vollständig dieses Handbuch wäre. Der einzige Grund, warum diese Informationen den Landwirten derzeit nicht zugänglich sind, besteht darin, dass sie nie gesammelt und verteilt wurden. Aber es ist eine Tatsache, dass es sie gibt.

Als ökologische Landwirte müssen wir das Potenzial des gegenseitigen Austausches angesichts unzureichender Informationen von außen erkennen, so wie wir Alternativen für unzureichende chemische Zuschlagstoffe gefunden haben. Die Informationen über technische Verbesserungen im ökologischen Landbau können ebenso ein Produkt des Betriebs sein wie die organische Substanz zur Verbesserung der Bodenfruchtbarkeit. Die gemeinsamen Anstrengungen der Bio-Bauern können ihre eigene beste Informationsquelle sein.

Der Zukunft widerstehen

Die Geschichte des ökologischen Landbaus ähnelt der Geschichte jeder erfolgreichen Idee, die von der aktuellen offiziellen Lehre abweicht. Diese versucht zuerst, die neue Idee zu denunzieren, dann versucht sie, ihre Bedeutung zu minimieren, und schließlich versucht sie, sie zu vereinnahmen. Dem Agrar-Business und der Agrar-Wissenschaft geht es wie den Geldwechslern und Hohepriestern, die aus dem Tempel vertrieben wurden und die Kontrolle über ihren Wirkungsbereich verloren. Die ökologische Idee hat es einer wachsenden Zahl von landwirtschaftlichen Ketzern ermöglicht, sich deren Zugriff zu entziehen. Jetzt, da „Bio" zu einer offensichtlichen Kraft geworden ist, versucht die alte Ordnung, die Kontrolle wiederzuerlangen. Aber kein wissenschaftliches oder wirtschaftliches Unternehmen, das auf der Erfindung und Vermarktung von Wundermitteln basiert, die die Natur ersetzen sollen, wird zugeben, dass die Natur nicht ersetzt werden muss. Ich für meinen Teil möchte meine Informationsbeschaffung nicht an Köpfe abtreten, die noch in den Konzepten der industriellen Landwirtschaft verhaftet sind. Ich möchte auch nicht die ökologische Zukunft meines Hofes an die Machenschaften von Verkäufern abtreten. Die besten Zusatzmittel für den biologischen Anbau sind kostenlos und sind Teil des gesamten Hofsystems und der Beziehung zu seiner Umgebung.

Die Entscheidungsträger der Agrar-Wirtschaft und -Wissenschaft haben die chemische Landwirtschaft auf immer verschlungenere Pfade geführt. Ich möchte nicht, dass den Bio-Bauern das Gleiche vorgemacht wird. Ich möchte nicht, dass die ökologische Landwirtschaft von deren langen Listen „natürlicher" Zusatzmittel abhängig wird, die die Gewinne in die Taschen von Zwischenhändlern fließen lassen und die Bauern in den Konkurs treiben. Es ist leicht, von zugekauften Wundermitteln verführt zu werden, denn für die auf dem Bauernhof erzeugten Mittel gibt es keine konkurrenzfähige Werbung. Das Verkaufsargument für hofeigene Betriebsmittel muss von uns, den Bio-Bauern, kommen, denn wir sind diejenigen, die das noch nicht ausgeschöpfte Potenzial biologischer Systeme verstehen.

Vergessen Sie nicht, dass der Erfolg, den wir bis heute erreicht haben, das Ergebnis unserer eigenen Anstrengungen ist. Sicher, wir haben noch einen langen Weg vor uns, aber es gibt nichts, was unmöglich ist. Es ist ein Fehler, dem biologischen Anbau Grenzen zu setzen, basierend auf dem, was er heute kann oder nicht kann. Ich verwende heute Techniken, von denen ich vor 20 Jahren nicht einmal zu träumen wagte. Mittlerweile habe ich Erfolg mit Dingen, bei denen ich vor 10 Jahren versagt habe. Ich mache jetzt vieles besser als vor fünf Jahren. Diese Fortschritte sind das Ergebnis meiner Überzeugung, dass natürliche biologische Systeme alles liefern können, was mein Hof braucht, wenn ich sie weiter erforsche. Ich bin nicht losgezogen und habe der Landschaft blindlings eine Gemüsefarm aufgezwungen. Ich habe mich damit befasst und tue es weiterhin, wie ich meinen Betrieb in die Systeme der Natur integrieren kann. Diese Integration ist ein fortlaufender Prozess.

KAPITEL NEUNUNDZWANZIG

Das Abenteuer der Bio-Landwirtschaft

Selten findet sich in den Schriften unserer hochqualifizierten Spezialisten auch nur ein Schimmer der Wahrheit, dass es eine Einheit gibt zwischen der Gesundheit des Bodens, der Gesundheit von Pflanzen und Tieren sowie der des Menschen. Die Technikgläubigkeit lässt wenig Raum für ein Verständnis der Naturgesetze und Demut für die Erkenntnis, dass die Missachtung der Natur Konsequenzen haben wird.

–Dr. Walter Yellowlees

Für jemanden wie mich, dessen Leidenschaften sich vor meiner Zeit als Bio-Bauer auf andere vermeintlich unmögliche Aktivitäten wie Klettern, Bergsteigen und Wildwasser-Kajakfahren konzentrierten, hat sich die biologische Landwirtschaft immer wie ein Abenteuer angefühlt – ein Abenteuer in einem neuen Bereich der Natur – dem wundersamen Bereich unter unseren Füßen. Das Erforschen der Geheimnisse des Bodens

Wir bieten das ganze Jahr über frische regionale Produkte an.

beinhaltet zwar nicht die Herausforderungen von hochalpinen Temperaturen, senkrechten Felswänden und reißenden Flüssen, aber es bietet dennoch das gleiche Gefühl der Erfüllung, der Befriedigung und der Aufregung. Dank dieser extremen Erfahrungen wurde ich, als ich mich vor über 50 Jahren erstmals für Lebensmittel und Landwirtschaft interessierte, vom Ethos des Abenteurers erfasst.

Dieses Ethos basiert auf Minimalismus, Respekt für die natürliche Welt und Unabhängigkeit. Abenteurer wollen die Grenzen der natürlichen Welt so unverfälscht und rein wie möglich erfahren, geleitet von den Entscheidungen, die sie selbst treffen. Das Ideal beim Klettern ist es, alles Künstliche zu vermeiden, wenig überflüssige Technologie zu benötigen und die größtmögliche Intimität zwischen sich und der Gegenwart der Welt um sich herum zu erreichen. Der Traum besteht darin, Herausforderungen zu suchen, sie erfolgreich zu bewältigen und anderen eine unberührte Welt zu hinterlassen – eine Landschaft zu durchqueren wie das Sonnenlicht den Wind. Das Ziel besteht darin, es geschickt zu tun, und die Freude ergibt sich aus der Bewältigung.

Als ich in meinen 20ern war, liebte ich es, wenn etwas als *„unmöglich"* bezeichnet wurde. Dann wusste ich, dass ich dorthin als nächstes gehen wollte. In dieser Phase bestritt ich mein Leben in finanzieller Hinsicht als Lehrer, aber spirituell war ich an den Wochenenden und in den Schulferien als Abenteurer unterwegs. Als bei mir also die Idee von der Landwirtschaft aufkam, erschien mir das sehr reizvoll, weil es mir erlauben würde, mich weiterhin Herausforderungen in der Natur zu stellen. Und als man mir gleichzeitig sagte, dass eine Landwirtschaft ohne Chemikalien und Pestizide unmöglich sei, war ich Feuer und Flamme. Mir war klar, dass ich Lebensmittel nicht mit künstlichen industriellen Hilfsmitteln anbauen wollte, sondern im Einklang mit denselben natürlichen Systemen, die ich bei meinen Abenteuern in der Wildnis so gut kennengelernt hatte. Ich war mir sicher, dass ich, wenn ich die natürlichen Systeme erforsche, sie verstehe und mit dem Ethos des Abenteurers pflege, die Antworten genau dort finden würde und die Beschäftigung mit der Landwirtschaft zu einem eleganten Tanz werden könnte, einer sinnlichen Partnerschaft zwischen dem Landwirt und den lebendigen Systemen der Erde. Die pure Freude, die ich bei meinen Abenteuern erlebt hatte, das, was der große französische Bergsteiger Lionel Terray als „an den Rosen schnuppern, die an den Rändern des Unmöglichen wachsen" bezeichnete, sollte nun ein fester Bestandteil meiner täglichen Arbeit sein. Und genau so ist es auch gekommen.

Wenn diese vor 50 Jahren geäußerte Idee eines 20-jährigen Kletterers, der noch kein Samenkorn gepflanzt hatte, heute wie ein Hirngespinst klingen mag, muss man bedenken, dass es die 1960er-Jahre waren. Die Umweltbewegung war gerade im Kommen. Wir waren enthusiastische Idealisten, wenn es um unseren Planeten ging. Für uns alle, die wir die Natur liebten, war es äußerst sinnvoll, die Umwelt durch den Anbau von Lebensmitteln ohne Chemikalien zu schützen. Damals wehrte sich das DuPont Unternehmen mit Slogans wie „Besseres Leben durch Chemie", weil sie sich der natürlichen menschlichen Abneigung gegen das mit Chemikalien assoziierte Bild bewusst waren. Viele von uns fragten sich, auch wenn wir keine landwirtschaftliche Vorerfahrung hatten, wie man dem Planeten gegenüber noch ignoranter sein konnte als durch die zerstörerischen menschlichen Aktivitäten, über die wir in den Zeitungen lasen. Der Stumme Frühling von Rachel Carson (engl. Titel: Silent Spring) hatte jedem die Gefahren von Pestiziden vor Augen geführt, aber noch beunruhigender als DDT und die Legion von Verteidigern der chemischen Industrie, die die Autorin angriffen, war die Geschichte des Einsatzes von Pestiziden. Bis DDT aufkam, war das vorherrschende Pestizid ein Mittel namens Bleiarsenat, eine Kombination aus zwei sehr giftigen Elementen. Vielleicht würde sich ein Produkt wie DDT irgendwann abbauen, aber Elemente wie Blei und Arsen blieben für immer im Boden und in der Umwelt. Uns erschien die Vorstellung von einer Landwirtschaft, die die Verbreitung von Blei und Arsen auf den Lebensmitteln der Menschen duldete, so gewissenlos, dass wir selbst als totale Anfänger sicher waren, dass wir es besser machen könnten.

Abenteurer sind sehr gut im Lösen von Problemen. Ob es darum ging, eine Route durch eine senkrechte Felswand zu finden oder herauszufinden, wie man am besten Vorräte für das Lager III packt, wir wussten, wie viel Planung, Voraussicht und Verständnis für die Schwierigkeiten nötig waren, um erfolgreich zu sein. Wir wussten auch, dass die Problemlösungen praktisch sinnvoll sein mussten und keine Auswirkungen haben durften, die zu einem weiteren Problem führten. Wenn man zu sehr drängte, zu viel auf einmal wollte, gierig war oder es eilig hatte, konnte man in den Bergen in Schwierigkeiten geraten. Das ist natürlich auch in der Landwirtschaft so. Aber während Abenteurer in erster Linie kluge Entscheidungen treffen müssen, um sich selbst zu schützen, trägt der Landwirt noch eine weitere Verantwortung, mit der wir voll im Einklang sind. Seine Entscheidungen müssen auch die Sicherheit der Verbraucher gewährleisten – genauso wie meine Entscheidungen beim Klettern die Sicherheit meiner Kletterpartner garantieren mussten. Die unausgesprochene Integrität, die es unter Abenteurern schon immer gegeben hat, schien eine Parallele zu all den Qualitäten zu sein, die man braucht, um Bio-Bauer zu werden. Also begann ich mit der Landwirtschaft.

Damals wurden wir von Anfang an als Technikfeinde verurteilt, weil wir das moderne Landwirtschaftssystem infrage stellten. Die Wissenschaftler und Vermarkter griffen den ökologischen Landbau wütend an. Sie waren empört, dass wir es wagten, ihre „Wahrheit" infrage zu stellen und ihre Umsätze zu gefährden. Die Chemiekonzerne, das US-Landwirtschaftsministerium, alle Landwirtschaftsschulen, jeder Berater und sogar der Verkäufer im örtlichen Saatgut- und Futtermittelhandel begegneten uns mit der Art von Verachtung, die für Ahnungslose reserviert ist. Aber wir wurden uns schnell der Alice-im-Wunderland-Welt bewusst, in die wir eintraten. Zwei Beispiele, erstens: Die gesamte alte landwirtschaftliche Literatur feierte die unverzichtbare Rolle der organischen Substanz im Boden. Und doch wurde uns von der modernen industriellen Landwirtschaft erzählt, dass die organische Substanz im Boden als Motor der Bodenproduktivität dermaßen überholt sei. Zufällig machten uns ein paar alte Broschüren auf die Existenz eines Wundermittels zur Rettung der Landwirtschaft namens „Krilium" aufmerksam, das von Monsanto in den 1950er-Jahren für zehn Millionen Dollar entwickelt worden

war. Krilium war als „Bodenverbesserer" vermarktet worden. Die Werbung betonte, dass die synthetischen Harze eine Krümelstruktur schaffen, die Wasserinfiltration fördern und die Wasserhaltekapazität verbessern würden. In einem mutigen Forschungsbericht über Krilium heißt es jedoch: „Tatsächlich fungiert es als synthetischer Ersatz für die natürlichen Gummen und Harze, die aus der organischen Substanz des Bodens gewonnen werden." Mit anderen Worten: Die industrielle Landwirtschaft wusste sehr wohl um den Wert der organischen Substanz im Boden, wollte aber einen synthetischen Ersatz verkaufen. Zweitens: Zur gleichen Zeit, als Firman Bear von der Rutgers Universität schrieb, dass ein gut geplanter Fruchtwechsel allein 75 Prozent Wirksamkeit aller sonstigen landwirtschaftlichen Aktivitäten ausmachen würde, wurde uns gesagt, dass Monokulturen Fruchtwechsel ersetzen könnten. In der Tat: Abenteuerliche Geschichten wie in Alice im Wunderland. Aber wie Bob Seger sang: „We were young and strong and we were running against the wind." Mit diesem Gedanken im Hinterkopf machten wir uns daran, das „Unmogliche" zu tun. Und das ist uns von Anfang an gelungen, denn die biologische Landwirtschaft hat den Zusammenhang zwischen der organischen Bodensubstanz, der biologischen Bodenaktivität und der erfolgreichen Nahrungsmittelproduktion schon immer verstanden.

Eine der ersten Lektionen, die wir lernten, war, dass wir durch den Einklang mit Mutter Natur nicht aufzuhalten waren. Da wir die meisten unserer Zusatzstoffe von der Natur geliefert bekamen, konnten unsere Bemühungen nicht von einem Lieferanten für chemische Mittel in Geiselhaft genommen werden. Die Anbautechniken, die die natürliche Bodenfruchtbarkeit erhalten – Fruchtwechsel, Kompost, Deckfrüchte, Weidevieh, flache Bodenbearbeitung usw. – basieren auf Informationen darüber, wie die natürlichen Prozesse unterstützt werden können, und nicht auf ergänzenden Produkten, die gekauft werden müssen. Diese Techniken schaffen optimale Bedingungen für die Ernährung der Pflanzen und Tiere, die wiederum uns Menschen ernähren. Da sich viele von uns keine Hilfsmittel leisten konnten, war es logisch, dass wir uns zu einem System hingezogen fühlten, das diese nicht benötigt. Eine auf sich selbst vertrauende Landwirtschaft zog, genau wie die Wildnis, ebensolche selbstständigen Menschen an. Aber entscheidend war, dass wir 60er-Jahre-Bio-Bauern nicht beweisen mussten, dass Chemie in der Landwirtschaft falsch am Platz ist. Wir mussten lediglich beweisen, dass wir Recht haben. Und das taten wir mit Bravour, indem wir mit altbewährten, natürlichen Techniken schöne und schmackhafte Feldfrüchte anbauten. Aldous Huxleys Aussage „Fakten hören nicht auf zu existieren, nur weil sie ignoriert werden" schien die Situation perfekt zu beschreiben. Die Öffentlichkeit reagierte enthusiastisch, und der Bio-Markt war geboren.

Glücklicherweise hatten wir großartige Vorbilder, als wir uns auf die landwirtschaftliche Wildnis einließen. Die Grundideen des ökologischen Landbaus mussten wir nicht erfinden. Sie sind das Geschenk einer über 100-jährigen Entwicklung durch weise Menschen, die vor uns diese Form der Landwirtschaft betrieben haben. Wir sind die Nutznießer der Intuition, der Experimentierfreude und des engagierten Einsatzes unserer Vorgänger, die wegen der schädlichen Auswirkungen industrieller Verfahren auf die Lebensmittelqualität besorgt waren.

Sie entwickelten die Kunst und Wissenschaft des ökologischen Landbaus, weil sie verstanden, dass die richtige Ernährung des Menschen auf der Schaffung eines biologisch aktiven, fruchtbaren Bodens beruht. Die Definition der ökologischen Landwirtschaft muss die Vorteile der Bodenfruchtbarkeit als Kriterium heranziehen und nicht den Verzicht auf unnötige Chemikalien. Die Resistenz der Pflanzen gegen Schädlinge und Krankheiten ist das Ergebnis der Bewirtschaftung eines Bodens, der die Pflanzen vollständig nährt.

Unsere Entscheidung im Jahre 1965, biologisch zu wirtschaften, war das Bekenntnis zur Weisheit der Natur und zur ernährungsphysiologischen Überlegenheit von Lebensmitteln, die auf fruchtbaren Böden angebaut werden. Irgendwie wussten wir instinktiv, dass gute Landwirtschaft und außergewöhnliche Lebensmittel nur durch die Sorgfalt und Pflege eines guten Landwirts entstehen können. Und die Maßstäbe, die wir im Gespräch mit unseren Vorgängern und durch das Lesen ihrer Bücher lernten, sind auch heute noch meine Maßstäbe.

Erstens. Für einen uneingeschränkten Nährstoffgehalt müssen alle Nutzpflanzen in fruchtbarem Boden angebaut werden, der in Verbindung mit der Erde steht und von dessen natürlichen biologischen Aktivitäten genährt wird. Es gibt so viele entscheidende Aspekte der Bodenprozesse, die wir nicht ersetzen können, selbst wenn wir es wollten, weil wir immer noch nicht wissen, wie alle funktionieren.

Zweitens sollte die Bodenfruchtbarkeit hauptsächlich mit organischem Material aus der Landwirtschaft und mineralischen Partikeln aus dem Bodengestein erhalten werden. Warum sollte man das Risiko eingehen, verschmutztes Material aus industriellen Quellen einzubringen, wenn die Fruchtbarkeit aus sich heraus geschaffen und erhalten werden kann?

Drittens müssen Gründüngungen und Deckfrüchte in breit angelegten Fruchtwechseln eingebunden werden, um die biologische Vielfalt zu erhöhen. Je größer die Vielfalt an Pflanzen und Tieren auf dem Betrieb ist, desto stabiler ist das System.

Viertens ist eine Pflanzen-positive anstelle einer Schädlings-negativen Philosophie entscheidend. Wir konzentrieren uns darauf, die Ursache von Problemen zu beheben, indem wir die Pflanze durch optimale Wachstumsbedingungen stärken, um Schädlingen vorzubeugen, und behandeln nicht nur die Symptome, indem wir versuchen, die Schädlinge zu beseitigen, die schwache Pflanzen befallen. Es liegen heute umfangreiche wissenschaftliche Erkenntnisse über die Mechanismen vor, durch die ein biologisch aktiver, fruchtbarer Boden eine induzierte Resistenz in den Pflanzen bewirkt.

Fünftens muss die Viehhaltung im Freien auf grasbasierten Weidewirtschaftsystemen in größtmöglichem Umfang erfolgen. Nutztiere sind in kleinen Mischbetrieben ein integraler Faktor in Symbiose mit der Bodenfruchtbarkeit.

Das ultimative Ziel dieser fünf Maximen sind kräftige, gesunde Nutzpflanzen und Nutztiere, die mit der ihnen innewohnenden Vitalität und Widerstandsfähigkeit ausgestattet sind. Wenn Sie die Eigenständigkeit, die sich aus der minimalen Abhängigkeit von zugekauften Hilfsmitteln ergibt, hinzunehmen, dann haben Sie das Ethos des Abenteurers auf die Landwirtschaft übertragen.

Diese Standards, die ich von Anfang an verinnerlicht hatte, wurden dem US-Landwirtschaftsministerium (USDA) mitgeteilt, als das National Organic Program gegründet wurde. Das Ministerium zeigte jedoch schnell sein wahres Gesicht, denn es versuchte, Bestrahlung, genetisch veränderte Organismen und Klärschlamm einzubeziehen. Aufgrund heftiger Einwände aus der Öffentlichkeit musste es einen Rückzieher machen. Dies sind auch die Standards, die dem USDA aus ihrer Studie von 1980, R*eport and Recommendations on Organic Agriculture,* bekannt waren. Dort wurden die Grundsätze des ökologischen Landbaus wie folgt festgelegt: „Der Boden ist die Quelle des Lebens. Die Qualität und das Gleichgewicht des Bodens sind entscheidend für die langfristige Zukunft der Landwirtschaft. Gesunde Pflanzen, Tiere und Menschen resultieren aus einem ausgeglichenen, biologisch aktiven Boden."

Die Bio-Bewegung begann vor über 100 Jahren durch die Arbeit von gewissenhaften Landwirten. Niemand zwang sie dazu, sich die Mühe zu machen, sich um die ernährungsphysiologische Qualität der Lebensmittel zu kümmern, die sie verkauften. Sie taten es, weil es Teil ihres landwirtschaftlichen Ethos war. Aber die Dinge liegen nicht mehr in den Händen der Landwirte. Wie der Sozialkritiker Eric Hoffer sagte: „Jede große Sache beginnt als Bewegung, wird zu einem Business und verkommt schließlich zu einer Geschäftemacherei." Der Einfluss der Landwirte, die die Bewegung ins Leben gerufen haben, die Bio-Bauern der alten Schule, deren Engagement für Qualität und Integrität die Popularität des Bio-Siegels und den Glauben daran begründet hat, ist zugunsten von wirtschaftlicher Zweckmäßigkeit an den Rand gedrängt worden, seit „Bio" zum großen Geschäft geworden ist und die Marketingspezialisten und Händler die Macht übernommen haben.

Langjährige Befürworter der ökologischen Landwirtschaft müssen erkennen, dass sich der Boden unter ihren Füßen verschoben hat. Seitdem das USDA das Sagen hat, befindet sich die Integrität des USDA Certified Organic-Labels auf einem vorhersehbaren Sinkflug. Das US-Landwirtschaftsministerium, verstrickt in jahrzehntelanges chemie-orientiertes Denken und beeinflusst von Industrielobbyisten, hat immer wieder versucht, das Versprechen von einer natürlichen, biologisch basierten Landwirtschaft zu unterlaufen. Die Bio-Bewegung bestand zunächst auf Integrität und dachte, sie hätte sie erreicht. Leider hat das US-Landwirtschaftsministerium den Bock zum Gärtner gemacht. Wir haben jetzt Molkereien mit Tausenden von Kühen und Hühnerställe mit Hunderttausenden von Hühnern ohne tatsächlichen Zugang zu Grasland sowie mehr als 400 Hektar große Gemüsefelder, die mit „löslichen organischen" Düngemitteln verdächtiger Herkunft versorgt werden. Es gibt auch Hydrokulturen ohne Erde, die vom USDA als Bio-Ware zertifiziert und als solche verkauft werden dürfen, ohne dass irgendwo auf dem Etikett darauf hingewiesen wird, dass sie nicht in biologisch aktivem, fruchtbarem Boden angebaut wurden, wie es der biologische Anbau seit jeher erfordert. Die einzige Möglichkeit für Kunden, sicher zu sein, dass sie echte Bio-Lebensmittel bekommen, ist, direkt von einem gewissenhaften Bio-Bauern aus der Nachbarschaft zu kaufen.

Wenn Sie zertifizierter Bio-Bauer sind, können Sie als einfache Maßnahme, um unser Erbe zurückzuerobern, wirtschaftlichen Druck auf die Zertifizierungsstellen ausüben, damit diese keine minderwertigen Produkte mehr als biologisch anerkennen. Wenden Sie sich einfach an Ihre Öko-Kontrollstelle und fragen Sie nach, ob sie auch fragwürdige industrielle Bio-Betriebe zertifiziert. Sollte dies der Fall sein, machen Sie deutlich, dass Sie dagegen Einspruch erheben und planen, mit Ihrer Zertifizierung im nächsten Jahr zu einem prinzipientreueren Dienstleister zu wechseln, sollte die Kontrollstelle nicht davon Abstand nehmen. Ehrlich gesagt, warum sollten Sie Geld an einen Bio-Zertifizierer zahlen, dessen Praktiken das Vertrauen der Kunden in die Integrität des Bio-Siegels untergraben?

Wenn Sie ein Bio-Konsument sind, sprechen Sie mit dem Leiter Ihres örtlichen Supermarktes. Sagen Sie, dass Sie gegen Produkte aus Massentierhaltung sowie gegen Fleisch, Milch und Eier aus Kraftfutterbetrieben (CAFOs) sind, die sich als Bio-Produkte ausgeben, und dass Sie möchten, dass der Laden echte Bio-Produkte führt. Andernfalls werden Sie woanders einkaufen. Ich kann Ihnen garantieren, dass die meisten Marktleiter hinsichtlich dieser Themen Unwissenheit vortäuschen und Ihnen sagen werden, dass alles in Ordnung sei.

Warum kümmert mich das so sehr? Warum lassen wir die Händler die Dinge nicht so handhaben, wie sie es für richtig halten? Hey, es ist doch von der Öko-Kontrollstelle als biologisch zertifiziert, oder? Warum sollte man sich nicht von den Marketing-Schönrednern in ihren Quasten-Slippern einlullen lassen, die sehr geschickt darin sind, etwas vorzutäuschen und schnell zu reden sowie der Diskussion gerade so viel plausibles mentales Anästhetikum zu injizieren, um die Öffentlichkeit ruhig zu halten. Diese Gauner sind keine Konkurrenz für unsere Betriebe. Unsere Kunden lieben uns, weil wir das beste Essen produzieren, das sie je genossen haben. Also warum bleibe ich nicht einfach zu Hause, bewirtschafte meinen Hof und vergesse die Schönredner?

Wenn Sie wüssten, was ich jeden Tag auf meinem Bauernhof erlebe, würden Sie verstehen, warum mir das wichtig ist. Ich erlebe Wunder! Ich sehe gesunde, schädlingsfreie Pflanzen und Tiere, sauberes Wasser und saubere Luft, ohne dass irgendwelche Chemikalien oder Gifte benötigt werden. Ich erlebe, wie das Unmögliche möglich wird, weil es von Anfang an nicht unmöglich war. Ich sehe gesundes Vieh, weil es mit gesundem (und geeignetem) Futter ernährt wird. Ich sehe dank einer kräftigen Bodenbiologie üppige Ernten. Ich sehe, wie Kleinbauern auf der ganzen Welt, die nicht mehr Mittel zur Verfügung haben als die Schaufel, die Hacke und das Saatgut, mit denen ich angefangen habe, die einfachen Wahrheiten über die Bodenfruchtbarkeit und die Pflege des Viehs beigebracht bekommen und damit erfolgreich sind. Ich sehe wohlgenährte Menschen auf einem gesunden Planeten.

Die bisherigen Erfolge der ökologischen Landwirtschaft sind nur der Anfang dieses Abenteuers. Was die echte ökologische Landwirtschaft der Welt in den nächsten 10 Jahren über die Gesundheit der Pflanzen, der Menschen und des Planeten beibringen wird, wird Sie von den Socken hauen. Die Erforschung des Bodenmikrobioms eröffnet ganz neue Perspektiven für eine wirklich „biologische“ Landwirtschaft. Wenn man erkennt, dass die uralten, biologisch basierten Methoden zur Gewinnung und Erhaltung der Bodenfruchtbarkeit (Kompost, Gründüngung, Gesteinsmineralien, Fruchtwechsel, Deckfrüchte, gemischte Tierhaltung und so weiter), auf dessen Basis die Menschheit sich seit ewigen Zeiten ernährt, richtig angewendet zu kräftigen und schädlingsresistenten Nutzpflanzen und -tieren führen, eröffnet sich eine ganz neue Welt der Agrar-Wissenschaft. Das Konzept, die Gesundheit von Pflanzen und Tieren (und damit auch des Menschen) durch die Verbesserung der eigenen Systeme der Natur zu erreichen, zeigt das Potenzial der Philosophie des ökologischen Landbaus, unser gesamtes menschliches Verständnis des Lebens neu zu gestalten. Allerdings nur, wenn wir die althergebrachte Bedeutung des Wortes *ökologischer Landbau* verteidigen, damit seine Prinzipien nicht verwässert werden.

Was die Bio-Bauern bisher erreicht haben, ist nur der Anfang von dem, wie die Philosophie der ökologischen Landwirtschaft die Beziehung des Menschen zum Planeten Erde verändern kann. Ich möchte das Wissen, das während des 100-jährigen Ausflugs in die Bio-Wildnis gewonnen wurde, schützen, damit wir das Abenteuer auf dem richtigen Weg fortsetzen können.

KAPITEL DREISSIG

Schlussbemerkung

Die wundersame Abfolge moderner Erfindungen hat unser Denken und unser tägliches Leben so tiefgreifend beeinflusst, dass es schwerfällt, uns vorzustellen, dass der Erfindungsreichtum der Menschen nicht in der Lage sein wird, das letzte Rätsel zu lösen – nämlich den Lebensunterhalt aus der Erde zu gewinnen. Es wäre eine große und ultimative Illusion, dass der Mensch einen Ersatz für das elementare Wirken der Natur schaffen könnte.

–FAIRFIELD OSBORN, *Our Plundered Planet*

Es gibt keine einfachen Lösungen oder Abkürzungen bei dieser Arbeit. Es gibt keine Allheilmittel. Es gibt jedoch logische Antworten. Durchführbare Produktionstechniken können den ökologischen und ökonomischen Realitäten Rechnung tragen. Einige dieser Produktionstechniken können neue Denkweisen erfordern, während andere scheinbar altmodische oder überholte Ideen wieder beleben. Bei näherer Betrachtung

Holz als Heizquelle im Winter lässt hochwertige Wintersalate wachsen.

wird man feststellen, dass die „überholten" Praktiken nie diskreditiert wurden, sondern in einer Zeit der landwirtschaftlichen Illusion verworfen wurden, als die Wissenschaft vermeintlich einfache Lösungen und Ersatzstoffe versprach.

Die Produktionstechniken der biologischen Landwirtschaft fördern und verbessern die elementaren Funktionsweisen der Natur. Sie formieren eine breite Palette von alten und neuen agronomischen Praktiken zu einem wirtschaftlich tragfähigen Produktionssystem. Diese Technologien sind das Ergebnis einer vernünftigen und wissenschaftlich begründeten Weiterentwicklung, nicht einer Rückkehr zu alten Methoden. Dieses landwirtschaftliche System besteht aus einer Reihe von zusammenhängenden pflanzen- und bodenkulturellen Praktiken, die, wenn sie richtig ausgeführt werden, nicht schwieriger sind (wenn auch offensichtlich mehr zum Nachdenken anregen) als chemische Technologien bei der Lebensmittelproduktion.

Die hier präsentierten Informationen sind so aktuell wie nur möglich. Aber sie werden sich ändern. Ich werde meinen Ansatz modifizieren, wenn ich neue Techniken kennenlerne, und ich werde die eine oder andere Praxis überarbeiten. Ich habe diese Methoden jedoch lange genug angewandt, um den Lesern zu versichern, dass sie nichts falsch machen können, wenn sie meinen Empfehlungen folgen. Dennoch wird jeder von Ihnen Teile dieses Systems ändern wollen. Sie werden es modifizieren, nicht nur um es an Ihre eigenen besonderen Bedingungen anzupassen, sondern auch, um nicht in einen Trott zu verfallen. Es ist wichtig zu experimentieren, anzupassen und zu verbessern. Wir schulden all jenen Landwirten und Forschern, die uns vorausgegangen sind, große Dankbarkeit. Durch ihre Arbeit wurden Probleme entweder gelöst oder es haben sich Hinweise ergeben, die uns helfen werden, sie zu lösen. Es gibt in dieser Branche keine Gurus – kein Archiv für den „richtigen Weg" – nur Mitstreiter. Alle Informationen zur weiteren Verbesserung sind da draußen und warten darauf, dass wir sie entdecken.

Die Fähigkeit, die Ihnen als Landwirt am meisten nützt, ist zu lernen, wie Sie neues Wissen als produktive Ergänzung Ihres derzeitigen Systems integrieren können. Zögern Sie nicht, bisherige Praktiken zu verwerfen, wenn Erfahrungen oder Beweise deutlich machen, dass sie fehlerhaft sind. Aber wie entscheiden Sie das? Nach welchen Kriterien können kleine Schritte oder weitreichende Veränderungen beurteilt werden? Letztendlich sind die einzigen wirklich zuverlässigen Produktionstechniken diejenigen, die auf lange Sicht nachhaltig sind. Nach dieser Definition müssen bei ihrem Einsatz Erosion, Verschmutzung, Umweltzerstörung und Ressourcenverschwendung vermieden werden. Jedes vernünftige System der Nahrungsmittelproduktion wird das Wohlergehen der Biosphäre Boden-Luft-Wasser, der Lebewesen, die sie bewohnen, und der Menschen, die von ihr abhängen, in den Vordergrund stellen.

ANHANG A

Von Artischocke bis Zucchini: Informationen zu bestimmten Kulturen

Im Laufe der Jahre habe ich viele wertvolle Hinweise auf nützliche Informationen und bevorzugte Techniken aufgeschnappt. Meistens handelt es sich dabei nicht um das Standard-Wissen (das von den in der kommentierten Bibliografie aufgeführten Büchern oder anderen Standard-Nachschlagewerken gut abgedeckt wird), sondern eher um jene kleinen Verfeinerungen, die die Früchte der Erfahrung sind und so oft unerwähnt bleiben. Die im Folgenden beschriebenen Anbaumethoden für die jeweiligen Kulturen haben sich im Laufe der Zeit für mich als am erfolgreichsten erwiesen.

Artischocke

In kalten Klimazonen werden Artischocken in der Regel nicht vegetativ vermehrt, da die mehrjährigen Pflanzen den Winter nicht überleben. Aber aus Saatgut gezogene Artischocken bieten in diesen Gegenden eine neue, kommerziell nutzbare Sonderkultur. Ich habe sie in den kalten Bergen von Ver-

Artischocken

mont und an der kühlen Küste von Maine angebaut. Der Trick ist, die Artischocke in eine einjährige Pflanze zu verwandeln. Dazu bedarf es nur eines kleinen gärtnerischen Kunstgriffs.

Wenn Sie Artischockensamen pflanzen, wachsen im ersten Jahr meist nur Blätter. Im darauffolgenden Jahr treibt die Pflanze einen Stiel aus, aus dem die Artischocken wachsen – die eigentlich essbare Blütenknospen sind. Wenn der Winter zu streng ist (wie die Winter in der nördlichen Hälfte der USA), überleben die Pflanzen das erste Jahr nicht, sodass sich im zweiten Jahr keine Blüte bilden kann. Der Taschenspielertrick besteht darin, den Pflanzen vorzugaukeln, dass sie im ersten Jahr bereits zwei Jahre alt sind.

Um das zu erreichen, müssen Sie die jungen Artischockenpflanzen erst bei warmen, dann bei kühlen Temperaturen anbauen. Die besten Ergebnisse erziele ich, wenn ich die Samen sechs Wochen vor dem frühesten Datum, an dem ich sie sicher in ein Frühbeet oder einen unbeheizten Tunnel bringen kann, in einem warmen Gewächshaus aussäe. Ich verpflanze sie, wenn ich sicher bin, dass die Temperatur im Frühbeet nicht mehr unter -4 °C fällt. In Vermont habe ich am 15. Februar gesät und die Pflanzen am 1. April ins Frühbeet gesetzt. Ich schließe den Frühbeetkasten nur, um die Pflanzen vor hartem Frost zu schützen. Je kühler sie in den nächsten sechs Wochen sind, desto besser.

Der Wechsel der Wachstumstemperaturen von warm zu kühl (eine Praxis, die im Gartenbau Vernalisation genannt wird) ist das, was die Pflanzen in die Irre führt. Die ersten sechs Wochen unter warmen Wachstumsbedingungen reichten den Pflanzen, um ihre erste „Sommer“-Saison zu absolvieren. Die folgenden sechs Wochen mit kühlen Temperaturen suggerieren ihnen, dass sie ihren ersten Winter erlebt haben. Obwohl sie also, wenn ich sie ins Feld pflanze, erst zwölf Wochen alt sind, verhalten sich die Pflanzen so, als ob sie ihr zweites Jahr beginnen. Das heißt, sie beginnen Blütenknospen zu produzieren, die wir als Artischocken essen.

Die Pflege, die sie nach dem Umpflanzen erhalten, wirkt sich auf die Anzahl und Größe der Artischocken aus. Unter den besten Bedingungen konnte ich im Durchschnitt pro Pflanze acht bis neun Artischocken ernten, die mittelgroß und größer waren. Optimal sind viel organisches Material (mischen Sie großzügig Kompost, Dung oder Torfmoos unter) und viel Feuchtigkeit (mulchen Sie dick mit verrottetem Heu oder Stroh und gießen Sie regelmäßig).

Ich setze die Pflanzen in einem Abstand von 60 Zentimeter in die Mitte eines 75 Zentimeter breiten Beetes. Das ist ein viel engerer Abstand als bei mehrjährigen Artischocken, aber diese Pflanzen werden nicht so groß. Ich ernte, indem ich den Stiel unterhalb der Knospe mit einem scharfen Messer abschneide. Warten Sie nicht zu lange. Sobald sich die Hüllblätter an der Knospe öffnen, wird das Fruchtfleisch zäher und faseriger. In Neuengland ist die Produktionszeit von Ende Juli bis Ende September – zwei Monate, in denen es eine einzigartige und köstliche, frische und geschmackvolle Spezialität gibt.

Fast jede gesäte Artischocken-Art funktioniert bis zu einem gewissen Grad mithilfe dieser Methode. Ich habe Erfahrung mit mehr als einem Dutzend Sorten. Am erfolgreichsten sind jedoch diejenigen, die für eine jährliche Produktion gezüchtet wurden.

Bohnen

Die Schwierigkeit bei Bohnen besteht darin, sie wirtschaftlich anzubauen. Durch die Bohnen-Erntemaschinen, die in Großbetrieben eingesetzt werden, entsteht eine harte Preiskonkurrenz für den kleinen Landwirt, der von Hand pflückt. In Anbetracht dieser Tatsache können Bohnen entweder als Verlustbringer behandelt werden (eine Kultur, die angebaut werden muss, um die Kunden zufriedenzustellen, obwohl sie nicht wirtschaftlich ist), oder der Züchter wählt nur Premium-Sorten wie die extra dünnen französischen, die zu einem entsprechend höheren Preis verkauft werden, um die Erntekosten zu rechtfertigen. Ich empfehle Letzteres, auch wenn diese Gourmet-Sorten fast täglich gepflückt werden müssen, um höchste Qualität zu garantieren.

Es gibt Busch- und Stangensorten. Die Stangenbohnen scheinen auf den ersten Blick einfacher zu pflücken zu sein, weil sie aufrecht stehen, aber ein guter Pflücker kann Buschbohnen schneller pflücken. Obwohl Bohnen Hülsenfrüchte sind, reagieren sie gut auf einen nährstoffreichen Boden. Unter Zugabe von verrottetem Pferdemist werden die Bohnen besser als mit jedem anderen Dünger. Ich pflanze Bohnen in zwei Reihen in einem 75-Zentimeter-Beet an, mit einem Pflanzabstand in der Reihe von möglichst 15 Zentimeter. Bohnen keimen schlecht unter kühlen, feuchten Bedingungen und sollten erst im Freien ausgesät werden, wenn sich der Boden erwärmt hat. Für den frühesten Anbau können Bohnen erfolgreich in Erdpresstöpfen vorgezogen werden. Verwenden Sie für Einzelpflanzen einen 4-Zentimeter-Erdpresstopf und für Mehrfachpflanzen (gut für Stangenbohnen) einen fünf Zentimeter großen. Verpflanzen Sie die Pflanzen, wenn sie ein bis zwei Wochen alt sind.

Die Bohnen müssen nach der Ernte nicht eisgekühlt werden. Ein mögliches Verwelken kann durch hohe Luftfeuchtigkeit verhindert werden. Lagern Sie die Bohnen bei 7 °C und 90 bis 95 Prozent Luftfeuchtigkeit. Die Behälter sollten übereinandergestapelt werden, um eine gute Luftzirkulation bei der Lagerung zu ermöglichen.

Chicorée

Chicorée gehört zur Familie der Zichoriengewächse, zu der auch Radicchio, Winterendivie (Escariol), Frisée und Endivie gehören. Er hat eine knackige Textur und einen süßen, nussigen Geschmack mit einer angenehm milden Bitterkeit – schmeckt sowohl roh als auch gekocht fantastisch.

Chicorée ist eines der interessantesten Gemüse, die man anbauen kann. Er erfordert einen zweistufigen Prozess, bevor er verzehrfertig ist – zunächst die Entwicklung der Wurzel und dann das Austreiben der Wurzel. Die erste Wachstumsphase im Freiland

Unser einfaches System zur Keimung von Chicorée

dauert etwa 150 Tage, wo Chicorée aus dem Samen zu einer blattgrünen Pflanze mit einer tiefen Pfahlwurzel heranwächst. Bei der Ernte wird das Blattgrün abgeschnitten. Die Wurzeln werden herausgezogen, auf eine Länge von 18 cm zurückgeschnitten und aufrecht nebeneinander in 20 cm hohe Kisten gelegt. Wir stapeln die Kisten in unserem Kaltkeller, wo die Wurzeln eine Ruhephase einlegen. Für die Treiberei haben wir eine Reihe von undurchsichtigen Plastikwannen, in die wir die mit Wurzeln gefüllten Pflanzkisten stellen. Wir befüllen die Wannen mit ca. 10 cm Wasser und stellen sie auf Heizmatten mit einer Temperatur von 18 °C im Herbst und 13 °C im Frühjahr. Die Kisten werden sorgfältig mit dicken schwarzen Plastiktüten abgedeckt, damit während der Entwicklung der Chicorée-Triebe aus den Wurzeln jegliches Licht ausgeschlossen ist. Diese Bleichtreiberei verhindert die extreme Bitterkeit, die mit dem Verzehr grüner Chicoréeblätter verbunden ist. Die Chicoréekolben sind je nach Sorte, Temperatur und Jahreszeit innerhalb von 14 bis 28 Tagen reif. Auf unserem Winter-Bauernmarkt erfreuen sie sich stetiger Nachfrage.

Erbsen

Erbsen haben eine größere Vielfalt als fast jede andere Kultur. Es gibt niedrig- und hochrankende Sorten, glatte und faltige Erbsensamen, normale Erbsen, Zuckerschoten und Knackerbsen. Das Problem bei Erbsen ist, wie

Am Ranknetz wachsende Erbsen

bei Bohnen, dass sich die Ernte wirtschaftlich lohnen muss. Aus diesem Grund sind die exotischeren Sorten wie Zuckerschoten und Knackerbsen für manche Absatzmärkte die beste Wahl, da ihre Preise die tatsächlichen Kosten besser widerspiegeln.

Ich baue sowohl die frühen, niedrig wachsenden als auch die späteren rankenden Sorten an, um die Erntesaison zu verlängern. Alle Erbsen pflanze ich in Doppelreihen mit einem Abstand von 15 cm in der Mitte eines 75 cm-Beetes. Bei den niedrig wachsenden Erbsensorten lehne ich die beiden Setzlingsreihen gegeneinander, damit sie sich gegenseitig stützen. Die Triebe der rankenden Sorten klettern auf beiden Seiten eines Ranknetzes (mit 15 cm Maschenweite) hoch, das an metallenen Pfosten und Querstangen angebracht ist.

Erbsen können für eine besonders frühe Ernte vorgezogen werden. Pflanzen Sie jeweils vier Samen in 5 cm-Erdpresstöpfe und stellen Sie diese in Bäckerkisten mit Gitterböden, damit die Ballen an allen Seiten Luft bekommen und das Austreiben der Wurzeln verhindert wird. Pflanzen Sie so bald wie möglich um.

Erbsen müssen regelmäßig geerntet werden (mindestens jeden zweiten Tag), um beste Qualität zu erhalten. Sie sollten sie direkt nach der Ernte schnell auf 0 °C kühlen. Ich empfehle, sie noch am Tag der Ernte zu verkaufen. Alte Erbsen sind nicht gut fürs Geschäft.

Grüner Spargel

Spargel ist eine mehrjährige Kultur und daher nicht Teil des Fruchtwechsels. Eine gut gepflegte Anpflanzung kann mehr als 20 Jahre lang ertragreich sein. Ich ziehe Spargel aus Samen, anstatt Wurzeln zu kaufen. Pflanzen Sie früh, 1. Januar bis 1. Februar, um ein zusätzliches Wachstumsjahr zu gewinnen. Decken Sie die Samen ab und lassen Sie sie bei 22 °C in Mini-Erdpresstöpfen keimen; dann sofort in 7,5 cm-Erdpresstöpfe umtopfen. Anschließend die Keimlinge bei 16 °C weiterwachsen lassen und nach dem letzten Frost ins Feld pflanzen.

Bereiten Sie den Boden mit Gesteinsmehl und Dung vor und sorgen Sie dafür, dass der pH-Wert bei maximal 7 liegt. Eine zusätzliche Menge von rund 45 Tonnen Dung pro 0,4 Hektar, sofern verfügbar, ist gut für die Vorbereitung dieser Kultur. Setzen Sie den Spargel in den Reihen in Abständen von 30 Zentimetern, bei einem Reihenabstand von 1,5 Metern. Heben Sie dazu mit einem Lochstecher 20 Zentimeter tiefe Löcher aus. Setzen Sie in jedes Loch eine Pflanze mit Erdballen und füllen Sie das Loch zur Hälfte mit Erde auf, sodass das Grün noch darüber hinausragt. Füllen Sie das Pflanzloch später ganz auf, wenn das Grün über den Boden hinausgewachsen ist.

Wenn die Samen früh gesät werden, können Sie im Jahr nach der Aussaat mit einer leichten Ernte beginnen. Ansonsten warten Sie bis zur dritten Saison. Schneiden Sie die Spargelstangen mit einem scharfen Messer knapp unter der Erdoberfläche ab, sodass unten noch ein weißes Stück dran ist. Auf diese Weise hält sich der Grüne Spargel länger. Kühlen Sie ihn sofort nach der Ernte und lagern Sie ihn bei 0 bis 2 °C und 95 Prozent Luftfeuchtigkeit.

Grünkohl

Grünkohl ist ein Verwandter der Kohlfamilie; daher gelten die gleichen Empfehlungen bezüglich der Bodenfruchtbarkeit. Ich ziehe alle Grünkohlsorten als Vorkultur in 4 cm-Erdpresstöpfen und verpflanze sie in drei Reihen in ein 75 cm-Beet mit jeweils 30-cm Abstand in der Reihe.

Grünkohl habe ich sowohl als Bündel einzelner Blätter als auch als ganze Pflanze verkauft. Am schmackhaftesten ist er im Herbst nach ein paar leichten Frösten; daher pflanze ich ihn als Folgekultur an. Da Kohlgewächse allgemein sehr gut als Folgekultur von Zwiebelgewächsen gedeihen, wächst Grünkohl im Herbst ideal nach Knoblauch. Grünkohl kann im Boden belassen und bis zu harten Frösten geerntet werden. Jeder Grünkohl, der bis zum Spätherbst nicht geerntet wurde, ist ein leckeres Grünzeug für Legehennen, selbst wenn er gefroren ist.

Grünkohl der Sorte ‚Winterbor‘

Gurke

Die Gurke ist eine wärmeliebende Pflanze, die am besten in einem möglichst fruchtbaren Boden wächst. Für im Gewächshaus gezüchtete Gurken war schon immer mehr Dung und Kompost nötig als für jede andere Kultur.

Kompostierter Schaf- und Pferdemist sind die bevorzugten Bodenzusätze. Probleme mit Gurkenschädlingen sind in der Regel das Ergebnis einer unausgewogenen Düngung – zu viel Stickstoff aus Hühnermist oder ein Mangel an Spurenelementen. Die meisten Probleme beim Gurkenanbau können durch die Ergänzung des Bodens mit einem gut verrotteten Kompost und getrockneten Algen für Spurenelemente behoben werden. Das Ergebnis ist die Mühe wert.

Viele Hobbygärtner bauen Gurken an. Ihr Absatzmarkt wird dadurch bestimmt, dass Sie deren Qualität übertreffen. Dies gelingt am besten durch den Anbau einer der dünnschaligen Sorten nach europäischem Vorbild. Die meisten dieser Sorten müssen in einem Gewächshaus oder Folientunnel kultiviert werden. Außerdem müssen sie am Spalier gezogen und an jedem Blattknoten auf einen Stiel und eine Frucht zurückgeschnitten werden.

Der vertikale Anbau von Gurken zahlt sich im Ertrag pro Quadratmeter aus. Wenn Sie die Pflanzen am Spalier nach oben führen, nutzen Sie Ihre besonders fruchtbaren und am besten geschützten Anbauflächen am effizientesten. Die Pflanzen können an einem Stück starker Gartenschnur hochgeleitet werden. Sobald der Haupttrieb bis ans obere Ende der Schnur emporgeklettert ist, wird er gestutzt. Die zwei obersten Seitentriebe werden zum Boden zurückgeführt und produzieren dabei weiterhin Gurken. Die Gesamtproduktion der Gewächshaussorten kann bis zu 50 Gurken pro Pflanze betragen.

Ich ziehe alle Gurken vor und lasse sie in 7,5 cm-Erdpresstöpfen bei 30 °C Bodenwärme und 18 °C Lufttemperatur wachsen. Senken Sie die Bodenwärme nach der Keimung auf 21 °C und pflanzen Sie die Setzlinge nach zwei bis drei Wochen ins Gewächshaus oder in den Folientunnel um. Ich pflanze sie einreihig in einem 75 cm großen Beet an Rankhilfen mit einem Abstand von 60 cm in der Reihe. Geben Sie den Pflanzen reichlich Wasser und planen Sie ein, in monatlichen Abständen mit extra Kompost nachzudüngen. Ernten Sie jeden Tag, um die Qualität hoch zu halten. Übergroße Gurken belasten die Pflanzen zusätzlich und verringern den Ertrag. Lagern Sie Gurken bei 10 °C und einer relativen Luftfeuchtigkeit von 90 bis 95 Prozent. Ethylen von Äpfeln, Tomaten und anderen Produkten führt zu einer beschleunigten Reifung und einer Gelbfärbung der Schale.

Gurkensorte ‚Sokrates'

Karotte

Im Laufe der Jahre ist mir aufgefallen, dass die Verbraucher den besseren Geschmack von biologisch angebautem Gemüse am ehesten bei Karotten erkennen können als bei jedem anderen Gemüse. Das ist nicht verwunderlich, da für konventionelle Karottenkulturen Erdöldestillate als Herbizide eingesetzt werden; und so schmecken die Karotten dann auch. Außerdem haben Studien gezeigt, dass Karotten Pestizidrückstände aus dem Boden aufnehmen und in ihrem Gewebe anreichern. Der Züchter von Qualitätsprodukten kann sich mit dieser Kultur wirklich hervorheben, indem er Staffelanbau betreibt und die Karotten über eine möglichst lange Saison frisch verkauft.

Die Sorten sollten nach dem Geschmack ausgewählt werden. Wir pflanzen unsere früheste Ernte im Januar, sobald ein Beet in einem unbeheizten Folientunnel verfügbar ist, zum Beispiel nach Lauch. Eine spät gepflanzte Ernte kann mit einem unbeheizten Tunnel abgedeckt werden; Babykarotten können den ganzen Winter über unter einer Folienabdeckung geerntet werden. Es werden die süßesten, zartesten Karotten, die man je gegessen hat. Karotten für den Frischverkauf werden in zwölf Reihen pro 75-Zentimeter-Beet gepflanzt, entweder mit einer vier- oder sechsreihigen Sämaschine. Wir verwenden den gleichen Abstand für Gewächshaus- wie für Freiland-Karotten. Ich säe Lagerkarotten

Zarte Karotten

in vier Reihen pro Beet mit einem Abstand von zirka 2,5 Zentimeter. Je nach Sämaschine kann entweder pilliertes oder nacktes Saatgut verwendet werden. Es lohnt sich, vor der Verwendung einen eigenen Keimtest mit pilliertem Saatgut durchzuführen. Die Keimung kann sonst enttäuschend sein. Für eine zuverlässige Keimung von Karotten ist es wichtig, den Boden vom Zeitpunkt der Aussaat bis zur Keimung feucht zu halten. Ich säe Karotten immer direkt, weil ich noch nie ein zuverlässiges System für das Umpflanzen dieser Pfahlwurzel-Pflanze gefunden habe.

Pflanzen Sie Karotten nicht in einem von Unkraut befallenen Boden. Die Unkrautprobleme in der Reihe werden andernfalls überwältigend sein. Auf einem einigermaßen sauberen Boden bereiten wir ein sogenanntes „falsches Saatbeet" vor und flammen es sechs Tage nach der Aussaat ab. Im Herbst ist es eine gute Idee, den Boden seitlich anzuhäufeln, um grüne Ansätze an den Karotten zu verhindern und vor der Ernte zusätzlichen Schutz vor dem Erfrieren zu bieten. Karotten können mit einer Mistgabel im Boden gelockert und so leichter gezogen werden. Wenn wir sie bündeln, schneiden wir die obere Hälfte des Balttgrüns nach dem Binden ab, um einen übermäßigen Feuchtigkeitsverlust zu verhindern. Bundkarotten müssen feucht und kühl gehalten werden, damit die Wurzeln nicht weich werden. Wir verkaufen unsere Winter-Baby-Karotten lose mit 4 cm Grün, um zu zeigen, dass sie frisch geerntet sind.

Lagern Sie Karotten bei 0 °C und einer relativen Luftfeuchtigkeit von 95 Prozent. Gut gewachsene, reife Karotten bleiben sechs Monate lang in ausgezeichnetem Zustand. Lagerkarotten können allerdings bitter werden, wenn sie in der Nähe von Äpfeln, Birnen, Tomaten, Melonen oder anderem Obst und Gemüse liegen, das bei der Lagerung Ethylen-Gas abgibt.

Kartoffel

Der beste Ertrag beim Kartoffelanbau wird nicht durch die Haupternte erzielt, sondern durch die zeitige Ernte von Frühkartoffeln. Das gilt besonders für gelbfleischige Sorten wie ‚Charlotte', ‚German Fingerling' oder ‚Rose Gold'. Feinschmecker sind bereit, dafür einen guten Preis zu zahlen; danach steht das Feld für eine Folgebepflanzung mit einem anderen Gemüse oder einer Gründüngung zur Verfügung.

Ich pflanze Kartoffeln in der Mitte eines 75 cm-Beetes mit einem Abstand von 20 bis

30 cm, je nach Sorte und gewünschter Größe. Beim Kartoffelanbau achte ich sehr auf den Fruchtwechsel und die Bodenfruchtbarkeit. So baue ich Kartoffeln nicht bei einem niedrigen pH-Wert an und versuche, Kartoffelschorf zu verhindern, indem ich durch eine schorfunterdrückende Vorkultur für ausgezeichnete Bedingungen sorge. Der zerstörerischste Schädling in meinem Teil der Welt ist der Kartoffelkäfer (Leptinotarsa decemlineata). Bis 1987 war er das einzige Schädlingsproblem, das ich nicht in den Griff bekommen hatte. In jenem Jahr begannen wir mit gezielten Versuchen, um die Belastungen der Kartoffeln zu ermitteln und herauszufinden, welche Anbaumethoden uns helfen würden, sie zu vermeiden. Wir fanden heraus, dass starkes Mulchen mit Stroh kurz nach dem Auflaufen der Kartoffeln das Kartoffelkäferproblem um 90 Prozent oder mehr reduzierte. Es scheint, dass ein zu warmer Boden und eine schwankende Feuchtigkeitszufuhr die Hauptbelastungen für Kartoffeln sind, und beides wurde durch das Mulchen minimiert. Verschiedene veröffentlichte Forschungsergebnisse stimmen mit dieser Schlussfolgerung überein. Das Meißelpflügen des Kartoffelfeldes zum Aufbrechen harter Stellen und der Verbesserung der Bodenbelüftung, um ein tiefes Wurzelwachstum zu ermöglichen, hat ebenfalls einen positiven Effekt. Ich arbeite weiter daran, das System zu perfektionieren und auch daran, Mulch als dicke Deckfrucht im vorangehenden Herbst anzubauen, um die Kartoffeln dann durch die Rückstände hindurch zu pflanzen.

Kartoffeln der Sorte ‚Charlotte'

Es gibt einen einreihigen Kartoffelroder, der als Zusatzgerät an eine handgeführte Fräse montiert werden kann. Dieses Gerät ist eine lohnende Investition, wenn Sie viele Kartoffeln anbauen. Für eine optimale Lagerung benötigen Kartoffeln zwei Wochen bei 10 °C, damit Schnitte und Druckstellen verkorken können. Danach halten sie sich bei Lagertemperaturen von 4 bis 7 °C und 90 Prozent Luftfeuchtigkeit. Bei Temperaturen unter 3 °C neigen die Kartoffeln dazu, durch Umwandlung eines Teils der Stärke in Zucker unerwünscht süß zu werden. Kartoffeln, die zu kühl gelagert wurden, können wieder aufbereitet werden, indem man sie vor der Verwendung etwa zwei Wochen lang bei 21 °C hält.

Knoblauch

Im Herbst gepflanzte Sorten sind besser als im Frühjahr gepflanzte. Die Herbstsorten werden Mitte Oktober gepflanzt, überwin-

Knoblauch pflanzen

tern im Boden und reifen im Sommer. Nach der Ernte bleibt Zeit, um eine Gründüngung oder Folgekultur zu etablieren. Ich habe die Erfahrung gemacht, dass es für verschiedene Bodentypen unterschiedlich geeignete Knoblauchsorten gibt. Wenn Sie mit dem Anbau von Knoblauch beginnen, sollten Sie so viele verschiedene Sorten wie möglich ausprobieren und dann diejenige auswählen, die auf Ihrem Boden am besten gedeiht. Danach sollten Sie sich jedes Jahr einen eigenen Vorrat anlegen und auf große Knollen achten. Knoblauch muss nach der Ernte gut ausgehärtet und getrocknet werden. Er wird am besten bei 0 °C und einer Luftfeuchtigkeit von 65 Prozent gelagert.

Kohlgewächse

Zu den Kohlgewächsen (Brassica) gehören Brokkoli, Rosenkohl, Weißkohl und Blumenkohl, da sie alle ähnliche Wachstumsanforderungen haben. Ich habe die Erfahrung gemacht, dass alle vier Kohlpflanzen kräftig wachsen und frei von Schäden durch Wurzelmaden sind, wenn sie als Folgefrucht einer Leguminosen-Gründüngung angebaut werden. Spezielle Kohlgewächse gedeihen auch dort, wo – anstelle der Gründüngung – im vorausgegangenen Herbst Laub in den Boden eingearbeitet wurde. Wenn sich das Laub im Frühjahr zersetzt, liefert es genau wie die Leguminosen eine Stickstoffgabe für die Pflanze. Statt Laub können Sie auch Luzernemehl als Dünger verwenden.

Ich ziehe alle diese Kohlgewächse in Erdpresstöpfen vor. Die Samen sollten bei der Aussaat im Erdpresstopf abgedeckt werden. Sie werden später in zwei Reihen in einem 75 Zentimeter-Beet mit einem Abstand von 40 mal 40 Zentimeter gesetzt. Durch Staffelpflanzungen kann die Ernte auf die Zeit vom Frühsommer bis zum Spätherbst verteilt werden.

Brokkolisorten mit kleineren Köpfen in der Mitte und besserer Seitentriebproduktion (diese sind Kreuzungen mit asiatischen Sorten) sind sehr beliebt geworden und lassen sich ideal für die Verwendung in Salatbars vermarkten. Bei Rosenkohlpflanzen kann im Frühherbst der Haupttrieb gekappt werden, um die Sprossenreife für eine einmalige Ernte zu fördern. Für eine Ernte im Spätherbst sollten Sie jedoch Rosenkohlsorten mit einer guten Blattabdeckung wählen, um die Sprossen zu schützen. Sich selbst vor Sonnenlicht schützende Blumenkohlsorten machen dem Gärtner das Leben leichter, aber auch bei ihnen sollte ein Blatt über den Kopf gelegt werden, um sicher zu gehen, dass sich der Kohlkopf nicht verfärbt. Langstehende Kohlsorten geben dem Züchter einen gewissen Spielraum bei der Terminierung der Kohlernte.

Brokkoli, Weißkohl und Blumenkohl erntet man, indem man den Strunk mit einem scharfen Messer abschneidet. Die Rosenkohlknospen trennen Sie mit einer schnellen Seitenbewegung vom Strunk. Um Rosenkohl zu lagern, lassen Sie die Knospen am Strunk, entfernen die Blätter und kappen den ganzen Strunk. Wir verkaufen sie in dieser Form auch auf unserem Herbst- und Frühwinter-Bauernmarkt; sie sind sehr beliebt. Brokkoli, Rosenkohl und Blumenkohl sollten nach der Ernte schnell gekühlt werden. Alle Kohlgewächse lassen sich am besten bei 0 °C und einer Luftfeuchtigkeit von 90 bis 95 Prozent lagern. Eine gute Belüftung bei der Lagerung ist wichtig.

Kopfsalat

Im Gegensatz zu Zuckermais hat Kopfsalat einen sehr hohen Ertrag pro Quadratmeter Erntefläche. In einigen Betrieben mit intensivem Gartenbau ist Salat die Hauptkultur. Das erschwert die Planung der Fruchtfolge. Zusätzlicher Kompost wird benötigt, wenn die gleiche Kultur in zu kurzen Abständen auf derselben Fläche angebaut wird.

Aus verschiedenen Gründen ziehen wir alle Salatkulturen vor. Erstens möchte ich sicher sein, dass ich eine garantierte Ernte ohne Lücken in den Reihen habe. Da Salatsamen bei heißem, trockenem Wetter schlecht keimen, säe ich sie lieber drinnen unter kontrollierten Bedingungen. Bei sehr warmem

Brokkoli

Wetter können die in Erdpresstöpfen gesäten Samen innerhalb von zwei Tagen in einem kühlen Keller zum Keimen gebracht und dann zum Wachsen heraufgeholt werden. Zweitens, da die meisten Salate 60 Tage von der Aussaat bis zur Ernte benötigen, können sie ein Drittel bis die Hälfte dieser Zeit als Setzlinge verbringen, bevor sie umgepflanzt werden. In den drei bis vier Wochen, in denen sich die Salatsetzlinge in den Erdpresstöpfen befinden, kann eine nicht-verwandte Kultur denselben Boden belegen. Das erhöht nicht nur die Produktion, sondern verringert auch die Probleme mit der Fruchtfolge. Und drittens ist Salat eine schnell wachsende Pflanze; daher möchte ich kräftige, unter idealen Bedingungen gewachsene Setzlinge haben, die dann in einem fruchtbaren Boden schnell heranwachsen. Die hervorragenden Salatsetzlinge in Erdpresstöpfen garantieren genau dies. Informationen über das Timing von Fruchtwechsel-Pflanzungen finden Sie in den Kapiteln 8 und 26.

Ich baue Kopfsalat im Gewächshaus in einem Abstand von 25 mal 25 Zentimetern und im Freiland in einem Abstand von 30 mal 30 Zentimetern an. Die Multiblatt-Kopfsalatsorten vom Typ ‚Salanova' werden vierreihig in ein 75 Zentimeter großes Beet mit 20 Zentimeter Abstand in der Reihe gepflanzt. Kurz vor dem Umpflanzen ins Freiland erhält die dafür vorgesehene Fläche eine Anwendung von gut zersetztem Kompost, der leicht in den Mutterboden eingearbeitet wird. Der Schlüssel zu einer erfolgreichen Kopfsalatkultur ist ein schnelles Wachstum, deswegen sollten Sie alle Wachstumsbedingungen so ideal wie möglich gestalten. Das bedeutet nicht nur Bodenvorbereitung und Bewässerung, sondern auch qualitativ hochwertige Setzlinge. Behandeln Sie die Salatpflanzen schonend, damit sie ohne abgerissene Blätter oder mit Erde gefüllten Herzen in die Erde kommen. Wenn das Wetter zu warm ist, sollten Sie den Salat früher ernten, um die Qualität zu erhalten, und ihn paarweise verpackt verkaufen (zwei kleinere Köpfe zum Preis von einem).

Kürbisgewächse

Ich fasse den klassischen Kürbis und andere Kürbisgewächse zusammen, da ihre Wachstumsanforderungen ähnlich sind. Sie gedeihen alle auf einem fruchtbaren Boden mit viel organischem Material, sind rankende Gewächse und werden in weit auseinanderliegenden Reihen gepflanzt. Manche Kürbisse eignen sich vielleicht nur als Halloween-Pflanze. Meiner Meinung nach werden die besten „Kürbiskuchen" aus Winterkürbissen gemacht.

Kürbisgewächse sind gut geeignet für den Anbau auf unkrautbefallenen Flächen. Da sie frostempfindlich sind und spät ins Freiland gepflanzt werden, kann das Feld vor der Pflanzung ein paar Mal bearbeitet werden, um Maßnahmen gegen die Keimung von Unkrautsamen und deren Regulierung einzuleiten. Nach der Pflanzung bieten die großen Abstände zwischen den Reihen und das langsame frühe Wachstum der Pflanzen, bevor sie zu reben beginnen, weitere Möglichkeiten für eine saubere Bodenbearbeitung. Sobald die Ranken und großen Blätter anfangen, den Boden zu bedecken, leisten sie selbst einen guten Beitrag zur Beikrautregulierung.

Wir nehmen bei allen Kürbisgewächsen zwei Samen pro 7,5 cm-Erdpresstopf und pflanzen sie nach zwei bis drei Wochen um. In manchen Gegenden mit kurzer Saison kann das Vorziehen der Pflanzen die einzige Möglichkeit sein, die volle Reife der Früchte zu erreichen. Ich pflanze in Beeten mit einem Reihenabstand von 2,4 m und setze möglichst alle 1,8 m ein kräftiges Pflanzenpaar in der Reihe. Das Umpflanzen stresst die Kürbisgewächse, und sie brauchen in den ersten Wochen im Boden Schutz vor Gurkenkäfern (siehe Kapitel 21).

Die Ernte erfolgt am besten kurz vor dem Frost im Herbst. Frostschäden können die Haltbarkeit der Früchte beeinträchtigen. Schneiden Sie die Kürbisse vorsichtig mit einem scharfen Messer ab, sodass ein stabiler Stiel übrig bleibt. Nach der Ernte lassen wir die Winterkürbisse für einige Wochen bei 27 °C in unserem Anzuchtgewächshaus aushärten. Lagern Sie die Früchte anschließend bei einer Temperatur von 13 °C und einer relativen Luftfeuchtigkeit von 65 Prozent. Hubbard-Kürbisse sind weniger anfällig für Lagerfäule, wenn die Stiele vor der Lagerung vollständig entfernt werden.

Mangold

Mangold ist eine Kulturform der Rübe und reagiert auf ähnliche Wachstumsbedingungen. Ich säe Mangold in 4 cm-Erdpresstöpfe und dünne dann auf einen Setzling pro Erdballen aus. Anschließend werden die Sämlinge in drei Reihen in ein 75 Zentimeter-Beet mit einem Abstand von jeweils 30 Zentimetern in der Reihe gepflanzt, wenn die Blätter einzeln von außen nach innen geerntet werden sollen. Bei einer Ernte der gesamten Pflanze wird in 30 Zentimetern breiten Reihen mit einem Abstand von jeweils 15 Zentimetern gepflanzt. Ich denke, dass die Qualität bei der zweiten Variante besser ist, aber die Nachfrage nach großen Blättern mit ausgeprägten Mittelrippen erfordert die erste Variante. Wie das meiste Blattgemüse lässt sich Mangold nicht gut lagern. Kühlen Sie ihn nach der Ernte schnell ab, und halten Sie die Luftfeuchtigkeit so hoch wie möglich.

Melone

Melonen sind eine weitere Kultur, die warmes Wetter benötigt, sogar noch mehr als Gurken. Jede zusätzliche Wärme, die durch bodenwärmende Mulchschichten, Reihenabdeckungen, Windschutz oder einen geschützten Standort bereitgestellt werden kann, zahlt sich durch eine bessere Freilandernte aus. Folientunnel

Cantaloupe-Melone

eignen sich hervorragend für den Melonenanbau.

Die Abdeckung sollte zur Bestäubungszeit entfernt werden. Hier gelten die gleichen Bodenbedingungen wie für Gurken: je fruchtbarer der Boden, desto besser die Melonenernte. Oft wird ein sandiger Boden für den Melonenanbau bevorzugt, da er sich schneller erwärmt. Zusätzliches organisches Material hilft einem sandigen Boden, Wasser zu halten.

Für ein bestmögliches Aroma sollten Zuckermelonen geerntet werden, sobald sich der Stiel leicht von der Frucht löst. Viele der europäischen Charentais-Sorten müssen schon früher geerntet werden. Achten Sie auf die Beschreibungen der Blattfarbveränderungen im Katalog. Melonen können nach der Ernte bei 4 °C und hoher Luftfeuchtigkeit für kurze Zeit gelagert werden.

Paprika der Sorte ‚Red Ace'

Paprika

Paprika ist ein weiteres wärmeliebendes Gemüse, das Sie für alle Maßnahmen zur Verbesserung des Mikroklimas entschädigen wird. Vliesabdeckungen, Mulchfolien und Folientunnel sind hilfreich bei der Produktion von Paprikapflanzen. Ich habe die Flächen zwischen den Gewächshäusern genutzt, um ein warmes Mikroklima für eine Fruchtfolge aus Paprika, Melonen und Sellerie zu schaffen.

Zunächst säe ich Paprika in Mini-Erdpresstöpfe bei 22 °C. Anschließend werden sie in 5 cm-Erdpresstöpfe und dann in 15 cm große Pflanztöpfe umgetopft, um beste frühe Setzlinge zu kultivieren. Nachts sollte es nicht kühler als 17 °C werden. Bis ich die Erdpresstöpfe in den Boden verpflanze, lasse ich keine Früchte ansetzen. Auch die unterste Königsblüte knipse ich ab. Durch die Reduzierung dieses frühen Pflanzenaustriebs erhalte ich später eine viel höhere Produktion. Möglichst stark stickstoffhaltige Bodenzusätze wie Hühnermist sollte man vermeiden, da der zusätzliche Stickstoff dazu führt, dass die Paprikapflanzen mehr Blätter als Früchte tragen.

Nach der Ernte wird Paprika bei 10 °C und einer Luftfeuchtigkeit von 90 bis 95 Prozent gelagert. Temperaturen unter 7° C machen diese wärmeliebenden Pflanzen für Fäulnisbakterien anfällig.

Pastinake

Obwohl ich Pastinaken gerne esse und sie für den eigenen Verzehr anbaue, glaube ich

Pastinaken

nicht, dass der Ertrag mit dieser Kultur ausreicht, um sie anders als über eine genossenschaftliche Vermarktung zu verkaufen. Pastinaken müssen früh gepflanzt, über die Saison hinweg kultiviert und idealerweise im Boden belassen werden, um im nächsten Frühjahr geerntet werden zu können. Die kalten Wintertemperaturen wandeln einen Teil der Stärke in Zucker um und machen Pastinaken zu einem echten Frühlingsgenuss für Feinschmecker.

Eine preiswerte Einzelkornsämaschine eignet sich gut, um nackte Pastinakensamen auszusäen, auch wenn die Reihen ausgedünnt werden müssen. Für andere Sämaschinen wird pelletiertes Pastinakensaatgut empfohlen. Ich pflanze Pastinaken in zwei Reihen auf einem 75 cm-Beet mit einem Abstand von möglichst 7,5 cm in der Reihe. Wenn eine Nachfrage vorhanden ist, haben Pastinaken den Vorteil, dass sie zu einer Jahreszeit geerntet und verkauft werden können, in der in der Landwirtschaft traditionell wenig verdient wird. Es ist wichtig, sie rechtzeitig zu ernten, bevor die Wurzeln anfangen zu sprießen. Im Herbst geerntete Pastinaken, die zwei Wochen lang bei einer Temperatur von 0 °C gelagert werden können, erreichen eine ähnliche Süße wie die, die über den Winter auf dem Feld bleiben. Die Luftfeuchtigkeit muss bei 95 Prozent gehalten werden.

Petersilie

Petersilie ist eines meiner Lieblingsnahrungsmittel; ich nasche bei der Arbeit immer mal wieder davon. Ich denke, dass sie für Kleinerzeuger mit etwas Marketingaufwand eine viel wichtigere Kulturpflanze sein könnte, als sie es derzeit ist. Die Entscheidung für glatte oder krause Sorten wird durch die Nachfrage bestimmt.

Petersilie ziehe ich grundsätzlich selbst. Ich säe sie in Mini-Erdpresstöpfen bei 22 °C und verpflanze die Sämlinge anschließend in 5 cm-Erdpresstöpfe. Diese Erdpresstöpfe sind die einzige durchweg effiziente und verlässliche Art, eine Pfahlwurzelpflanze wie Petersilie zu verpflanzen. Ich setze Petersilie als Folgefrucht in alle möglichen Ecken, sowohl im Freiland als auch im Gewächshaus. Bei der Ernte schneide ich die ganze Pflanze ab und lasse dann bis zum nächsten Schnitt neues Grün nachwachsen. Petersilie kann bei kühlen Temperaturen und hoher Luftfeuchtigkeit etwa einen Monat lang gelagert werden, aber ich ziehe es vor, sie frisch zu ernten und direkt zu verkaufen.

Radieschen

Schön gewachsene Radieschen sind ein wunderbares Salatgemüse. Sie haben eine kurze Vegetationszeit und brauchen dafür einen sehr fruchtbaren Boden bei nicht zu hohen Temperaturen. Ich pflanze Radieschen gerne im Spätherbst und frühen Frühjahr in unbeheizten Folientunneln oder im Rollgewächshaus.

Wir säen die Radieschen mit einer vier- oder sechsreihigen Sämaschine in 12 Reihen pro Beet. Wöchentliche Staffelsaaten sichern die beste Qualität. Wenn bisher Wurzelmaden ein Problem waren, verwenden Sie den gleichen Dünger aus Herbstlaub wie bei den Kohlgewächsen. Arbeiten Sie das Laub im Herbst unter (bis zu 76 m3/0,4 ha) und erneut vor der Aussaat. Laub, das auf diese Weise als Bodenzusatz verwendet wird, setzt Stickstoff in einer Form frei, die den Radieschen scheinbar hilft, an ihren Schädlingen vorbeizukommen. Alfalfa-Mehl, das als Dünger für Radieschenkulturen ausgebracht wird, hat ebenfalls außergewöhnliche Ergebnisse gebracht.

Radieschen sollten nach der Ernte schnell gekühlt werden. Bündeln Sie sie nicht mit dem Grün, außer für den sofortigen Verkauf. Die Blätter entziehen Feuchtigkeit und lassen die Radieschen schrumpfen. Je knackiger sie sind, desto besser der Verkauf.

Rote Bete

Rote Bete ist eine Feldfrucht, die mehrfach im Jahr Saison hat. Es beginnt mit der Ernte der Blätter, geht dann über zur Ernte der Baby

Radieschen der Sorte ‚Flamboyant‘

Goldene Rote Bete

Beets und endet im Herbst/Winter mit der Ernte der Lagerrüben. Verschiedene Sorten eignen sich am besten für die einzelnen Erntephasen. Lesen Sie daher sorgfältig die Sortenbeschreibungen.

Ich pflanze Lagerrüben in 40 Zentimeter breiten Reihen mit einem Abstand von jeweils etwa 7,5 Zentimeter in der Reihe. Frühe Sorten und Baby Beets werden in 25 Zentimeter-Reihen mit jeweils fünf Zentimeter Abstand gepflanzt. Rote Bete-Samen sind eigentlich Früchte, die ein bis vier Samen enthalten, die nach der Keimung ausgedünnt werden müssen. Es gibt auch Monogermsaatgut mit nur einem Samen, aber sie gehören nicht zu meinen Favoriten. Die Aussaat erfolgt in Erdpresstöpfen. Pflanzen Sie drei Samen pro Erdtopf. Ein Pikieren ist hier nicht notwendig, da sich der dominante Sämling in jeder Frucht normalerweise durchsetzt. Pflanzen Sie nach drei Wochen die Sämlinge mit einem Abstand von 30 Zentimeter in 25 Zentimeter breite Beetreihen aus.

Rote Bete wächst am besten in einem Boden mit neutralem pH-Wert und einer ausreichenden Versorgung mit Bor. Ich habe herausgefunden, dass die beste Ergänzung ein pelletiertes Produkt mit einem 10-prozentigen Gehalt an elementarem Bor ist, das vor dem Pflanzen in den Boden eingearbeitet wird. Berechnen Sie sorgfältig die Menge, die ausgebracht werden soll. In Böden mit ausreichender organischer Substanz sind 1,35 kg elementares Bor pro 0,4 Hektar normalerweise die passende Menge für Rote Bete. Pelletiertes Bor kann mit einem handgekurbelten, auf der Brust montierten Schleuderstreuer exakt ausgebracht werden. Mit Blattgrün geerntete Rote Bete muss nach der Ernte schnell gekühlt werden und sollte bei 2 °C und einer Luftfeuchtigkeit von 95 Prozent in gut belüfteten Behältern gelagert werden.

Spinat

Es ist kein besonderes Kunststück, Spinat innerhalb einer Saison anzubauen, denn das ist auf einem fruchtbaren Boden relativ einfach, aber außerhalb der Saison. Spinat ist eine kälteliebende Pflanze, aber die Nachfrage als Salatkomponente und als Zutat in vielen

Spinatsetzlinge für eine extra frühe Ernte

Gourmetgerichten erstreckt sich über das ganze Jahr. Es gibt eine Reihe von Möglichkeiten, diese Nachfrage zu befriedigen.

Ein Lehmboden hat mehr Bodenkörper und ist eine bessere Wahl für den Anbau von wärmeliebenden Spinatsorten als ein Sandboden. Ein sandiger Boden kann allerdings mit viel Kompost, Tonzusätzen und einem guten Bewässerungssystem verbessert werden.

Bei schwierigen Bodenverhältnissen reagiert Spinat auf die gleichen Zusatzstoffe wie Sellerie, sodass ebenfalls Eierabfälle oder Krabbenschalen als Dünger wirksam sind. Wenn eine Spinatkultur gegen Mitte September gepflanzt und dann durch ein unbeheiztes Rollgewächshaus geschützt wird, kann bis in die Wintermonate geerntet werden.

Spinat wird nicht oft vorgezogen, aber es ist eigentlich ganz einfach. Säen Sie vier Samen pro 4 cm-Erdpresstopf. Nach drei Wochen verpflanzen Sie die Sämlinge alle 15 cm in Reihen mit 30 cm Abstand. Anstatt vorgezogen zu werden, wird die frühe Ernte jedoch normalerweise im Herbst zuvor gesät und draußen überwintert. Junge Spinatpflanzen sind recht widerstandsfähig und überstehen den Winter in der Regel ohne Schutz, falls eine Schneedecke vorhanden ist. Wenn nicht mit Schnee zu rechnen ist, sorgt eine leichte Schicht aus Tannenzweigen oder eine Vliesabdeckung für zusätzlichen Schutz. Die Frühjahrsernte kann beschleunigt werden, indem man die Beete mit einem Folientunnel bedeckt, sobald der Boden auftaut.

Wir ernten überwinternden Spinat, indem wir die Blätter mit einem scharfen Messer abschneiden. Das Nachwachsen für nachfolgende Ernten ist auf diese Weise besser gewährleistet, als wenn man die ganze Pflanze kappt. Ich habe vor einigen Jahren in den Niederlanden ein sehr effizientes System für die Spinaternte im Freiland gesehen. Der Spinat wurde in engen Reihen gepflanzt und wuchs sehr dicht und aufrecht. Bei der Ernte wurde das ganze Beet vorsichtig mit einer Sense gemäht, die mit einem Netz ausgestattet war, um den Spinat aufzufangen.

Spinat sollte nach der Ernte schnell gekühlt und wenn möglich mit Crushed Ice abgedeckt werden. Die relative Luftfeuchtigkeit liegt idealerweise im Bereich von 90 bis 95 Prozent

Staudensellerie

Sellerie ist auf kleinen Bauernhöfen keine typische Kulturpflanze, aber ich glaube, dass sie es sein sollte. Es gibt eine gute Nachfrage für biologisch angebauten Staudensellerie. Die idealen Bedingungen sind ein sehr fruchtbarer Boden mit viel organischer Substanz und einer stetigen Feuchtigkeitsversorgung. Der Züchter muss sicherstellen, dass der Boden ausreichend Kalzium und Bor enthält. Wenn es in Ihrer Nähe einen Brutbetrieb gibt, bei dem Eierabfälle entstehen, sind diese ein großartiger Bodenverbesserer für Sellerie. Bewässerung ist ein Muss für erfolgreiche Selleriekulturen.

Starten Sie Sellerie in Mini-Erdpresstöpfen bei 22 °C. Besprühen Sie die Töpfe regelmäßig, bis die Keimung erfolgt. Topfen Sie anschließend in 5 Zentimeter-Erdpresstöpfe um und lassen Sie sie bei 16 °C oder wärmer weiterwachsen. Wenn nach dem Umpflanzen ins Freiland anhaltende Temperaturen unter 13 °C herrschen, führt es dazu, dass die Pflanzen im ersten Jahr schossen, also ungewünschte Blütenstände bilden. Pflanzen Sie Sellerie in 30 Zentimeter Reihen mit einem Abstand von 30 Zentimeter in der Reihe. Frühe Umpflanzungen ins Freiland müssen mit einem Folientunnel geschützt werden, um zu verhindern, dass die Pflanzen schossen, sobald das Wetter feucht und kühl wird. Ich baue meine früheste Ernte im Gewächshaus am Rand meiner frühen Tomatenpflanzen an, wo das Dach nicht hoch genug ist, um Tomaten hochzuleiten.

Knollensellerie

Lagern Sie Sellerie bei 0 °C und einer relativen Luftfeuchtigkeit von 95 Prozent. Wir verwenden einen kleinen Zerstäuber, um die Luftfeuchtigkeit im Lagerraum aufrechtzuerhalten. Die gleichen Ratschläge gelten auch für Knollensellerie. Dieser ist allerdings etwas unempfindlicher, was das Schossen und den Feuchtigkeitsbedarf angeht.

Tomate

Es gibt keinen verlockenderen Snack als eine exquisite, voll ausgereifte Tomate direkt vom Strauch. Für einen intensiv Salatanbau betreibenden Züchter sind Rispentomaten, die im Gewächshaus gezogen werden, neben Kopfsalat die lohnendsten Kulturen. Ich meine damit ausdrücklich nicht die Art von „Gewächshaustomaten“, wie man sie gemeinhin kennt. Das sind nicht die geschmacklosen, plastikartigen Objekte ohne Aroma, die grün gepflückt, künstlich gereift und nur wegen ihres Aussehens verkauft wurden. Ich spreche von echten Tomaten, die in einem fruchtbaren Gewächshausboden angebaut werden,

Fleischtomaten der Sorte ‚Big Beef‘

um dadurch die Saison zu verlängern und die Qualität zu verbessern.

Aus einer Reihe von Gründen empfehle ich den Anbau von Tomaten im Gewächshaus. Die Tomate ist eine beliebte Kulturpflanze, doch die Freilandsaison ist kurz. Die Produktion im Gewächshaus kann die Saison erheblich verlängern und Kunden auf Ihren Bauernhof bringen. Viele der Krankheiten, von denen Freilandtomaten betroffen sind, wie z. B. die Krautfäule, sind auf Wetterstress zurückzuführen. In Gewächshäusern und Folientunneln ist dieser Stress geringer oder gar nicht vorhanden, und die Krautfäule ist kein Problem. Ein Großteil der Genussqualität einer wärmeliebenden Pflanze hängt von idealen Wetterbedingungen ab. In nördlichen Klimazonen sind diese Bedingungen normalerweise nicht gegeben. In südlichen Klimazonen herrschen sie nicht lange genug vor, um die Tomatensaison vollständig zu verlängern. In den meisten Fällen ist es eine praktikable Option, Tomaten über einen langen Zeitraum unter kontrollierten Bedingungen bis zur Reife anzubauen.

Ich baue hauptsächlich Fleischtomaten-Sorten an. Die Aussaat kann bereits ab Mitte Oktober erfolgen, wenn Sie sich darauf spezialisiert haben, sie im Gewächshaus zu kultivieren. Für meine erste Ernte säe ich Mitte Februar aus. Die Samen werden in Mini-Erdpresstöpfen bei 22 °C gezogen. Nach 8 bis 10 Tagen werden sie in 5 cm-Erdpresstöpfe getopft und bei 17 °C Nachttemperatur weiter kultiviert. Nach weiteren 10 bis 14 Tagen werden sie erneut umgetopft, dieses Mal in 15 cm-Pflanztöpfe. Wenn die Pflanzen sechs Wochen alt sind, pflanze ich sie in ein beheiztes Gewächshaus um.

Ich züchte die Gewächshaustomaten in der Mitte von 75 cm-Beeten, die stark mit Kompost angereichert sind, bei einer Nachttemperatur von 17 °C; gelüftet wird bei einer Temperatur von 24 °C. Die Bodentemperatur sollte nicht niedriger als 16 °C sein, um ein optimales Wachstum zu gewährleisten. Wenn Sie keine Bodenheizung haben, können Sie den Boden erwärmen, indem Sie die Beete mindestens zwei Wochen vor dem Bepflanzen mit einer durchsichtigen Folie abdecken und diese bis zur ersten Kompostdüngung etwa sechs Wochen später liegen lassen.

Die Tomatensetzlinge werden in der Mitte des Beetes einreihig im Abstand von 60 cm ausgepflanzt. Ziehen Sie die Tomaten eintriebig und entfernen Sie alle paar Tage die Seitentriebe. Die Pflanzen werden an Spanndrähten über Kopf aufgeleitet. Binden Sie starkes unbehandeltes Jutegarn locker an die Basis der Pflanze und befestigen Sie es oben an einem vertikal angebrachten Draht. Wenn die Pflanze wächst, wird das Garn um den Trieb gewickelt oder dieser mit speziellen Clips daran fixiert. Niederländische Forschungen haben ergeben, dass Fleischtomaten optimal und ohne Stress für die Pflanzen gedeihen, wenn für die Frühjahrsernte die Anzahl der Früchte an den ersten beiden Rispen auf drei und danach auf vier Früchte zurückgeschnitten wird (bei der Herbsternte drei Früchte an den ersten drei Rispen, zwei an der vierten und fünften Rispe sowie drei an der sechsten Rispe und jeder weiteren). Alle sechs Wochen sollte etwa 2,5 cm Kompost in den Oberboden eingearbeitet werden. Bewässern Sie regelmäßig.

Wenn die Pflanzen den Spanndraht erreicht haben (der idealerweise in einer Höhe von 2,4 m angebracht ist), wird der Trieb entweder für eine kurze Produktionssaison gekappt oder die Pflanze wird abgesenkt. Um die Pflanzen absenken zu können, sollten Sie das Jutegarn oben länger bemessen. Gewächshausfirmen bieten zu diesem Zweck spezielle Tomatenhaken an, auf die das zusätzliche Jutegarn gewickelt wird. In diesem Wachstumsstadium sind die untersten Früchte bereits geerntet und die unteren Blätter entfernt. Lösen Sie oben die Schnur und lassen Sie etwas Länge heraus, um die Pflanze abzusenken, sodass sich der untere, kahle Tomatenstängel Richtung Boden senkt. Leiten Sie den oberen Trieb der Pflanze seitlich weiter, indem Sie die Haken mit dem aufgespulten Garn entlang des Spanndrahtes verschieben. Führen Sie bei allen Pflanzen den oberen Trieb in der gleichen Richtung entlang des Drahtes weiter. Am Ende der Reihe werden die Pflanzen um die Kurve geführt und auf die Pflanzenreihe im daneben liegenden Beet in umgekehrter Richtung weiterbewegt. Jedes Mal, wenn die Pflanze oben die Stütze erreicht, sollte die Pflanze auf diese Weise abgesenkt werden. Solange die oberen zwei Meter der Pflanze senkrecht stehen, wächst sie normal weiter. Die nackten Pflanzenstängel berühren schließlich den Boden und bilden dort neue Wurzeln. (Wenn Sie veredelte Pflanzen haben, müssen Sie die Stängel oberhalb des Bodens halten, um das Wurzeln zu verhindern.) Eine Pflanze, die im zeitigen Frühjahr gesetzt wird, kann durch Absenken der Pflanze und Weiterschieben des oberen Triebs bis in den Spätherbst hinein im Vollertrag stehen. Für detailliertere Informationen konsultieren Sie die in der Bibliografie aufgeführten Bücher über den Tomatenanbau im Gewächshaus und nehmen Sie Kontakt auf mit anderen, erfahrenen Züchtern. Spezielle Techniken für diese Kultur entwickeln sich rasant.

Die erste Ernte (von einer Aussaat am 15. Februar) ist um den 1. Juni herum möglich, und setzt sich bei uns bis Mitte November fort. Ich pflücke die Tomaten erst, wenn sie ausgereift und verzehrfähig sind. Dieser Vorteil für den Kunden sichert Ihnen eine stetige Nachfrage. Ab Mitte November gibt es nicht mehr genug Sonne und der Geschmack lässt rapide nach, sodass wir die Pflanzen ziehen und auf den Anbau von Kurztagskulturen im Wintergewächshaus umstellen.

Zucchini

In diese Kategorie gehören für mich auch gelbe Sommerkürbisse, deren besondere Vorzüge erst allmählich geschätzt werden. Es gibt eine große Nachfrage nach klein geernteten Früchten (wie die französischen Courgettes), auch nach Früchten, die mit der Blüte gepflückt werden, und nach den männlichen Blüten. Für letztere sind spezielle Sorten entwickelt worden.

Wie andere schnell wachsende Pflanzen gedeihen auch diese Kürbisgewächse besonders gut, wenn Sie ihnen optimale Anbaubedingungen bieten. Für eine frühe Ernte können die Setzlinge in Folientunnel gepflanzt werden. Im Freiland bevorzuge ich die direkte Aussaat. Das Wichtigste bei Zucchini und Sommerkürbisgewächsen ist die rechtzeitige Ernte. Wenn Sie kleine Früchte ernten möchten, achten Sie genau auf die Entwicklung der Pflanzen, denn diese Früchte sind nur wertvoll, wenn sie jung und frisch sind. Die Pflanzen sind so produktiv, dass jeden Tag eine neue Ernte ansteht, bei heißem Wetter sogar zweimal am Tag. Gehen Sie beim Ernten sehr vorsichtig mit den Früchten um. Einige Gärtner tragen weiche Handschuhe, um die zarte und leicht zu quetschende Haut nicht zu zerkratzen. Die Früchte lassen sich nicht lange lagern.

Zuckermais

Diese Kultur stellt den Kleinerzeuger vor eine frustrierende Entscheidung. Der finanzielle Ertrag pro 0,4 Hektar Mais ist gering, aber die Beliebtheit und die Nachfrage sind hoch. Was ist zu tun? Wenn Sie an Abonnenten vermarkten, pflanzen Sie am besten gerade so viele, wie nötig sind, um Ihren Verpflichtungen nachzukommen. Wenn Sie eine begrenzte Anzahl von Feldfrüchten anbauen, wird Mais wahrscheinlich nicht dazu gehören, es sei denn, Sie haben zusätzliches Land.

In Dämmen angepflanzter Zuckermais

Wenn Sie über einen Marktstand verkaufen, können Sie Mais auch von anderen Landwirten zukaufen.

Mais kann für die früheste Ernte mithilfe von Erdpresstöpfen vorgezogen werden. Stellen Sie die Erdtöpfe in eine Bäckerkiste. Durch den Gitterboden gelangt Luft an alle Seiten des Erdpresstopfes und verhindert, dass die Pfahlwurzel aus dem Ballen herauswächst. Sobald die ersten Triebe aus dem Erdballen wachsen, nehmen Sie die Maissetzlinge aus dem Kasten und verpflanzen Sie sie. Die Aussaat im Freien ist abhängig von der Temperatur. Mais keimt schlecht, wenn die Bodentemperatur unter 13 °C liegt. Einige Landwirte experimentieren mit der Vorkeimung des Getreides vor der Aussaat, um die frühe Aussaat zuverlässiger zu machen. Dabei geht es nur darum, die Keimruhe zu brechen, und nicht, dass es zur Wurzelbildung kommt. Die Idee sieht vielversprechend aus, und ich schlage auch anderen Züchtern vor, es auszuprobieren.

Für eine kontinuierliche Versorgung mit Zuckermais sollte der Züchter eine Reihe von Sorten mit aufeinanderfolgenden Ernteterminen verwenden. Es bedarf einiger Erfahrung, um die besten Sorten herauszufinden, denn in der Praxis reifen die Sorten nicht immer so fortschreitend, wie es die Katalogangaben vorgeben. Der Zuckergehalt im Mais beginnt nach der Ernte zu sinken, daher gilt: Je frischer der Mais, desto besser der Geschmack. Wenn Sie die Qualität des Zuckermaises erhalten wollen, ist es am wichtigsten, die Ernte schnell runterzukühlen und kühl zu halten. Die neuen supersüßen Maissorten verlieren ihre Süße nicht so schnell nach der Ernte, aber ich denke, dass der Geschmack von Mais vielfältiger ist als nur seine Süße. Ich glaube auch nicht, dass diese Sorten so nahrhaft sind.

Zwiebel

Dies ist die Kultur, die mich davon überzeugt hat, gleichzeitig mehrere Samen in einen Erdpresstopf zu säen. Da ich runde, kugelförmige Zwiebeln bevorzuge (im Gegensatz zu den überzüchteten Steckzwiebelsorten), ziehe ich Zwiebeln vor. Das Umpflanzen und die anschließende Beikrautregulierung in der Reihe waren zunächst nicht so effizient, wie ich es mir gewünscht hatte. Mit mehreren Samen in einem Erdpresstopf hat sich das geändert.

Hierbei werden fünf bis sechs Wochen vor dem frühesten Umpflanztermin ins Freiland jeweils vier oder fünf Samen in einen 4 cm-Erdpresstopf gesät. Zwiebeln wie auch Kohlgewächse wachsen besser, wenn die Samen leicht mit Pflanzerde bedeckt sind. Die Erdpresstöpfe werden in drei Reihen in ein 75 cm-Beet mit einem Abstand von 30 cm in der Reihe gesetzt. Dabei werden die gleichen Arbeitsgeräte verwendet wie für andere Setzlinge in Erdpresstöpfen, die in diesem Abstand gepflanzt werden. Unkraut in der Reihe ist kein Problem, da der Raum zwischen den Pflanzen in beide Richtungen kultiviert werden kann. Die Zwiebeln wachsen zusammen im Büschel und schieben sich gegenseitig zur Seite, wenn sie größer werden und mehr Platz brauchen. Bei der Ernte besteht jeder Pulk aus einem Büschel von vier bis fünf Zwiebeln

Zwiebeln, die mit vier Samen pro Erdpresstopf gesät wurden.

gleicher Größe, als wären sie einzeln in der Reihe angepflanzt worden. Zwiebelgewächse werden stark von der Vorfrucht in der Fruchtfolge beeinflusst. Die günstigsten Vorfrüchte sind ein feines Kleegras (Rotklee), Kopfsalat oder ein Mitglied der Kürbisfamilie.

Für Schalotten verwende ich dieselbe Mehrsaattechnik, die ich in Kapitel 17 für Frühlingszwiebeln beschrieben habe, jedoch mit einer noch höheren Dichte. Es werden jeweils 12 Samen in 4 cm-Erdpresstöpfe gesät und als Setzlinge in vier Reihen in einem 75 cm-Beet mit einem Abstand von 20 cm in der Reihe gesetzt. Zum Zeitpunkt der Reife sind die Büschel bereits für die Ernte vorgebündelt.

Die Zwiebeln sind erntereif, wenn die Blätter auf natürliche Weise zu welken beginnen. Bei guten Wetterbedingungen (warm und trocken) ziehen wir die Zwiebeln, schneiden den oberen Teil ab und lassen sie ein paar Tage auf dem Feld trocknen. Anschließend werden die Zwiebeln zur weiteren Trocknung an einem Ende unseres Anzuchthauses einlagig auf Bänken ausgelegt, wo Ventilatoren die Luft zirkulieren lassen. Wenn die Bedingungen zu feucht sind, kann die Heizungsanlage des Gewächshauses die Luft zusätzlich trocknen. Die gesamte Trocknungsprozedur dauert etwa drei bis vier Wochen, bis die Hälse vollständig trocken sind. Nach dem Trocknen bei 0 °C und einer relativen Luftfeuchtigkeit von 65 Prozent lagern. Auf diese Weise erhalten Sie Zwiebeln von höchster Qualität für den Verkauf und die Lagerung.

Karte der Winterhärte-Zonen

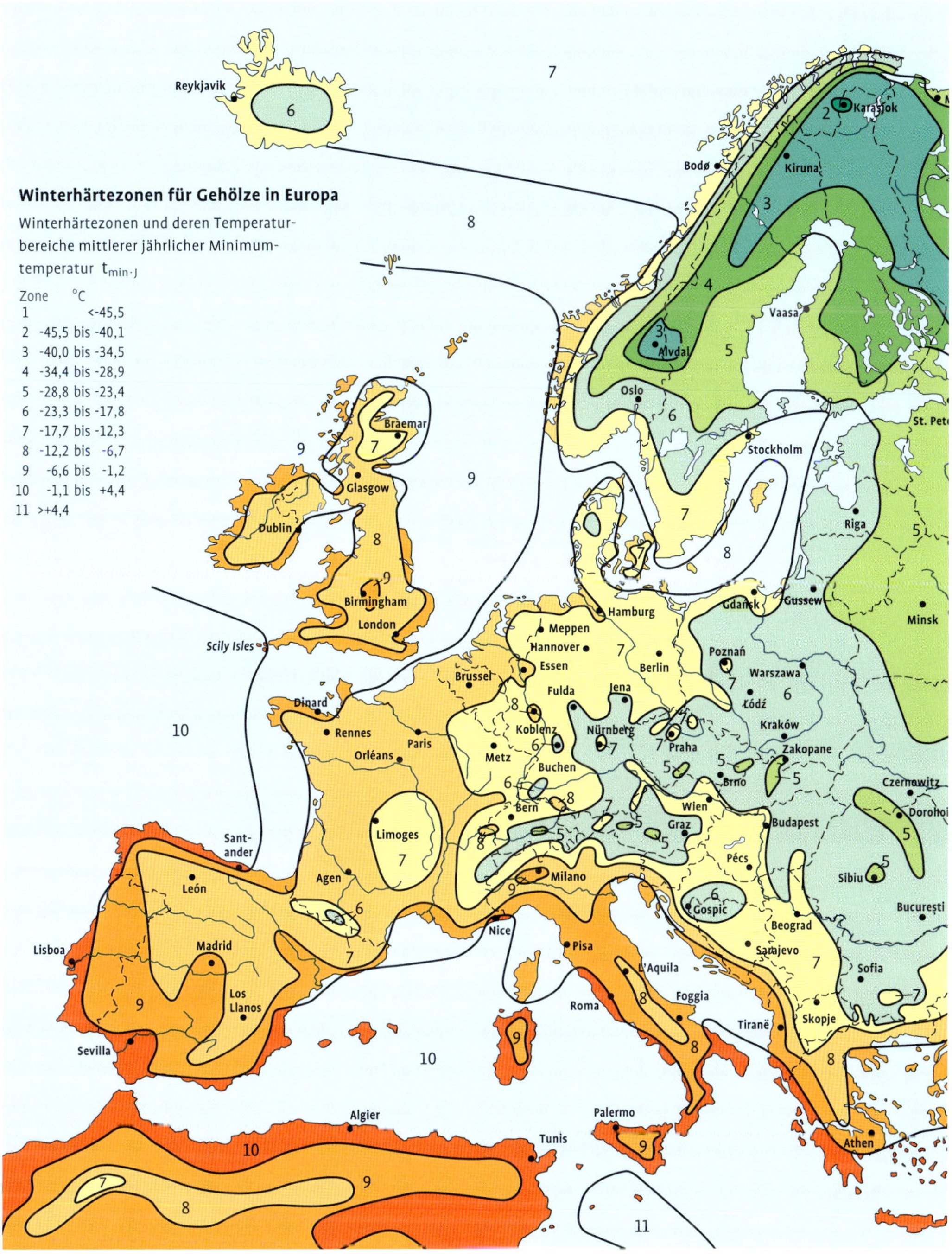

Beide Abbildungen mit freundlicher Abdruckgenehmigung. Flora der Gehölze. Bestimmung, Eigenschaften, Verwendung. Andreas Roloff, Andreas Bärtels. 4., aktualisierte Auflage 2014. ISBN 978-3-8001-8246-6. € 29,90.

ANHANG C

Ein schematischer Überblick über die Ökologische Landwirtschaft

Ursprünglich habe ich diese Gliederung als Hilfsmittel erstellt, um meine Gedanken zusammenzufassen und zu sehen, ob alles zusammenpasst. Machten meine Überlegungen sowohl auf dem Papier als auch in der Praxis Sinn? Meine frühere Grundschullehrerin hat mir einmal gesagt, dass es mir nicht möglich sein würde, eine schlüssige Gliederung zu erstellen, wenn meine dem Konzept zugrunde liegenden Gedanken nicht klar sind.

Das hier ist ziemlich schlüssig. Sie wäre zufrieden gewesen.

Ein schematischer Überblick über die Ökologische Landwirtschaft

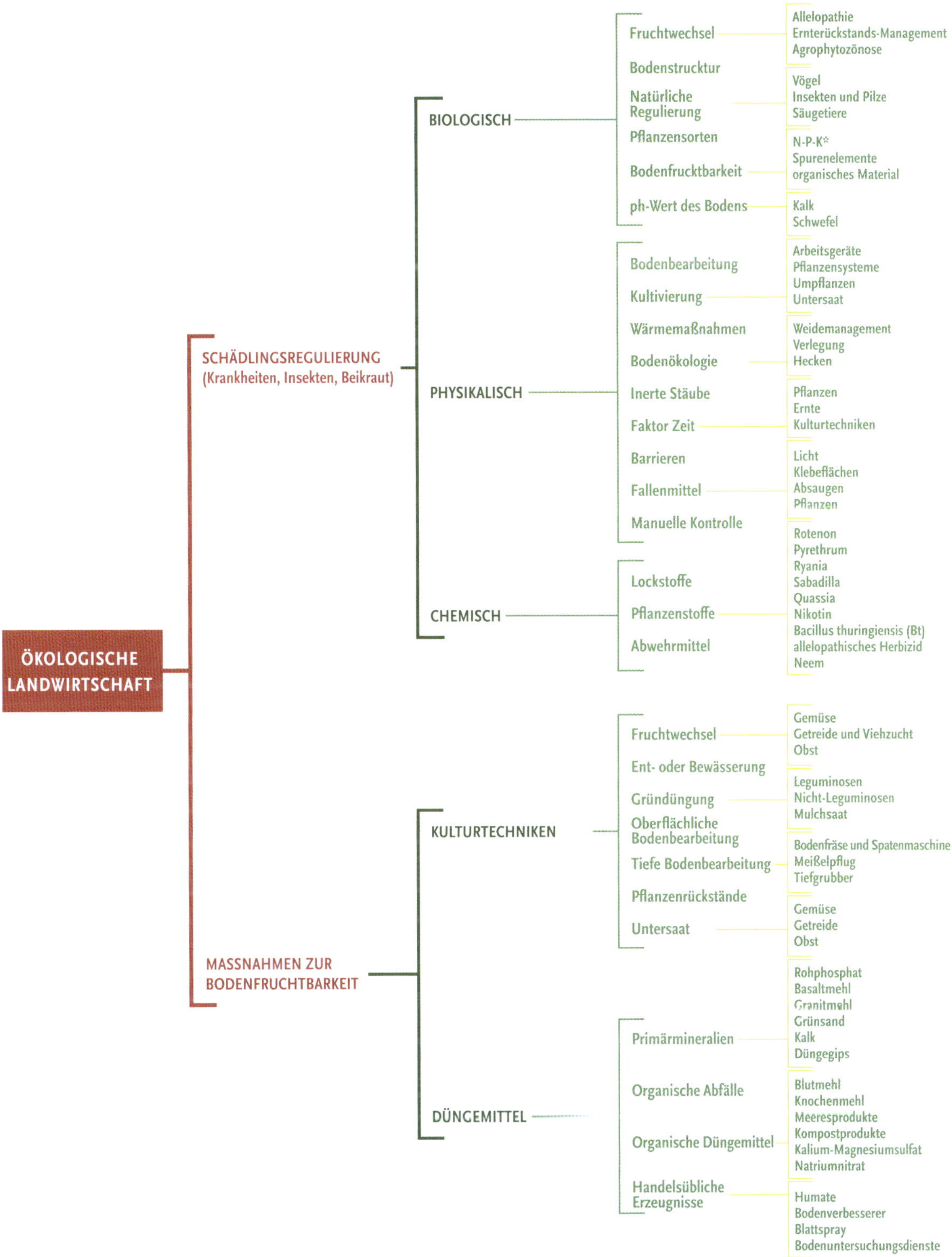

* N (Stickstoff), P (Phosphat), K (Kalium)

ANHANG D

Empfohlene Werkzeuge und Bezugsquellen

Werkzeuge sind in sich vollkommen;
Das Blatt der Sense krümmt sich im rechten Winkel zur Hand,
der Hammer kennt sein Gleichgewicht, das Messer seine Schärfe,
Alle Werkzeuge sind unfehlbar geplant, entschlossene Freunde, mit dienstbarem Versprechen; mit Haken auch, die Meister verstehen...

–V. Sackville-West

Als ich die erste Ausgabe dieses Buches in den 1980er-Jahren schrieb, gab es noch kein Internet und es war nicht leicht, die idealen Werkzeuge und Hilfsmittel für den kleinen Gemüsebetrieb zu recherchieren und zu finden. Deshalb habe ich hier einen ausführlichen Abschnitt über Werkzeuge und Zubehör mit Bezugsquellen ergänzt. Bei der Geschwindigkeit, mit der sich die Welt verändert, sind solche Listen schnell überholt. Ich empfehle daher das Internet und Ihre bevorzugte Suchmaschine für die Recherche zu nutzen. Wenn Sie intensiv suchen, sollten Sie schnell potenzielle Bezugsquellen finden.

Saatgut

Es gibt im deutschsprachigen Raum eine ganze Reihe von Organisationen, die sich um den Erhalt der Vielfalt kümmern und nachbaufähiges, samenfestes Saatgut von Bio-Züchtungen anbieten oder Bezugsmöglichkeiten vermitteln. Auch Museumsgärten sind gute Quellen für alte Sorten. Hier ist eine Auflistung von Vereinen und Saatguterzeugern (ohne Anspruch auf Vollständigkeit):

Samenfest — Bio Saatgut Online Shop
https://samenfest.de/

Bingenheimer Saatgut AG — Bio-Saatgut von samenfesten Sorten und Bio-Züchtungen
www.bingenheimersaatgut.de

VEN — Verein zur Erhaltung der Nutzpflanzenvielfalt (für die rein private, nicht gewerbliche Nutzung)
www.nutzpflanzenvielfalt.de/saatgutliste

IG Saatgut — Interessengemeinschaft für gentechnikfreie Saatgutarbeit
www.ig-saatgut.de

Dreschflegel Saatgutversand
www.dreschflegel-shop.de

saat:gut e.v. — ökologische Pflanzenzüchtung
www.saat-gut.org

ProSpecieRara — Schweizerische Stiftung für die kulturhistorische Vielfalt von Pflanzen und Tieren in Deutschland
www.prospecierara.ch

ARCHE NOAH — Gesellschaft für die Erhaltung der Kulturpflanzenvielfalt & ihre Entwicklung
www.arche-noah.at

Gründünger-Mischungen für Acker und Garten
www.freudenberger.net

Pflege der Werkzeuge

Sauberkeit. Reinigen Sie alle Werkzeuge nach Gebrauch und vor dem Einlagern. Verwenden Sie dazu einen Holz- oder Metallschaber, um Schmutz zu entfernen, eine Drahtbürste für feineres Material, und wischen Sie die Werkzeuge mit einem rauen Lappen trocken.

Schärfe. Es hat eine Reihe von Vorteilen, die Gartengeräte gut geschärft zu halten. Die Arbeit kann besser erledigt werden, die Werkzeuge erfordern weniger Kraftaufwand, es kann mehr in einer bestimmten Zeit erledigt werden und der Arbeiter fühlt sich am Ende der Arbeit weniger müde. Am besten hält man die Schneide eines Werkzeugs regelmäßig scharf, anstatt zu warten, bis sie stumpf geworden ist. Bei den meisten Gartenwerkzeugen ist eine flache Metallfeile das Mittel der Wahl zum Schärfen. Für Sicheln und Sensen sollte ein Schleifstein verwendet werden. Messer und Gartenscheren werden am effektivsten auf einem Ölstein geschärft.

Langlebigkeit. Die meisten guten Werkzeuge haben kräftige Stiele aus geradfaserigem Eschenholz, die gelegentlich mit gekochtem Leinöl bestrichen werden müssen, um ein Austrocknen zu verhindern. Trockenes Holz verliert die wertvolle Elastizität eines gut gepflegten Griffs und bricht eher.

Ordnung und Erreichbarkeit. Einer der ordentlichsten, bestgepflegten und effizientesten Werkzeugräume, den ich je gesehen habe, war auf einem kleinen Bauernhof in Deutschland. Über der Werkbank hing ein auffälliges Schild mit den Worten „Tu jedes Ding an seinen Ort, das spart viel Ärger, Zeit und manch böses Wort“.

Hängen Sie kleine Werkzeuge an Topfhaken oder eine Lochwand-Platte. Wenn der jeweilige Platz für das Werkzeug durch dessen aufgezeichneten Umriss markiert ist, kann das Werkzeug nach Gebrauch leicht an seinen Platz zurückgebracht werden und man merkt, wenn es fehlt. Eine weitere lohnende Praxis ist es, eine auffällige Farbe (rot, hellblau oder orange) auf einen verschleißfreien Bereich des Metallteils eines Werkzeugs zu malen, sodass man es leicht wiederfindet, wenn es auf dem Feld liegen gelassen wird.

Ein gut geplanter Geräteschuppen sollte in unmittelbarer Nähe zu den Feldern stehen und mit Strom, fließendem Wasser, einem Betonboden, Holzofen zum Heizen, einer Werkbank mit Schraubstöcken sowie ausreichenden Aufbewahrungsmöglichkeiten für Gas, Öl, Ersatzteile und Werkzeuge ausgestattet sein.

KOMMENTIERTE BIBLIOGRAFIE

Hinweis: Sofern möglich, habe ich Angaben zum Verlag und Datum der Erstausgabe der in dieser Bibliografie aufgeführten Bücher gemacht.

Aktuelle Informationsquellen

Es ist ein gemeinsames Merkmal vieler erfolgreicher ökologischer Landwirte, dass sie das, was sie wissen, ohne Hilfe von außen gelernt haben. Sie haben es geschafft, das Wieso und Weshalb biologischer Systeme auf eigene Faust zu entschlüsseln. Dieses weit verbreitete eigenständige Lernen ist nicht überraschend, da es in der Vergangenheit nur wenig spezifisches Lehrmaterial oder Beratungsmöglichkeiten gab. In einer solchen Situation sind die besten Lehrmeister, abgesehen von der eigenen Erfahrung, gute, grundlegende, allgemeine Nachschlagewerke über Böden, Pflanzen und Techniken. Die Informationen können so zusammengestellt werden, dass sie den spezifischen Bedürfnissen des Züchters entsprechen. Diese Bücher sind keine leichte Lektüre, aber sie bieten eine Fülle von nützlichen Ideen und können die „Fakten und Zahlen" liefern, die als Ausgangspunkt für eine verbesserte Ertragsleistung dienen.

Balls, R. *Horticultural Engineering Technology.* London and New York: Macmillan, 1985. Dieses Buch bietet, zusammen mit M. F. J. Hawkers und J. F. Keenlysides *Horticultural Machinery* sowie John Robertsons *Mechanising Vegetable Production* (siehe unten), Hintergrundwissen über die Funktionsweisen landwirtschaftlicher Geräte. Außerdem liefern die Bücher Anregungen für eigene Lösungen derselben Aufgaben in kleinerem Maßstab. Wie ein geschickter alter Nachbar aus Maine mir zu sagen pflegte: „Ok, wenn du mir ungefähr sagen kannst, was du willst, kann ich dir bestimmt etwas zusammenbasteln." Gute inspirierende Bücher für „Tüftler".

Bleasdale, J. K. A. *Plant Physiology in Relation to Horticulture.* London: Macmillan, 1984. Es ist immer gut zu wissen, was sich hinter den Kulissen abspielt. Dieses Buch hat alle „Insider"-Informationen. Es ist viel schwerer zu lesen als die Bleasdale-Bücher (siehe unten), aber die Mühe lohnt sich wegen der harten Fakten und der ausgezeichneten Literaturangaben.

Bleasdale, J. K. A., P. J. Salter, et al. *Know and Grow Vegetables.* 2 vols. London und New York: Oxford University Press, 1979 und 1982. Wunderbare kleine Bücher sowohl für den Laien als auch für den angehenden Profi. Die Autoren, Mitarbeiter der National Vegetable Research Station in England, mögen offensichtlich ihr Thema und haben Freude daran, die Leser mit erstklassigen Informationen zu versorgen, sowohl aus eigener Erfahrung als auch aufgrund ihrer Experimente.

Bunt, A. C. *Modern Potting Composts.* University Park: Pennsylvania State University Press, 1976. Bunt als Engländer versteht unter *„potting composts": „potting soils"* (Blumenerde). Dies ist mein absolutes Lieblingsbuch zu diesem Thema. Es enthält alles, was Sie schon immer wissen wollten.

Engeland, Ron L. *Growing Great Garlic.* Okanogan, WA: Filaree Productions, 1991. Ein sehr unterhaltsames Buch über alle Aspekte der Knoblauchkultur. Geschrieben in einer bodenständigen Sprache, von einem Gärtner für Gärtner.

Facciola, Stephen. *Cornucopia II: A Source Book of Edible Plants.* Vista, CA: Kampong Publications, 1998. Dies ist eine nahezu unglaubliche Informationsquelle. Sie führt die Samen aller essbaren Pflanze von jeder Saatgutfirma zum Zeitpunkt der Veröffentlichung auf. Außerdem gibt es eine fantastische Bibliographie. Sehr gut gemacht.

Flegmann, A. W., and Raymond A. T. George. *Soils and Other Growth Media.* London und New York: Macmillan, 1979. Das am schwierigsten zu lesende Buch dieser Auswahl, aber als Nachschlagewerk immer noch wertvoll.

Flint, Mary Louise. *Pests of the Garden and Small Farm.* Davis: University of California, 1990. Ausgezeichnete Farbabbildungen und maßstabsgetreue Zeichnungen zur Identifizierung von Schädlingen. Praktische Informationen zur Problembehebung.

Fordham, R., and A. G. Biggs. *Principles of Vegetable Crop Production.* London: William Collins Sons (in den USA Vertrieb durch Sheridan House), 1985. Sehr vollständig und nicht übermäßig trocken. Viele kleine nützliche Ratschläge, die hier und da versteckt sind.

Grober Guides: No. 3, *Peppers and Aubergines; No. 7, Plastic Mulches for Vegetable Production; No. 10, Blocks for Transplants; No. 21, Lettuce Under Glass; No. 26, Vegetables Under Glass.* Einzelne Ausgaben einer fortlaufenden Serie, die von Grower Books, Nexus Media, Nexus House, Swanley, Kent, England BR8 8HY veröffentlicht wurde. Es sind durchweg informative Hefte, meist unter 100 Seiten, die jedes einzelne Thema gründlich behandeln.

Hawker, M. F. J., und J. F. Keenlyside. *Horticultural Machinery.* New York: Longman, 1985. (Siehe meine Anmerkungen unter R. Balls, Seite 329.)

Lorenz, Oscar A., und Donald N. Maynard. *Knott's Handbook for Vegetable Growers,* 3rd ed. New York: Wiley Interscience, 1988. Ein unentbehrliches Nachschlagewerk. Jeder Züchter sollte ein Exemplar besitzen. Das Buch enthält fast alle Fakten, die man früher oder später wissen muss.

Magdoff, Fred, und Harold van Es. *Building Soils for Better Crops.* 3rd ed. College Park, MD: Sustainable Agriculture Research and Education (SARE)-Programm, 2009. www.sare.org/Learning-Center/Books/Building-Soils-for-Better-Crops-3rd-Editon. Ein wertvoller praktischer Leitfaden zum ökologischen Bodenmanagement.

Mastalertz, John W. *The Greenhouse Environment.* New York: John Wiley & Sons, 1977. Ein umfassendes Sachbuch zu allen Aspekten des Gewächshausanbaus.

Mefferd, Andrew. *The Greenhouse and Hoophouse Growers Handbook.* White River Junction, VT: Chelsea Green, 2017. Ausgezeichnete aktuelle Informationen von einem sachkundigen Praktiker.

Ministry of Agriculture, Fisheries and Food. *Plant Physiological Disorders,* Reference Book 223. London: Her Majesty's Stationery Office, 1985. Gelegentlich treten selbst bei den besten Züchtern Probleme auf. Wenn das der Fall ist, sind Bücher wie dieses – zusammen mit dem von J. B. D. Robinson und dem von Roorda van Eysinga und Smilde (siehe unten) – gute „Berater", die man zur Hand haben sollte. Detaillierte Farbfotos, genaue Diagnosen, solide Ratschläge und ausgezeichnete Verweise machen diese Bücher zu einer lohnenden Investition.

Nelson, Paul V. *Greenhouse Operation and Management.* Reston, VA: Reston Publishing, 1978. Eine vollständige Darstellung aller Aspekte des Gewächshausanbaus.

Parnes, Robert. *Fertile Soil*. Davis, CA: agAccess, 1990. Ein sehr informatives Buch, das für Gärtner geschrieben ist. Mit vielen nützlichen Tabellen und Anhängen.

Robertson, John. *Mechanising Vegetable Production*. Ipswich, Suffolk, England: Farming Press, 1978. Siehe meine Kommentare unter R. Balls (oben).

Robinson, D. W., und J. G. D. Lamb, eds. *Peat in Horticulture*. New York: Academic Press, 1975. Alles, was Sie jemals über Torf wissen wollten, zusammen mit all seinen Verwendungen und gärtnerischen Qualitäten.

Robinson, J. B. D., ed. *Diagnosis of Mineral Disorders in Plants*. Vol. 1, *Principles;* Vol. 2, *Vegetables;* Vol. 3, *Glasshouse Crops*. London: Her Majesty's Stationery Office, 1983, 1983 und 1987.

Roorda van Eysinga, J. P. N. L., und K. W. Smilde. *Nutritional Disorders in Glasshouse Tomatoes, Cucumbers and Lettuce*. Wageningen, Die Niederlande: Centre for Agricultural Publishing and Documentation, 1981.

Sarrantonio, Marianne. *Northeast Cover Crop Handbook*. Emmaus, PA: Rodale Institute, 1994. Eine ausgezeichnete Quelle für Informationen und Vorschläge zur Beurteilung der Auswirkungen von Deckfrüchten.

Taylor's Guide to Vegetables & Herbs. Boston: Houghton Mifflin, 1987. Die Farbfotos sind großartig. Wenn Sie nicht wissen, wie ein bestimmtes Gemüse aussieht (Sauerampfer, Rucola, Gartenmelde, Indischer Spinat usw.), hilft Ihnen dieses Buch.

Tite, R. L. *Growing Tomatoes: A Greenhouse Guide*. London: Her Majesty's Stationery Office, 1983. Eine sehr gut gemachte, kleine (32 Seiten) Einführungsbroschüre, die jedem Gewächshaus-Tomatenzüchter helfen wird, richtig zu starten.

Wittwer, S. H., und S. Honma. *Gewächshaus-Tomaten, Salat und Gurken*. East Lansing: Michigan State University Press, 1979. Ein wenig veraltet, aber immer noch gute Basisinformationen. Dies ist das Buch, mit dem ich angefangen habe.

Klassische Informationsquellen für den Bio-Anbauer

Hier ist eine Auflistung der „klassischen" Quellen, die meiner Meinung nach für ernsthafte Landwirte von besonderem Interesse sind. Viele Bücher sind bereits vergriffen, besonders die klassischen englischen Quellen. Einige dieser Titel sind jedoch kürzlich neu aufgelegt worden. Die meisten anderen sind in einer guten Bibliothek oder über die Fernleihe erhältlich. Wie Sie vielleicht vermuten, sind die Autoren dieser Bücher nicht immer einer Meinung. Einige haben die biologische Landwirtschaft nur gestreift, während andere tief involviert und erfahrende Praktiker waren. Es ist wichtig, kritisch zu bleiben, Referenzen zu prüfen, zu vergleichen und zu sehen, was die andere Seite zu sagen hat, um nicht, wie so viele Missionare einer neuen Idee, „zu einem Vermittler von großen und vielfältigen Fehlinformationen" zu werden.

> Eine gute Versorgung des Bodens ist das Wichtigste von allem. Wenn eine Pflanze gesund ist und zu ihrer Vollendung heranwächst, braucht sie eine große Vitalität; und diese Vitalität, die Lebenskraft der Pflanze, steigert ihren Nährwert. Eine Pflanze kann nicht geben, was sie nicht hat; das, was sie hat, bekommt sie aus dem Boden. Sie kann ihre „eigene Vollkommenheit" nicht in einem ausgehungerten Boden erreichen und noch weniger in einer mit Chemikalien gedopten Erde.
>
> — **Maye Bruce,** *Common-Sense Compost Making 1967*

> Es würde viel Verwirrung vermeiden, wenn wir alle die Bezeichnung „biologische Landwirtschaft“ anstelle von „organischer Landwirtschaft“ übernehmen würden. Wir sollten dann den Schwerpunkt dort belassen, wo er hingehört, nämlich auf der Förderung des Lebens und des biologischen Gleichgewichts, und nicht nur auf einer der Techniken, um dies zu erreichen, die, wenn sie eng ausgelegt wird, nur unter bestimmten Umständen wirksam sein kann.
>
> — **Lady Eve Balfour,** *Journal of the Soil Association,* January 1954

Albrecht, William A. *Soil Fertility and Animal Health.* Webster City, IA: Fred Hahne, 1958. Ein hervorragender Überblick über das Thema durch den angesehensten amerikanischen Vertreter der intelligenten Landwirtschaft. Albrecht beginnt mit einem alten Zitat: „Alles Fleisch ist Gras“ und fährt fort, die Bedeutung der Qualität dieses Grases für die Tiergesundheit zu demonstrieren.

Aubert, Claude. *L'Agriculture Biologique.* Paris: LeCourrier du Livre, 1970. Eine kompetente Darstellung der Bio-Landwirtschaft durch einen führenden europäischen Experten. Auf Französisch.

Baker, C. Alma. *Peace with the Soil.* Federated Malay States: self-published, 1939 Eine frühe Darstellung der Wichtigkeit, den Boden anstelle der Pflanze zu ernähren.

The Labouring Earth. London: Heath Cranton, 1940. Eine Übersicht über die Landwirtschaft vom biodynamischen Standpunkt aus. Es spricht für Baker, dass er den Begriff *organisch* schon so früh wie Northbourne verwendet hat.

Balfour, E.B. (Lady Eve). *The Living Soil.* London: Faber, 1943. Das wichtige Frühwerk einer Gründerin der Soil Association. Lady Eve dokumentiert die Zeugnisse der biologischen Landwirtschaft. Ein schönes Buch, das in jeder Bibliothek stehen sollte. Nachgedruckt 1975.

Billington, F.H. *Compost for Garden Plot or Thousand Acre Farm.* London: Faber, 1943. Ein frühes Werk, das alle Aspekte des Kompostierens gründlich behandelt. Fünf spezifische Methoden werden im Detail beschrieben. Es gibt auch eine neuere Ausgabe, die von Ben Easey überarbeitet und mitverfasst wurde.

Blake, Michael. *Concentrated Incomplete Fertilizers.* London: Crosby Lockwood, 1966. Eine Diskussion über die Mängel und den daraus resultierenden Missbrauch von chemischen Düngemitteln.

Bromfield, Louis. *Pleasant Valley.* New York: Harper, 1946. Dies ist das erste von Bromfields Büchern über Landwirtschaft. Er erzählt darin, wie er nach Ohio zurückkehrte und Farmer wurde. Er beschäftigt sich mit den Details von frühen Anbauplänen, der Bodenerhaltung und den „Friends of the Land“.

Malabar Farm. New York: Harper, 1947. In diesem Buch setzt er die in *Pleasant Valley* dargelegten Erkenntnisse fort und behandelt den ganzjährigen Rhythmus der landwirtschaftlichen Aktivitäten auf Malabar. Weitere Schwerpunkte sind Bromfields andere Interessen, mit Kapiteln wie „Grass the Great Healer“, „Malthus Was Right“ und „The Organic-Chemical Fertilizer Feud“.

Out of the Earth. New York: Harper, 1948. Bromfield betont die Notwendigkeit von Kenntnissen über die vielen komplizierten, miteinander verbundenen Wissenschaften, die in der Landwirtschaft involviert sind, als Ergänzung zum Wissen über den landwirtschaftlichen Betrieb als solchen. Er verurteilt die Vorstellung, dass „jeder Landwirtschaft betreiben kann“. Praktische Intelligenz und Hingabe sind für den Erfolg notwendig.

From my Experience. New York: Harper, 1955. Es ist das letzte seiner Landwirtschafts-Bücher und das beste von allen. Hervorragende Berichte über einen Markt am Straßenrand, Landwirtschaft in Brasilien, den Aufbau von Mutterböden, das Leben mit dem Wetter sowie ein Kapitel mit dem Titel „A Hymn to Hawgs" sind eine unterhaltsame und informative Lektüre.

Bruce, Maye. *From Vegetable Waste to Fertile Soil.* London: Faber, 1940.

Common-Sense Compost Making. London: Faber, 1967. In beiden Büchern beschreibt Bruce die Kompostierung mithilfe von Kräuterextrakten. Diese dienen der Aktivierung der Prozesse im Haufen und erzeugen ein besseres Endprodukt. Das Standardwerk. 2009 neu aufgelegt.

Erfahrungsgemäß breitete sich die zerstörerische Aktivität der Insekten nur dann aus, wenn die Pflanzen in einem abnormal schwachen Zustand waren.

— **Edward H. Faulkner,** *Soil Restoration,* 1953

Burr, Fearing. *The Field and Garden Vegetables of America.* Chillicothe, IL: The American Botanist, Buchhandlung, 1994. Ein Klassiker, erstmals 1863 veröffentlicht. Auf über 600 Seiten werden fast 1.100 Pflanzenarten beschrieben, die vor mehr als 150 Jahren angebaut wurden; illustriert mit Holzschnitten.

Cocannouer, Joseph A. Weeds: *Guardians of the Soil.* New York: Devin-Adair, 1952. Cocannouer ist ein begeisterter Verfechter der Vorzüge von Beikräutern.

Farming with Nature. Norman: University of Oklahoma Press, 1954. Ein allgemeines Werk mit einigen guten Informationen. Nachgedruckt unter dem Titel *Organic Gardening and Farming.*

Water and the Cycle of Life. New York: Devin Adair, 1958. Eine vernichtende Anklage gegen die falschen landwirtschaftlichen Praktiken, die zur ‚Dust Bowl' führten, und die Darstellung ihrer Auswirkungen auf die Ökologie des Wassers.

Corley, Hugh. *Organic Farming.* London: Faber, 1957. „Der Grund, gute Landwirtschaft zu betreiben, ist, dass es richtig ist." Corley bietet in seinem Buch eine Fülle an nützlichen Darlegungen darüber, was „gute Landwirtschaft" ausmacht.

Darwin, Charles. *The Formation of Vegetable Mould Through the Actions of Worms.* London: Faber und Faber, 1945. Dieser zeitlose Klassiker wurde mit einer enthusiastischen Einführung von Sir Albert Howard wieder veröffentlicht.

Donaldson, Frances. *Approach to Farming.* London: Faber, 1941. In diesem Buch wird dargelegt, warum die „Gesundheit" des Bodens, des Viehs und der Produkte in jedem landwirtschaftlichen Betrieb an erster Stelle stehen sollte.

Easey, Ben. *Practical Organic Gardening.* London: Faber, 1955. Ein hervorragendes Werk, fast ein Lehrbuch. Sehr gründlich und gut dokumentiert. Enthält eine Menge Material, das nirgendwo sonst zu finden ist.

Elliot, Robert H. *The Clifton Park System of Farming.* London: Faber, 1907. In seiner Einleitung nennt Sir George Stapledon dieses Buch einen „landwirtschaftlichen Klassiker". Erstmals 1898 unter dem Titel *„Agricultural Changes"* veröffentlicht, war es später das Werk, das Sykes und Turner inspirierte. Elliot schreibt über Gräser, Weiden und vor allem über seine umfangreiche Saatgutmischung, „berechnet, um das Land mit pflanzlichem Material zu füllen."

Faulkner, Edward H. *Plowman's Folly.* Norman: University of Oklahoma Press, 1943. Louis Bromfield schrieb, dass jeder, auch Hollywood-Schauspielerinnen, ihn nach diesem Buch fragte. Es verkaufte sich schließlich millionenfach. Eine wirksame Verurteilung des Wendepflugs.

A Second Look. Norman: University of Oklahoma Press, 1947. In diesem Buch versucht Faulkner, seine Einstellung angesichts der durch Plowman's Folly ausgelösten Kontroverse noch einmal klarer darzustellen.

Soil Restoration. London: Michael Joseph, 1953. Faulkner beschreibt das Experiment, unter Anwendung seiner landwirtschaftlichen Techniken einen heruntergewirtschafteten Bauernhof als Gartenbaubetrieb wiederzubeleben.

Godwin, George. *The Land Our Larder*. London: Acorn Press, 1940. Die Geschichte einer der ersten englischen Bauernhöfe, die den Ideen von Sir Albert Howard folgten, und ihrer Umwandlung in eines der fruchtbarsten und blühendsten landwirtschaftlichen Unternehmen des Landes.

Graham, Michael. *Soil and Sense*. London: Faber, 1941. Ein unprätentiöses, aber informatives kleines Buch über Gräser, Weiden, Vieh und ihre Beziehungen zueinander.

Hainsworth, P. H. *Agriculture: A New Approach*. London: Faber, 1954. Eine sehr verständliche, gut dokumentierte Studie über biologische Landwirtschaft von einem erfolgreichen Landwirt. Enthält eine Menge neues und anregendes Material. Einer meiner persönlichen Favoriten.

> Ein gutes Bodenmanagement im Sinne der Erhaltung der Fruchtbarkeit und Produktivität hängt von einer Reihe relativ einfacher Praktiken ab: (1) Geeignete Bodenbearbeitung; (2) Aufrechterhaltung der Versorgung mit organischer Substanz, vor allem durch den Einsatz von Fruchtwechsel und Deckfrüchten einschließlich Leguminosen; (3) Anpassung des Säuregehalts des Bodens in feuchten Regionen; (4) Bereitstellung einer angemessenen Phosphorversorgung; und (5) Einsatz mechanischer Methoden zur Erosionskontrolle, wenn Fruchtwechsel und Deckfrüchte nicht ausreichen.
>
> — **Soils and Men,** USDA Yearbook of Agriculture 1938

Hambidge, Gove, ed. *Soils and Men: Yearbook of Agriculture* 1938. USDA. Washington, DC: US Government Printing Office, 1938. Ein höchst erstaunliches Buch, das heute als Lehrbuch für den ökologischen Landbau nachgedruckt werden könnte. Die Agrarwissenschaft der 1930er Jahre (vor der chemischen Invasion) entsprach stark den Prinzipien des ökologischen Landbaus.

Henderson, George. *The Farming Ladder*. London: Faber, 1944.

Farmer's Progress. London: Faber, 1950.

The Farming Manual. London: Faber, 1960. Wenn Sie nur einen inspirierenden Autor zum Thema Landwirtschaft lesen wollen, dann lesen Sie Henderson. Die ersten beiden Bücher behandeln seinen Einstieg in die Landwirtschaft zusammen mit seinem Bruder sowie ihre Erfahrungen im Laufe der Jahre. Das dritte ist ein detaillierter Leitfaden für die Arbeit als Landwirt. Henderson lässt in all diesen Büchern seine eigene Liebe zur Landwirtschaft und einen unschätzbaren Sinn für handwerkliches Können und Stolz auf eine gut gemachte Arbeit einfließen.

Henderson, Peter. *Gardening for Profit*. New York: Orange Judd, 1867. Peter Henderson war zu seiner Zeit die Gartenbau-Autorität, und er kannte sich wirklich aus. Auch nach 150 Jahren sind seine Ratschläge in den meisten Punkten immer noch zutreffend. Das Buch wurde 2007 von den American Botanist Booksellers of Chillicothe, IL in einer neuen Ausgabe nachgedruckt.

Hills, Lawrence. *Russian Comfrey*. London: Faber, 1953. Beinwell ist eine mehrjährige Pflanze, die als Futtermittel, zum Mulchen und als Kompost verwendet wird. Dieses Buch beschreibt viele nützliche Möglichkeiten, Beinwell in der Landwirtschaft einzusetzen.

Down to Earth Fruit and Vegetable Growing. London: Faber, 1960. Mit typischer Gründlichkeit deckt Lawrence Hills, Gründer der

Henry Doubleday Research Association, jeden Aspekt des Gartenbaus mit klaren, praktischen und detaillierten Anweisungen ab.

> Bis 1919 hatte ich gelernt, wie man gesunde, praktisch krankheitsfreie Pflanzen anbaut, ohne die geringste Hilfe von Mykologen, Entomologen, Bakteriologen, Agrarchemikern, Statistikern, Beratungsstellen, Kunstdüngern, Sprühmaschinen, Insektiziden, Fungiziden, keimtötenden Mitteln und all den anderen teuren Utensilien der modernen Versuchsstationen. Die Voruntersuchung des Bodens legte nahe, dass das grundlegende Recht jeder Kulturpflanze die Gesundheit ist.
>
> — **Sir Albert Howard,** *The Soil and Health,* 1947

Hopkins, Cyril G. *Soil Fertility and Permanent Agriculture.* Boston: Ginn und Company, 1910. Dies ist Hopkins' bekanntestes Werk und seine gründlichste Darlegung des Konzepts der „Permakultur".

Howard, Sir Albert. *An Agricultural Testament.* London: Oxford University Press, 1940. Das wichtigste und bahnbrechende Werk der biologischen Landwirtschaft, das unzählige Leser dazu inspirierte, Howards Ideen auszuprobieren. Das Buch stellt Mittel und Wege vor, wie die Fruchtbarkeit des Bodens durch natürliche Methoden wiederhergestellt, erhalten und verbessert werden kann.

The Soil and Health. New York: Devin-Adair, 1947. Die Fortsetzung seiner Ideen von *An Agricultural Testament* in einer populäreren Form. „Ich habe nicht gezögert, die Triftigkeit der gegenwärtigen landwirtschaftlichen Lehre und Forschung infrage zu stellen ..., denn man hat nicht erkannt, dass die Probleme in der Landwirtschaft und im Garten biologischer und nicht chemischer Natur sind."

Howard, Albert, und Yeshwant D. Wad. *The Waste Products of Agriculture.* London: Oxford University Press, 1931. Howards erstes Buch über seine Erfahrungen bei der Kompostherstellung in Indien.

Howard, Louise. *The Earth's Green Carpet.* London: Faber, 1947. Eine beliebte Darstellung der Ideen von Sir Albert Howard durch die Augen seiner Frau. Gut gemacht.

Sir Albert Howard in Indien. London: Faber, 1953. Das Buch zeichnet die Entwicklung von Howards Denken während seiner Jahre als Forscher in Indien nach. Ein wertvoller Bericht über seine wissenschaftliche Arbeit.

Hunter, Beatrice T. *Gardening Without Poisons.* Boston: Houghton Mifflin, 1964. Zweifellos das am besten dokumentierte und am gründlichsten recherchierte Werk zu diesem Thema. Gut strukturiert, mit einem ausgezeichneten Index und einer Bibliografie.

Jacks, G. V., W. D. Brind, und Robert Smith. *Mulching.* Technical Communication No. 49 of the Commonwealth Bureau of Soil Science, 1955. Eine sehr umfassende Studie über verschiedene Arten des Mulchens und ihre Auswirkungen auf die Bodenfruchtbarkeit und die Bodenorganismen.

Jacks, G. V., und R. O. Whyte. *Alternate Husbandry.* Imperial Agricultural Bureau, Joint Publication No. 6, Großbritannien, Mai 1944. Eine wissenschaftliche Darstellung aller Aspekte der Feldgraswirtschaft.

Jenks, Jorian. *The Stuff Man's Made Of.* London: Faber, 1959. Ursprung, Philosophie und wissenschaftliche Beweise der biologischen Landwirtschaft. Jenks, langjähriger Redakteur des *Journal of the Soil Association,* zeigt sein enzyklopädisches Verständnis für das Thema.

King, F. C. *The Compost Gardener.* Highgate, Kendal, Lancashire, England: Titus Wilson, 1943. Dieses kleine Buch legt die allgemeinen Anbauprinzipien für alle gängigen Gemüsearten dar. Enthält einige einzigartige Informationen.

Gardening with Compost. London: Faber, 1944. Kompostherstellung und -verwendung, Kommentare zu chemischen Düngemitteln sowie Abschnitte über Beikraut und Regenwürmer.

The Weed Problem. London: Faber, 1951. King ist in doppelter Hinsicht unorthodox. Er verteidigt die Kontrolle von Beikraut anstelle ihrer Beseitigung und verurteilt das Wenden des Bodens.

King, F. H. *Farmers of Forty Centuries.* London: Jonathan Cape, 1927. Dieser Klassiker einer der Pioniere der Agrarwissenschaft wurde erstmals 1911 veröffentlicht. King lernte auf seinen Reisen durch China, Korea und Japan, wie die Bodenfruchtbarkeit durch die Rückführung aller organischen Abfälle in den Boden vorangebracht werden kann. Hunderte von Fotos und faszinierende Informationen. 2004 nachgedruckt.

> Wir sind nicht darauf aus, irgendjemanden von der Wahrheit unserer Erfahrungen zu überzeugen, wie sich ein Boden mit unseren Methoden in drei Jahren verwandeln kann, denn wir sind selbst davon überzeugt, dass die Zeit das für uns tun wird. Wir stellen diese Methode als eine Alternative zu den herkömmlichen Gartentechniken vor, die heute die Gärtner mit hohen Arbeitskosten und Ausgaben für Stall- und Kunstdünger belasten, Faktoren, die den Gewinn des intensiven Gemüse- und Pflanzenanbaus massiv belasten. Wenn wir beschreiben, wie etwas gemacht werden sollte, dann haben wir selbst es auf diese Weise gemacht und einen Gewinn daraus gezogen.
>
> — **Dalziel O'Brien,** *Intensive Gardening,* 1956

Konnonova, M. M. *Soil Organic Matter.* New York: Pergamon, 1961. Ein lesenswertes Fachbuch zum besseren Verständnis der Prozesse in der biologischen Landwirtschaft.

Krasil'nikov, N. A. *Soil Microorganisms and Higher Plants.* Washington: U. S. Department of Commerce, 1958. Ein umfangreiches Kompendium mit nützlichen Informationen über Bodenorganismen. Hervorragendes Kapitel mit dem Titel „Biologische Faktoren der Bodenfruchtbarkeit". „Die aktiven Prinzipien von Humus und Kompost sind nicht die darin enthaltenen mineralischen Nährstoffe, sondern die organischen Substanzen und die biologisch aktiven Stoffwechselprodukte der Mikroben."

Lawrence, W. J. C. *Catch the Tide.* London: Grower Books, 1980. Die gärtnerischen Abenteuer und Untersuchungen von W. J. C. Lawrence. Sehr lesenswert.

Lawrence, W. J. C., und J. Newell. *Seed and Potting Composts.* London: Allen & Unwin, 1939. Erklärt einen Großteil der frühen Arbeiten zur Entwicklung besserer Blumenerde-Mischungen.

Maunsell, J. E. B. *Natural Gardening.* London: Faber, 1958. Ein Buch über unkonventionelle Gartentechniken. Maunsell ist der gründlichste der No-Diggers, und seine Verwendung der Spatengabel zum „Durcheinanderbringen" des Bodens ist beachtenswert.

Morris, Edmund. *Ten Acres Enough.* New York: American News, 1864. Untertitel: „Wie man auf einer sehr kleinen Farm eine sehr große Familie ernähren kann". Morris' Ratschläge sind heute noch so gut wie damals.

Northbourne, Lord. *Look to the Land.* London: Dent, 1940. Eines der frühen inspirierenden Werke. „Gemischte Landwirtschaft ist ökonomische Landwirtschaft, denn nur durch ihre Praxis kann die Erde dazu gebracht werden, einen echten Ertrag zu liefern." Northbourne war einer der ersten, wenn nicht der erste, der von „organischer" Landwirtschaft sprach.

O'Brien, R. Dalziel. *Intensive Gardening*. London: Faber, 1956. Dieses Buch voller origineller Ideen beschreibt einen akribisch effizienten bio-intensiven Gemüseanbau. Vom Entwurf über die Philosophie bis hin zu Kompostierungs- und Düngeverfahren – und einer Arbeitsablaufstudie des Vorziehens – wird alles behandelt. Es wird veganer Kompost (ohne Tiermist) verwendet. Ein weiterer Favorit von mir.

Oyler, Philip. *The Generous Earth*. London: Hodder und Stoughton, 1950. Erzählt die Geschichte des zeitlosen bäuerlichen Lebens im Tal der Dordogne in Frankreich, „dem Land aller guten Dinge". Es zeigt, wie der Einsatz vernünftiger landwirtschaftlicher Praktiken die Fruchtbarkeit auf ewig erhalten kann.

Sons of the Generous Earth. London: Hodder und Stoughton, 1963. Mehr über Oylers Erfahrungen in Frankreich. Ein wichtiger Bericht von einem Mann, der harte Arbeit, bäuerliche Fähigkeiten, gesundes Essen und Trinken sowie eine einfachere Lebensweise schätzt.

Pfeiffer, Ehrenfried. *Bio-Dynamic Farming and Gardening*. New York: Anthroposophic Press, 1938. Der Autor präsentiert Argumente für eine nicht-chemische Landwirtschaft im Allgemeinen und die biologisch-dynamische Landwirtschaft im Besonderen.

The Earth's Face and Human Destiny. Emmaus, PA: Rodale, 1947. Eine Erörterung von Landschaftsmerkmalen und ihrem Wert für das natürliche System.

Picton, Dr. Lionel. *Nutrition and the Soil*. New York: Devin-Adair, 1949. In diesem Buch geht es hauptsächlich um Ernährung, teilweise aber auch um den Boden. Eines der frühesten Werke zu diesem Thema und daher von einigem historischen Interesse.

Poore, George Vivian. *Essays on Rural Hygiene*. London: Longmans, Green, 1903. Ein sehr einflussreiches Frühwerk mit einem „The Living Earth" betitelten Kapitel.

Rayner, M.C. *Problems in Tree Nutrition*. London: Faber, 1944. Ein Bericht über die Arbeit von Dr. Rayner in Wareham Heath. Über die Verwendung von Kompost in der Forstwirtschaft, um das Wachstum von Sämlingen in einem sterilen Boden durch die Stimulierung der Entwicklung von Mykorrhiza-Gesellschaften zu fördern.

Rodale, J.I. *Stone Mulching in the Garden*. Emmaus, PA: Rodale, 1949. Ein fast vergessenes Werk und eines der besten von Rodale. Das Mulchen mit Steinen, eine alte und effektive Praxis, wird in Bild und Text klar erklärt.

Encyclopedia of Organic Gardening. Emmaus, PA: Rodale, 1959.

How to Grow Vegetables and Fruits by the Organic Method. Emmaus, PA: Rodale, 1960. Dies und die obige Enzyklopädie sind umfangreiche (1.000-seitige) Bücher, die alle Phasen der Landwirtschaft abdecken. Es ist das erste Buch, das ich gelesen habe.

Ich erinnere mich an die Zeit, als der Stall noch alles hergab, was zur Ernährung eines Feldes nötig war.
Aber jetzt schleppen wir Chemie auf den Acker und tränken die Erde mit Ladungen von Drogen.
Alles, was wir vergiften, sind hoffentlich die Schnecken.

— **Punch,** 1846, zitiert in der *Journal of the Soil Association,* April 1956

Rowe-Dutton, Patricia. *The Mulching of Vegetables*. Farnham Royal, Buckinghamshire, England: Commonwealth Agricultural Bureaux, 1957. Eine wertvolle Zusammenstellung aller Forschungen zum Mulchen bis zum Zeitpunkt der Veröffentlichung.

Royal Horticultural Society. *The Vegetable Garden Displayed*. London, 1942. Dieser Klassiker aus dem Zweiten Weltkrieg vermittelt den Gemüseanbau mittels 300 Schwarz-Weiß-Fotografien auf großartige Weise.

Russell, E. J. *The World of the Soil.* London: Collins, 1957. Eine gründliche Studie über den Boden von einem Direktor der Rothamsted Experimental Station in England. Zuverlässige Hintergrundinformationen für jedermann.

Seifert, Alwin. *Kompost.* London: Faber, 1952. Ein hervorragendes Buch über das Wie und Warum der Herstellung und Verwendung von erstklassigem Kompost.

Shewell-Cooper, W. E. *The Complete Fruit Grower.* London: Faber, 1960.

The Complete Vegetable Grower. London: Faber, 1968. Enzyklopädische Abdeckung beider Themen in einem lesbaren Format.

Smith, Gerard. *Organic Surface Cultivation.* London: Faber, 1961. Ein weiteres der „No-digging"-Bücher. Behandelt die Themen Kompost und Gartenplanung, plus eine Reihe von Tipps und Ideen.

Soil Association, The. *Journal of the Soil Association*, 1947-1972. Walnut Tree Manor, Haughley, Stowmarket, Suffolk IP14 3RS, England. Eine vierteljährlich erscheinende Zeitschrift mit unschätzbaren Referenzinformationen.

Stapledon, R. George, und William Davies. *Ley Farming.* London: Faber, 1941. Das beste Buch zu diesem Thema. „Als Mittel zur Förderung der Bodenfruchtbarkeit muss die Grasnarbe, richtig bewirtschaftet und intelligent umgesetzt, als die vielleicht wertvollste Grundlage angesehen werden, auf die der Landwirt setzen kann."

Stephenson, W. A. *Seaweed in Agriculture and Horticulture.* London: Faber, 1968. Stephenson dokumentiert die Verwendung von Meeresalgen – vor allem in flüssiger Form – in der Landwirtschaft anhand von Forschungsbeispielen aus verschiedenen Teilen der Welt. Wer sich für dieses Thema interessiert, findet einige zusätzliche Informationen in *Seaweed Utilization* von Lily Newton (London: Sampson-Low, 1951) und *Seaweeds and Their Uses* von V. J. Chapman (London: Methuen, 1970).

Sykes, Friend. *Humus and the Farmer.* London: Faber, 1946. Die Verwandlung von aussichtslosem Land in eine der Vorzeigebetriebe Englands durch Methoden, die als Humuswirtschaft beschrieben werden. Behandelt die Sanierung alter Weideflächen, das Anlegen neuer Weiden, das Unterpflügen, die Ernte und verwandte Themen.

Food, Farming and the Future. London: Faber, 1951. Die Weiterentwicklung der Humuswirtschaft sowie viele Randthemen.

Modern Humus Farming. London: Faber, 1959. Diskutiert die Gefährdung des Bodens durch die Huldigung der „technischen Effizienz" und den Glauben, „mit weniger mehr zu erreichen". Sykes vertritt den Standpunkt, dass Humuswirtschaft genauso effektiv und produktiv ist wie jedes andere System.

Turner, Newman. *Fertility Farming.* London: Faber, 1951. Turner war ein praktischer Landwirt, der, als er die im College erlernten konventionellen Landwirtschaftsmethoden anwandte, katastrophale Ergebnisse hatte. Daraufhin „verlernte" er seine gesamte theoretische Ausbildung und entwickelte sein eigenes System. Eine faszinierende Lektüre.

Herdsmanship. London: Faber, 1952. Gewidmet „der Jersey-Kuh, die Schönheit mit Effizienz verbindet". Umfassende Abhandlung über die Auswahl und das Management von Milchkühen aus der Sicht von Turner. Ausgezeichnete Beschreibungen aller wichtigen Milchviehrassen sowie Abschnitte über pflanzliche Veterinärpraktiken.

Fertility Pastures. London: Faber, 1955. Der Wert der Feldgraswirtschaft (temporäre Weide) ist das zentrale Thema dieses Buches. Die detaillierten Informationen über den Charakter und die Eigenschaften von Kräutern und Gräsern für die Beweidung sind äußerst interessant. Turner bestimmte die Zusammensetzung seiner Weidesaatgutmischungen durch „Befragung der Kuh".

Die Anreicherung des Bodens mit großen Mengen organischer Substanz, insbesondere frischer pflanzlicher und tierischer Rückstände, verändert die Art seiner mikrobiellen Population vollständig. Das Gleiche gilt für Veränderungen der Bodenreaktion, die durch Kalkung oder den Einsatz saurer Düngemittel, durch das Anpflanzen spezieller Pflanzen, insbesondere Leguminosen, sowie durch die Belüftung des Bodens infolge der Kultivierung hervorgerufen werden.

— **Selman Waksman,** *Soil Microbiology,* 1952

Voisin, Andre. *Grass Productivity.* London: Crosby Lockwood, 1958.

Soil, Grass and Cancer. London: Crosby Lockwood, 1959.

Better Grassland Sward. London: Crosby Lockwood, 1960. Voisin, eine führende französische Autorität auf dem Gebiet der Grünlandbewirtschaftung, befasste sich intensiv mit der biologischen Qualität der Erzeugnisse. Diese Arbeiten inspirierten das moderne Interesse an Wechselweiden.

Waksman, Selman A. *Soil Microbiology.* New York: John Wiley, 1952. Ein äußerst wertvolles Buch. Waksman beschreibt detailliert die Bedürfnisse der Bodenmikroorganismen und ihre Bedeutung im Boden. Seine Informationen stehen im Einklang mit den erfolgreichsten Praktiken der biologischen Landwirtschaft.

Weaver, John E. *Root Development of Field Crops.* New York und London: McGraw-Hill, 1926.

Weaver, John E., und William E. Bruner. *Root Development of Vegetable Crops.* New York und London: McGraw-Hill, 1927. Weaver und sein Team untersuchten das Wurzelsystem von Nutzpflanzen, indem sie tief in die Erde gruben, um sie aus dem Boden zu holen. Absolut faszinierende Informationen darüber, was unter der Oberfläche des Bodens passiert.

Whyte, R.O. *Crop Production and Environment.* London: Faber, 1960. Ein Buch über Pflanzenökologie. Es behandelt die Auswirkungen auf die Pflanze von dem, was Whyte als die primären Faktoren der Luftumgebung betrachtet: Temperatur, Licht und Dunkelheit.

Wickenden, Leonard. *Make Friends with Your Land.* New York: Devin-Adair, 1949. Wickenden war ein Chemiker, der vom organischen Anbau fasziniert war. In diesem Buch versucht er, mit einigen der Mythen aufzuräumen und die Behauptungen aus wissenschaftlicher Sicht zu untersuchen. Ein außergewöhnliches Buch für den skeptischen Einsteiger.

Gardening with Nature. New York: Devin-Adair, 1954. Ein durch und durch professionelles Buch für Anfänger und erfahrene Gärtner gleichermaßen. Eine praktische und umfassende Behandlung aller Aspekte des Anbaus.

The Wheel of Health. London: C.W. Daniel, 1938. Was ist Gesundheit und welche Beziehung besteht zwischen der Qualität der Nahrung und der Qualität des Bodens.

Wrench, G.T. *Reconstruction by Way of the Soil.* London: Faber, 1946. Ein historischer Überblick über die Misshandlung des Bodens und seinen Einfluss auf die Zivilisation von frühester Zeit an. Wrench betrachtet die Landwirtschaft als kreative Kunst.

Wright, D. Macer. *Fruit Trees and the Soil.* London: Faber, 1960. Bodenmanagement im Obstgarten als Schlüssel zu besserer Obstqualität.

ANMERKUNGEN

Kapitel 2: Ein kleiner historischer Rückblick zum Einstieg

1. Gunter Vogt, „The Origins of Organic Farming", in *Organic Farming: An International History*, herausgegeben von William Lockeretz (Wallingford, Oxfordshire, England: CAB International, 2007).
2. G. Vivian Poore, *Essays on Rural Hygiene* (London: Longmans, Green, 1893), 163.
3. Cyril G. Hopkins, *Soil Fertility and Permanent Agriculture* (Boston: Ginn and Company, 1910).
4. Cyril G. Hopkins, *Shall We Use „Complete" Commercial Fertilizers in the Corn Belt?* (University of Illinois AES Circular No. 165, 1912), 1-20.
5. Vogt, „The Origins of Organic Farming", 15-16.
6. Vogt, „The Origins of Organic Farming", 18.
7. Pierre Delbet, *L'agriculture et la santé* (Paris, Denoël, 1945).
8. A. de Saint Henis, *Guide pratique de culture biologique* (Angers, Frankreich: Agriculture et Vie, 1972).
9. E. B. Balfour, *The Living Soil* (London: Faber und Faber, 1943).
10. Sir Albert Howard, *An Agricultural Testament* (London: Oxford University Press, 1940).
11. Karl B. Mickey, *Health from the Ground Up* (Chicago: International Harvester, 1946).
12. E. C. Auchter, „The Interrelation of Soils and Plant, Animal and Human Nutrition". *Science* 89, no. 2315 (1939): 421-27.
13. R. C. Barron, Hrsg., *The Garden and Farm Books of Thomas Jefferson* (Golden, CO: Fulcrum, 1987), 169.
14. E. Darwin, *Philosophy of Agriculture and Gardening* (London: J. Johnson, 1800).
15. Thomas Green Fessenden, *The New American Gardener,* 13th ed. (Boston: Otis, Broaders, 1839), 169.
16. Vincent Gressent, *Le potager moderne.* (Paris: Librairie Agricole de la Maison Rustique, 1926), 135, 861-62.
17. Paul Sorauer, *Handbuch der Pflanzenkrankheiten* (Berlin: P. Parey, 1905).
18. H. Marshall Ward, „On Some Relations Between Host and Parasite in Certain Diseases of Plants" (Croonian Lecture), *Proceedings of the Royal Society* 47 (1890): 303-433.
19. Kenneth F. Baker und R. James Cook, *Biological Control of Plant Pathogens* (San Francisco: W. H. Freeman, 1974).
20. Von H. Thiem, „Über Bedingungen der Massenvermehrung von Insekten", *Arbeiten über physiologische und angewandte Entomologie aus Berlin Dahlem* 5, no. 3 (1938): 229-55.
21. Louise E. Howard, *Sir Albert Howard in India* (London: Faber und Faber, 1953), 162.
22. Sir Albert Howard, *An Agricultural Testament,* 161.
23. Fred Magdoff und Ray R. Weil, *Soil Organic Matter in Sustainable Agriculture* (Boca Raton, FL: CRC Press, 2004), 3.
24. Luciano Pasqualoto Canellas et al. „Humic Acids Isolated from Earthworm Compost Enhance Root Elongation, Lateral Root Emergence, and Plasma Membrane H+-ATPase Activity in Maize Roots", *Plant Physiology* 130 (2002): 1951-57.
25. Harry A. J. Hoitink und P. C. Fahy, „Basis for the Control of Soil Borne Plant Pathogens

with Compost", *Annual Review of Phytopathology* 24 (1986): 93-114.

26. T. C. R. White, „The Abundance of Invertebrate Herbivores in Relation to the Availability of Nitrogen in Stressed Food Plants", *Oecologia* 63 (1984): 90-105.

27. Eliot W. Coleman und Richard L. Ridgeway, „Role of Stress Tolerance in Integrated Pest Management", in *Sustainable Food Systems*, edited by Dietrich Knorr (Westport, CT: AVI Publishing, 1983), 127.

28. Vinod Kumar et al., „An Alternative Agriculture System Is Defined by a Distinct Expression Profile of Select Gene Transcripts and Proteins", *Proceedings of the National Academy of Sciences of the United States of America* 101, no. 29 (2004): 10535-40.

29. Brian Halweil, *Still No Free Lunch* (Boulder, CO: Organic Center, 2004).

30. Benjamin D. Walsh, *The Practical Entomologist* (Philadelphia: Entomological Society of Philadelphia, 1866).

31. Thomas. B. Colwell Jr., „Some Implications of the Ecological Revolution for the Construction of Value", in *Human Values and Natural Science*, edited by E. Laszlo und J. B. Wilbur (New York: Gordon und Breach, 1970), 247.

Kapitel 3: Das Handwerk des Landwirts

1. George Henderson, *The Farming Ladder* (London: Faber & Faber, 1944).
2. Henderson, *The Farming Ladder*.

Kapitel 4: Das Land

1. Siehe Norman Rosenberg, Blaine Blad, und Shashi Verma, Microclimate: *The Biological Environment* (New York: John Wiley & Sons, 1983).
2. Zwei nützliche Bücher für Hintergrundinformationen zu Bewässerungsmethoden: Melvyn Kay's *Sprinkler Irrigation: Equipment and Practice* (London: Batsford, 1984) und Robert Kourik's *Drip Irrigation for Every Landscape and All Climates* (Santa Rosa, CA: Metamorphic Press, 1992).
3. Ich erfuhr dies von Jeff Beringer, Fish & Wildlife Research Center, Missouri Department of Conservation, 1110 South College Avenue, Columbia, MO 65201; Telefon (314) 882-9880.

Kapitel 7: Vermarktungsstrategien

1. Einige Bücher, die sich mit der Idee der Lebensmittelqualität im Zusammenhang mit dem Einsatz von Düngemitteln und Pestiziden beschäftigen, sind: *Silent Spring* von Rachel Carson (Boston: Houghton Mifflin, 1962); *Nutritional Values in Crops and Plants* von Werner Schuphan (London: Faber, 1961); *Mineral Nutrition and the Balance of Life* von Frank Gilbert (Norman: University of Oklahoma Press, 1957); *Nutrition and the Soil* von Dr. Lionel Picton (New York: Devin-Adair, 1949); und *The Living Soil* von E. B. Balfour (London: Faber, 1943).

Kapitel 8: Planung und Beobachtung

1. Ein gutes Buch für den Einstieg in die Gemüseproduktion im Gewächshaus ist *Greenhouse Tomatoes, Lettuce and Cucumbers* von S. H. Wittwer und S. Honma (East Lansing: Michigan State University Press, 1979).
2. Ein mit Traktoren arbeitender Großbauer würde diese Anordnung als „Beet-System" bezeichnen.
3. Weitere Informationen zur Sukzessivbepflanzung von Gewächshaussalaten finden Sie in Lettuce Under Glass, Grower Guide No. 21, herausgegeben von Grower Books, 50 Doughty Street, London WCIN 2LP.

Kapitel 9: Fruchtwechsel

1. Die vollständigste Bibliografie von Studien zu allen Aspekten des Fruchtwechsels (bis 1975) enthält G. Toderi, „Bibliografia sull avvicendamento delle colture", *Rivista di agronomia* 9 (1975): 434-68.

2. Die Ergebnisse der Fruchtwechselversuche der University of Rhode Island sind in den folgenden beiden Studien dargestellt: „A Half-Century of Crop-Rotation Experiments“ von R. S. Bell, T. E. Odland und A. L. Owens im Bulletin Nr. 303 (1949), und „The Influence of Crop Plants on Those Which Follow: V“ von T. E. Odland, R. S. Bell, und J. B. Smith im Bulletin Nr. 309 (1950) (Kingston: Rhode Island Agricultural Experiment Station).

Kapitel 10: Gründüngung

1. Das umfassendste Buch über Gründüngung ist immer noch der Klassiker *Green Manuring* von Adrian J. Pieters (New York: John Wiley, 1927). Offensichtlich sind gute Basisinformationen nie veraltet.
2. Eine vollständige Diskussion über die Zersetzung von Gründüngung im Boden finden Sie in *Soil Microbiology* von Selman A. Waksman (New York: John Wiley, 1952). *Soil Microorganisms and Higher Plants* von N. A. Krasil'nikov (1958), erhältlich beim US Department of Commerce, 5285 Port Royal Road, Springfield, VA 22161, bietet eine erstaunliche Fülle von Informationen über die Auswirkungen verschiedener Kulturpflanzen auf die Bodeneigenschaften.
3. Waksman, *Soil Microbiology*, 256.
4. A. R. Weinhold et al., „Influence of Green Manures and Crop Rotation on Common Scab of Potato“, *American Potato Journal* 41, no. 9 (1964): 265-73.

Kapitel 11: Bodenbearbeitung

1. Eine ausgezeichnete Bibliografie ist die „Annotated Bibliography on Soil Compaction“, erhältlich bei der American Society of Agricultural Engineers, 2950 Niles Road, Saint Joseph, MI 49085-9659.
2. J. N. Collins, „Hoeman's Folly“, *The Land* 4, no. 4 (1945): 445.
3. Aref Abdul-Baki und John Teasdale, *Sustainable Production of Fresh-Market Tomatoes with Organic Mulches*, USDA Agricultural Research Service Farmers Bulletin FB-2279 (1994).
4. Anonym, „Good Crops and an End to Soil Damage“, *Ecos* 69 (Frühjahr 1991): 1-6.

Kapitel 12: Bodenfruchtbarkeit

1. Pulverförmige oder pelletierte Bodenverbesserungsmittel müssen gleichmäßig verteilt werden. Im Laufe der Zeit habe ich die folgenden Methoden verwendet: (1) Mit dem Kompost oder Mist vermischen und verteilen, oder (2) mit einem Präzisionsgerät, wie z. B. dem Gandy-Streuer ausbringen, der für eine genaue Verteilung eingestellt werden kann. Ich empfehle Letzteres. Ein 1,2 m breiter Gandy-Streuer lässt sich leicht mit einem Einachser ziehen oder bugsieren und ermöglicht eine genaue Ausbringung bei fast jeder Geschwindigkeit. Für sehr leichte Anwendungen wie das Ausbringen von Spurenelementen nehmen Sie eine handgekurbelte, auf der Brust montierte Sämaschine, die anstelle von Saatgut mit dem Bodenzusatzstoff gefüllt ist.
2. Das geologische Landesamt oder die Bergbaubehörde kann Ihnen in der Regel eine Liste von Steinbrüchen oder Schotterbetrieben in Ihrer Gegend geben, die fein gemahlene Gesteinsmehlabfälle haben (in meinem örtlichen Basaltsteinbruch Flutbasalt genannt). Diese sind oft kostenlos für den Abtransport verfügbar. Bitten Sie um eine Analyse, um sicherzustellen, dass keine unerwünschten Verunreinigungen vorhanden sind.
3. Es gibt eine große Anzahl von Untersuchungen. Zwei sind repräsentativ: A. S. Cushman, „The Use of Felds-pathic Rocks as Fertilizers“, USDA Bureau of Plant Industry Bulletin No. 104 (1907); und W. D. Keller, „Native Rocks and Minerals as Fertilizers“, *Scientific Monthly* 66 (Februar 1948): 122-30.

4. C.C. Lewis und W.S. Eisenmenger, „Relationship of Plant Development to the Capacity to Utilize Potassium in Orthoclase Feldspar“, *Soil Science* 65 (1948): 495-500.
5. Cyril G. Hopkins, *Shall We Use „Complete“ Commercial Fertilizers in the Corn Belt?* (University of Illinois AES Circular No. 165, 1912), 1-20.

Kapitel 13: Betriebseigene Erzeugung der Bodenfruchtbarkeit

1. D. Fritz und F. Venter, „Heavy Metals in Some Vegetable Crops as Influenced by Municipal Waste Composts“, *Acta Horticulturae* 222 (1988): 51-62.
2. Arthur B. Beaumont, *Artificial Manures* (New York: Orange Judd, 1943); George Bommer, *New Method Which Teaches How to Make Vegetable Manure* (New York: Redfield and Savage, 1845).
3. Die folgende Studie bestätigt meine Erfahrung: Andrew G. Hashimoto, „Final Report: On Farm, Composting of Grass Straw“, Oregon State University, 1993.
4. Ein ausgezeichnetes Lehrbuch ist *The Scythe Book* von David Tresemer (Brattleboro, VT: By Hand & Foot, 1981).
5. Einige Hintergrundinformationen zu diesem Thema finden Sie in P.M. Huang und M. Schnitzer, Hrsg., „Interactions of Soil Minerals with Natural Organics and Microbes“, SSSA Special Publication No. 17 (Madison, WI: Soil Science Society of America, 1986).
6. M.M. Mortland, A.E. Erickson und J.E. Davis, „Clay Amendments on Sand and Organic Soils“, *Michigan State University Quarterly Bulletin* 40, no. 1 (1957): 23-30. Eine neuere Studie bestätigt diese Ergebnisse: Gerhard Reuter, „Improvement of Sandy Soils by Clay-Substrate Application“, Applied Clay Science 9 (1994): 107-20.

Kapitel 14: Der autarke Bauernhof

1. *Alternate Husbandry*, Mai 1944, Imperial Agricultural Bureau, Joint Publication No. 6.

Kapitel 16: Umpflanzen

1. Die beste Quelle für Informationen zu allen Themen wie Keimtemperaturen, Anzahl der für eine bestimmte Anbaufläche benötigten Samen oder Setzlinge sowie alle jemals erstellten landwirtschaftlichen Tabellen und Listen ist *Knott's Handbook for Vegetable Growers*, 3. Aufl., von Oscar A. Lorenz und Donald N. Maynard (New York: John Wiley & Sons, 1988).

Kapitel 17: Erdpresstöpfe

1. Michael D. Coe, „The Chinampas of Mexico“, *Scientific American* (Juli 1964).
2. W.J.C. Lawrence, *Catch the Tide: Adventures in Horticultural Research* (London: Grower Books, 1980), 73-74.
3. Die alte, offizielle Definition von *Lehmerde* bezog sich auf die krümelige, dunkelbraune „Erde“, die durch das Übereinanderstapeln von fruchtbaren Grassoden entstand, die innerhalb von ein oder zwei Jahren verrotteten. Die Entwicklung der alten darauf basierenden Mischungen ist in *Seed and Potting Composts* von W.J.C. Lawrence und J. Newell (London: Allen & Unwin, 1939) gut beschrieben. Meine frühesten Mischungen basierten auf Modifikationen dieser Rezepturen, indem ich Erde und Kompost verwendete, um die Lehmerde zu ersetzen, zu der ich zu dieser Zeit keinen Zugang hatte. Die Zugabe von echter Lehmerde als Bestandteil der Erdpresstopf-Mischung auf Seite 126 könnte diese noch verbessern.
4. T.E. Odland, R.S. Bell, und J.B. Smith, „The Influence of Crop Plants on Those Which Follow: V“, Bulletin Nr. 309 (Kingston, RI: Rhode Island Agricultural Experiment Station, 1950).

5. B. Gagnon und S. Berrourard, „Effects of Several Organic Fertilizers on Growth of Greenhouse Tomato Transplants“ (Auswirkungen verschiedener organischer Dünger auf das Wachstum von Tomatenpflanzen im Gewächshaus), *Canadian Journal of Plant Science* 74, Nr. 1 (1994): 167-68.
6. Harry A. J. Hoitink und P. C. Fahy, „Basis for the Control of Soil Borne Pathogens with Compost“, *Annual Review of Phytopathology* 24 (1986): 93-114; H. A. J. Hoitink, Y. Inbar, und M. J. Baehun, „Status of Compost-Amended Potting Mixes“, *Plant Disease* (September 1991): 869-73.
7. A. C. Bunt, *Modern Potting Composts* (University Park: Penn State University Press, 1976).
8. Wenn die Mischung eine Spur zu feucht ist, können einige Erdballen beim Anheben der Presse herausfallen. Wenn Sie die Presse zuerst mit einer schnellen Drehbewegung leicht kippen, bevor Sie sie anheben, können Sie den feuchten Sog zwischen der Erde in der Presse und der Erdoberfläche darunter brechen und sicherstellen, dass die Erdpresstöpfe in der Presse bleiben.
9. J. L. Townsend, „A Vacuum Multi-Point Seeder for Pots“, *HortScience* 22, no. 6 (1987): 1328.
10. Redi-Heat Hochleistungs-Wärmematten für die Vermehrung werden von Johnny's Selected Seeds verkauft.

Kapitel 19: Beikräuter

1. H. A. Roberts und Patricia A. Dawkins, „Effect of Cultivation on the Numbers of Viable Weed Seeds in Soil“, *Weed Research* 7 (1967): 290-301.

Kapitel 20: Krankheiten?

1. C. E. Yarwood, „Predisposition“, in *Plant Pathology*, vol. 1, herausgegeben von J. G. Horsfall und A. E. Dimond (San Diego: Academic Press, 1959), 521-62.
2. S. Perrenoud, *Potassium and Plant Health* (Worblaufen-Bern, Schweiz: International Potash Institut, 1977).
3. T. C. R. White, „The Abundance of Invertebrate Herbivores in Relation to the Availability of Nitrogen in Stressed Food Plants“, *Oecologia* 63 (1984), 90-105.
4. Zitiert bei Rene Dubos, „An Inadvertent Ecologist“, *Natural History* 85, no. 3 (1976): 8-12.
5. A. H. Lees, „Insect Attack and the Internal Condition of the Plant“, *Annual Biology* 13 (1926): 506-15.
6. S. H. Wittwer und L. Haseman, „Soil Nitrogen and Thrips Injury on Spinach“, *Journal of Economic Entomology* 38, no. 5 (1945): 615-17.
7. F. Chaboussou, „Cultural Factors and the Resistance of Citrus Plants to Scale Insects and Miles“, in *Fertilizer Use and Plant Health: Proceedings of the 12th Colloquium of the International Potash Institute* (Worblaufen-Bern, Schweiz: International Potash Institute, 1972), 259-80.
8. White, „The Abundance of Invertebrate Herbivores“.
9. A. M. Primavesi, A. Primavesi und C. Veiga, „Influences of Nutritional Balances of Paddy Rice on Resistance to Blast“, *Agrochemica* 16, nos. 4-5 (1972): 459-72.
10. P. A. Van Der Laan, „The Influence of Organic Manuring on the Development of the Potato Root Eelworm, Heterodera rostochiensis“, *Nematology* 1 (1956): 113-25.
11. Von H. Thiem, „Über Bedingungen der Massenvermehrung von Insekten“, *Arbeiten über physiologische und angewandte Entomologie aus Berlin Dahlem* 5, no. 3 (1938): 229-55.
12. United States Department of Agriculture, *Soil: The Yearbook of Agriculture* (Washington: USDA, 1957), 334.
13. T. W. Culliney und D. Pimental, „Ecological Effects of Organic Agricultural Practices on Insect Populations“, *Agricultural Ecosystems Environment* 15 (1986): 253-66.

14. G. S. Williamson und I. H. Pearse, *Science, Synthesis and Sanity* (Edinburgh: Scottish Academic Press, 1980), 315.
15. Zitiert bei T. B. Colwell, „Some Implications of the Ecological Revolution for the Construction of Value", in *Human Values and Natural Science*, herausgegeben von E. Laszlo und J. B. Wilbur (New York: Gordon and Breach, 1970), 246.
16. Robert Van den Bosch, *The Pesticide Conspiracy* (Garden City, NY: Doubleday, 1978), 19.
17. Wiesen-Samenmischungen, deren Blüten Nektar, Pollen und Lebensraum für räuberische Wespen, Florfliegen, Marienkäfer und andere nützliche Insekten bieten, werden unter Markennamen wie „Good Bug Blend" und „Border Patrol" verkauft. Natürlich können die gleichen Bepflanzungen auch Lebensraum für Schadinsekten bieten. Forscher haben eine Reihe von Managementstrategien untersucht, um die Wirkung der Nützlinge zu verstärken. In Mary Louise Flint's *Pests of the Garden and Small Farm* (Davis: University of California, 1990) finden sich wissenschaftliche Quellenhinweise, die Gärtnern, die diese Option erforschen möchten, weitere Informationen bieten.
18. Pieterse, Corne M. J. et al. „Induced Plant Responses to Microbes and Insects", *Front Plant Sci.* 2013; 4:475.

Kapitel 21: Schädlinge: Vorübergehende Notmaßnahmen

1. Es gibt eine ganze Reihe von „Pflanzen-positiven" Nährstoffsprays sowohl auf Algenbasis als auch ohne Algen, die von Bio-Gärtnern verwendet werden.
2. Eine gute Studie, mit der man sich diesem Thema nähern kann, ist Heinrich C. Weltzein, „Some Effects of Composted Organic Materials on Plant Health", *Agriculture, Ecosystems, and Environment* 27 (1989), 439-46.
3. *Compost Tea Manual 1.1*, von Elaine Ingham und Michael Almes, ist für $15 US von Growing Solutions, Inc. erhältlich, 1702 W. 2nd Avenue, Eugene, OR 97402; (541) 343-8727. Die Komposttee-Methode wird eingehend erläutert und es werden Informationen zur Herstellung und Rezeptur gegeben, um die Wirkung von Komposttees in verschiedenen Situationen zu erhöhen.
4. Walter Ebeling, „Sorptive Dusts for Pest Control" *Annual Review of Entomology* 16 (1971): 123-58.

Kapitel 22: Ernte

1. Ein gutes (wenn auch veraltetes) Buch über die effiziente Organisation der Landwirtschaft ist *Farm Work Simplification* von L. M. Vaughan und L. S. Hardin (New York: John Wiley & Sons, 1949).
2. Siehe *Growing for Market Magazin*, 16. Januar 2013.

Kapitel 24: Saisonverlängerung

1. Einige interessante Bücher zum Thema Mikroklima sind: *Climates in Miniature* von T. Bedford Franklin (London: Faber, 1945); *Shelterbelts and Windbreaks* von J. M. Caborn (London: Faber, 1955); und *Climate and Agriculture* von Jen-Hu Chang (Chicago: Aldine, 1968).
2. Ein gutes Handbuch mit allgemeinen Informationen zu allen Aspekten von Gewächshäusern ist *Greenhouse Engineering* von Robert A. Aldrich und John W. Bartok Jr. (Storrs: University of Connecticut, o. J.). Weitere Bücher sind in der Bibliografie aufgeführt.

Kapitel 25: Das mobile Festmahl

1. Den einzigen Bericht über mobile Gewächshäuser, den ich finden konnte, ist eine Studie aus dem Jahr 1960, die von einem englischen Gartenschriftsteller mit finanzieller Unterstützung einer Stiftung der Royal Horticultural Society durchgeführt wurde: I. G. Walls, *Design, Cropping, and Economics*

of Mobile Greenhouses in Britain and the Netherlands (R. H. S. Paxton Memorial Bursary, 1960). Es erwies sich als extrem schwierig, ein Exemplar zu bekommen; daher erbettelte ich schließlich eine Kopie des Manuskripts vom Autor.

Kapitel 26: Das Projekt Wintergärtnerei

1. 1. H. A. Roberts und Patricia A. Dawkins, „Effect of Cultivation on the Numbers of Viable Weed Seeds in Soil", *Weed Research* 7 (1967): 290-301.

Kapitel 27: Viehzucht

1. H. R. Bird, „The Vital 10 Percent for Poultry", in United States Department of Agriculture, *Soil: The Yearbook of Agriculture* (Washington: USDA, 1948), 90-94.
2. Meine jungen Legehennen auf der Weide wurden nicht von Falken belästigt. Aber wenn es in Ihrer Region ein Problem mit Falken oder Eulen gibt, könnten Sie sich mit Hunden oder Gänsen als Wachen beschäftigen oder überdachte Ställe verwenden. Es gibt ausgezeichnete Entwürfe in Joel Salatins *Pastured Poultry Profits* (Swoope, VA: Polyface, 1993). Dieses außergewöhnliche Buch enthält auch umfangreiches Material über Fütterung, Schlachtung und Vermarktung. Der Autor ist ein Spezialist für Freilandgeflügel, und seine Informationen sind sehr fundiert.

BILDNACHWEISE

Die Bilder auf den Seiten 1, 13, 17, 19, 25, 31, 42, 45, 47, 48, 50, 62, 65, 81, 97, 107, 109, 112, 113, 121, 129, 132, 138, 142, 144-165, 169-172, 180, 186, 192, 196, 202, 204, 209, 210, 214, 217, 220, 225-232, 237-242, 249-262, 272, 276-321, 326 sowie das obere Bild auf Seite 104, das rechte Bild auf Seite 222 und das obere Bild auf Seite 274 sind von **Barbara Damrosch**.

Die Bilder auf den Seiten 8 und 37 sind von **Lynn Karlin**.

Der Fotograf des Bildes auf Seite 22 ist unbekannt.

Die Bilder auf den Seiten 26 und 213 sind von **Robbie George.**

Die Bilder auf den Seiten 49, 135, 233 und 265, die beiden unteren Bilder auf Seite 216 und das linke Bild auf Seite 222 sind von **Clara Coleman**.

Das Bild auf Seite 53 ist von **Tom Jones** für *Maine Times.*

Die Bilder auf den Seiten 85, 86, 94, 166, 173, 247 sowie das untere Bild auf Seite 104 und das obere Bild auf Seite 216 sind von **Eliot Coleman**.

Die Bilder auf den Seiten 100, 141 und 181 sowie das untere Bild auf Seite 143 sind von **Johnny's Selected Seeds.**

Das Bild auf Seite 106 ist von **James Baigrie**.

Das Bild auf Seite 184 ist von **Stephen Orr**.

Die Bilder auf den Seiten 188 und 248 sowie das obere Bild auf Seite 143 stammen von **Adam Lemieux.**

Das Bild auf Seite 215 ist von **Jonathan Dysinger**.

Die Pläne auf Seite 273 und unten auf Seite 274 werden mit freundlicher Genehmigung von **Eric Chase Architecture** verwendet.

STICHWORTVERZEICHNIS

L

M

Q

R

S

T

U

V

W

Y

Z

STIMMEN ZU ELIOT COLEMAN

„Der unvergleichliche Eliot Coleman ... seriös, sorgfältig, inspirierend."

New York Times

„Einer der innovativsten Landwirte Amerikas."

Michael Pollan

„Jede Seite ist durchdrungen von der Weisheit und den sorgfältigen Beobachtungen, die [Coleman] und seine Mitarbeiter gesammelt haben; von der Bodenstruktur bis zu ‚mobilen Gewächshäusern' [...] jede Methode ist bis zu ihrer schlussendlichen Auswirkung auf die Erde und das wirtschaftliche Überleben durchdacht."

Library Journal

„[Coleman] schreibt nicht nur über Anbaumethoden, sondern über alles, was mit gutem Essen und Genuss zu tun hat; ein Universalgelehrter für eine neue Generation."

Dan Barber, Chefkoch, *Blue Hill* und *Blue Hill in Stone Barns*

„Ich kenne niemanden, der bessere Ergebnisse in der Landwirtschaft erzielt als Eliot, und das bei einem sparsamen Arbeitsaufwand und Mitteleinsatz. Er hat den Gartenbau von einer bloßen Tätigkeit zu einem Handwerk gemacht und schließlich zu dem, was Stewart Brand als ‚lokales Wissen' bezeichnen würde."

Paul Hawken, Autor von *Blessed Unrest;* Herausgeber von *Drawdown*

„Dies ist das beste Buch über kleinbäuerliche Landwirtschaft, das ich seit Jahren gelesen habe."

Pat Stone, *Mother Earth News*

„Jeder, der ernsthaft versucht, gesunde Nahrung auf gesundem Land anzubauen, sollte zuerst Die Biogarten-Bibel lesen. Coleman, der seit mehreren Jahrzehnten ein stiller Führer der amerikanischen Bio-Bewegung ist, präsentiert mit diesem Buch eine ausgewogene, konsequente Darstellung seines Themas."

Horticulture

„Eliot Colemans Buch wird Gemüsebauern helfen, die lebenswichtige und profitable Verbindung zwischen Landwirtschaft und Stadt herzustellen. Jeder Kleinerzeuger und ernsthafter Gärtner sollte ein Exemplar haben."

Robert Rodale

„Vom ersten bis zum letzten Satz ist Die Biogarten-Bibel ein Vergnügen – ein ernsthafter Leitfaden, geschrieben mit einem schelmischen Sinn für Humor. Es wird jeden begeistern, der möglichst viel aus seinem Gemüsegarten herausholen möchte, ohne zu viel Zeit und Energie auf die Arbeitsabläufe verwenden zu müssen."

Publishers Weekly

„Coleman vermittelt eine immense Menge an detaillierten Informationen, ohne jemals die Intelligenz des Lesers infrage zu stellen. Er spricht wie zu einem Gärtner- oder Landwirt-Kollegen, erläutert, was für ihn funktioniert und diskutiert, was er weiß und was nicht. Die Biogarten-Bibel wird das Buch sein, das Sie mit Eselsohren und gelben Klebezetteln versehen und das Sie immer wieder in die Hand nehmen werden."

San Francisco Chronicle

ÜBER DEN AUTOR

Barbara Damrosch

Eliot Coleman verfügt über fünfzig Jahre Erfahrung in allen Bereichen der biologischen Landwirtschaft, angefangen vom Gemüseanbau im Freiland und Gewächshaus, über Weidehaltung von Rindern und Schafen bis hin zur Freilandhaltung von Geflügel. Er ist Autor der Standardwerke *Four-Season Harvest* und *Handbuch Wintergärtnerei* sowie der DVD zur *Lehrwerkstatt Year-Round Vegetable Production with Eliot Coleman*. Eliot Coleman und seine Frau Barbara Damrosch führen gegenwärtig die *Four Season Farm* in Harborside, US-Bundesstaat Maine, als kommerzielle Gemüsegärtnerei im Ganzjahresbetrieb und beschäftigen sich darüber hinaus mit gartenbaulichen Forschungsprojekten.

Toby Hemenway

GAIAS GARTEN

MIT PERMAKULTUR NACHHALTIG GÄRTNERN - DIE PERFEKTE ANLEITUNG FÜR SELBSTVERSORGER

368 Seiten, kart., € 28,90

Permakultur fasziniert Gärtner und Landwirte rund um den Globus – und Toby Hemenway ist einer der bekanntesten Pioniere. Nun gibt es sein Kultbuch Gaias Garten endlich auch in deutscher Sprache.

Unter Hemenways Anleitung wird Ihr Garten zu einem nachhaltigen Ökosystem, das im Einklang mit der Natur arbeitet. Mit der richtigen Pflanzen-Polykultur erzielen Sie eine umfangreiche Ernte, wenn sich beispielsweise hitzescheuer Salat unter einem Blumenkohl-Dach versteckt. Gleichzeitig schaffen Sie ein Naturparadies, das zu Ressourcenschonung, ökologischer Vielfalt und Klimaschutz beiträgt. Und dies gelingt auch Einsteigern mühelos, denn Hemenway zeigt Ihnen Schritt für Schritt alle Ebenen des Permakultur-Ansatzes wie z.B:

- Fruchtbaren Boden schaffen und erhalten – alles zu Mulch, Kompost und Humus
- Wasser sammeln, speichern und sparen – Regenwasser und Grauwasser nutzen, einfache Bewässerungssysteme inkl. Gartenteich bauen

Extrakapitel für Stadtbewohner mit wenig Platz

Rosalee de la Foret / Emily Han

HEILENDE WILDKRÄUTER

NACHHALTIG HEILPFLANZEN SAMMELN UND EIGENE NATURMEDIZIN HERSTELLEN

436 Seiten, kart., € 29,00

Der einzigartige Leitfaden von zwei erfahrenen Kräuterexpertinnen: Lernen Sie, wie Sie aus Wildpflanzen leckere Gerichte und heilsame Medizin zaubern.

In unseren hektischen Zeiten wenden sich Millionen von Menschen wieder der Naturheilkunde und Kräutermedizin zu. Vielen fehlt jedoch das Schlüsselelement: die Natur selbst!

Rosalee de la Forêt und Emily Han laden Sie ein, sich wieder mit der erdenden Kraft der Natur zu verbinden. In Heilende Wildkräuter lernen Sie zwei Dutzend besondere Heilpflanzen kennen, die Sie durch die vier Jahreszeiten begleiten.

Weidenrinde gegen Kopfschmerzen und Arthritis, Echinacea zur Stärkung des Immunsystems und bei Grippe und Erkältungen, Holunderblüten gegen Fieber und Löwenzahn zur Entgiftung: Mit detailreichen Zeichnungen und wunderschönen Bildern lassen die beiden ausgewiesenen Expertinnen der Kräuterkunde das Sammeln der Kräuter zum Kinderspiel werden.

Melissa K. Norris

SELBSTVERSORGUNG AUS DEM FAMILIENGARTEN

MEHR UNABHÄNGIGKEIT DURCH DEN EIGENEN SELBSTVERSORGERGARTEN

232 Seiten, kart., € 22,90

Träumen Sie auch schon lange davon, sich mit einem eigenen Obst- und Gemüsegarten autark zu versorgen, und für sich und Ihre Familie Bio-Lebensmittel anzubauen? Es gibt viele gute Gründe, sich gerade in unserer heutigen Zeit für Selbstversorgung zu entscheiden. Melissa K. Norris ist selbst gestandene Selbstversorgerin, erfolgreiche Podcasterin und Garten-Beraterin. Aus ihrem reichen Erfahrungsschatz verrät sie in diesem Buch, wie man diesen Schritt gekonnt angeht.

Durch die praktischen Listen und aufschlussreichen Grafiken ist es ganz einfach, den Überblick zu behalten und sich den Traum vom eigenen reichhaltigen Garten voller gesunder Bio-Lebensmittel zu erfüllen, die Sie durch das komplette Jahr bringen – gehen Sie es an!

Deanna Caswell / Daisy Siskin

DER KLEINE SELBSTVERSORGER

URBAN GARDENING GÄRTNERN UND SURVIVAL AUF KLEINSTEM RAUM FÜR EIN UNABHÄNGIGES LEBEN IN DER VORSTADT

280 Seiten, geb., € 19,80

Wer träumt nicht von einem naturverbundenen Leben und davon, sein eigenes Obst und Gemüse anzubauen, zu ernten und selbst zu Köstlichkeiten zu verarbeiten – auch wenn man nur wenige Quadratmeter im Hinterhof zur Verfügung hat?

Der kleine Selbstversorger zeigt auf unterhaltsame Weise, wie sich jedes Stückchen Garten in ein kleines Selbstversorgerparadies verwandeln lässt. Vom Anlegen der Beete über die Auswahl von Nutzpflanzen und das richtige Düngen bis hin zum Ernten und Verarbeiten von Selbstangebautem wird alles erklärt, was das Gärtnerherz höher schlagen lässt. Ja selbst das Halten von Hühnern, Zwergziegen und Bienen ist in diesem Rahmen möglich und wird Schritt für Schritt erläutert.

Eigene Naturkosmetik wird aus einfachen Zutaten schnell hergestellt sowie umweltschonende Reinigungsmittel.

Christiane Maute®

HOMÖOPATHIE FÜR PFLANZEN

DER PRAKTISCHE LEITFADEN FÜR ZIMMER-, BALKON- UND GARTENPFLANZEN

DER KLASSIKER IN DER 15. AUFLAGE MIT ERGÄNZUNGEN VON CORNELIA MAUTE

244 Seiten, geb., € 28,00

Neue Dosierungstabelle zum Herausnehmen

Mit dem Erscheinen von Homöopathie für Pflanzen ist eine grüne Revolution losgetreten worden. Das Buch wurde über 76.000 mal verkauft und in viele Sprachen übersetzt.

Es ist ein handlicher Ratgeber über die häufigsten Pflanzenerkrankungen, Schädlinge und Verletzungen und deren homöopathische Behandlung. Christiane Maute® ist eine der Vorreiterinnen, die seit vielen Jahren bei ihren Nutz- und Zierpflanzen Homöopathie einsetzt.

Rosmary Gladstar

HEILKRÄUTER IN MEINEM GARTEN

33 WICHTIGE HEILKRÄUTER SELBST ANPFLANZEN, ERNTEN UND VERWENDEN

232 Seiten, geb., € 19,80

Natürlich, wirkungsstark und günstig: 33 Heilkräuter, die sich leicht anbauen lassen, häufige Beschwerden sanft heilen und das Immunsystem stärken.

Kräuterwissen aus erster Hand

Die Heilkräuterexpertin Rosemary Gladstar, als „Mutter der modernen Kräuterheilkunde" bekannt, hat mit diesem Buch eine lebendige Einführung über den Anbau und die Verwendung ihrer Lieblingskräuter geschrieben.

Viele Rezepte und Tipps

Neben leicht nachkochbaren Rezepten und einfachen Anleitungen für vitalisierende Tees, Heilsalben und -tinkturen, Öle, Sirupvariationen und Kräuterpillen gibt sie wertvolle Tipps und zeigt, wie sich in jedem Garten ein Plätzchen für Kräuter finden lässt.

Kathy Shea Mormino

DER GROSSE HÜHNER-RATGEBER

HÜHNERHALTUNG IM EIGENEN GARTEN LEICHT GEMACHT

176 Seiten, kart., € 19,80

Schritt für Schritt zum Selbstversorger

Selbstversorgung und artgerechte Tierhaltung sind wieder in aller Munde. Immer mehr Familien wünschen sich frische Eier von glücklichen Hühnern, die für viele Kinder wiederum schnell zu geliebten Haustieren werden.

KATHY SHEA MORMINO, international bekannt als The Chicken Chick, ist eine absolute Expertin auf dem Gebiet der privaten Hühnerhaltung. Ihr preisgekrönter Blog ist mittlerweile der Dreh- und Angelpunkt für Millionen von Fans dieser ungewöhnlichen Haustiere. In DER GROẞE HÜHNER-RATGEBER behandelt sie alle Aspekte, die für deren selbstständige und verantwortungsbewusste Haltung im eigenen Garten nötig sind: von der Auswahl der Tiere und deren Stallung über Fütterung und Eierproduktion bis hin zu Gesundheit und Schutz vor natürlichen Feinden.

Tieghan Gerard

DAS HIPPE LANDKOCHBUCH

KREATIVE, SAISONALE REZEPTE AUS MEINER SCHEUNE IN DEN BERGEN

408 Seiten, geb., € 29,80

Egal, ob Sie Ihre Familie mit einem ganz besonderen Abendessen verwöhnen möchten oder Ihr nächstes Treffen mit Freunden planen:

Als eines von sieben Kindern wuchs sie in den Bergen Colorados auf. Da ihr Vater jeden Abend zu lange brauchte, um das Essen auf den Tisch zu bekommen, übernahm sie im Alter von 15 Jahren seinen Job in der Küche. Schnell wurde klar, dass sie ein Händchen für einzigartige Gerichte hat, und genauso schnell war die Idee für ihren Blog Half Baked Harvest geboren. Seitdem haben sich Millionen von Follower in ihre verrückten Rezepte, ihre atemberaubenden Fotografien und ihren einzigartigen Lifestyle in den Bergen verliebt.

BEI TIEGHAN GERARD FINDEN SIE IHR NEUES LIEBLINGSREZEPT!

Homöopathie

Naturheilkunde

Ernährung

Fitness & Sport

Akupunktur

Mensch & Tier

In unserem Webshop

www.unimedica.de

finden Sie nahezu alle deutschen Bücher – und eine umfangreiche Auswahl an englischen Werken – zu Homöopathie, Naturheilkunde und gesunder Lebensweise. Zu jedem Titel gibt es aussagekräftige Leseproben. Außerdem stehen Ihnen ein großes Sortiment ausgewählter Naturkost-Produkte sowie Nahrungsergänzungsmittel unserer Eigenmarke »Unimedica« und viele Superfoods zur Verfügung.

Unimedica

Blumenplatz 2 • D-79400 Kandern • Tel: +49 7626-974970-0 • Fax: +49 7626-974970-9

info@unimedica.de